teoría

serie fragmentos foucaultianos

Dirigida por Edgardo Castro

Traducción: Horacio Pons

michel foucault

obrar mal, decir la verdad

función de la confesión en la justicia
curso de lovaina, 1981

edición original establecida por
fabienne brion y bernard e. harcourt

edición en español al cuidado de
edgardo castro

siglo veintiuno
editores

grupo editorial
siglo veintiuno

siglo xxi editores, méxico
CERRO DEL AGUA 248, ROMERO DE TERREROS, 04310 MÉXICO, DF
www.sigloxxieditores.com.mx

siglo xxi editores, argentina
GUATEMALA 4824, C1425BUP, BUENOS AIRES, ARGENTINA
www.sigloxxieditores.com.ar

anthropos editorial
LEPANT 241-243, 08013 BARCELONA, ESPAÑA
www.anthropos-editorial.com

Foucault, Michel

Obrar mal, decir la verdad: Función de la confesión en la justicia.
Curso de Lovaina, 1981.- 1ª ed.- México: Siglo XXI Editores, 2016.
368 p.; 23x16 cm.- (Teoría)
Traducido por Horacio Pons // ISBN 978-607-03-0752-2
1. Filosofía.
CDD 190

Esta edición de Siglo XXI Editores, S.A. de C.V. ha sido realizada con la autorización de Siglo XXI Editores, S.A.

primera reimpresión, 2017
isbn 978-607-03-0752-2

título original: *mal faire, dire vrai. fonction de l'aveu en justice*, edición establecida por fabienne brion y bernard e. harcourt

diseño de colección: tholön kunst
imagen de cubierta: *the mesmerist and mathias*, grabado de gillet a partir de un original de adrien marie (© getty images)

impreso en edamsa, s.a.
av. hidalgo 111
col. fracc. san nicolás tolentino
iztapalapa, 09850 ciudad de méxico

Índice

Nota a la presente edición

Este libro reúne las conferencias y clases que dictó Michel Foucault en la Universidad Católica de Lovaina acerca de la confesión. Atendiendo a esta circunstancia, hemos respetado el carácter oral de la exposición. En el transcurso de cada encuentro, Foucault ocasionalmente ofrece una paráfrasis de los textos que son objeto de su análisis, en particular cuando se trata de los autores clásicos (Homero, Hesíodo, Sófocles). En cambio, respecto de términos o expresiones precisas, retoma literal y minuciosamente el texto en cuestión, remitiendo con frecuencia a la lengua original. De acuerdo con los criterios de los editores de la versión francesa, hemos mantenido este doble juego en las citas: paráfrasis y referencia estricta de las expresiones y términos en los que Foucault focaliza su análisis.

Para la traducción de los textos clásicos, teniendo presente este doble juego, hemos partido de las traducciones francesas utilizadas por Foucault, pero, en cada caso, las cotejamos con las fuentes originales y sus correspondientes traducciones al español. Cuando lo consideramos necesario, adaptamos la versión utilizada por Foucault, sea en pos de una mejor comprensión del lector de lengua española o de una mayor cercanía con las fuentes originales. Estas modificaciones conciernen sólo a determinados términos y expresiones, pero no sustituyen las paráfrasis elaboradas por Foucault ni alteran la secuencia o el recorte que él propone.

En las notas, cuando los editores franceses incluyeron las traducciones francesas de los textos clásicos utilizadas por Foucault, ofrecemos una versión al español. Sugerimos también, con carácter meramente indicativo, alguna de las traducciones existentes en lengua española.

De acuerdo con una tendencia editorial cada vez más extendida, en las transliteraciones de los términos griegos hemos prescindido de los acentos.

Las citas de los libros y cursos de Foucault retoman las traducciones existentes en lengua española, con la mención correspondiente al número de página.

EDGARDO CASTRO

Nota de los editores

Fabienne Brion
*Bernard E. Harcourt**

En 1981 Foucault dicta en la Universidad Católica de Lovaina, en el marco de la cátedra Francqui, un curso que decide titular "Obrar mal, decir la verdad: función de la confesión en la justicia". Paralelamente coordina un seminario de investigación sobre la genealogía de la defensa social.[1] Concede además tres entrevistas, la primera a André Berten, filósofo; la segunda a Christian Panier, jurista, y Pierre Watté, filósofo; y la tercera a Jean François y John de Wit, criminólogos.[2]

El curso y el seminario tienen su origen en una invitación de la Escuela de Criminología por iniciativa de Françoise Tulkens, entonces una joven profesora de la Facultad de Derecho, que llegará a ser vicepresidenta de la Corte Europea de Derechos Humanos. En Bélgica, ella se cuenta entre los muy pocos penalistas[3] cuyo trabajo se orienta hacia una perspectiva abolicionista, tanto en la teoría como en la práctica. Cuando invita a Foucault, se encuentra siguiendo los trabajos de la Comisión para la Revisión del Código Penal[4] con una mirada radicalmente crítica.[5] Fortaleciendo el legalismo con el positivismo y el derecho con la ciencia, los textos propuestos no rompen ni con la doctrina clásica ni con la de la defensa social;[6] las nociones de culpabilidad y peligrosidad social pueden seguir "brindándose un apoyo mutuo".[7]

Como en otras oportunidades en que se alió con juristas radicales,[8] Foucault acepta la invitación. A semejanza del coloquio titulado "¿Tiene aún sentido la noción de peligrosidad?",[9] organizado ese mismo año por

* Fabienne Brion es profesora en la Facultad de Derecho de la Universidad Católica de Lovaina, donde dicta en particular un curso sobre Foucault y la criminología. Bernard Harcourt es profesor de derecho y ciencias políticas y preside el Departamento de Ciencias Políticas de la Universidad de Chicago. Para el establecimiento del texto y las notas, Fabienne Brion se encargó de las clases del 28 de abril y el 6 y el 13 de mayo; Bernard Harcourt, de las clases del 22 y el 29 de abril y el 20 de mayo. El texto y las notas de la conferencia inaugural se establecieron en colaboración. El conjunto del trabajo de edición fue objeto de relecturas, correcciones y agregados cruzados.

la Unidad de Investigación en Criminología de la universidad, el curso que dicta y el seminario que coordina contribuyen al debate sobre la reforma, socavando los fundamentos de la doctrina de la defensa social. La lucha se libra en dos frentes: el de la genealogía del sujeto supuesta por la doctrina,[10] en el marco del curso, y el de la genealogía del dispositivo cuyo correlato es ese sujeto,[11] en el seminario. La decisión de realizar esas actividades al amparo de la Escuela y la Unidad de Investigación en Criminología, paradójica a primera vista, es el producto de una reflexión madura: de este modo se contribuye a debilitar el discurso criminológico que sirve de base a la doctrina de la defensa social y se asigna a los criminólogos la tarea de constituirse en "conciencia crítica del derecho penal".[12]

Hasta aquí, el contexto. En cuanto al texto, el curso se compone de una conferencia inaugural y seis clases. La intención, dice Foucault, es esbozar una "historia de la confesión como forma de vínculo y relación entre veridicción y jurisdicción",[13*] una historia limitada al "problema de la penalidad".[14] Las dos primeras clases se ocupan del prederecho griego; una plantea el problema del enfrentamiento, de lo verdadero y de lo justo; la otra, el del saber del tirano. Las dos clases siguientes se refieren al ámbito medieval y cristiano, que Foucault asocia al "problema: confesión, confesión cristiana, indagación",[15] y las dos últimas, al ámbito moderno y contemporáneo, vinculado con los "problemas de la confesión, el examen y la pericia".[16] La perspectiva es la de una "etnología política e institucional del decir veraz, de la palabra verdadera";[17] pero no en el sentido de indagar las condiciones que debe cumplir una aserción para ser aceptada como verdadera o falsa, sino de analizar las relaciones entre juegos de verdad y juegos de poder, donde la verdad se ve como un arma y el discurso como un conjunto de hechos polémicos y estratégicos.

Por supuesto, el curso dictado por Foucault es útil para el combate librado por sus anfitriones, pero, por si es necesario aclararlo, es muy obvio que sus significaciones no se agotan aquí. Dos preguntas recortan el campo de los objetos estudiados: cuáles son las prácticas por cuyo intermedio tomó forma la cuestión de la verdad a propósito de la criminalidad y el criminal, y cómo decir la verdad sobre sí mismo cuando uno tiene algo que reprocharse. Junto al criminal y la criminalidad, estas

* A lo largo del curso, con frecuencia se utiliza el término "jurisdicción" en su sentido etimológico: *juris-dictionem*, en latín, "decir lo que es justo". Tomado de este modo, Foucault establece un juego entre "jurisdicción", decir lo justo, y "veridicción", decir lo verdadero. [Nota de E. C.]

preguntas incorporan un nuevo elemento en el juego de lo verdadero y lo falso: el juego de las relaciones consigo mismo. Así, al integrar el problema de las relaciones del individuo con sus extravíos al problema del poder de la verdad, el curso completa la genealogía de lo carcelario que se despliega entonces a lo largo de los ejes del saber, el poder y la subjetivación. Pero anuncia también el recentramiento de la obra por venir en torno de la subjetividad, subrayando su historicidad, sea que se trate del sujeto, del sí mismo o de la relación consigo mismo.

Aisladamente considerado, *Obrar mal, decir la verdad* tiene la estructura de una banda de Moebius. Ya en la conferencia inaugural Foucault anuncia que el problema que lo ocupa tiene dos aspectos. El primero es político: "saber cómo el individuo está vinculado y cómo acepta vincularse al poder que se ejerce sobre él".[18] El segundo es filosófico: "saber cómo los sujetos están efectivamente ligados en y por las formas de veridicción en las que se involucran".[19] El primero remite al segundo y el segundo al primero indefinidamente: según el aspecto que el lector privilegie, la historia de los procesos de jurisdicción y veridicción que recorre parecerá poner de manifiesto la contingencia de los procedimientos judiciales de producción de un efecto de verdad o la historicidad de las filosofías que postulan que la verdad depende de la jurisdicción de un sujeto capaz de distinguir lo ilusorio y lo falso de lo real y lo verdadero.

Cuando se lo sitúa en la totalidad de la obra, el curso parece confirmar a primera vista la hipótesis de que, en los textos de los últimos años, habría "algo así como un pasaje de la política a la ética".[20] En la práctica, el operador de ese pasaje sería la confesión, definida como "un acto verbal mediante el cual el sujeto plantea una afirmación sobre lo que él mismo es, se compromete con esa verdad, se pone en una relación de dependencia con respecto a otro y modifica a la vez la relación que tiene consigo mismo".[21] En la teoría, sería el concepto de obligación de verdad, que a su vez tiene dos aspectos: "por un lado, la obligación de creer, admitir, postular, sea en el orden de la fe religiosa o en el orden de la aceptación de un saber científico, y por otro, la obligación de conocer nuestra propia verdad, pero asimismo de decirla, ponerla de manifiesto y autenticarla".[22]

Esta hipótesis, sin embargo, suscita objeciones. Es cierto: tal como los cursos dictados en otros lugares ese mismo año –"About the beginning of the hermeneutics of the self"[23] en los Estados Unidos, "Subjectivité et vérité"[24] en París–, *Obrar mal, decir la verdad* abre un pasaje. Un pasaje de la versión dura a la versión blanda del gobierno en las sociedades occidentales que adoptan la forma de democracias liberales (se dirá igualmente: pasaje de la genealogía del criminal a la genealogía del hombre de deseo)[25] si la atención se centra en el aspecto político del problema planteado. Pasaje de la genealogía a la aleturgia, en caso de que la atención recaiga sobre el aspecto filosófico. Sin embargo, desde los primeros escritos hasta los últimos, Foucault opone al poder de la verdad el coraje de la verdad; desde los primeros escritos hasta los últimos, su filosofía vincula política y ética.

Canguilhem tiene razón: no hay ruptura entre el Foucault del saber-poder, por una parte, y el de la ética, por otra.[26] Según él mismo recordó en 1984, presentar sus investigaciones "como una tentativa de reducir el saber al poder, de hacer del saber la máscara del poder, en estructuras en que el sujeto no tiene cabida, no puede ser otra cosa que una pura y simple caricatura".[27] Vivimos en sociedades donde el gobierno pasa por la represión, sí, pero también, más comúnmente, por la formación de los *ethoi** en los cuales los individuos se constituyen como sujetos morales de su conducta. Sin sujeto, ni docilidad ni servidumbre voluntaria; pero también –y, para Foucault, sobre todo– ni arte de la "indocilidad reflexiva" ni "arte de la inservidumbre voluntaria".[28]

"Frente a la normalización y contra ella, *El cuidado de sí*": como escribe el filósofo de las ciencias, era "natural, en el sentido propiamente axiológico, que Foucault emprendiera la elaboración de una ética".[29] Entre el saber y el poder, *Obrar mal, decir la verdad* desliza a modo de cuña el sujeto: si el gobierno pasa por la formación de los *ethoi* en los cuales los individuos se constituyen como sujetos de su conducta, el desprendimiento de sí –"volverse capaz de desprenderse de sí mismo en forma permanente"–[30] es por ende la condición de posibilidad ética de las formas de resistencia política a que invita su filosofía. Pero el curso muestra igualmente que la noción de una conciencia transparente a sí misma no es más que una modalidad del sujeto. En este sentido, desprenderse de sí mismo es también desprenderse de la ficción de ese punto cero del conocimiento y –a pesar de lo que piensa al respecto la egología moderna, contra Descartes y Kant, pero partiendo de una misma exigencia– aprender a ver en el sujeto de la tradición filosófica y del discurso de la ciencia un avatar de la relación imaginaria de los seres humanos con sus condiciones de existencia.

* * *

* Modos de ser. [Nota de E. C.]

De *Obrar mal, decir la verdad: función de la confesión en la justicia* el lector informado no conoce desde hace tiempo más que cinco clases transcritas en una copia mecanografiada conservada en el IMEC [Institut Mémoires de l'Édition Contemporaine] y establecida sobre la base de casetes de audio que no han podido encontrarse. Esa copia nunca se sometió a ninguna corrección. El curso no había podido publicarse: por un lado, la copia mecanografiada no incluía el texto de la sexta y última clase; por otro, exhibía errores manifiestos.

Investigaciones más exhaustivas permitieron encontrar en la Escuela de Criminología una copia del manuscrito original de la conferencia inaugural y de la primera clase, así como trece casetes en formato U-matic que sirvieron de soporte de la grabación audiovisual del curso, solicitada por aquella escuela al Centro Audiovisual de la universidad. Los casetes U-matic incluyen las seis clases públicas, sin la conferencia inaugural.

En consecuencia, para establecer el texto disponíamos de las siguientes fuentes:

- para la conferencia inaugural, una copia del manuscrito original y la copia mecanografiada;
- para la primera clase, una copia del manuscrito original, una grabación audiovisual y la copia mecanografiada;
- para la segunda, tercera, cuarta y quinta clases, una grabación audiovisual y la copia mecanografiada, y
- para la sexta clase, una grabación audiovisual.

El texto de la conferencia inaugural se estableció sobre la base del manuscrito original. Para hacer más fluida la lectura se modificó la disposición espacial, que tiene a veces la forma de puntos a desarrollar. La edición de las seis clases siguientes toma como referencia la grabación audiovisual, que representa la palabra pronunciada públicamente por Foucault. Frente a las lagunas generadas por el cambio de casete audiovisual hemos reproducido a pie de página, siempre que fue posible, la transcripción hecha en la copia mecanografiada.

De acuerdo con Daniel Defert y François Ewald, hemos decidido seguir las orientaciones establecidas para la edición de los cursos en el Collège de France y presentar la transcripción más literal posible. De todos modos, el paso de lo oral a lo escrito impuso algunas intervenciones: así, tuvimos que introducir la puntuación y el recorte de párrafos; cuando pareció necesario, suprimimos las repeticiones, restablecimos las frases interrumpidas y corregimos las frases incorrectas. Hemos señalado los pasajes ilegibles o inaudibles. Un asterisco a pie de página indica los agregados conjeturales, así como las interacciones con los oyentes.

El aparato crítico da referencias y precisiones bibliográficas, identifica otros textos donde Foucault se ocupa de los mismos temas y propone a los investigadores pistas para nuevas investigaciones. Las citas han sido verificadas –y completadas, llegado el caso– y sus referencias se indican en notas.

Como apéndices hemos incluido dos entrevistas con Michel Foucault realizadas en ocasión de su estadía en Lovaina. El texto de la entrevista con André Berten, del 7 de mayo de 1981, se estableció sobre la base de la grabación audiovisual realizada por el Centro Audiovisual de la universidad a pedido de la Escuela de Criminología. La edición de la entrevista con Jean François y John de Wit, del 22 de mayo de 1981, se basa en la copia mecanografiada, establecida sobre la base de una grabación de audio hoy perdida; esa copia mecanografiada se encontró en los archivos de Jean François. La versión presentada aquí difiere del texto publicado en los *Dits et écrits*, que consiste en la traducción francesa de una adaptación de la entrevista publicada luego de una primera traducción en una revista holandesa.

Nos hemos beneficiado con las relecturas, las correcciones y los valiosos comentarios de Daniel Defert, François Ewald, Françoise Tulkens y Jean-Michel Chaumont, miembros del comité científico conformado para acompañar el trabajo de edición. Les agradecemos cálidamente la ayuda que nos brindaron y el tiempo que nos dedicaron.

Esta edición del curso de Lovaina ha sido autorizada por los herederos de Michel Foucault. Hemos procurado estar a la altura de la confianza que ellos depositaron en nosotros.

NOTAS

1 Los trabajos presentados en el marco del seminario fueron reunidos y editados por Françoise Tulkens en F. Tulkens (comp.), *Généalogie de la défense sociale en Belgique (1880-1914): travaux du séminaire qui s'est tenu à l'Université Catholique de Louvain sous la direction de Michel Foucault*, Bruselas, Story-Scientia, 1988. Tulkens también redactó la introducción y editó uno de los grandes textos de la doctrina de la defensa social: Adolphe Prins, *La Défense sociale et les transformations du droit pénal* (1ª ed.: Bruselas, Misch et Thron, 1910), Ginebra, Éditions Médecine et Hygiène, col., "Classiques Déviance et Société", 1986 [trad. cast.: *La defensa social y las transformaciones del derecho penal*, Buenos Aires, Ediar, 2010].

2 Las entrevistas concedidas a André Berten, por un lado, y a Jean François y John de Wit, por otro, se reproducen en este volumen. De común acuerdo

con Daniel Defert, se decidió no incluir la entrevista concedida a Christian Panier y Pierre Watté, ya reproducida con el título "L'intellectuel et les pouvoirs" en M. Foucault, *Dits et écrits 1954-1988* (en lo sucesivo *DE*), ed. de Daniel Defert y François Wahl, vol. IV, *1980-1988*, París, Gallimard, 1994, texto nº 359, pp. 747-752 [trad. cast.: "El intelectual y los poderes", en *El poder, una bestia magnífica: sobre el poder, la prisión y la vida*, Buenos Aires, Siglo XXI, 2012, pp. 159-165].

3 Además de Françoise Tulkens, hay que mencionar a Michel van de Kerchove (véase, entre otras referencias, *Le Droit sans peines: aspects de la dépénalisation en Belgique et aux États-Unis*, Bruselas, Publications des Facultés Universitaires Saint-Louis, 1987) y Foulek Ringelheim (véase F. Ringelheim [comp.], *Punir mon beau souci: pour une raison pénale*, Bruselas, Presses de l'Université Libre de Bruxelles, 1984, en especial su artículo "Le souci de ne pas punir", pp. 355-379). Michel van de Kerchove participó activamente en el seminario de investigación sobre la genealogía de la defensa social coordinado por Foucault. Foulek Ringelheim se entrevistó en dos ocasiones con este: la primera, antes de *Vigilar y castigar*, en 1973 (véase M. Foucault, "À propos de l'enfermement pénitentiaire", entrevista con Anne Krywin y F. Ringelheim, *Pro Justitia: Revue Politique de Droit*, 1[3-4], monográfico: *La Prison*, octubre de 1973, pp. 5-14; reed. en *DE*, vol. II, *1970-1975*, texto nº 127, pp. 435-445 [trad. cast.: "A propósito del encierro penitenciario", en *Un diálogo sobre el poder y otras conversaciones*, Madrid, Alianza, 2001]), y la segunda, en diciembre de 1983 (F. Ringelheim, "Qu'appelle-t-on punir? Entretien avec Michel Foucault", en F. Ringelheim [comp.], *Punir mon beau souci*..., ob. cit., pp. 34-46, reed. en *DE*, vol. 4, texto nº 346, pp. 636-848 [trad. cast.: "¿A qué llamamos castigar?", en *La vida de los hombres infames: ensayos sobre desviación y dominación*, Madrid, La Piqueta - Endymion, 1990]; la transcripción de esta segunda entrevista fue íntegramente revisada y corregida por Foucault el 16 de febrero de 1984, cuatro meses antes de su muerte).

4 Commission pour la Révision du Code Pénal, *Rapport sur les principales orientations de la réforme*, Bruselas, Moniteur Belge, 1979.

5 Véanse F. Tulkens, "Introduction au thème du séminaire", en F. Tulkens (comp.), *Généalogie de la défense*..., ob. cit., p. 7; F. Tulkens (relatora), "Observations et commentaires de membres de la Faculté de Droit et de l'Ècole de Criminologie de l'Université Catholique de Louvain au sujet du *Rapport sur les principales orientations de la réforme de la Commission pour la Réforme du* Code Pénal", dirigido al ministro de justicia, Lovaina la Nueva, 1982, mimeografiado, sintetizado en F. Tulkens, "La réforme du Code Pénal en Belgique: question critique", *Déviance et Société*, 7(3), 1983, pp. 197-218, y "La réforme du code pénal: vers quelle stratégie de changement?", en F. Ringelheim (comp.), *Punir mon beau souci*..., ob. cit., pp. 380-403.

6 Al respecto, véanse F. Tulkens, "Introduction au thème du séminaire", ob. cit., p. 7, y, de manera más detallada, "La réforme du Code Pénal en Belgique...", ob. cit., pp. 197-218. A riesgo de ser demasiado técnicos, algunas indicaciones acerca de esta causa, que movilizó a Foucault. El Código Penal belga representaba en momentos de su promulgación, en 1867, "la expresión más consumada del derecho penal clásico"; bajo la influencia de los promotores de la doctrina de la defensa social y las "ciencias criminales" nacientes, pronto se le añadieron "leyes complementarias" (ley del 27 de noviembre de 1891 sobre la vagancia y la mendicidad, ley de defensa social del 9 de abril de 1930 con respecto a los anormales y los delincuentes reincidentes) que hacían de la peligrosidad un segundo pretexto para la criminalización de los individuos y su encierro. Presentado en 1979, el *Rapport sur les principales orientations de la réforme* anuncia las derivas

securitarias que marcarán las décadas de 1990 y 2000. Como señalaba F. Tulkens en "La réforme du Code Pénal en Belgique...", cit., en el plano doctrinal ese informe puede "ser objeto de una doble lectura [...]: una lectura del tipo de la 'culpabilidad' del derecho penal clásico o neoclásico, y una lectura del tipo de la 'peligrosidad' de la defensa social" (p. 206). No hay cuestionamiento alguno al papel del Estado o a la naturaleza y las funciones del derecho penal, cuyo alcance, eficacia como modo de producción de la seguridad colectiva y lugar entre los mecanismos de protección y control parecen darse por sentados (ibíd.): el informe se limita a prolongar la "superposición de racionalidades" característica del derecho penal belga, al reafirmar la importancia del principio de legalidad de los delitos y las penas –"que no 'puede debilitarse mediante incriminaciones vagas o que apuntan a un mero estado peligroso, ni a través de sanciones indeterminadas'" (ibíd., p. 205)–, antes de orientarse hacia disposiciones "[que ponen el acento] sobre el peligro que representa el autor de la infracción" ("Cinquième orientation", cit. ibíd., p. 207). Así, los miembros de la Comisión, sosteniendo a semejanza de Prins que "el juez debe juzgar a un hombre que ha cometido hechos y ya no únicamente hechos cometidos por un hombre" (véase Adolphe Prins, *Science pénale et droit positif*, Bruselas y París, Bruylant - Marescq, 1899, cit. ibíd., p. 210), proponen, con la excusa de simplificar las reglas del concurso material de infracciones, soluciones que atentan contra el principio de autoridad de la cosa juzgada e instituyen nuevas "formas de incriminación de un *estado peligroso* incompatibles con el principio de la legalidad de las incriminaciones afirmado por otra parte" (ibíd.). Así, recomiendan además "extender por un lado el campo de aplicación de la tentativa punible a todas las infracciones, y por otro, prever una pena idéntica para la tentativa y la infracción consumada", y se muestran deseosos de reprimir "más el estado de peligro manifestado por el autor que el trastorno social causado por la infracción" (ibíd., p. 211). Al sugerir abandonar "la definición descriptiva y limitativa de los actos de participación criminal" e incriminar la complicidad por abstención, socavan ese baluarte de la libertad y la seguridad de los gobernados que constituye la referencia al concepto de acto en derecho penal (ibíd., p. 212). Y así sucesivamente: estas proposiciones no son más que ejemplos. En suma, concluía Françoise Tulkens, "la orientación *peligrosidad* está manifiestamente inscrita en las proposiciones de la Comisión" (ibíd., p. 213); va de consuno en ellas con la diversificación de las penas y su individualización judicial, que el informe –en contradicción con el principio de legalidad– proponía como reemplazo de la individualización legal con motivo de una "personalización" informada por "las adquisiciones de las ciencias humanas sobre la dinámica de las conductas desviadas y la eficacia de las intervenciones compulsivas" (cit. ibíd., p. 205). El disgusto que expresaba Tulkens da testimonio de la función en ese entonces atribuida a la criminología: la autora lamentaba que la Comisión sólo estuviese formada por juristas; para colmo, apenas tres de ellos eran criminólogos; la criminología crítica problematizaba ciertos conceptos que para los juristas habían alcanzado un estatus de evidencia, entre ellas la "noción de peligrosidad" o la "función de neutralización del encarcelamiento" (ibíd., pp. 201-202).

7 M. van de Kerchove, "Culpabilité et dangerosité: réflexions sur la clôture des théories relatives à la criminalité", en Christian Debuyst, con la colaboración de F. Tulkens (comps.), *Dangerosité et justice pénale: ambigüité d'une pratique. Actes du colloque du 50e anniversaire de l'École de Criminologie de l'Université Catholique de Louvain*, Ginebra y París, Éditions Médecine et Hygiène - Masson, col. "Déviance et Société", 1981, p. 299.

8 Véase Colin Gordon, "Introduction", en M. Foucault, *The Essential Works of Foucault, 1954-1984*, vol. III, *Power*, ed. de J. D. Faubion, trad. de R. Hurley y otros, Nueva York, The New Press, 2000, p. xxx.
9 Véase C. Debuyst, con la colaboración de F. Tulkens (comps.), *Dangerosité et justice pénale…*, ob. cit.
10 Véanse F. Tulkens, "Introduction au thème du séminaire", cit., p. 5, y, de manera más detallada, Jean François, "Aveu, vérité, justice et subjectivité: autour d'un enseignement de Michel Foucault", *Revue Interdisciplinaire d'Études Juridiques*, 7, 1981, pp. 163-182.
11 Véase F. Tulkens, "Introduction au thème du séminaire", cit., pp. 5-13.
12 Cita de una frase pronunciada por Françoise Tulkens; referencia probable a Manfred Brusten, que en 1981 asignaba a la criminología la función de "conciencia crítica de la sociedad". Al respecto, véase Manfred Brusten, "Vers une criminologie sous tutelle étatique? Problématiques en perspective et stratégies de solution sous l'angle de la recherche universitaire", *Déviance et Société*, 5(2), 1981, p. 177.
13 M. Foucault, clase del 22 de abril de 1981, p. 39 del presente volumen.
14 Íd.
15 Ibíd., p. 40 del presente volumen.
16 Íd.
17 Ibíd., p. 38 del presente volumen.
18 M. Foucault, conferencia inaugural, p. 28 del presente volumen.
19 Ibíd., p. 29 del presente volumen.
20 M. Foucault, "Le souci de la vérité" (entrevista con François Ewald), *Magazine Littéraire*, 270, mayo de 1984, reeditada en *DE*, vol. IV, texto nº 347, p. 676 [trad. cast.: "El cuidado de la verdad", en *Estética, ética y hermenéutica: obras esenciales*, t. III, Barcelona, Paidós, 1999].
21 M. Foucault, conferencia inaugural, p. 27 del presente volumen.
22 Véase "Entrevista de Michel Foucault con Jean François y John de Wit" (22 de mayo de 1981), pp. 263-279 del presente volumen.
23 M. Foucault, "About the beginning of the hermeneutics of the self: two lectures at Dartmouth" ("Subjectivity and truth" y "Christianity and confession", conferencias pronunciadas en inglés en la Universidad de California en Berkeley el 20 y 21 de octubre de 1980 y en el Dartmouth College el 17 y 24 de noviembre de 1980), ed. de M. Blasius, *Political Theory*, 21(2), mayo de 1993, pp. 198-227; ed. de S. Lotringer y L. Hochroth, en M. Foucault, *The Politics of Truth*, Nueva York, Semiotext(e), 1997, pp. 147-191.
24 M. Foucault, "Subjectivité et vérité. Cours au Collège de France, 1980-1981", inédito hasta la fecha.
25 M. Foucault, "Usage des plaisirs et techniques de soi", *Le Débat*, 27, noviembre de 1983, pp. 46-72; reed. en *DE*, vol. IV, texto nº 338, pp. 540-541 [trad. cast.: "Uso de los placeres y técnicas de sí", en *La inquietud por la verdad: escritos sobre la sexualidad y el sujeto*, Buenos Aires, Siglo XXI, 2013, pp. 159-186]; "Histoire de la sexualité", cuadernillo adjunto a la edición original de *Histoire de la sexualité*, vol. II, *L'Usage des plaisirs*, París, Gallimard, 1984 [trad. cast.: *Historia de la sexualidad*, vol. II, *El uso de los placeres*, Buenos Aires, Siglo XXI, 2008], y *L'Usage des plaisirs*, ob. cit., p. 11.
26 Georges Canguilhem, "Sur l'*Histoire de la folie* en tant qu'événement", *Le Débat*, 4(41), 1986, pp. 37-40.
27 M. Foucault, *Le Courage de la vérité. Le Gouvernement de soi et des autres II. Cours au Collège de France*, 1984, París, Gallimard - Seuil, 2009, p. 10 [trad. cast.: *El coraje de la verdad: el gobierno de sí y de los otros*, t. II, *Curso en el Collège de France (1983-1984)*, Buenos Aires, FCE, 2010, p. 27].

28 M. Foucault, "Qu'est-ce que la critique? [Critique et *Aufklärung*]", sesión del 27 de mayo de 1978, *Bulletin de la Société Française de Philosophie,* 84(2), abril-junio de 1990, p. 39 [trad. cast.: "¿Qué es la crítica? (Crítica y *Aufklärung*)", *Daimon, Revista de Filosofía,* 11, 1995, pp. 5-26].

28 G. Canguilhem, "Sur l'*Histoire de la folie...*", cit., p. 40.

30 M. Foucault, "Le souci de la vérité", cit., p. 675.

Conferencia inaugural
2 de abril de 1981

Leuret, la confesión y la operación terapéutica – Efectos supuestos del "decir veraz" sobre uno mismo y el conocimiento de sí – Caracteres de la confesión – Extensión en las sociedades cristianas occidentales: de los individuos ligados a su verdad y obligados en sus relaciones con los otros por la verdad dicha – Un problema histórico político: cómo se liga el individuo a su verdad y al poder que se ejerce sobre él – Un problema histórico filosófico: cómo están ligados los individuos por las formas de veridicción en las que participan – Un contrapunto al positivismo: la filosofía crítica de las veridicciones – El problema del "¿a quién se juzga?" en la institución penal – Práctica penal y tecnología de gobierno – El gobierno por la verdad.

En una obra consagrada al tratamiento moral de la locura y publicada en 1840, Leuret, un psiquiatra francés, se refiere a la manera como ha tratado a uno de sus enfermos.[1] Tratado y, afirma, curado. El señor A. tenía un delirio de persecución y alucinaciones. Una mañana Leuret lo lleva al baño y lo pone de pie bajo la ducha. Comienza entonces una larga conversación, que resumo. El médico pide al enfermo que cuente bien en detalle su delirio.

El doctor Leuret: "En todo eso no hay una sola palabra que sea verdadera; usted dice locuras. Y porque está loco, lo retenemos en Bicêtre".

El enfermo: "No creo que esté loco. Sé lo que vi y oí".

El doctor Leuret: "Si quiere que esté contento con usted, tiene que obedecer, porque todo lo que le pido es razonable. ¿Me promete no pensar más en sus locuras, me promete no hablar más de ellas?"

Vacilante, el enfermo promete.

El doctor Leuret: "Muchas veces ha faltado a su palabra sobre este punto: no quiero contar con sus promesas; va a recibir una ducha hasta que confiese que todas las cosas que dice no son más que locuras".

Y le aplican una ducha helada sobre la cabeza. El enfermo reconoce que sus imaginaciones no eran más que locuras y que va a trabajar. Pero agrega: lo reconozco "porque me fuerzan a hacerlo".

Nueva ducha helada.

"Sí, señor, todo lo que le dije son locuras."

"¿Estaba loco, entonces?", pregunta el médico.

El enfermo vacila: "Creo que no".

Tercera ducha helada.

"¿Estaba loco?"

El enfermo: "¿Ver y oír es estar loco?"

"Sí."

Entonces, el enfermo termina por decir: "No había mujeres que me insultaban ni hombres que me perseguían. Todo eso es una locura".

No sigo. A fuerza de duchas, a fuerza de confesiones, el enfermo, como podrán suponer, se curó efectivamente. Como había reconocido estar loco, ya no podía estarlo.

Esta es, desde luego, una idea con la que nos encontramos a lo largo de toda la historia de la psiquiatría: no se puede a la vez estar loco y tener conciencia de que se está loco; la percepción de la verdad desaloja el delirio. Y entre todas las terapias aplicadas a la locura con el transcurso de los siglos, encontramos mil maneras o astucias imaginadas para que el enfermo tome conciencia de su propia locura. Pero Leuret busca otra cosa. O, mejor aún, intenta alcanzar ese resultado por un medio muy singular. De ningún modo trata de persuadir al enfermo; en el fondo, se burla totalmente de lo que pasa en la conciencia de este. Lo que quiere es un acto preciso, una afirmación: "Estoy loco". La confesión como elemento decisivo en la operación terapéutica.[2]

* * *

Hace mucho que este pasaje de Leuret me impresiona. Su contexto histórico inmediato es fácil de señalar. Poco tiempo antes se había votado una famosa ley, la llamada ley de 1838,[3] que organizaba en Francia la cooperación entre el poder administrativo, que decide el encierro obligatorio de ciertos enfermos mentales, y la autoridad médica, que está encargada de autenticar la enfermedad, tratarla y eventualmente curarla. Está claro que Leuret hace desempeñar un papel importante a la "confesión" del enfermo: este debe rubricar él mismo los certificados que lo encierran; después de las voces del médico y el prefecto, la suya es la tercera voz que autentifica esa locura que le es propia. Y al mismo tiempo, mediante la confesión, el enfermo tiene que exponerse a una acción médica que debe conducir a su liberación. Es un elemento absolutamente lógico en el sistema del encierro terapéutico: "Les reconozco el derecho a encerrarme; les ofrezco la posibilidad de curarme". Tal es el sentido de esa confesión de locura: firmar el contrato asilar.

Pero me pareció que ese gesto de Leuret resultaba interesante por otras razones. Se sitúa en una época en que el tratamiento de los locos procuraba alinearse con la práctica médica, que obedecía al modelo dominante de la anatomía patológica: el médico, para conocer la verdad de la enfermedad, no debía escuchar el discurso del enfermo, sino los síntomas del cuerpo. Ahora bien, con respecto a esa norma científica, la exigencia (formulada por el médico) de una confesión de enfermedad (formulada por el enfermo) parece muy extraña. Como si la lógica médico-administrativa, que hacía tan necesaria esa confesión, introdujera por eso mismo una práctica muy ajena a las exigencias del saber psiquiátrico y a lo que podía conferirle autoridad, tanto a los ojos de la administración como en lo referido a la medicina.

Allí se deslizaba, en efecto, un elemento extraño. Y cargado de una larga historia. No pienso simplemente en el lugar y las formas que había podido adoptar en las instituciones judiciales o religiosas. Pienso en viejas significaciones o valores de los que seguía cargado, y sobre cuyo origen sabemos tan poco. Detrás de la confesión incitada por Leuret, y muy cerca de ella, presentimos el vínculo, tantas veces reconocido, entre la pureza y el decir veraz (sólo quienes son puros pueden decir la verdad; tema antiguo que encontramos en la obligación de virginidad y en la necesidad de continencia para recibir la palabra de Dios). Así, se puede reconocer igualmente el tema de que decir la verdad purifica (y de que el mal se arranca del cuerpo y del alma de aquel que, al confesarlo, lo expulsa). E incluso el tema de que decir la verdad acerca de una cosa anula, borra, conjura esa verdad misma (mi alma se vuelve más blanca si confiesa que es negra).

Detrás de la confesión exigida por Leuret está esa larga historia de la confesión, esas creencias inmemoriales en los poderes y efectos del "decir veraz" en general y, en particular, del "decir veraz sobre sí mismo". [...] Hay algo que me parece singular: Dios sabe si los mitos, las leyendas, los cuentos, los relatos –en una palabra, todo lo que desde nuestro punto de vista es lo no verdadero– suscitaron estudios etnológicos. Pero, después de todo, también el decir veraz está inmerso en tejidos rituales densos y complejos, acompañado de numerosas creencias, y se lo dota de extraños poderes. Tal vez habría que hacer toda una etnología del decir veraz.

Pero en la práctica de Leuret, uno siente con claridad que no está presente sólo el peso de todo ese pasado confuso. La exigencia de la confesión introducía además un nuevo problema. Cuando toda la medicina de la época tendía a la exposición, la pormenorización de los síntomas que constituían en cierto modo el lenguaje natural de la enfermedad, cuando toda esta medicina tendía a admitir el derecho al discurso veraz sólo en los médicos, que analizaban e interpretaban el lenguaje de los síntomas, entonces Leuret introduce entre la enfermedad y el médico el discurso del enfermo, la cuestión de lo que es verdadero o falso para él. No se limita a establecer la obligación del enfermo de decir la verdad, sino que plantea como cuestión esencial para su terapéutica la relación de conocimiento que el enfermo mantiene consigo mismo. Para establecer su práctica, fundar su intervención terapéutica y abrir la posibilidad de una curación, el médico necesita un discurso veraz del enfermo acerca de sí mismo. De Leuret, no digo simplemente a Freud sino a un vasto conjunto de prácticas, es fácil reconocer todo un desarrollo que aún nos es contemporáneo.

En todo caso, gracias a esta escena singular, en la intersección entre una tradición tan lejana y una práctica tan reciente, se me ocurrió la idea de estudiar la "obligación de decir la verdad sobre sí mismo". Trataré, primero, de proponerles un breve análisis de lo que podemos entender por confesión (análisis del *speech act*). Luego haré un sobrevuelo teórico de los problemas históricos y filosóficos que, a mi juicio, se entrelazan en la práctica de la confesión. Para terminar, me ocuparé de la razón que tengo para estar aquí: la práctica de la confesión en las instituciones judiciales y sobre todo penales.

* * *

Un diccionario francés dice que la confesión es la declaración escrita u oral mediante la cual uno reconoce haber dicho o hecho algo. Y agrega como ejemplo la confesión de una falta. Me parece que podemos conservar el marco general de esta definición, según la cual, en la confesión, el que habla afirma algo acerca de sí mismo. Pero no bien avanzamos un poco, la definición ya no parece suficiente. Por un lado, dice demasiado poco del acto mismo de la confesión. Declarar –aunque sea solemnemente, aunque sea ritualmente– que se ha hecho o dicho algo no basta para constituir una confesión. Puedo declarar que ejerzo tal o cual oficio, y eso no será una confesión. Puedo reconocer públicamente unas palabras que he pronunciado, y eso no será forzosamente una confesión. ¿Hay que remitirse entonces al contenido de la afirmación, a la naturaleza de la cosa afirmada, como lo sugiere el ejemplo del diccionario? La declaración de la profesión será una confesión si soy traficante de drogas. O bien, reconocer una cosa que he dicho será una confesión para mí si la cosa dicha es una mentira. Pero ahora pedimos demasiado y damos una definición demasiado restringida. Después de todo, puedo tener que confesar mi edad o confesar mi amor, una enfermedad, un sufrimiento. En síntesis, la confesión es más que una mera declaración, pero es otra cosa que la declaración de una falta cometida* por el sujeto hablante.

Volvamos a Leuret y la confesión que procura obtener.

1. No es una falta lo que Leuret intenta hacer confesar. ¿Es tal vez algo desconocido, invisible? No, porque el enfermo está notoriamente loco; además, ha manifestado su delirio a lo largo del interrogatorio, y Leuret está convencido de su condición: con la "confesión", el conocimiento no avanza ni un milímetro. Lo que separa una confesión de una declaración no es lo que separa lo desconocido de lo conocido, lo visible de lo invisible, sino lo que podríamos llamar cierto costo de enunciación. La confesión consiste en pasar del no decir al decir, suponiendo que el no decir tiene un sentido preciso, un motivo particular, un valor importante. Así, para el señor A. no decir que está loco, rechazar esta declaración, es fundar su pedido de salida. O aún más: cuando alguien declara su amor, se tratará de una confesión si el hecho de declararlo implica el riesgo de tener un costo.[4]

2. Pero eso no es todo. En la escena entre Leuret y su enfermo hay un episodio importante, cuando el segundo dice: "Y bien, sí, usted me fuerza a hacerlo, reconozco que estoy loco", constatación llena de lucidez, habida cuenta de que bajo la ducha, la ducha fría, él estaba efectivamente bajo coacción. Y lo insensato es la respuesta del médico, que replica: "Eso no me basta; le impongo otra ducha para que, con toda libertad, usted reconozca que está loco". Conocida pretensión del poder que quiere forzar a ser libres a aquellos a quienes somete. Y sin embargo, en sentido estricto la única confesión que puede haber es la confesión libre. Bien lo sabían los inquisidores de la Edad Media: para que las declaraciones arrancadas bajo la tortura fueran confesiones, era menester que se repitieran tras el suplicio. ¿Por qué es necesario que la confesión, aunque

* Palabra descifrada a partir de una abreviatura; también podría tratarse de "conocida".

se haya obtenido mediante un apremio, se suponga libre para surtir sus efectos morales, jurídicos, terapéuticos? La razón es que la confesión no es simplemente una comprobación acerca de uno mismo. Es una especie de compromiso, pero un compromiso muy particular: no obliga a hacer tal o cual cosa; implica que quien habla se compromete a ser lo que afirma ser, y precisamente porque lo es. Hay una redundancia característica de la confesión que aparece con mucha claridad cuando uno le confiesa a alguien que lo ama. Si se tratara simplemente de constatar una situación de hecho, el "te amo" sería una afirmación lisa y llana. Si se tratara de comprometerse a amar, sería una promesa o un juramento, que podría ser sincero o no, pero sin ser verdadero ni falso. Pero cuando la frase "te amo" funciona como confesión, se pasa del régimen del no-decir al régimen del decir, al constituirse uno, voluntariamente, como enamorado en virtud de la afirmación de que ama. Quien confiesa un crimen se compromete en cierto modo a ser su autor; quiero decir que no sólo acepta la responsabilidad por el crimen, sino que funda esa aceptación en que efectivamente, lo ha cometido. En la confesión, quien habla se obliga a ser lo que dice ser, se obliga a ser quien ha hecho tal o cual cosa, quien experimenta tal o cual sentimiento; y se obliga porque es verdad. El enfermo de Leuret se compromete a ser loco. A no reivindicar [*ilegible*].

3. Pero esto todavía no basta para caracterizar la confesión. Cuando el enfermo de Leuret termina por decir: "Y bien, sí, estoy loco", *cede*. Dice lo que no había querido decir; pero por eso mismo se expone al poder que el médico pretendía ejercer sobre él; acepta, se somete. Eso es además lo que comprende y busca el médico, que lo aprovecha para decir: "entonces, usted va a obedecerme". En sentido estricto, sólo hay confesión dentro de una relación de poder a la que aquella brinda oportunidad de ejercerse sobre quien confiesa. Las cosas son evidentes cuando dichas relaciones de poder se definen institucionalmente, como sucede en el caso de la confesión judicial o de la confesión en la Iglesia Católica. Pero ocurre otro tanto en relaciones mucho más vagas y móviles: para que la declaración "te amo" sea una confesión, será preciso que el otro pueda aceptar, rechazar, reírse a carcajadas, asestar una bofetada o decir: "voy a contárselo a mi marido". En una palabra, la confesión suscita o refuerza una relación de poder que se ejerce sobre quien confiesa. Por eso no hay confesión que no sea "costosa".

4. Por último, hay una característica de la confesión que es sin duda la más singular y difícil de delimitar. Cuando Leuret hace confesar a su enfermo "estoy loco", no supone, claro está, que dejará de estarlo por

ese hecho mismo; al contrario, quiere obligarlo a aceptar la condición de loco. Y pese a ello, considera que el mero hecho de decirlo modificará la relación del enfermo con su locura, su manera de estar loco y por tanto su enfermedad. De igual modo, si el criminal que confiesa no es juzgado de la misma manera que aquel cuyo crimen se ha establecido a través de pruebas y testimonios, es porque se atribuye a la confesión la capacidad de modificar la relación que tiene con su crimen. Confesar un amor es empezar a amar de otra manera; si no, no es más que informar al otro de los sentimientos que uno le profesa. La confesión, a la vez que vincula al sujeto a lo que afirma, lo califica de otro modo respecto de lo que dice: criminal, pero quizá capaz de arrepentirse; enamorado, pero declarado; enfermo, pero ya lo bastante consciente y apartado de su enfermedad para que pueda trabajar en su propia curación.

Digamos, para ser breves y resumir todo esto, que la confesión es un acto verbal mediante el cual el sujeto plantea una afirmación sobre lo que él mismo es, se compromete con esa verdad, se pone en una relación de dependencia con respecto a otro y modifica a la vez la relación que tiene consigo mismo.

* * *

La confesión es, pues, una figura bastante extraña en los juegos de lenguaje. Y pese a ello, tiene desde la Antigüedad una extensión cultural, una fortuna institucional considerable en nuestra sociedad. ¿La encontramos en igual escala en otras sociedades y otras civilizaciones? No sabría decirlo. Para determinarlo sería necesaria una muy prolongada investigación. Pero si nos atenemos a "nuestras" sociedades –a las sociedades cristianas occidentales–, me parece que podríamos hablar, sin conjeturar en exceso, de crecimiento masivo de la confesión, no de crecimiento continuo, sino gradual y por áreas, por sacudidas repentinas, con detenciones y aceleraciones bruscas. Ese crecimiento tiende –y este es sin duda uno de los rasgos de nuestras sociedades– a vincular cada vez más al individuo con su verdad (y me refiero a la obligación de decir la verdad sobre sí mismo), hacer actuar ese decir veraz en sus relaciones con los otros y a estar comprometido con la verdad que ha dicho. No quiero decir que el individuo moderno deje de estar ligado a la voluntad del otro que lo manda, pero ese lazo se entrelaza cada vez más y se vincula con el discurso de verdad que el sujeto se ve en la necesidad de tener sobre sí mismo.

Querría indicar sólo algunos signos de esa extensión, esbozando un panorama un poco presuntuoso.

Primero, extensión institucional, la cantidad de instituciones que demandan la confesión: la justicia, la medicina, la psiquiatría (relaciones personales).

Segundo, extensión intrainstitucional, ejemplos en el cristianismo: la penitencia (no antes de la confesión tarifada); luego, en el siglo XIII, una vez por año; después todos los meses, ocho días, y después el examen de conciencia, la dirección de conciencia.

Tercero, extensión del ámbito: confesión cristiana y dirección de conciencia (se dice más, no se dice lo mismo; el tono no es el mismo).

Cuarto, grandes fases de confesión, crecimiento extrainstitucional: el nacimiento poco menos que simultáneo (indicación amplia) del sacramento de la penitencia, la Inquisición y, en las instituciones judiciales, el procedimiento inquisitorio, marcó otro gran avance de las formas de la confesión. Podríamos mencionar, en los siglos XVI y XVII, el desarrollo correlativo de la dirección de conciencia en las regiones católicas, de los relatos de conversión en las regiones protestantes y de toda una nueva forma de literatura en la que la confesión tiene un gran lugar. No hablemos de la confesión en los siglos XIX y XX.*

Creo que tenemos aquí un problema histórico importante. ¿Por qué este afán en demandar, solicitar esos discursos de verdad? Cuando se trata de discursos científicos, suele responderse –o buscarse la respuesta– a esta pregunta en términos de necesidades económicas y sociales. La verdad sería indispensable para las tecnologías productivas. ¿Es la respuesta adecuada? No tengo idea. Pero cuando se trata de la extraña verdad que el individuo debe producir acerca de sí mismo, no parece verosímil –no es evidente, en todo caso– que haya que ir por ese lado. Creo que hay que tratar de entender por qué se quiso vincular de esta manera al individuo con su verdad, mediante su verdad y mediante la enunciación, hecha por él, de su propia verdad. Saber cómo el individuo está vinculado y cómo acepta vincularse al poder que se ejerce sobre él es un problema jurídico, político, institucional e histórico. Creo que también es un problema jurídico, pero sobre todo institucional, político e histórico el saber cómo, en una sociedad, el individuo se vincula con su propia verdad. Ese es el marco histórico en el cual me gustaría inscribir la investigación sobre la confesión.

* En el manuscrito estos cuatro párrafos tienen la forma de una serie de listas.

[Pero] también hay un aspecto más filosófico. En segundo lugar, [por tanto,] me parece asimismo que la confesión y su práctica plantean problemas filosóficos, y que es posible considerar su estudio en el marco de una empresa crítica.

Esto es lo que quiero decir. La confesión mantiene una extraña relación con el problema de la verdad. La confesión es una extraña manera de decir veraz. En cierto sentido, siempre es verdadera (si es falsa, no es una confesión). Y las consecuencias que tiene son del todo diferentes –para el locutor y para el receptor– de lo que puede ser una aserción como esta: el cielo es azul. Constituye cierta manera de decir, cierto modo de veridicción. Es sabido que, cuando alguien enuncia algo, hay que distinguir entre enunciado y enunciación; del mismo modo, cuando alguien afirma una verdad, hay que distinguir la aserción (verdadera o falsa) y el *acto* de decir la verdad, la veridicción (el *Wahrsagen*, como diría Nietzsche).

Si llamamos filosofía crítica a una filosofía que no parte del asombro de que haya ser, sino de la sorpresa de que haya verdad, podemos ver con claridad que existen dos formas de filosofía crítica. Por una parte está la que se pregunta en qué condiciones puede haber enunciados verdaderos: condiciones formales o condiciones trascendentales. Y por otra está la que se interroga sobre las formas de veridicción, sobre las diferentes formas de decir veraz.[5] En el caso de una filosofía crítica que se interrogue sobre la veridicción, el problema no pasa por saber en qué condiciones será verdadero un enunciado, sino cuáles son los diferentes juegos de verdad y falsedad que se instauran, y según cuáles formas. En el caso de una filosofía crítica de las veridicciones, el problema no es saber cómo puede un sujeto en general conocer un objeto en general. El problema es saber cómo los sujetos están efectivamente ligados en y por las formas de veridicción en las que se involucran.[6] En este caso el problema no es determinar los accidentes históricos, las circunstancias externas, los mecanismos de las ilusiones o las ideologías, y ni siquiera la economía interna de los errores o las faltas lógicas que han podido producir lo falso. El problema es determinar cómo pudo aparecer en la historia, y en qué condiciones, un modo de veridicción, un *Wahrsagen*. Si desde el punto de vista de lo verdadero la historia sólo puede rendir cuentas de la existencia o la desaparición de lo falso, desde el punto de vista de la veridicción puede rendir cuentas de la aparición de un decir veraz. Para terminar, comprenderán ustedes que el objetivo de una filosofía crítica de las veridicciones no es constituir una "policía general" de lo verdadero o una instrumentación* bastante general para fijar las condiciones formales bajo las cuales esos enunciados podrán ser verdaderos. Se trata más bien de definir en su pluralidad los modos de veridicción, explorar las formas de obligación por las cuales cada uno de esos modos vincula al sujeto del decir veraz, especificar las regiones a las que ellos se aplican y los dominios de objetos que ponen de manifiesto, y por último las relaciones, conexiones, interferencias que se establecen entre ellos. Digamos, en una palabra, que con esta filosofía crítica no se trata de una economía general de lo verdadero, sino más bien de una política histórica o de una historia política de las veridicciones.

En ese marco general se sitúa –en calidad de ensayos, fragmentos, tentativas más o menos abortadas– lo que he tratado de hacer en diferentes dominios. No procuré saber si el discurso de los psiquiatras era verdadero, y tampoco el de los médicos, aunque este problema sea del todo legítimo; no procuré determinar a qué ideología obedecía el discurso de los criminólogos, aunque este sea asimismo un problema interesante. El problema que quise plantear era diferente: interrogarme sobre las razones y las formas de la iniciativa de decir veraz acerca de cosas como la locura, la enfermedad o el crimen.

Suele hablarse con frecuencia de la reciente dominación de la ciencia o la uniformación técnica del mundo moderno. Digamos que esa es la cuestión del "positivismo" en el sentido comtiano del término, y tal vez sería preferible asociar a este tema el nombre de Saint-Simon. Querría mencionar, para inscribir en él los análisis que les propongo, un *contrapositivismo* que no es lo contrario del positivismo, sino más bien su contrapunto. Ese contrapositivismo se caracterizaría por el asombro ante la muy antigua multiplicación y proliferación del decir veraz, la dispersión de los regímenes de veridicción en sociedades como las nuestras.

* * *

Pero no me olvido de que he venido aquí invitado por la Facultad de Derecho y por la Escuela de Criminología. Todo esto está sin duda muy lejos de las reflexiones más precisas que acaso deseen ustedes escuchar. Creo no obstante que era conveniente y honesto mostrar enseguida, aun por medio de estas proposiciones muy generales, los límites desdichada-

* Esta palabra, *instrumentación*, es de difícil lectura. La proponemos en calidad de hipótesis.

mente muy rigurosos de mis palabras. No vengo como jurista. Pero, sin una especificación profesional muy precisa –no me pregunten demasiado si soy historiador o filósofo–, llego con un problema o, mejor, un haz anudado de manera más o menos torpe por la pregunta: ¿cuáles son el lugar y el papel del *Decir veraz*[7] en la práctica judicial?

No les enseñaré nada si les digo que esta práctica que tiene por función, según sus regímenes o instancias, decir la ley o decidir su aplicación, resolver un litigio o emitir una condena; en resumen, esa institución que tiene la apariencia de trabajar en el plano de lo prescriptivo y lo decisional, consume y fabrica, utiliza y produce, suscita y enuncia una cantidad considerable de "decir veraz", de veridicciones diferentes. Ya se trate de los procedimientos de instrucción o los considerandos de un fallo, del recurso a los testimonios o las pericias, de los alegatos o las declaraciones de culpabilidad, de la interpretación de la ley o la consideración del estado de las costumbres o de datos económicos, la práctica judicial otorga un lugar destacado al decir veraz, y bajo formas notablemente diversas. Ahora bien, el acomodamiento entre esas diferentes veridicciones dista de ser obvio. Por ejemplo, la introducción de la pericia psiquiátrica en los casos penales dio lugar desde el siglo XIX a una serie de problemas y dificultades en los que el derecho de castigar se embrolló a tal punto que no sólo sus decisiones se tornaron difíciles de tomar, sino que aun sus fundamentos y justificaciones últimas amenazan con escapársele. Digamos, sin agresividad alguna: la verdad no le facilita la vida al derecho, y menos aún al derecho penal.

Querría estudiar el problema de la confesión en el marco de este problema general: decir la verdad y juzgar. Y querría estudiarlo a partir del siguiente problema, que podría ilustrar con [dos]* escenas. Una en la *Ilíada*: la carrera de carros. Uno de los dos competidores comete una irregularidad. Cuando el otro se queja, el juez propone el juramento purgatorio. El culpable prefiere no someterse a la prueba. Ha perdido. ¿Equivalente de la confesión? Tal vez. Pero lo interesante es que no necesita confesar: la situación tiene los efectos de la confesión, sin tener su

* El manuscrito lleva el número 2, tachado y reemplazado con un 3. Se agregó una hoja –sin duda un ayudamemoria relativo a una tercera escena posible– en la cual Foucault anotó: "Escena del procedimiento inquisitorial en el siglo XVII:
– investigación
– tortura
– confesión (¿?)
– después, segundo interrogatorio para obtener la confesión".

forma. Y además, no tiene lugar en el procedimiento mismo. [Comparemos con esta vieja escena la sucedida en un tribunal francés, algunos años atrás.]* Un hombre es acusado de cinco violaciones.

El presidente pregunta:

–¿Intentó reflexionar sobre su caso?

–(Silencio.)

–¿Por qué, a los veintidós años, se desencadenan en usted estas violencias? Lo que tiene que hacer es un esfuerzo de análisis. Es usted quien tiene las claves de usted mismo. Explíquemelo.

–(Silencio.)

Un jurado toma entonces la palabra:

–¡Pero, vamos, defiéndase![8]

Tenemos aquí la escena inversa de la precedente. La confesión de la falta no es suficiente. Hace falta que el acusado diga qué es él. Para dictar sentencia se necesita su verdad: su verdad dicha por los peritos y dicha también por él mismo.

Si tomamos un marco temporal extremadamente amplio, tenemos por tanto no sólo un crecimiento considerable del papel de la confesión, sino mucho más aún: una inmensa mutación que nos lleva a pasar de un fallo penal referido a actos a una extraña acción judicial cuyo objeto, cuyo principio de racionalidad y medida, es la verdad manifestada del individuo entero. Lo que querría estudiar es esta transformación: el problema del "a quién se juzga" en la institución penal.

Pero para analizar ese problema no querría atenerme exclusivamente al dominio de las instituciones judiciales y las prácticas penales. Me gustaría retomar una hipótesis ya anunciada. Resulta evidente que, para hacer inteligible la historia de la práctica penal, se la debe volver a situar en un contexto más amplio. Pero además es necesario reflexionar sobre el contexto en que va a resituársela. Decir que es la sociedad, los procesos sociales, la cuestión de las determinaciones económicas: sí, tal vez. Pero al ser demasiado fácil, un análisis semejante corre el riesgo de resultar estéril o de llevar a análisis globales [a la manera de] Kirchheimer (¿por qué el castigo de la cárcel? Respuesta: esclavitud capitalista).[9] Me parece

* Esta frase, que vincula la escena de la *Ilíada* (que Foucault analizará en la clase del 22 de abril de 1981) y la escena contemporánea (que retomará en la clase del 20 de mayo de 1981), está tachada en el manuscrito, sin duda porque, como lo sugiere en la hoja antes mencionada, Foucault quería referirse a una escena del procedimiento inquisitorial del siglo XVII (tema que retomará asimismo en la clase del 20 de mayo de 1981).

que puede ser interesante resituar ante todo esas prácticas penales como centro de un primer círculo de inteligibilidad en las técnicas de gobierno. Gobierno entendido en el sentido lato: manera de formar, transformar y dirigir la conducta de los individuos. Podríamos quizás admitir que existen tres grandes tipos de tecnologías: técnicas de producción de los objetos; técnicas de comunicación por las cuales los individuos se comunican entre sí, y técnicas de gobierno por las cuales los individuos actúan los unos sobre las conductas de los otros para alcanzar determinados fines u objetivos.[10]

Estas tres técnicas nunca son independientes unas de otras: no hay producción sin forma de comunicación ni sin dominación y conducción de la conducta; no hay técnica de comunicación en estado puro; no hay técnicas de gobierno que no pongan en acción un sistema de comunicación, y a menudo para producir algo. Lo económico, lo semiótico y lo estratégico están perpetuamente ligados. Pero, para hacer inteligible una práctica y su transformación, esos tres conjuntos tecnológicos no tienen la misma eficacia o, en todo caso, la misma inmediatez. Y, para evitar cualquier imprudencia, me parece que la práctica penal se esclarece en su organización y sus transformaciones si comenzamos por resituarla en las tecnologías de gobierno. Me pareció, por ejemplo, que el conjunto constituido por el sistema penitenciario y la práctica penal podía esclarecerse si lo comparábamos con las técnicas y procedimientos disciplinarios que vemos desarrollarse en las sociedades europeas entre los siglos XVII y XIX. De la misma manera, me pareció que el desarrollo de la confesión dentro de la práctica penal podía compararse con procedimientos que es posible encontrar en otros sitios –en las prácticas religiosas y las prácticas médicas, por ejemplo– y que tienden a ligar al individuo a la enunciación de su verdad.

Partir de esta cuestión: el gobierno por la verdad.

Querría resituar el análisis del desarrollo de la confesión penal en la historia más general de lo que podríamos llamar "tecnologías del sujeto", y me refiero a las técnicas mediante las cuales el individuo se ve inducido, sea de por sí, sea con la ayuda o bajo la dirección de otro, a transformarse y modificar su relación consigo mismo. En suma, los análisis que comienzo a hacer tienen por objeto el estudio de la confesión en la práctica penal, en cuanto esta integra regímenes de veridicción y tecnologías del sujeto.

NOTAS

1 Acerca de François Leuret (1797-1851), véanse Michel Foucault, *Histoire de la folie à l'âge classique*, París, Gallimard, 1972, pp. 540-541 [trad. cast.: *Historia de la locura en la época clásica*, Buenos Aires, FCE, 1992], que vincula al médico de Bicêtre, autor de un volumen titulado *El tratamiento moral de la locura* y publicado en 1840 en París, con el "uso de los famosos 'tratamientos morales' que hacen de la internación el principal recurso de la sumisión y la represión (Guislain y Leuret)", así como *Le Pouvoir psychiatrique. Cours au Collège de France, 1973-1974*, ed. de J. Lagrange bajo la dirección de F. Ewald y A. Fontana, París, Gallimard - Seuil, 2003, en especial pp. 108-109 (véanse también las notas de J. Lagrange, p. 19, n. 13, y pp. 38-39, n. 22) [trad. cast.: *El poder psiquiátrico. Curso en el Collège de France (1973-1974)*, Buenos Aires, FCE, 2005].

2 A propósito de la función terapéutica de la confesión exigida por Leuret a las personas cuya cura dirigía, véase en especial M. Foucault, *Le Pouvoir psychiatrique...*, ob. cit., clase del 19 de diciembre de 1973, pp. 143-170, dentro de cuyo marco Foucault presenta y comenta una cura relatada en F. Leuret, *Du Traitement moral de la folie*, París, J.-B. Baillière, 1840 [trad. cast.: *El tratamiento moral de la locura*, Madrid, Asociación Española de Neuropsiquiatría, 2001]. "De manera general", escribe, "Leuret procura, según creo, hacer del paciente alguien accesible a todos los usos imperativos del lenguaje [...]. No se trata de transformar lo falso en verdadero en el seno de una dialéctica propia del lenguaje o la discusión; a través de un juego de órdenes, de imposiciones que se formulan, simplemente se procura volver a poner al sujeto en contacto con el lenguaje en su carácter de portador de imperativos: un uso imperativo del lenguaje que se remite y se ajusta a un sistema de poder. [...] El lenguaje que vuelve a enseñarse al enfermo no le servirá para recuperar la verdad; el lenguaje que le obligan a reaprender es un lenguaje que debe dejar traslucir la realidad de un orden, una disciplina, un poder que se le impone" (p. 150 del original francés).
La confesión es uno de esos "complementos de poder agregados por el asilo a la realidad" que permiten al médico "influir en la locura y reducirla; por lo tanto, dirigirla y gobernarla"; es uno de los instrumentos cuya función es "imponer la realidad" y "afianzarla" (p. 164). Actúa disociando verdad y percepción; tiene la vocación de fijar al enfermo a su propia historia, pero a su historia tal como fue establecida "desde fuera por el sistema entero de familia, empleo, estado civil, observación médica", y no tal como él la percibe (p. 159). La verdad cuyo enunciado intenta producir Leuret con todo un arsenal de duchas no es la de una locura "que habla en su propio nombre", sino la de una locura "que acepta reconocerse en primera persona en una realidad administrativa y médica determinada, constituida por el poder asilar". La "operación de verdad" habrá de consumarse en el momento en que aquellos y aquellas cuya cura está bajo la dirección de Leuret se hayan reconocido en la "realidad biográfica" así instaurada (p. 160).
La escena que enfrenta a Leuret con el "señor A." también se narra en la primera de las dos conferencias pronunciadas por Foucault en Dartmouth en noviembre de 1980, con los títulos "Subjectivity and truth" y "Christianity and confession"; véase Michel Foucault, "About the beginning of the hermeneutics of the self: two lectures at Dartmouth", *Political Theory*, 21(2), mayo de 1993, p. 200.

3 Ley 7443 sobre los alienados, del 30 de junio de 1838. Véanse al respecto M. Foucault, *Le Pouvoir psychiatrique...*, ob. cit., clase del 5 de diciembre de 1973, pp. 95-122, y *Les Anormaux. Cours au Collège de France, 1974-1975*,

ed. de V. Marchetti y A. Salomoni bajo la dirección de F. Ewald y A. Fontana, París, Gallimard - Seuil, 1999, clase del 12 de febrero de 1975, pp. 126-154 [trad. cast.: *Los anormales. Curso en el Collège de France (1974-1975)*, Buenos Aires, FCE, 2000], así como Robert Castel, "Les médecins et les juges", en M. Foucault (presentación), *Moi, Pierre Rivière, ayant égorgé ma mère, ma sœur et mon frère: un cas de parricide au XIXe siècle* (1973), París, Gallimard, col. "Folio Histoire", 1994, pp. 379-399 [trad. cast.: *Yo, Pierre Rivière, habiendo degollado a mi madre, mi hermana y mi hermano... Un caso de parricidio del siglo XIX presentado por Michel Foucault*, Barcelona, Tusquets, 1976] .

4 En la relectura, Foucault incluye (con otra estilográfica) una frase luego tachada: "¿Pero en qué consiste ese costo?" La cuestión del costo de la confesión anuncia las del riesgo inherente a la *parresia* y el coraje de la verdad, desarrolladas en los dos últimos cursos en el Collège de France. Véase M. Foucault, *Le Gouvernement de soi et des autres. Cours au Collège de France, 1982-1983*, ed. de F. Gros bajo la dirección de F. Ewald y A. Fontana, París, Gallimard - Seuil, 2008 [trad. cast.: *El gobierno de sí y de los otros. Curso en el Collège de France (1982-1983)*, Buenos Aires, FCE, 2009], y *Le Courage de la vérité. Le Gouvernement de soi et des autres II. Cours au Collège de France, 1984*, ed. de F. Gros bajo la dirección de F. Ewald y A. Fontana, París, Gallimard - Seuil, 2009 [trad. cast.: *El coraje de la verdad: el gobierno de sí y de los otros, II. Curso en el Collège de France (1983-1984)*, Buenos Aires, FCE, 2010].

5 Esta distinción anuncia la que Foucault elige para iniciar la primera clase de su último curso: la distinción entre análisis de las estructuras epistemológicas y análisis de las formas aletúrgicas. Véase M. Foucault, *Le Courage de la vérité...*, ob. cit., pp. 4-5.

6 Esta cuestión aparece en los tres últimos cursos en el Collège de France. Véanse M. Foucault, *L'Herméneutique du sujet. Cours au Collège de France, 1981-1982*, ed. de F. Gros bajo la dirección de F. Ewald y A. Fontana, París, Gallimard - Seuil, 2009 [trad. cast.: *La hermenéutica del sujeto. Curso en el Collège de France (1981-1982)*, Buenos Aires, FCE, 2002]; *Le Gouvernement de soi et des autres...*, ob. cit., y *Le Courage de la vérité...*, ob. cit.

7 "Decir veraz" figura con mayúscula en el manuscrito original.

8 Foucault reproduce este mismo diálogo al comienzo del siguiente texto: M. Foucault, "L'évolution de la notion d''individu dangereux' dans la psychiatrie légale du XIXe siècle", en *Dits et écrits 1954-1988* (en lo sucesivo *DE*), ed. bajo la dirección de Daniel Defert y François Wahl, vol. III, *1976-1979*, París, Gallimard, 1994, texto nº 220, p. 443 [trad. cast.: "La noción de 'individuo peligroso' en la psiquiatría legal del siglo XIX", en *Estética, ética y hermenéutica: obras esenciales, vol. III*, Barcelona, Paidós, 1999, pp. 37-58]. El texto, publicado por primera vez en inglés en el *International Journal of Law and Psychiatry*, 1(1), 1978, pp. 1-18, con el título "About the concept of the 'dangerous individual' in 19th century legal psychiatry", fue traducido al francés y publicado en la revista *Déviance et Société*, en cuyo comité editorial participaba un miembro de la Escuela de Criminología de Lovaina; véase M. Foucault, "L'évolution de la notion d''individu dangereux' dans la psychiatrie légale du XIXe siècle", *Déviance et Société*, 5(4), 1981, pp. 403-422. En ese número de la revista, el artículo de Foucault constituye una de las contribuciones a un debate sobre la peligrosidad, junto con las de T. W. Harding, "Le dompteur face à la dangerosité" (pp. 369-370), Saleem A. Shah, "Dangerosité: quelques considérations sur les plans légal, politique et de la santé mentale" (pp. 371-382), y Jean Dozois, Michèle Lalonde y Jean Poupart, "La dangerosité: un dilemme sans issue? Réflexion à partir d'une recherche en cours" (pp. 383-398).

9 Foucault hace referencia a lo que en *Surveiller et punir. Naissance de la prison,*

París, Gallimard, 1975, p. 29 [trad. cast., revisada y corregida: *Vigilar y castigar: nacimiento de la prisión*, Buenos Aires, Siglo XXI, 2008, p. 33], llama el "gran libro de Rusche y Kirchheimer". Véanse Georg Rusche y Otto Kirchheimer, *Punishment and Social Structure*, Nueva York, Columbia University Press, 1939; versión francesa: *Peine et structure sociale*, trad. e introducción de R. Lévy y H. Zander, París, Éditions du Cerf, 1994 [trad. cast.: *Pena y estructura social*, Bogotá, Temis, 1984].

10 Este punto se desarrolla en M. Foucault, "Subjectivity and truth" (véase "About the beginning of the hermeneutics…", cit., p. 203).

Clase del 22 de abril de 1981

Una etnología política e institucional de la palabra verdadera – Decir veraz, decir justo – Límites del estudio – Veridicción y jurisdicción en la Ilíada *de Homero – El combate de Menelao y Antíloco – Objeto de la confesión de Antíloco – Justicia y agon; agon y verdad – La carrera y el desafío del juramento, dos liturgias de lo verdadero, dos juegos destinados a representar con justeza la verdad de las fuerzas – Un ritual de conmemoración – Veridicción y jurisdicción en* Los trabajos y los días *de Hesíodo – El* dikazein *y el* krinein *– El juramento de los litigantes y los cojuradores en el* dikazein*: un juego de dos, cuyo criterio es el peso social de los adversarios – El juramento del juez en el* krinein*: un juego de tres, cuyo criterio es el dikaion – Del peso social de los adversarios a la "realidad de las cosas":* dikaion *y* alethes.

[...][*] La serie de cursos que comienzo hoy, entonces –en fin, que comencé la vez pasada, pero durante una introducción general–, la serie de cursos que querría dictar, me habría gustado darle como exergo un texto que encontré en Georges Dumézil, en una obra que se llama *Servius et la fortune*. El texto es este:

* El curso comienza con una frase de la que sólo se escuchan las últimas palabras, seguidas de una serie de puntualizaciones: "[...] es decir algo un poco austero, medianamente aburrido, que debía tomar en parte la apariencia de una explicación de texto. Entonces, me siento un poco incómodo por tener que hablar frente a un público tan numeroso; porque, como saben, los efectos espaciales son importantes para la voz que uno trata de conseguir y hay cosas un poco meticulosas que es difícil decir de pie, con micrófonos, con un *spotlight* y un auditorio tan solemne. No sé muy bien, entonces, cómo vamos a hacer, tal vez si quieren, en algún momento cambiaré la disposición e intentaremos hablar de una manera menos relajada, en fin, *yo* intentaré hablar de una manera menos relajada. Bueno".

> Por mucho que nos remontemos en el comportamiento de nuestra especie, la palabra verdadera es una fuerza a la cual pocas fuerzas pueden resistirse. La verdad apareció muy pronto ante los hombres como una de las armas verbales más eficaces, uno de los gérmenes de poderío más prolíficos, uno de los fundamentos más sólidos de sus instituciones.[1]

Este texto me parece una introducción a la vez breve y excelente –no sólo breve, sino excelente– a lo que de manera un poco solemne podríamos llamar una etnología política e institucional del decir veraz, de la palabra verdadera. Me refiero a lo siguiente: desde luego, es muy posible, es muy legítimo, es muy deseable estudiar el decir veraz, estudiar las aserciones desde el punto de vista de las condiciones formales o empíricas que permiten decir si son verdaderas o falsas. Pero creo que también se puede estudiar el decir veraz de una manera etnológica, para decirlo de algún modo, y me refiero al decir veraz como práctica social: estudiarlo como arma en las relaciones entre individuos, estudiarlo como modificador de fuerza en quienes hablan y, por último, como elemento dentro de una estructura institucional.

En suma, se trataría de estudiar el decir veraz, yo diría la veridicción, a la vez en las relaciones humanas, las relaciones interhumanas, las relaciones de poder y los mecanismos institucionales. De manera más precisa, mi proyecto aquí, en esta serie de cursos, sería estudiar las relaciones entre lo que Georges Dumézil llamaba, entonces, la palabra verdadera, entre la veridicción y esa otra palabra que podríamos llamar la palabra de justicia y que, en suma, consiste en decir lo que es justo y lo que hay que hacer para instaurar o restaurar la justicia. Palabra de verdad y palabra de justicia, veridicción y jurisdicción: creo que estas son dos formas fundamentales de la actividad de hablar, dos formas fundamentales cuyas relaciones han sido, sin duda, uno de los problemas más difíciles, más enigmáticos que la especie humana y las sociedades humanas hayan tenido que tratar. Cómo decir la verdad y decir lo justo a la vez; cómo la palabra de verdad puede ser el fundamento de la palabra de justicia; en qué sentido, en qué medida la palabra de justicia, la jurisdicción, necesita la veridicción. Me parece que este es uno de los grandes problemas que ha atravesado toda la historia de nuestras sociedades.

Dentro de ese marco de las relaciones entre la jurisdicción y la veridicción, por tanto, querría situar las palabras que me gustaría pronunciar. Y, como es obvio, quiero limitar ese campo muy general, y limitarlo de cuatro maneras. Primero, respecto de la jurisdicción y la veridicción, sólo haré un análisis estrictamente histórico. No quiero decir, claro está, que los problemas generales y formales de las relaciones entre veridicción y jurisdicción carezcan de importancia o interés: es indudable que las relaciones entre decir veraz y decir justo merecen estudiarse por sí mismas. Pero me limito a un problema histórico y cultural: querría tratar de ver cómo, en diferentes momentos de nuestra historia y diferentes formas de la institución judicial, se ligaron la actividad de decir la verdad y la actividad de decir lo justo, la actividad de veridicción y la actividad de jurisdicción.

En segundo lugar, a esta primera limitación agregaré otra: me limitaré al problema de la penalidad. Los problemas de jurisdicción y veridicción merecerían, por supuesto, tratarse con referencia, por ejemplo, al derecho civil. No cabe duda. Me conformaré con tomar en consideración el problema de la penalidad por razones de facilidad y también, a la vez, porque me parece que las correlaciones entre la institución judicial y las otras prácticas sociales aparecen allí con mucha más claridad. Hablaré, pues, del problema jurisdicción y veridicción con referencia a la cuestión precisa del "obrar mal" en las instituciones judiciales.

Tercera limitación: aplicaré esta cuestión de las relaciones entre jurisdicción y veridicción exclusivamente al problema de la confesión; no, lo reitero, porque la confesión sea la única manera de relacionar veridicción y jurisdicción. El problema del testimonio, por ejemplo, el de la pesquisa, son también problemas a través de los cuales podríamos ver el entrelazamiento de las relaciones entre veridicción y jurisdicción. Escogí la confesión por razones que mencioné la última vez que nos reunimos.[2] Porque la confesión, creo, es una pieza procesal muy particular en nuestro sistema penal, muy compleja, muy difícil; me parece que la cuestión de la confesión plantea toda una serie de problemas de derecho muy generales. Y también porque la confesión es una práctica que encontramos fuera del derecho –práctica moral, práctica religiosa– y sin duda es interesante ver las interferencias entre cada una de esas prácticas de la confesión.

La cuarta y última limitación –y con esto llego al tema del curso de hoy– es que la historia de la confesión como forma de vínculo y relación entre veridicción y jurisdicción en la práctica penal, esta historia de la confesión, sería interesante, desde luego, poder trazarla desde los orígenes hasta nuestros días. En seis clases no es posible, claro está, hacer ese recorrido de manera exhaustiva. Simplemente escogeré, pues, tres momentos que me parecen importantes, tres dominios, y trataré de esclarecerlos sucesivamente, teniendo en cuenta que no soy un jurista, ni siquiera un historiador del derecho.

Tomaré por lo tanto tres dominios. En primer lugar el dominio griego –el dominio del prederecho griego, como suele decirse,[3] el dominio del derecho griego–, porque me parece que en él vemos establecerse en las formas arcaicas cierto modo de ligazón muy diferente de la nuestra entre lo verdadero y lo justo, entre lo que los griegos llamaban *alethes* y lo que llamaban *dikaion*. Y creo que a través de la estructura agonística del prederecho griego, a través de la práctica del juramento y la lenta emergencia del poder judicial, podemos ver cómo se organizaron en Grecia las relaciones entre la veridicción y la jurisdicción, y cómo surgió con una intensidad especial el problema de la confesión. Dedicaré a ese dominio griego dos clases: la clase de hoy, que se consagrará al problema de la contienda, lo verdadero y lo justo –*agon, alethes, dikaion*–, y la próxima, que se consagrará, por supuesto, al problema de Edipo y el saber del tirano. Las dos clases siguientes se referirán al dominio medieval y cristiano: procuraré mostrarles de qué manera el derecho medieval dio lugar a una concepción del sujeto que se había formado en la pastoral cristiana, y cómo ligó a esta concepción del sujeto formado en la pastoral cristiana cierta práctica de la indagación que estaba ligada al desarrollo del poder eclesiástico y el poder del rey. Esas dos clases siguientes, en consecuencia, se ocuparán del problema: confesión, confesión cristiana, indagación. Para terminar, las dos últimas clases se referirán al dominio moderno y contemporáneo y se ocuparán esencialmente de los problemas de la confesión, el examen y la pericia.

Por tanto, primera clase sobre el derecho griego; más exactamente, sobre el prederecho griego y la manera como vemos ligarse, en las primerísimas manifestaciones de ese prederecho griego, el problema del combate, la verdad y la justicia o, para ser más exactos, del combate, lo verdadero y lo justo. Hay un texto, un gran texto que es el primero en dar testimonio de la existencia y la práctica de algo bastante similar a la confesión judicial. Encontramos ese texto en Homero: puede decirse que en él tenemos la primera emergencia, la primera aparición de una especie de confesión judicial o de algo análogo a la confesión judicial; en un texto de Homero. Es un muy largo pasaje que va del verso 257 al verso 650 del canto XXIII, en que, durante una escena muy complicada, muy rica, vemos todo un juego entre relaciones de fuerza, manifestación de la verdad y resolución de un litigio.[4] Ese texto, en el canto XXIII, forma parte del relato de los juegos que Aquiles organiza y ofrece para honrar la memoria de Patroclo. En esos juegos organizados por Aquiles, y como primera prueba, hay una carrera de carros. En esta carrera de carros participan unos cuantos competidores. Menciono a estos competidores por orden de dignidad, de precedencia, de condición, y verán que estas cuestiones son importantes en toda esa historia. Está Diomedes, hijo de Tideo; está Eumelo, hijo de Admeto; está Menelao; está Antíloco, hijo de Néstor, y está alguien cuya importancia, ya lo verán, es bastante menor, y que se llama Meríones.[5]

Entre todos esos competidores está pues, en cuarta posición, Antíloco. Ahora bien, desde el comienzo este está iluminado por una luz muy particular. Antíloco es hijo de Néstor y, en el momento en que se levanta después de los otros tres para manifestar su intención de participar en la carrera, luego del anuncio de Aquiles de que va a haber una carrera y que quienes quieran participar en ella no tienen más que levantarse, pues bien, él se levanta. Y en ese momento su padre, el sabio Néstor, se le acerca y le dice: "Sabes muy bien que tus caballos son lentos, más lentos que los de los demás, y que, por consiguiente, las cosas irán mal para ti en la carrera que va a comenzar. Pero", agrega Néstor,

> si bien tus caballos son lentos, hay en cambio medios, artificios, astucias que permiten que la fuerza no siempre se imponga. Por ejemplo, un leñador, cuando tiene maña, puede perfectamente llevar a cabo un trabajo más importante que otro que sea, empero, más vigoroso que él. De la misma manera, un piloto no necesita simplemente vigor y fuerza: necesita ingenio. Pues bien, del mismo modo, aunque tus caballos sean más lentos que los de los demás, tal vez puedas ganar si tienes astucias, si aprendes algo, y ese algo que no sabes yo voy a enseñártelo.[6]

Y en ese momento Néstor le explica una técnica que por lo demás parece una técnica relativamente simple, en fin, para los que saben conducir carros, desde luego: cómo hay que girar alrededor de un mojón. En efecto, la carrera es de ida y vuelta y todos los carros deben girar al llegar a un mojón. Néstor, entonces, le indica a Antíloco que, cuando llegue a la altura del mojón, tendrá que inclinarse,* deberá frenar al caballo y, como está del lado de adentro, deberá, impulsarlo en dirección contraria, hacia afuera, y rozar el mojón sin tocarlo, claro está, porque

* Foucault hace una pregunta que suscita la risa de la audiencia: "tendrá que inclinarse hacia el lado de adentro –sí, creo que es hacia adentro, en fin, ya no sé, ustedes tal vez lo sepan–, bueno, para ser breve, tendrá que inclinarse... no, debe inclinarse hacia el lado de afuera, ¿no? Sea como fuere, debe inclinarse".

de hacerlo destrozaría su carro. Y de ese modo, por ese medio, podrá corregirse, modificarse, invertirse la relación de fuerzas existente en el punto de partida.

En consecuencia, la carrera puede comenzar en ese momento, y se lleva a cabo. Ahora bien, si la carrera se desarrolla con una red de irregularidades continuas, estas irregularidades provienen ante todo de los dioses. Puesto que Diomedes, que es el más fuerte de todos, comienza la carrera a la cabeza y se habría mantenido así todo el tiempo si Apolo, que es su enemigo, no le hubiera tendido una trampa para hacerle perder el látigo, de manera tal que Diomedes, incapaz de espolear a sus caballos, se sume en la confusión. En ese momento, Atenea, al ver que Apolo ha hecho caer en una trampa a Diomedes, a quien ella protege, acomete contra el protegido de aquel –Eumelo– y, se puede decir así, lo tira directamente al suelo de tal manera que Eumelo queda herido y su carro, un poco quebrado; entretanto, Atenea entrega un látigo a Diomedes, que puede así continuar la carrera. Esta, por lo tanto, está llena de trampas tendidas por los dioses. Pero por otro lado hay una astucia humana, un ardid humano que es precisamente el de Antíloco. Ahora bien, lo interesante es que este no aplica la receta que le ha sugerido el sabio Néstor. Antíloco hace otra cosa que va a ser objeto de cuestionamiento y respecto de la cual deberá instaurarse, establecerse un procedimiento judicial que habrá que estudiar con detenimiento.

¿Qué es lo que hace Antíloco, para suscitar así todos los problemas que van a seguir? Y bien, esto: Antíloco estaba pues detrás de Menelao, porque este era más fuerte que él y, en consecuencia, avanzaba con mayor rapidez. Antíloco se inclina sobre sus propios caballos y les dice: "Harían bien en apresurarse un poco y correr más rápido, porque tengan la certeza de que, si no obtienen un premio, mi padre Néstor va a jugarles una mala pasada y los sacrificará al término de la carrera".[7] No bien escuchan eso, los caballos, desde luego, dan un brinco y logran ponerse a la par de Menelao. Y los dos carros están exactamente en la misma línea. Perdónenme que me demore en todos estos detalles, pero ya verán que son importantes. Tenemos entonces a los dos carros exactamente en la misma línea. Ahora bien, están en la misma línea en el momento preciso en que el camino se estrecha y sólo puede pasar uno, y no dos. En ese momento Menelao le dice, le grita a Antíloco: "Ten cuidado, no vamos a poder pasar los dos, déjame entonces pasar y, si puedes, me alcanzarás después".[8] Antíloco dice: "De ningún modo. No voy a frenar mi carro".[9] Como no lo frena, a punto está de haber un accidente; pero en ese momento Menelao, para evitarlo, disminuye la velocidad y deja pasar a Antíloco. Y la carrera prosigue entonces, ahora de manera regular. Diomedes, que ha recuperado el primer lugar gracias a la intervención de Atenea, se impone en la competencia. Antíloco, que no ha dejado pasar a Menelao, llega segundo. Menelao llega tercero. Meríones, que no tiene un papel muy importante, llega cuarto. Y el desdichado Eumelo, derribado por Atenea, herido y con el carro maltrecho y desarticulado, llega penosamente último.

Ahora, pues, van a poder entregarse los premios. El premio corresponde, claro está, y sin problemas, a Diomedes; mejor dicho, Diomedes se apodera del premio ya que tiene derecho a él. Y ahí, en ese momento, interviene Aquiles para decir:

> Bueno, Diomedes, ganaste, te llevas el premio, pero el segundo premio se lo daré a Eumelo, que fue derribado por Atenea y llegó último, pero bien merece el segundo premio porque es muy fuerte e incluso el mejor [*ho aristos*] y, en esa condición, tiene derecho a él.[10]

Antíloco se rebela contra esta entrega del segundo premio a Eumelo, y dice:

> ¡Pero fui yo quien llegó segundo! Que Eumelo haya sido en efecto derribado por Atenea es un asunto entre él y los dioses; ¡no tenía más que invocarlos y entenderse con ellos, y habría llegado en la posición que le correspondía! Sin embargo, no lo hizo; por tanto quien debe recibir el segundo premio soy yo. Y si tú, Aquiles, lo amas lo suficiente para darle algo, y él merece efectivamente algo porque es un buen conductor, hay que darle un premio extra, pero no el segundo.[11]

Cosa que Aquiles encuentra perfectamente justa y legítima, por lo cual acepta entregar a Eumelo un premio extra, una coraza, y, por consiguiente, dar el segundo premio a Antíloco, que es quien de hecho llegó en segundo lugar.

En ese momento Menelao, a su turno, se pone de pie, se subleva, y, encarando a Antíloco, le dice lo siguiente: "Antíloco, tú que hasta aquí eras sabio, ¿qué has hecho? Has empañado mi valor, has perjudicado a mis caballos al lanzar por delante a los tuyos, que eran muy inferiores [*hoi toi poly cheirones esan*, que eran muy inferiores]".[12] Y, en ese concepto, Menelao reivindica para sí el premio, el segundo premio. Pero no quiere, sin embargo, no quiere que se diga que lo ha obtenido violentando a Antíloco y que ha impuesto su victoria con mentiras: quiere que la verdad de su victoria se reconozca sin violencia y de verdad. Propone entonces que sean los jefes, los guías de los argivos, quienes decidan, entre él y Antíloco, quién debe tener el segundo premio. Lo propone y de inmediato muda de parecer y dice: "No, finalmente yo mismo emitiré ese juicio [*egon autos dikaso*, yo emitiré el fallo]".[13] Y la traducción francesa –bueno, la que yo tengo a mano– dice: "Mi sentencia será recta" (sentencia, *dike*, recta, *itheia*).[14] Como es obvio, *dike* no puede traducirse por "sentencia", porque es muy evidente que Menelao no dicta la sentencia. En realidad, propone un modo de resolución: la *dike* que propone no es la justicia, no es la sentencia justa, es la justa resolución del litigio, del conflicto que lo opone a Antíloco.

¿Y cómo van a desarrollarse las cosas? ¿Qué es esa justa resolución del conflicto entre Antíloco y Menelao? Este propone a Antíloco que se ponga en la posición ritual del juramento, de pie, delante de sus caballos, que empuñe con la mano derecha el látigo cuyo extremo tocará la cabeza de estos, y que, en esa postura, jure que él, Antíloco, no obstaculizó voluntariamente y con un ardid el carro de Menelao.[15] Esa es la *dike*, la forma de resolución que Menelao propone a Antíloco.

Como respuesta, Antíloco no dice "confieso", ni siquiera "no quiero jurar", sino simplemente:

> Sí, tú, Menelao, eres el más entrado en años y el mejor [*proteros kai areion*].[16] Yo soy el más joven, y la juventud está sujeta al extravío; en consecuencia, te entrego a ti, Menelao, este premio que, no obstante, era mío. Toma este segundo premio [se trata de una yegua] y, más aún, si quieres sumar alguna otra cosa al premio dado por Aquiles, yo estoy dispuesto a dártela. Y estoy dispuesto a dártela porque no quiero que tú, Menelao, dejes de amarme, no quiero que me alejes de tu corazón y tampoco quiero ser culpable frente a los dioses.[17]

A lo cual Menelao da una respuesta que es la de la magnanimidad. Le dice:

> Ahora que has renunciado al juramento y que, por consiguiente, has reconocido, yo voy a renunciar al premio en disputa. Te lo cedo, Antíloco, porque tú, Antíloco, usualmente eres prudente, porque bien sé que si has hecho lo que has hecho, fue

> debido a que tu propia juventud te ha vencido, y porque has combatido a los troyanos por mí, Menelao; tú, tu padre, tu hermano, todos han combatido por mí. A causa de ello renuncio al premio, pero de ahora en más no se te ocurra ya engañar a quien es mejor y más fuerte que tú.[18]

En consecuencia, el segundo premio queda en manos de Antíloco, luego de concederse el premio extra a Eumelo. Menelao va a recibir por tanto el tercer premio, y el cuarto se otorgará a Meríones. En cuanto al quinto que queda, veremos qué va a ser de él, porque esclarece otro aspecto de esta historia.

Perdónenme la lentitud y la meticulosidad y haber contado esta historia que tal vez muchos de ustedes ya conozcan. De hecho, se trata de una escena muy compleja, sobre cuya significación y estructura creo que hay que interrogarse. Primera pregunta: ¿es justo y legítimo poner en juego esta escena, citarla, invocarla en una historia de la práctica judicial? ¿Estamos de veras frente a una escena judicial? ¿No se trata simplemente de una disputa entre dos atletas que han competido durante unos juegos? ¿No se trata simplemente de un episodio de esos juegos? ¿Y no hay que buscar la verdadera escena judicial en otro pasaje de Homero, el famoso pasaje del canto XVIII en que se describe el escudo de Aquiles y vemos una escena de la que hablaremos dentro de un rato, una escena judicial con dos personas que disputan en relación con la resolución del precio de la sangre, que están rodeadas de cojuradores y que, en medio de la multitud, se presentan ante los jueces que tienen que pronunciar su sentencia?[19] Quizá sea esa la verdadera escena judicial, y no esta que, después de todo, es una pendencia entre dos atletas que buscan, que codician el mismo premio.

En realidad, creo que esta escena es efectivamente una escena judicial. Es una escena judicial porque, en primer lugar, todas las decisiones tomadas por Aquiles para dar el premio extra a Eumelo, para aceptar el desafío de Menelao, todas esas decisiones, se tomaron con el parecer y el acuerdo de los guerreros presentes en su torno y a quienes se preguntaba si, en efecto, las cosas podían y debían ser así. Cada vez que Aquiles quiere hacer alguna modificación en los resultados aparentes de la carrera, apela a esa opinión de los guerreros.[20] Por otra parte, el vocabulario utilizado en ese texto homérico y los gestos que se designan en él son siempre netamente jurídicos. Cuando se observa lo que hace cada uno de los competidores en el momento de tomar el premio o reivindicarlo para sí, se encuentran gestos, gestos que serán, en los documentos más tardíos, absolutamente característicos de los utilizados para marcar la apropiación de algo.[21] Detrás de esta escena y de los gestos que los distintos competidores hacen para adueñarse de su premio se plantea la cuestión de la condición jurídica de los premios así entregados. ¿A quién pertenecen? ¿Pertenecen a los donantes hasta el momento en que alguien se apodera de ellos, en que [el premio] es otorgado al ganador? ¿O hay que considerarlos como *res nullius* [cosa de nadie] que están ahí, en medio del campo, y de las que alguien se apropiará en función de la victoria? ¿Cuál es el título de propiedad, cuál es la legitimidad de la apropiación permitida por la victoria? Para terminar, hay de hecho toda una serie de cuestiones jurídicas muy precisas y complejas que atraviesan la escena de Homero, y que pueden identificarse en los gestos que se hacen y las palabras que se emplean.[22]

Además, y sobre todo, lo que prueba a las claras que no estamos frente a una escena de competencia atlética, sino a una escena judicial con todas las letras, es que el juramento pedido por Menelao tiene una forma ritual, una forma jurídico-religiosa muy estricta. Es preciso que Antíloco se ponga de pie, es preciso que tenga el látigo en la mano, es preciso que el látigo toque la cabeza de los caballos. Por otra parte, cuando da a Antíloco la fórmula del juramento y le dice "haz esto y aquello", en ese momento, Menelao aclara bien que, por un lado, da su *dike,* es decir la forma de resolución judicial que ha escogido, y por otro, que todas esas formas, todos esos rituales son, como él dice, conformes a la *themis,* es decir a las reglas que permiten zanjar un litigio.[23] Estamos en el mundo de *Dike* y *Temis,* el mundo de las reglas, el mundo de la liquidación de un conflicto.

Pero si es verdad que se trata sin duda de un procedimiento judicial, por otra parte es necesario recordar –y creo que este es un aspecto muy importante de toda la historia– que ese procedimiento judicial tiene, de todos modos, una continuidad directa con la contienda, con la rivalidad atlética, con el *agon.* Entre la escena judicial y el *agon,* entre la escena judicial y la contienda, no hay de hecho heterogeneidad. De la contienda atlética a la escena judicial tenemos una suerte de prolongación, un continuo que no impide en absoluto que la escena judicial sea efectivamente judicial. Pero se la aprehende en su totalidad a través de un enfrentamiento que es de carácter atlético, que es un enfrentamiento entre dos guerreros; un enfrentamiento entre dos héroes, pero que no deja nunca de ser un enfrentamiento. Y lo prueba el hecho de que en esta historia no haya juez. No hay juez. Hay una asistencia, está claro. Hay gente que da su opinión, que aprueba. Pero ¿qué aprueba? No la sentencia, sino la regularidad misma del procedimiento. Los guerreros están de acuerdo en que las cosas sucedan así. Pero no hay un juez que diga: "Así es como deben resolverse las cosas, y este es el que debe recibir el premio".

Son los combatientes mismos los que se enfrentaron en la carrera y los que ahora se enfrentan en esa resolución judicial. En un comienzo, se enfrentaron en la propia carrera, ahora se enfrentan a propósito de las condiciones en las cuales esa carrera se ha desarrollado, y se enfrentan por último a propósito de las condiciones en las cuales podrán resolverse el debate y el conflicto que han surgido entre ellos. Y el juramento mismo tiene la forma exacta de la lucha, ya que en los hechos se trata de un desafío lanzado por Menelao a Antíloco. En el fondo, Menelao le dice a Antíloco: "¿Tendrás el descaro de prestar juramento, prestar juramento en nombre de Zeus, delante de Zeus, y afirmar que no has hecho trampa? ¿Eres capaz de hacerlo?". Y en esa competencia, en ese enfrentamiento, en ese desafío, Antíloco –que ha aceptado el desafío de la carrera– va a renunciar a aceptar el reto del juramento. Y será allí donde pierda su causa: ha perdido su causa como se pierde durante una contienda cuando no se puede recoger el guante lanzado por un adversario.

Es necesario, por tanto, considerar sin duda que estamos a la vez ante una escena que es típica y exactamente judicial, y una escena que tiene al mismo tiempo toda la textura de un *agon*, de un conflicto. Les cito al respecto un texto de Gernet sobre esta contienda entre Menelao y Antíloco, en un libro muy interesante e importante que se llama *Droit et société dans la Grèce ancienne*; allí dice:

> El derecho que comienza a aparecer en la escena en cuestión, la escena entre Menelao y Antíloco, no aparece en ella como una técnica especial y profesional. Ese derecho emana de la vida misma de los juegos, hay continuidad entre la costumbre agonística y la costumbre judicial. La cuestión de la competencia se resuelve allí por sí sola; el *agon*, el combate, medio preestablecido para la decisión por la lucha, es también un medio favorable para la decisión por la sentencia.[24]

El primer punto que debe tenerse bien presente para el análisis de la escena es, en consecuencia, la continuidad del *agon* y lo judicial, el enfrentamiento del combate y el enfrentamiento judicial. La misma textura.

Segundo problema, segundo punto que hay que destacar: el problema de la verdad y el juego de la verdad. Entonces, tomemos precisamente toda la cuestión del combate, toda la cuestión del *agon*, vale decir, de la carrera y el enfrentamiento entre los distintos participantes. En su forma atlética, el *agon*, la contienda, que es el ámbito dentro del cual vamos a ver surgir el procedimiento judicial, en ese *agon*, en ese combate, ¿qué pasa? En el fondo, podríamos preguntarnos: ¿para qué sirve esa carrera? Porque la carrera que vemos desarrollarse en esos juegos, en última instancia, no se parece en nada a las que podemos conocer o las que podríamos esperar. Quiero decir: no consiste en absoluto en tomar a personas que tengan entre sí oportunidades lo más iguales posible al comienzo para que, finalmente, luego de las diferentes peripecias de la carrera, se destaque un vencedor que, para que la carrera sea buena, debe ser tan imprevisible como sea posible. Digamos que, para nosotros, una buena carrera es una carrera en la cual las oportunidades están igualadas en el punto de partida; por lo tanto, hay la mayor imprevisibilidad posible en cuanto al vencedor, y además las peripecias de la carrera hacen que este vencedor imprevisible se aparte de aquella igualdad inicial.

Podemos decir que, tal como la organiza Aquiles –tal como la vemos desarrollarse en el texto homérico–, la carrera es exactamente lo contrario. Puesto que, cuando Aquiles convoca a la competencia de carros, los héroes se levantan uno tras otro. ¿Y qué vemos cuando se levantan uno tras otro? Vemos levantarse el primero a Eumelo, de quien se nos dice que es el más fuerte, y luego a Diomedes, de quien se nos dice que es extremadamente fuerte; tras él, a Menelao, cuyos caballos son rápidos; después a Antíloco, que tiene caballos un poco menos rápidos, y por último a Meríones, de quien no se dice prácticamente nada. La designación misma mediante los adjetivos que se acoplan a sus nombres muestra con claridad desde el inicio cuáles son las fuerzas respectivas y el vigor de los caballos de cada uno de los héroes. No se los muestra en absoluto como iguales en el punto de partida. Al contrario, se levantan por turno en función de su fuerza, que en orden decreciente va desde el que debe imponerse hasta el que no tienen posibilidad alguna de hacerlo. Tenemos, pues, una presentación de los héroes que ya nos indica cuál es en verdad su fuerza. Además, luego de esta enumeración de los héroes viene la enumeración de los obsequios que va a corresponder con exactitud a los lugares y los distintos competidores que acaban de enumerarse. El primero recibirá una esclava; el segundo, una yegua; el tercero, un caldero; el cuarto, dos talentos de oro; y el quinto, un vaso de dos asas.[25] En el fondo, tenemos con ello el orden, a la vez, de las fuerzas de cada héroe y del valor de las recompensas, y se las presenta en un orden conforme a la verdad. Tal es la verdad de la fuerza respectiva de cada uno; tales son el valor, el brillo, la riqueza, la belleza de cada uno de los obsequios, y ya no queda sino constituir los pares. Es decir que la carrera ya no tiene razón de ser: ya se sabe todo. Pero ya se sabe todo porque la carrera tiene una función que no es de ningún modo la de hacer aparecer un vencedor en medio de individuos igualados y entre los cuales no es posible prever quién va a ganar.

El orden ya está predeterminado; entonces, ¿cuál es, en el fondo, la función de la carrera? La función de la carrera no es otra que la de desplegar, en cierto modo, y dramatizar un orden de verdad que se da desde el inicio. Y si la carrera es tan dramática, es precisamente porque hay gente que interfiere. ¿Que interfiere con qué objeto? Con el objeto de que la verdad no aparezca. Es lo que hacen los dioses cuando Apolo, por un lado, y Atenea, por otro, intervienen, le quitan el látigo a uno, derriban a otro. Ellos impiden que la carrera asuma su verdadera función, que es de alguna manera la de ser la ceremonia visible de una verdad ya visible. Las peripecias de la carrera y la intervención de los dioses, como por otra parte la de Antíloco, tendrán justamente el fin de enmascarar esa verdad, ocultarla e impedirle ser lo que debe ser: a saber, nada más que el desenvolvimiento litúrgico de una verdad ya conocida. Y el debate en torno a las recompensas consistirá simplemente en saber cómo restablecer esa verdad de las fuerzas que se daba al principio mediante la presentación de los competidores y las recompensas, y que la carrera, en vez de manifestarla, ha enmascarado.

La carrera debería tener por función manifestar una verdad ya reconocida. La carrera tiene por función hacer aparecer solemnemente, en una justa que es al mismo tiempo una ceremonia, las fuerzas diferentes de los héroes. Su función, en el fondo, es hacerlos desfilar de acuerdo con su verdadero valor. Y por consiguiente, lejos de ser una prueba en cuyo transcurso individuos iguales van a poder diferenciarse y mostrar a un vencedor imprevisto, la carrera no debe ser otra cosa que una liturgia de lo verdadero. O, si se quiere, para forjar, o no del todo para forjar, porque lo encontramos en el vocabulario griego tardío... Podríamos en todo caso utilizar la palabra aleturgia; vale decir, que es un procedimiento ritual para manifestar *alethes*, lo que es verdadero. Y en relación con esa carrera entendida como aleturgia, como liturgia de lo verdadero, todas las peripecias van a aparecer como fullerías, engaños y ardides. Será entonces, sin duda, cuando pueda comprenderse mejor lo muy perverso del comportamiento aparentemente tan normal –para nosotros– de Antíloco frente a Menelao.

Querría retomar ahora en ese punto el problema de la disputa entre Menelao y Antíloco. En efecto, respecto de esta disputa y de lo que pasó entre ellos, cabe señalar unas cuantas cosas. Primero, hay dos elementos que reaparecen sin cesar a propósito de Antíloco. Este, que ha hecho pues lo que va a ser motivo de disputa, no deja de recibir de un extremo a otro de la escena el calificativo de "el sabio Antíloco". En todo momento se le dice: "Antíloco, tú que eres sabio pese a ser tan joven", "Antíloco, tú que eres tan reflexivo".[26] Antíloco era sabio, era sagaz, era ponderado, en sí mismo y, a la vez, por ser hijo de Néstor, por disfrutar de sus consejos, etc. Y segundo, algo que también reaparece varias veces en el texto, por sabio que haya sido se ha dejado engañar. ¿Se ha dejado engañar por qué cosa? Por una cosa que es su juventud. Por otra parte, él mismo lo dirá finalmente en el momento de ceder: "La juventud se impuso a mi razón".[27] ¡Lo cual no le impide ser sabio! Pero en cierto modo hubo en su propio fuero íntimo un conflicto, un combate, una justa entre su juventud y su razón, y he aquí que la juventud se impuso, al menos por un tiempo, a la razón.

Ahora bien, ¿cuál es la consecuencia del hecho de que él, el tan sabio Antíloco, haya sido, al menos durante un instante, obnubilado y vencido por su juventud? ¿Qué ha hecho él en esa famosa carrera para provocar tanta inquietud y suscitar un desarrollo judicial tan complejo? ¿Ha infringido una regla? Por supuesto que no. De hecho, recordarán lo sucedido: Antíloco estaba en la misma línea que Menelao, al que había alcanzado, y se limita a negarse a ceder el paso en el momento en que es sin duda necesario que uno frene a sus caballos para que otro pueda pasar. Sencillamente se ha negado a ceder el paso, y se ha negado a ceder el paso a Menelao, que es el más fuerte. Ese es el quid de la irregularidad. El quid de la irregularidad no estriba en la existencia de una regla que prohíba pasar en tal o cual condición. Hay irregularidad, y el quid de la disputa residirá en esto: Menelao es el más fuerte, y quien no lo es ha impedido que el más fuerte pase y se aparezca como tal; y cuando la carrera termina, él es el segundo y ha dejado atrás a Menelao, tercero (pero Homero agrega –bueno, el texto homérico agrega– que si la carrera hubiera durado más, Menelao habría podido alcanzar otra vez a Antíloco y vencerlo).[28] Advertirán con claridad que el quid de la dificultad, el quid del debate, no es que Antíloco haya violado una ley. Ha impedido la manifestación de la verdad: no ha querido ceder ante el más fuerte, no ha querido hacer lugar a lo que es verdad, a saber, que Menelao es más fuerte que él. No ha infringido una regla de la carrera: ha querido perturbar la carrera en cuanto es una liturgia de la verdad.

¿Y cómo, entonces, va a restablecerse la verdad? Va a restablecerse mediante el juramento. En este punto hay que dar intervención a un pequeño elemento que hasta aquí no mencioné, y que es el siguiente: al comienzo del texto, cuando se explica en qué condiciones va a realizarse la carrera, se dice que, donde está el famoso mojón en el que hay que dar la vuelta, habrá un *histor*, un testigo, alguien que va a emplazarse allí y que se llama Fénix.[29] Ahora bien, cuando al final de la carrera se suscita el debate entre Antíloco y Menelao, ¿se recurre a ese testigo, a quien vio, a quien podría decir: "Sí, pasaron tales y cuales cosas"? De ninguna manera, ya no habrá mención a Fénix ni al *histor* a lo largo del debate, y tampoco después. También hay un público presente, pero que sólo interviene a la hora de decidir la validez de las reglas de procedimiento: no tiene intervención alguna en el plano del establecimiento de los hechos ni de la justicia de la sentencia. La verdad es restablecida. ¿Restablecida por qué? Pues bien, durante un episodio muy particular, que es el episodio del juramento o, mejor aún, el episodio del ofrecimiento de un juramento, con la posición ritual: se trata de que Antíloco jure que no ha obstaculizado a los caballos de Menelao, que no lo ha hecho voluntariamente y mediante un ardid. La palabra empleada aquí es interesante: *kerdos*,[30] que, por lo demás, no quiere decir exactamente "ardid" sino "ganancia", "búsqueda de la ventaja", y que puede utilizarse en un sentido positivo o un sentido negativo. Aquí, en un sentido negativo, es decir, que aquello que para nosotros es completamente lógico y forma parte de la esencia misma de la carrera –que cada uno procure ganar y busque su ventaja–, cobra en este caso un sentido negativo, el sentido de ardid malsano, ardid malvado, ardid perverso. Puesto que, en esta carrera, no debe haber nadie que busque *su* ventaja; es preciso que la carrera se desarrolle de tal manera que la verdad, esto es, la relación y las diferencias de fuerzas en su verdad, se manifiesten como en una ceremonia y como en una liturgia.

Y el juramento aparece en ese momento. Aparece como procedimiento judicial en el sentido de que, de ahora en más, lanzado el desafío del juramento, es necesario optar. O bien Antíloco prestará el juramento y entonces, una vez hecho esto, Menelao se verá obligado a ceder; pero, como consecuencia, la disputa entre ambos se transferirá del nivel humano de su conflicto a la dimensión divina (en cierto modo, Antíloco tendría que enfrentar a Zeus, un Zeus que estremece la tierra y al que aquel tendría que enfrentar si prestara el juramento que le pide Menelao). De ese modo, por lo tanto, en virtud del desafío de juramento, el *agon* se transferiría –y se transfiere– de la carrera a la disputa entre los dos participantes, de la disputa al ofrecimiento de una resolución a través del juramento. Este, si se prestara, haría que el *agon*, haría que la disputa –que seguiría siendo una disputa, un enfrentamiento– pasara del enfrentamiento Menelao-Antíloco al enfrentamiento Antíloco-Zeus. Y es a eso, a ese enfrentamiento, a lo que Antíloco no quiere arriesgarse: la transferencia de la estructura agonística de los hombres a los dioses será el punto con el que Antíloco tropiece.[31]

Eso es, en efecto, lo que pasa. Se realiza, por tanto, la segunda hipótesis: Antíloco renuncia a prestar el juramento. Pero aún hace falta observar cómo se produce esta renuncia al juramento. ¿Puede decirse que es verdaderamente una confesión en el sentido en que nosotros la entenderíamos? Si llamamos "confesión" un acto definido y ritualizado por medio del cual, durante un litigio, quien es acusado de una falta reconoce la validez de las acusaciones levantadas contra él y la victoria de su acusador, cabe decir, desde luego, que Antíloco ha confesado. Se trata de una confesión con todas las letras. Pero esta confesión no consiste en decir: "He cometido esta falta". No consiste en decirlo, por dos razones. Primero, porque él no lo dice y porque no existe el famoso acto verbal del "he hecho, he dicho, he cometido tal o cual cosa". En esta forma de procedimiento eso no existe. Y segundo, como verán, no se trata verdaderamente de una falta. En rigor, la confesión ¿en qué consiste? Consiste en decir –y él lo dice efectivamente–, el acto verbal pronunciado por Antíloco consiste en decirle a Menelao: "Tú eras el más fuerte, eras el primero, estabas delante de mí [*proteros kai areion*, eras el primero, eras el más fuerte]".[32] En realidad, no quiere decir en absoluto que Menelao estuviera adelante, que el carro de Menelao estuviera delante del carro de Antíloco. Quiere decir que en el orden de la verdad de las fuerzas, por decirlo de algún modo, en el orden de la verdad de la condición, en el orden del brillo propio de cada uno de los héroes, sí, Menelao era el *proteros*, era el primero. El papel de la carrera era ritualizar esa situación y esa relación; y lo que ha hecho Antíloco –y lo que ahora renuncia a hacer– era querer apagar, sofocar, debilitar el brillo de Menelao. Era hacerle sombra, infligirle un daño, como dice el propio Menelao,[33] y ponerse por consiguiente delante de él en ese orden de la realidad, que es también el orden del brillo y el orden de la gloria. Por lo tanto, la cuasiconfesión no consiste aquí en reconocer una falta ante una instancia judicial que exija saber lo que sucedió. Al renunciar a la lucha, al no aceptar esa nueva forma de *agon* que se le propone con el desafío del juramento, al declararse vencido en ese nuevo episodio de la lucha, la cuasiconfesión de Antíloco consiste en dejar que se manifieste una verdad a la que, con su actitud, él había puesto obstáculos durante la carrera. La confesión consiste en restaurar, dentro de una estructura agonística, las formas en las cuales la verdad de las fuerzas debía aparecer ritualmente.

Agreguemos ahora, para terminar con el episodio del conflicto entre Menelao y Antíloco –la carrera de carros–, algunas palabras que confirman, según creo, la función de esa cuasiconfesión como restablecimiento voluntario de la verdad de las fuerzas en el rito de la justa. Es lo siguiente: no hay que olvidar que esta carrera de carros tiene lugar en el ritual general de los funerales de Patroclo, es decir que, con esos juegos, se pretende inmortalizar o, en todo caso, hacer que sobreviva la memoria de Patroclo, a quien los vivos podrían olvidar. Y así como se han hecho los grandes sacrificios animales, toda esa gran hecatombe sangrienta que ha infundido sangre a la sombra ya empalidecida de Patroclo, es necesario procurar que este viva tanto como sea posible en la memoria de los hombres. Los juegos están destinados a eso. Se trata, en términos generales, de un rito de memoria en virtud del cual el brillo de las hazañas realizadas por los héroes debe mantenerse el mayor tiempo posible.

Ahora bien, ustedes recordarán que en esta historia un poco curiosa, y cuya estructura es a la vez muy simple y muy compleja, había cinco competidores; había cinco recompensas; estaban los dioses que impidieron la manifestación de la verdad; estaba Antíloco, que también impidió que la verdad se manifestara, y, para terminar, estaba Eumelo, que recibió un premio extra. De modo que había cinco competidores; como uno de ellos recibió un premio extra, los otros cuatro tuvieron los cuatro premios previstos y queda, pues, un quinto premio, un quinto premio que resulta estar de más. ¿Qué se va a hacer con ese premio? Pues bien, lo toma Aquiles. Lo toma y ¿a quién va a entregarlo? Va a entregarlo a Néstor, el padre de Antíloco. ¿Por qué lo entrega a Néstor? ¿Porque Néstor es un hombre de sabiduría y buenos consejos? ¿Porque había dado a Antíloco una fórmula mucho más razonable y menos perversa que la aplicada por el propio Antíloco? En el texto, nada lo indica. De hecho, lo que el texto dice para explicar el gesto de Aquiles es esto: si Aquiles toma el último premio y va a entregarlo a Néstor, es porque este es demasiado viejo para luchar. Antaño, cuando era joven, Néstor también había sido un atleta notable y un luchador que ganaba. Y cuando Néstor ve a Aquiles acercarse y entregarle ese obsequio, es efectivamente ese el sentido que atribuye a su gesto. Dice:

> Te agradezco que me des este obsequio, puesto que, en efecto,
> yo también brillaba entre todos los héroes [*meteprepon heroessin*].

> Mi corazón se llena ahora de alegría al ver que te acuerdas de mis bondades y no olvidas el honor que se me debe.[34]

Vemos con claridad que en toda esta historia de carreras, disputas y obsequios se trata a la vez de la manifestación de la verdad y de la memoria de las proezas realizadas. Combate y memoria, justa y celebración como ritual de verdad, como aleturgia, manifestación de lo verdadero a la luz del día: de eso se trata. Y en esta inmensa ceremonia de memoria, esta inmensa ceremonia en que la verdad debe manifestarse en la justa de la carrera y sobrevivir en la memoria de los hombres, en este gran juego de la verdad, la confesión de Antíloco no es otra cosa que la renuncia a lo que durante un instante, y gracias a un fraude, había mantenido velados la verdad y el verdadero brillo de los héroes. La confesión de Antíloco es la renuncia a lo que podía impedir que la verdad de las fuerzas, de las proezas, de las victorias, viniera a coronar los combates y las justas y pudiese perpetuarse en las celebraciones indefinidas de la memoria.

Al resituar así en su contexto general esta escena estrictamente judicial, propiamente judicial, vemos que aparecen unas cuantas cosas importantes sobre la que es, sin lugar a dudas, la primera escena de confesión judicial que conozcamos en la cultura occidental. En esta escena hay un único individuo que es el acusado, a la sazón, Antíloco. Un solo individuo que es a la vez el acusado, el portador de la verdad, aquel que tiene que develarla y quien tiene, en efecto, el poder de develarla; y esto, dentro de la estructura del *agon*. La idea de que hay un acusado, de que este acusado es portador de la verdad y de que le compete a él develarla porque la conoce y tiene el poder de develarla, es, como sabrán, la estructura misma que vamos a encontrar en *Edipo*.[35] Edipo también es el acusado. También es el portador de la verdad. También es él quien tiene que develarla. Y es él quien, en su carácter de rey, tiene el poder, al develarla, de extraer las consecuencias. Si comparamos lo que va a ser la confesión de Edipo con lo que ha sido la confesión de Antíloco, tenemos una misma estructura o un mismo tipo de superposición. Pero con una diferencia. En el caso de Antíloco, todo se sitúa dentro de una estructura que es la estructura de la contienda, que es la estructura del *agon*, que es la estructura de la justa entre dos guerreros dentro de una civilización o, en todo caso, de un grupo social que es el de los guerreros. Con Edipo, al contrario –y esto es lo que trataré de explicarles la vez que viene–, esa misma superposición lleva a un individuo a ser portador de una verdad que va a abrumarlo y que, por consiguiente, él tiene que manifestar por su propia cuenta, y esa manifestación y los procedimientos correspondientes ya no se desarrollarán de ningún modo en la forma del *agon*, en la forma de la justa, del enfrentamiento entre los héroes o los guerreros. Será, en cambio, dentro de una estructura judicial y política mucho más compleja donde vamos a ver, entonces, en cierta forma a través de todo un cuadro variopinto de instituciones diversas: las religiosas, las aristocráticas, las tiránicas; diferentes estructuras que, con su intervención, serán el conducto por el cual quien esté acusado habrá de ser el encargado de decir la verdad. De la condición de acusado a la de aquel que dice la verdad (esto es, que confiesa aquello de lo cual se lo acusa), el camino de Edipo, como verán, será infinitamente más largo que esa suerte de figura inmediata y hierática de quien, tras impedir el develamiento de la verdad, vacila en afrontar al mismo Júpiter y la ira de Júpiter o Zeus, y prefiere que la verdad se despliegue en su liturgia propia. La unidad del acto, la escena única que es la del desafío del juramento lanzado por Menelao, ante quien Antíloco cede, la veremos estallar, de algún modo, a través de toda una serie de estructuras, instituciones, prácticas políticas y judiciales diversas, cuando el acusado ya no sea un héroe, ya no sea un guerrero; cuando sea un rey, cuando sea un tirano, y cuando esgrima un poder que es un poder político absolutamente diferente de lo que eran el brillo, el prestigio y la prestancia del héroe guerrero de la época homérica. Será menester para ello la aparición de una instancia judicial, una instancia judicial que tendrá que decir la verdad por medio de procedimientos mucho más complejos que el juramento.

Hasta aquí, pues, la primera parte de lo que quería decirles esta noche. Me doy cuenta empero de que el tiempo ha pasado, cosa que es mi culpa, porque me extendí demasiado, y también se debe a las condiciones materiales, que llevan a hablar más lentamente cuando uno está de pie. Entonces, lo que les propongo, si no están cansados, es que me hagan algunas preguntas sobre lo que acabo de decir. Y después, eventualmente, si pueden perder diez minutos o un cuarto de hora más, les diré dos o tres cosas acerca de otro momento; en fin, ciertas modificaciones y desplazamientos en la historia de la confesión judicial en Grecia entre Antíloco y Edipo.*

* * *

* Aquí se interrumpe la grabación, cuando Foucault está diciendo "¿Han…?". Hacemos un corte que corresponde al cambio de cinta. Ese cambio genera una laguna que es imposible de colmar, salvo por medio de la copia dactilografiada en poder del IMEC.

[...][*] Lo que quería mencionar era la aparición, en el derecho griego posterior a Homero, en un período que abarca los siglos VII y VI, de dos formas de resolución judicial en las que precisamente el juramento cumple una función importante, pero con dos papeles diferentes. Podemos encontrar una huella de la existencia de esos dos modos de resolución judicial en Hesíodo, en los versos 35-39 de *Los trabajos y los días*, cuando Hesíodo, dirigiéndose a Perses, con quien está en dificultades y problemas, le dice:

> Resolvamos aquí nuestra querella [*diakrinometha neikos*] por medio de uno de esos rectos juicios que, pronunciados en nombre de Zeus, son sin duda los mejores de todos. Ya has tomado y saqueado lo suficiente los bienes ajenos, prodigando muchos homenajes a los reyes devoradores de presentes, siempre prontos a juzgar conforme a tal justicia [*basileas dorofagous, hoi tende diken ethelousi dikassai*].[36]

Tenemos, pues, dos palabras. La palabra *dikassai, dikazein,* en griego clásico, y además el verbo *diakrinometha,* cuya forma clásica y activa es *krinein,* juzgar.[37]

Me parece en rigor que estamos aquí ante dos formas de justicia diferentes. El texto de Hesíodo se limita a indicar, y contraponer, la mala justicia –la de los reyes, que es el *dikazein*– y la buena justicia que se propone a Perses como manera de resolver su diferendo. ¿Qué es la mala justicia? Es la justicia de los reyes, de los jefes locales, de los jefes de familias aristocráticas, que son sensibles a los regalos y las corrupciones y que, con ello, administran una mala justicia, gracias a lo cual se puede saquear los bienes ajenos. A esta mala justicia Hesíodo opone otra para la cual utiliza una palabra distinta, que no es *dikazein* o *dikassai,* sino *diakrinometha* (*krinein,* en fin, sobre la base del término *krinein*). La expresión misma, o el término mismo, parece indicar con claridad que se trata de un recurso que se haría de común acuerdo, un acuerdo previo entre quienes deciden resolver así, juntos, su diferendo. También parece, según el texto, que ese fallo se hace ante una autoridad, una autoridad que pronuncia sus sentencias en nombre de Zeus. Y aquí Zeus no es simplemente –como

* La clase se reanuda con una frase de la que sólo se oyen las últimas palabras: "...de trabajo en común y la solemnidad de esta arena dificultan un poco más las cosas".

lo era, por ejemplo, en la proposición de juramento hecha por Menelao– aquel a cuya ira, a cuya venganza se expone uno si hace un falso juramento. En este caso parece claro que Zeus es aquel que, por intermedio de cierta autoridad que lo invoca, va a permitir pronunciar la sentencia adecuada en contraposición a las malas sentencias de los reyes.

El texto de Hesíodo parece indicar la existencia de dos sistemas de prácticas judiciales diferentes, pero es bastante difícil sacar mucho más de él. En cambio, la legislación de Gortina[38] –que es una de las más antiguas de las que se tenga testimonio en Grecia, y que se sitúa un poco después de Hesíodo pero antes de la Grecia clásica– nos da precisamente indicaciones sobre lo que son esas dos formas judiciales, sobre el *dikazein* y sobre el *krinein*: el *dikazein*, que, por tanto, se caracterizaba como lo que sucede en la mala justicia, y el *krinein*, que, al contrario, se pone en práctica en lo que Hesíodo llama la buena justicia.[39]

¿Qué pasa en el *dikazein*? En él, los litigantes también prestan juramento como en la disputa entre Menelao y Antíloco, es decir que se exponen a las venganzas que los dioses ejercen contra los perjuros. Pero en ese *dikazein* hay más, otra cosa que no encontrábamos en el enfrentamiento Menelao-Antíloco. En efecto, en esta forma de práctica judicial, los litigantes tienen la compañía de partidarios, la compañía de personas que juran con ellos; y que juran, no haber sido testigos de un hecho, ni siquiera de poseer cierta verdad: prestan el mismo juramento que las partes, es decir, que se comprometen con la persona a la que sostienen. En realidad, no son testigos de la verdad que vienen para establecer lo que pasó efectivamente y permiten diferenciar a los litigantes y los adversarios; son cojuradores que están por fuerza de un lado o de otro, y al cojurar con cada uno de los litigantes, se exponen con él a la eventual venganza de los dioses contra los perjuros.[40]

¿Para qué sirve ese juramento, ese cojuramento de los partidarios de cada uno de los dos adversarios, junto a ellos? En esencia, al parecer, para manifestar el peso social de cada uno de los que acuden a jurar.[41] Y, desde luego, cuantos más cojuradores tienen estos, más manifiestan su poderío social y más muestran, también, que hay personas que corren el riesgo de comprometerse, de exponerse a la ira de los dioses si el juramento no es verdadero.[42] Por eso yo aludía hace un rato a la escena del canto XVIII de Homero en que tenemos una escena así, con dos litigantes. En el escudo de Aquiles se representa a dos litigantes rodeados de personas que parecen a las claras ser también cojuradores, y se enfrentan grupo a grupo.[43] En esta práctica del cojuramento –seguimos en el juramento, seguimos en el enfrentamiento, hasta cierto punto en la misma justa que hace un rato entre Menelao y Antíloco, con la salvedad de que ahora son grupos los que van a enfrentarse: está el que jura y junto a él sus cojuradores–, en esta práctica, ¿cuál es el papel de la sentencia? Su papel es, sin duda, proclamar cuál de los dos adversarios es el vencedor. Pero lo proclama, por una parte, al autenticar la regularidad de los procedimientos –al afirmar que las reglas se han observado como corresponde–, y por otra, al indicar, como si se tratara del desenlace de una relación de fuerzas, de qué lado está la razón y quién es el que ha ganado en el enfrentamiento. De tal modo, la sentencia tenía en el fondo un papel de registro de los resultados de ese enfrentamiento. En la ley de Gortina se especificaba, por ejemplo, que en un conflicto de propiedad debía imponerse automáticamente la tesis que reunía a nueve testigos.[44] Tan pronto como uno tenía nueve testigos en su favor, se imponía. Volvemos a encontrar aquí, por tanto, la estructura agonística. Se trata siempre de un enfrentamiento, una relación de fuerzas que decide el desenlace del litigio, con la diferencia de que los que se enfrentan son grupos sociales y –cosa que no veíamos en el enfrentamiento entre Menelao y Antíloco– hay una instancia que, en cierta forma, viene a clausurar ese enfrentamiento y proclamar a la vez que este se ha desarrollado como correspondía y tal o cual se ha impuesto a tal o cual otro. Eso es el *dikazein.* Y es este *dikazein* el que, es notorio, despierta muy poco aprecio en Hesíodo, que ve en él toda una serie de irregularidades posibles de parte de los reyes, de parte de los magistrados, de parte de los jefes de familia que están encargados de establecer o restablecer la paz entre quienes disputan. Tal es pues el *dikazein.*

Frente a ello, la ley de Gortina pone de relieve otro tipo de fallo que, al menos en un inicio, terció cuando no había reglas preestablecidas para zanjar un litigio. En esta otra forma de jurisdicción la gran diferencia estriba en esto: el juez mismo presta juramento;[45] es decir que vamos a tener tres juramentos: los de cada una de las dos partes y un tercero, que es el juramento del juez. Como es obvio, los historiadores del derecho han discutido mucho sobre la significación de este juramento.[46] Algunos –como Dareste–[47] estimaban que su significación era la siguiente: el juez se limitaba a prometer observar las leyes.[48] En relación con lo cual puede hacerse notar que el *krinein,* precisamente, era una forma de justicia que se ponía sobre el tapete cuando no había una ley explícita; no se advierte, en consecuencia, por qué habría que prestar el juramento de observar las leyes si no hay ley en los casos que se someten a esta forma de justicia. Otros historiadores creen que es una especie de juramento asertórico mediante el cual el juez diría: “Esto, en mi opinión, es la verdad, esto es lo que ha pasado".[49] Cosa que también es muy poco satisfactoria, dado que en muchos casos (como por ejemplo en las divisiones sucesorias) no se advierte muy bien qué vendría a hacer un juramento asertórico. Por eso, otro historiador del derecho –Gernet– considera que con ese juramento el juez se expone personalmente, asume el riesgo y ata su destino al valor de su propia sentencia.[50] Y compara este juramento del juez con lo que puede encontrarse mucho más adelante en el juramento de los anfictiones de Delfos, por ejemplo, donde, en lo tocante a disputas que afectaban los bienes y territorios de Apolo, los jueces, antes de fallar, tenían que prestar un juramento al comienzo del proceso. Un juramento que es el siguiente:

> Llamado a estatuir sobre los bienes y territorios de Apolo, en la medida de lo posible juzgaré todo el caso conforme a la verdad, sin favor ni odio, y no estatuiré injustamente de ninguna manera. Si cumplo mi juramento, pueda obtener toda clase de prosperidades. Si lo violo, que Temis, Apolo Pitio, Leteo, Artemis, Hestia y el fuego eterno me hagan perecer miserablemente y me nieguen toda salvación.[51]

En este juramento –en la existencia de este procedimiento con juramento del juez– hay, creo, diferencias capitales con los procedimientos anteriores.[52] El hecho de que el juez preste ese juramento y se exponga, de no fallar como corresponde, a la venganza de los dioses, va a dar un nuevo sentido al juramento de las partes. Ahora, los dos adversarios, cuando presten juramento, no lo prestarán como una suerte de desafío agonístico del tipo "yo me expongo a la venganza de los dioses al prestar mi juramento. ¿Tú te expondrás también a ella?". En un procedimiento de este tipo, el juramento de los dos adversarios ya no es el instrumento que permite liquidar el litigio, no es la forma regular en la que se manifiesta el enfrentamiento. Es simplemente el acto introductorio de una instancia, una manera, para cada uno de los dos adversarios, de manifestar cuál es su posición y solicitar ritualmente y en debida forma el arbitraje de un juez. En cuanto a este último, ya no es, a partir del momento en que presta un juramento de esas características, quien garantiza la regularidad de los procedimientos y constata, pondera el juego de las fuerzas entre los adversarios. Aparece en posición de tercero, como aquel que va a atribuir la victoria, aquel que va a decidir cómo conviene poner fin al litigio, qué reparaciones se deben. Y, en consecuencia, el papel de la sentencia ya no consiste en decir quién es el vencedor, quién ha observado o infringido las reglas, quién tiene, en virtud de su propio juramento y el de sus cojuradores, más peso o más fuerza. El papel de la sentencia y el papel del juez consisten en decir, entre los dos adversarios, lo que es justo, esto es, el *dikaion.*[53]

En tanto que en un procedimiento como el que vimos en el canto XXIII de Homero jamás se trataba de *dikaion* (palabra que, por lo demás, no existe en Homero: no se pide que la sentencia sea justa en su contenido, se le pide que esté de conformidad con Temis, es decir, con el conjunto de las reglas de procedimiento que permiten poner fin a un litigio), desde el momento en que se va [a disponer] de un mecanismo judicial que, al margen de las leyes y por consiguiente de las reglas de Temis, tendrá que determinar por la boca de un juez, entre dos adversarios que exponen sus respectivas tesis, una sentencia, esta no podrá apoyarse en ninguna otra cosa, no podrá referirse a ninguna otra cosa que a cierto ámbito de justicia. Un ámbito de justicia que tiene que ser pensado, meditado por el juez, admitido por los justiciables y por la población entera; por todos los que participan de una u otra manera en ese fallo. Y eso es el *dikaion.*

La emergencia del término *dikaion* –de un elemento justo como principio regulador de la sentencia– es correlativa de la aparición de un juez que, al prestar juramento, afirma su autonomía respecto de las partes y ya no deja que el proceso judicial se desarrolle en la forma del *agon*, del enfrentamiento agonístico entre las dos partes. Cuando la liquidación de un litigio se hacía en la forma del *agon* –de la lucha, una lucha que tenía su punto culminante en el juramento–, el juez no podía ser otra cosa que el garante o el testigo de la regularidad misma del procedimiento y las formas; y eso es lo que pasaba en el *dikazein.* Una vez que haya un ámbito en el cual la justicia deba intervenir como instancia autónoma encargada de fallar, no sobre la mera regularidad de las formas sino sobre el contenido mismo de la sentencia a pronunciar, una vez que tenga que tomar partido entre dos adversarios, será necesario que el juez se refiera a algo que ha de ser el *dikaion.* Como consecuencia, la estructura agonística se debilita. Ya no estamos simplemente ante dos litigantes que se enfrentan acompañados, a lo sumo, por garantes de la regularidad de su enfrentamiento; vamos a tener una estructura ternaria con un juez y dos litigantes, y la escena entre uno y otros se referirá a un nuevo dominio del que Homero no tenía idea, y que es el dominio del *dikaion.*

Es evidente entonces –pero aquí habría que entrar, desde luego, en problemas históricos que me limito a indicar– que esa emergencia[, por un lado,] de una estructura judicial autónoma que afirma su independencia y hasta cierto punto su soberanía, y por otro lado, de ese dominio del *dikaion*, está sin duda ligada a la aparición o, bueno, en todo caso a todo un problema de economía rural:[54] el problema de la deuda, el problema de la división de las propiedades, todo un conjunto de cuestiones de índole económica, de cuestiones comerciales y agrícolas que son precisamente algo que, según el modo de ver de Hesíodo, no podía competer al viejo *dikazein* aristocrático, en el cual los dos litigantes se oponían uno a otro a fuerza de juramentos ante alguien que no era más que el garante de la forma y que, en los hechos, estaba más bien al servicio de los intereses de uno y no de otro. Lo que Hesíodo reivindicaba, lo que exigía, el objetivo hacia el cual se dirigía cuando invitaba a Perses a acudir con él a algo que debía ser un *diakrinein* o un *diakrinesthai* mutuo, era justamente el recurso al arbitraje, un arbitraje con el cual cada uno estaba de acuerdo y que debía establecerse en función del *dikaion*.[55]

Me parece que tenemos aquí dos procesos que me conformo simplemente con señalar y que están ligados a todas las transformaciones sociales, a toda la aparición de nuevos problemas económicos y sociales, a toda la gran crisis de los siglos VII y VI que servirá en Grecia de introducción a la edad clásica. En medio de esta crisis vemos dos procesos. Por una parte, la autonomización de la instancia judicial que se pone por encima de los agonistas, por encima de los luchadores. Y, además, la especificación de una región del *dikaion* en la que ya no se trata meramente del respeto de las reglas de la *themis* –ya no se trata meramente del respeto del buen procedimiento–, sino del establecimiento de lo que es justo en sí mismo. Justo: ¿y por qué eso es justo? Porque así es la realidad de las cosas: es el *dikaion* y la *alethes*.[56] La verdad, ahora, ya no tiene su lugar de emergencia, de manifestación, en el juramento de los protagonistas. La verdad tiene que manifestarse en la formulación de lo que es el *dikaion*, lo que es lo justo. Y es precisamente la época en que aparecen la poesía y la filosofía griegas, que se asignan por tarea decir juntos el *dikaion* y la *alethes*, *dikaion* y *alethes* que están inscritos en el orden mismo del mundo. Creo que con ello tenemos, entonces, la introducción a un mundo jurídico, un mundo filosófico y un mundo de saber que es muy distinto. Tenemos por primera vez, me parece, la unión de *dikaion* y *alethes*, de lo justo y lo verdadero, que va a ser el problema –constante, podríamos decir– del mundo occidental.

Bueno. No he hecho más que dar algunas indicaciones.[*]

[*] Aplausos en el auditorio.

NOTAS

1 Georges Dumézil, *Servius et la fortune: essai sur la fonction sociale de louange et de blâme et sur les éléments indo-européens du cens romain*, París, Gallimard, 1943, pp. 243-244: "por mucho que nos remontemos en los comportamientos de nuestra especie, la 'palabra verdadera' es, al contrario, una fuerza a la cual pocas fuerzas se resisten. [...] La Verdad se apareció muy pronto a los hombres como una de las armas verbales más eficaces, uno de los gérmenes de poderío más prolíficos, uno de los más sólidos fundamentos para sus instituciones". Foucault también se refiere a este pasaje de Dumézil en *Leçons sur la volonté de savoir. Cours au Collège de France, 1970-1971*, ed. de D. Defert bajo la dirección de F. Ewald y A. Fontana, París, Seuil, 2011, p. 82 [trad. cast.: *Lecciones sobre la voluntad de saber. Curso en el Collège de France (1970-1971), seguido de "El saber de Edipo"*, Buenos Aires, FCE, 2012, p. 102].
2 Véase la conferencia inaugural del 2 de abril de 1981, pp. 21-36 del presente volumen.
3 Como señala Daniel Defert en M. Foucault, *Leçons sur la volonté de savoir...*, ob. cit., p. 78, n. 4, el concepto de prederecho griego remite a Louis Gernet, "Droit et prédroit en Grèce ancienne", *L'Année Sociologique* (París), 3ª serie (1948-1949), 1951, pp. 21-119, reed. en *Anthropologie de la Grèce antique*, París, François Maspero, 1968, pp. 175-260 [trad. cast.: "Derecho y prederecho en la Grecia antigua", en *Antropología de la Grecia antigua*, Madrid, Taurus, 1984, pp. 143-226], y *Droit et institutions en Grèce antique*, París, Flammarion, 1982, pp. 7-119, col. "Champs".
4 Homero [Homère], *Iliade*, canto XXIII, vv. 257-260, texto fijado y traducido por P. Mazon, vol. IV, París, Belles Lettres, 1938, pp. 108-123 [trad. cast.: *Ilíada*, Madrid, Gredos, 1991]. Foucault había presentado una primera versión de este análisis en *Leçons sur la volonté de savoir...*, ob. cit., p. 72 y ss., y en una conferencia dictada en mayo de 1973 en la Pontificia Universidad Católica de Río de Janeiro y titulada "La vérité et les formes juridiques", en *DE*, vol. II, *1970-1975*, texto nº 139, pp. 555-556 [trad. cast.: "La verdad y las formas jurídicas", en *Estrategias de poder: obras esenciales, II*, Barcelona, Paidós, 1999]. En ella caracteriza ese episodio de la *Ilíada* como "una suerte de juego de prueba, de desafío lanzado por un adversario a otro", ibíd., p. 556.
5 Homero, *Iliade*, ob. cit., canto XXIII, vv. 287-305, pp. 109-110; y vv. 351-352, p. 112.
6 Ibíd., vv. 306-350, pp. 110-112.
7 Ibíd., vv. 403-416, p. 114: "Esto es lo que tengo que decirles y esto es lo que será: no esperen que Néstor, pastor de hombres, los trate con miramientos; los matará al instante con el agudo bronce si, por su indolencia, sólo obtenemos un premio sin valor".
8 Ibíd., vv. 426-428, p. 115.
9 Diálogo agregado por Foucault. Véase ibíd., vv. 429-431, p. 115: "Antíloco no hace sino espolearlos más para que avancen; pica a sus caballos con la aguijada, como si no escuchara".
10 Ibíd., vv. 536-538, p. 119.
11 Ibíd., vv. 543-554, pp. 119-120.
12 Ibíd., vv. 570-575, p. 120.
13.Ibíd., vv. 577-580, p. 120.
14 Ibíd., v. 580, p. 120.
15 Ibíd., vv. 580-585, pp. 120-121.
16 Ibíd., vv. 587-588, p. 121.
17 Ibíd., vv. 587-595, p. 121.

18 Ibíd., vv. 602-611, pp. 121-122.
19 Ibíd., vol. III, canto XVIII, vv. 468-617, pp. 185-191 (descripción del escudo de Aquiles); véanse L. Gernet, *Droit et société dans la Grèce ancienne*, París, Recueil Sirey, 1955, p. 62: "Nuestro testimonio más antiguo [de resolución judicial] es un texto homérico (*Il.*, XVIII, 497 y ss.), la famosa 'escena judicial' del 'Escudo de Aquiles' donde vemos a dos adversarios, uno de los cuales pretende haber entregado el precio de la sangre, en tanto el otro sostiene que no le han pagado". M. Foucault, *Leçons sur la volonté de savoir...*, ob. cit., pp. 76-78, comenta esta escena.
20 Homero, *Iliade*, ob. cit., canto XXIII, vv. 534-539, p. 119. Véase L. Gernet, *Droit et société...*, ob. cit., p. 16: en el capítulo "Jeux et droit (remarques sur le XXIIIe chant de l'*Iliade*)", Gernet se explaya sobre esa "especie de derecho virtual del grupo" que se realiza de manera muy específica en el momento en que, explica, "Aquiles propone otorgar el segundo premio a Eumelo [y] los espectadores ratifican la propuesta".
21 Véase L. Gernet, *Droit et société...*, ob. cit., pp. 11-14.
22 Ibíd., pp. 9, 11-12 y 13-14. Foucault hace alusión a la discusión de la que habla Gernet en "Jeux et droit...", cit., capítulo en que el autor desarrolla su tesis sobre la utilización del vocabulario jurídico en Virgilio y Homero para describir escenas de juegos, el estatuto de los premios y la disputa a la que dan lugar. Gernet sostiene, por ejemplo: "Los premios son *res nullius* por excelencia, y adrede [...]. Los premios, según la expresión de Aquiles (273), 'esperan' a los competidores, se abandonan a quien sepa conquistarlos" (ibíd., p. 13).
23 Homero, *Iliade*, ob. cit., canto XXIII, vv. 580-585, pp. 120-121.
24 Véase L. Gernet, *Droit et société...*, ob. cit., pp. 17-18.
25 Homero, *Iliade*, ob. cit., canto XXIII, vv. 262-270, p. 108 (en realidad, la enumeración se hace antes de que los héroes se pongan de pie).
26 Ibíd., v. 305, p. 110: "por sabio que ya sea", y v. 570, p. 120: "Antíloco, tan sabio no hace mucho".
27 Ibíd., vv. 590-592, p. 121: "¿Sabes en qué radican los excesos de un joven? Vivo es el humor en él, y magra la razón".
28 Ibíd., vv. 523-527, p. 118.
29 Ibíd., vv. 359-361, p. 112. La palabra *histor* no aparece en el canto XXIII. Acerca de las significaciones que se le atribuyen y los aspectos de la función que designa, véanse las indicaciones dadas por Daniel Defert en M. Foucault, *Leçons sur la volonté de savoir...*, ob. cit., p. 79, n. 12, que cita por un lado a Jean Gaudemet, *Les Institutions de l'Antiquité*, París, Sirey, 1967, p. 140, que adjudica a la palabra "la raíz is- = wid- (latín: *video* [ver])", y por otro a Marcel Detienne, *Les Maîtres de vérité dans la Grèce archaïque* (1967), con prefacio de P. Vidal-Naquet, París, François Maspero, 1981, p. 101 [trad. cast.: *Los maestros de verdad en la Grecia arcaica*, Madrid, Taurus, 1974], que destaca los aspectos de "testigo" y "memorialista". Cabe señalar que, según el análisis de Foucault, la función del *histor* difiere en la escena de la carrera descrita en el canto XXIII y en la del escudo de Aquiles descrita en el canto XVIII. En la primera, el *histor* es un testigo –según el texto gricgo (v. 359), [...] παρὰ δὲ σκοπὸν εἷσεν (v. 360) ἀντίθεον Φοίνικα ὀπάονα πατρὸς ἑοῖο, (v. 361) ὡς μεμνέῳτο δρόμους καὶ ἀληθείην ἀποείποι; en la traducción [francesa] de Mazon: "Cerca de la meta, como observador [σκοπὸν], pone a Fénix, igual a los dioses, compañero de su padre, que señalará [μεμνέῳτο] los detalles de la carrera y le informará toda la verdad [ἀληθείην]"–, pero a ese testigo no se recurre. En la segunda, es "aquel que sabe", en el sentido de quien ha memorizado e informa, no lo que ha visto, sino los procedimientos de reparación y resolución de los diferendos; véase M. Foucault, *Leçons sur la volonté*

de savoir..., ob. cit., p. 77. Sólo en esta segunda función, a nuestro parecer, la ley escrita sustituirá al *histor* (ibíd., p. 78) en formas ulteriores de resolución de conflictos. Con relación a la figura del *histor*, véase también p. 106, n. 86 del presente volumen.

30 Homero, *Iliade*, ob. cit., canto XXIII, vv. 581-585, p. 121.

31 Al respecto, véase L. Gernet, "Droit et prédroit en Grèce ancienne", en *Droit et institutions...*, ob. cit., pp. 94-95: "¿Qué significa esto? Si Antíloco se niega a jurar, Menelao se impone; si lo presta, él mismo sigue siendo propietario. Pero no parece que eso equivalga a una prueba de la cual se deduzca el derecho. Según una concepción realmente arcaica, lo que llamaríamos administración de la prueba se dirige no a un juez que debe evaluar, sino a un adversario al cual se intenta 'vencer'. En este caso lo que el prederecho define negativamente es que en él no se trata de una verdad objetiva que pueda fundar una sentencia: ni siquiera hay aquí cabida para una sentencia, los adversarios están simplemente separados. Lo están al término de una prueba que superar.
"Esa prueba puede variar. En el prederecho, puede decirse que siempre es del tipo de la ordalía, es decir, del procedimiento que permite zanjar o ratificar al *remitir* a una de las partes o a las dos a otro mundo donde se decide su destino. En Grecia la mitología atestigua con abundancia la práctica de la ordalía en general. No la vemos utilizada con tanta frecuencia como sostenía Glotz con fines de resolución prejudicial; pero el pensamiento que la gobierna es el mismo que gobierna el uso del juramento como presunto instrumento de prueba; tanto más adelante, fuera del derecho, ese pensamiento perpetúa el ritual de juramentos que son en efecto ordalías".

32 Homero, *Iliade*, ob. cit., canto XXIII, v. 588, p. 121.

33 Ibíd., vv. 570-574, p. 120: "Has rebajado mi valor, has perjudicado a mis caballos al lanzar por delante de ellos a los tuyos, que están muy lejos de valer lo mismo".

34 Ibíd., vv. 645-650, p. 123. Al respecto, véase M. Detienne, *Les Maîtres de vérité...*, ob. cit., pp. 86-87 y, en términos más generales, pp. 82-87. La continuidad entre la guerra y los juegos, que tiene un indicador en la similitud de los mecanismos institucionales a los cuales obedecen el reparto del botín y la distribución de los premios en los juegos, permite comprender por qué se honra a Néstor y por qué Menelao reprocha a Antíloco –que como su padre y su hermano ha combatido por él– haberlo perjudicado al no ceder el paso y adelantársele en la carrera.

35 Sófocles [Sophocle], *Œdipe roi*, trad. de P. Mazon, París, Belles Lettres, 2007 [trad. cast.: *Edipo rey*, en *Tragedias*, Madrid, Gredos, 2000].

36 Hesíodo [Hésiode], *Les Travaux et les jours*, vv. 35-39, en *Théogonie - Les Travaux et les jours - Le Bouclier*, trad. de P. Mazon, París, Belles Lettres, 1928, p. 87 [trad. cast.: *Trabajos y días*, en *Obras y fragmentos*, Madrid, Gredos, 1983].

37 Al respecto, véase M. Foucault, *Leçons sur la volonté de savoir...*, ob. cit., p. 85 y ss.

38 Véase ibíd., así como Rodolphe Dareste de la Chavanne, Bernard Haussoulier y Théodore Reinach (compilación, trad. y comentarios), *Recueil des inscriptions juridiques grecques*, París, Ernest Leroux, 1891-1894, pp. 355-493, y Ronald F. Willetts (compilación, introducción, trad. ing. y comentario), *The Law Code of Gortyn*, Berlín, De Gruyter, 1967. La ley de Gortina fue descubierta en 1884 por Federico Halbherr en las ruinas grecorromanas de Gortina, Creta. Datada en el siglo V a.C., esta compilación del derecho de familia griego figura entre los corpus jurídicos más antiguos y completos conocidos hasta nuestros días. El texto, escrito en dorio, está grabado en la piedra y dividido en siete capítulos que regulan ante todo las cuestiones de la división de los bienes, el matrimonio, el adulterio, el divorcio, la adopción,

los delitos sexuales, los daños causados por y a los animales, el destino de los esclavos fugitivos, los hombres libres esclavizados e incluso la administración de justicia. Forma parte de un grupo más amplio de textos legales al que se refiere en diversas oportunidades. Se encontrarán mayores datos acerca de la ley de Gortina en L. Gernet, *Droit et société*..., ob. cit., pp. 51-59, y Michael Gagarin, *Writing Greek Law*, Nueva York, Cambridge University Press, 2008, caps. 6 y 7, pp. 122-175.

39 Véanse L. Gernet, "Appendice III. La désignation du jugement: *dikazein* et *krinein*", en *Recherches sur le développement de la pensée juridique et morale en Grèce: étude sémantique*, París, Ernest Leroux, 1917 (reed.: París, Albin Michel, col. "L'évolution de l'humanité", 2001, pp. 445-448), así como *Droit et société*..., ob. cit., pp. 63-64. En la ley de Gortina, "si el juez está obligado a pronunciarse por sí solo y no mediante la aplicación mecánica de la regla de pruebas, se le dice κρίνειν [*krinein*], ya no δικάζειν [*dikazein*]; esta forma de fallo siempre va acompañada por un juramento del juez".

40 Véase L. Gernet, *Droit et société*..., ob. cit., pp. 98-100.

41 Un ejemplo análogo en el derecho feudal y un análisis del sistema de la prueba en relación con la importancia social del acusado en el siglo XI constan en M. Foucault, "La vérité et les formes juridiques", cit., p. 574.

42 Véase L. Gernet, *Droit et société*..., ob. cit., p. 99: "Sabemos además que en una época antigua [los testigos] pueden presentarse en calidad de cojuradores, y en ínfima medida es cuestión de una verdad objetiva que un organismo judicial tenga por misión descubrir, y –en medida tanto mayor– de una fuerza que se manifiesta y se impone; así, el proceder primitivo consistirá en enumerar a los partidarios de una causa para pronunciarse a favor o en contra de ella".

43 Homero, *Iliade*, ob. cit., canto XVIII, vv. 468-617, pp. 185-191.

44 Véanse Gustave Glotz, *La Solidarité de la famille dans le droit criminel en Grèce*, París, Albert Fontemoing, 1904, p. 297: "entre los deberes recíprocos de los vecinos figura la obligación de protegerse unos a otros contra los embargos ilegales. Pero aquí el demandante no escoge a sus hombres: en Gortina se convoca a los nueve propietarios más cercanos"; Gertrude Smith, *The Administration of Justice from Hesiod to Solon*, Chicago, University of Chicago Libraries, 1924, p. 67, n. 2: *"The force of the sentence is that after each side has taken its oath that side wins on which the majority swear. The nine neighbors evidently take an oath, but the content is wholly omitted and the circumstances under which it is taken are very obscure"* ["La fuerza de la sentencia radica en que, luego de que cada parte ha prestado su juramento, se impone aquella por la cual jura la mayoría. Por supuesto, los nueve vecinos prestan un juramento, pero el contenido se omite por completo y las circunstancias en que se jura son muy oscuras"], y M. Gagarin, *Writing Greek Law*, ob. cit., p. 140 (que reproduce el texto original en un apéndice, junto con la trad. inglesa). Glotz toma como base R. Dareste de la Chavanne, B. Haussoulier y T. Reinach (comps.), *Recueil des inscriptions*..., ob. cit., pp. 432-434, donde se explica que en esa época se exigía una cantidad fija de testigos y cojuradores: "Esos cojuradores, cuyo nombre técnico nos dan un fragmento de Gortina y otro de Lito, deben distinguirse de los testigos jurados de quienes nos ocupamos hace un momento, aunque las dos instituciones sean muy cercanas: la diferencia consiste en que los testigos jurados declaran sobre un hecho del cual tienen un conocimiento personal, mientras que los cojuradores toman, sin vacilación, partido por su cliente –usualmente, un pariente– y lo respaldan, dado que, de manera general, están convencidos de su lealtad" (ibíd., p. 434). L. Gernet, *Droit et société*..., ob. cit., p. 99, n. 5, aclara: "En los casos de cojuramento que están comprobados sabemos que se requiere

una cifra mínima de juramentos. En una inscripción de Gortina referente a una disputa de propiedad en ocasión de un embargo inmobiliario, se creía incluso leer el principio [...] de que la parte que presentara más cojuradores entre los vecinos del fundo ganaría el pleito: parece necesario dejar de lado esta lectura, pero es indudable que en este tipo de casos estamos muy cerca del principio mayoritario"; véase Federico Halbherr, "Cretan expedition III: epigraphical researches in Gortyna", *American Journal of Archeology*, 1(3), mayo-junio de 1897, pp. 159-238: *"Disputes in these cases shall be referred to the* neotas, *and of the* neotas *the seven who are elected as* agoranomoi *shall give judgment under oath. And judgement shall be rendered in favor of the party for which the majority shall have taken oath (that is to say, the judgment shall be given by the majority of votes), and this college of seven, having exacted the fine of the party which has lost the suit, shall give half to the party which has won the suit and half to the city"* ["En estos casos, las disputas se derivarán a los *neotas*, y de estos, los siete que son elegidos como *agoranomoi* dictarán su fallo bajo juramento. Ese fallo se dictará en favor de la parte por la cual la mayoría haya prestado juramento (eso equivale a decir que el fallo se dictará por mayoría de votos), y el colegio de siete, tras percibir la multa impuesta a la parte que ha perdido el pleito, entregará una mitad a la parte que lo ha ganado y otra mitad a la ciudad"] (ibíd., pp. 192-193); L. Gernet, *Droit et société*..., ob. cit., p. 99, n. 6: "Sobre la concepción formalista del testimonio en Gortina (exigencia de una cantidad fija de testigos)", y G. Glotz, *La Solidarité de la famille*..., ob. cit., p. 296: "El segundo sistema, el de los cojuradores en cantidad determinada, parece haberse utilizado en Cumas [...], Jaleion y Gortina".

45 Véase L. Gernet, *Droit et société*..., ob. cit., p. 63: en la ley de Gortina, "esta forma de fallo [llamada *krinein*] siempre va acompañada por un juramento del juez".

46 Foucault se basa aquí en la discusión presentada ibíd., p. 64, n. 5: "Pero, ante todo, ¿cuál es la naturaleza [del juramento del juez]? Se la discute: unos lo tienen por un juramento promisorio, otros, por un juramento asertórico". Gernet toma distancia con respecto a ese debate, en el que ve la marca de un "intelectualismo inoportuno".

47 Rodolphe Dareste de la Chavanne (1824-1911), miembro del Institut de France y consejero en el Tribunal Supremo, era archivista paleógrafo e historiador del derecho antiguo. Compiló junto con Bernard Haussoulier y Théodore Reinach el ya citado *Recueil des inscriptions juridiques grecques* (1891-1894), y fue autor de varias obras, entre ellas *Études d'histoire du droit*, París, L. Larose et Forcel, 1889, y *Nouvelles études d'histoire du droit*, París. L. Larose, 1902.

48 Véase L. Gernet, *Droit et société*..., ob. cit., p. 64, n. 5: "La concepción que podían hacerse en un primer momento los modernos era que, mediante ese juramento, el juez se comprometía a pronunciarse conforme a la verdad y la justicia: esa sigue siendo la concepción de los compiladores de las *Inscriptions juridiques* [I, p. 435, n. 2: 'el juez <...>, en cierto modo, estatuye como jurado']". El principal compilador de ese repertorio era Dareste.

49 Véase ibíd. Según Gernet, la teoría de la naturaleza asertórica del juramento –del juramento como aserción de la verdad de un hecho– fue expuesta por Kurt Latte, *Heiliges Recht: Untersuchungen zur Geschichte der sakralen Rechtsformen in Griechenland*, Tubinga, J. C. B. Mohr (P. Siebeck), 1920, p. 41.

50 L. Gernet, *Droit et société*..., ob. cit., p. 64, n. 5: "Un juramento es en esencia un procedimiento de compromiso de la persona"; p. 65: "los ritos del juramento *comprometen* a la persona de quien jura".

51 Citamos otro juramento del mismo tipo, descubierto en el emplazamiento del templo de Apolo Delio y que data de los siglos I o II a.C.: "Los estrategas

harán prestar juramento a los jueces convocados a decidir [...]. El juramento será este: 'Juro por Júpiter, por Apolo Licio y por la Tierra que, en la instancia entablada entre las partes por sus juramentos, decidiré conforme a lo que me parezca más justo. No decidiré según un testigo, si estimo que ese testigo no dice la verdad. Con relación a esta causa no he recibido obsequio alguno, ni yo mismo ni otro por mí, hombre o mujer, ni por subterfugio de ningún tipo. Pueda yo prosperar si me atengo a mi juramento, pero ay de mí si perjuro'" (R. Dareste de la Chavanne, B. Haussoulier y T. Reinach [comps.], *Recueil des inscriptions...*, ob. cit., p. 158.)

52 Véase M. Foucault, *Leçons sur la volonté de savoir...*, ob. cit., pp. 97-98.

53 Ibíd., p. 98 y ss.

54 Al respecto, véase M. Detienne, *Crise agraire et attitude religieuse chez Hésiode*, Bruselas, Revue d'Études Latines, col. "Latomus", nº 68, 1963.

55 Sobre la cuestión de si el arbitraje representa "la forma más antigua de resolución judicial", véanse L. Gernet, *Droit et société...*, ob. cit., p. 62, así como el capítulo "L'institution des arbitres publics à Athènes", pp. 103-119.

56 Véase M. Foucault, *Leçons sur la volonté de savoir...*, ob. cit., p. 103 y ss.

Clase del 28 de abril de 1981

Representación del derecho en Edipo rey *de Sófocles – Un paradigma judicial – Los resortes de la tragedia – Dos anagnórisis, tres aleturgias – Veridicción y profecía – Veridicción y tiranía – Veridicción y "testimonio de confesión" – Magnitud de las partes, libertad de palabra y condiciones del efecto de verdad en la indagación – El reconocimiento por parte del coro, condición del reconocimiento por parte de Edipo – Del decir veraz al decir "yo" – Un procedimiento conforme al* nomos, *una veridicción que repite la de la profecía y completa la del hombre de la* techne technes.

Les debo dos tipos de excusas. Una excusa tradicional que me veré en la necesidad de renovar –o, mejor, que no renovaré– una vez tras otra, y que es que, al no ser ni jurista ni historiador del derecho, no querría que esperaran de mí una tecnicidad que no soy capaz de darles. Lo que me interesa en la reflexión sobre el derecho son, claro está, los aspectos filosóficos que puede plantear una serie de prácticas o técnicas jurídicas. También el contexto cultural dentro del cual las prácticas judiciales pudieron desarrollarse y organizarse, ya sea en el sistema penal, por ejemplo el problema de la prisión, o, igualmente en el sistema penal, el problema de la confesión. En consecuencia, para tratar de analizar los diferentes temas que querría mencionar lo haré siempre oscilando un poco entre referencias propiamente jurídicas y referencias extrajurídicas.

La segunda excusa que querría aducir es que hoy voy a presentarles la que es quizá la millonésima reflexión sobre Edipo, sobre *Edipo rey*, la obra de Sófocles.[1] Millonésima reflexión que no tiene en su apoyo más que una excusa, a saber, que no la referiré a la cosa extraordinaria, monstruosa y única que ha hecho Edipo sino, al contrario, a la manera muy regular –iba a decir "muy ordinaria"– en que esa cosa fue revelada por Edipo y para Edipo. En otras palabras, lo que me gustaría presentarles de un modo un poquito desordenado, como una simple lectura de texto y nada más, para que eventualmente podamos discutirlas a continuación, son apenas algunas reflexiones sobre la manera como se traman, en la pieza de Sófocles, el obrar mal de Edipo y el decir veraz. E incluso, si se quiere, lo que querría estudiar no es tanto a Edipo, la prohibición edípica o la maldición edípica,[2] sino, más bien, la veridicción edípica.[3]

Es esta cuestión de la veridicción la que trataré de retomar en diferentes formas, sea [de] prácticas judiciales, sea de experiencias culturales. *Edipo* –me refiero a *Edipo rey*, la obra de Sófocles– es, como ustedes saben, una representación fundacional del derecho. Cuando digo esto, digo, claro está, una banalidad y una perogrullada: todo el mundo sabe que en la tragedia griega el problema, el tema de la representación del derecho –de la representación fundacional del derecho– es algo esencial. Ya sea Esquilo en *Prometeo* o la *Orestíada*, ya sea Sófocles con *Antígona* o *Electra*, el problema del enfrentamiento de los derechos, el enfrentamiento entre el derecho de la familia y el derecho de la ciudad, el problema de la fundación de la ley, el problema de la institución originaria del tribunal, la cuestión de la venganza, todo eso, constituye una suerte de trama si no universal, sí al menos muy constante en la tragedia griega.

Me parece además que, de manera general en la mayor parte de las llamadas sociedades indoeuropeas, o en todo caso en el teatro que conocemos, desde el griego hasta el de los siglos XVI y XVII, la cuestión de la representación del derecho fue algo constante. Después de todo, el teatro de Shakespeare –bueno, todo el lado de teatro político en Shakespeare– tiene sin duda por problema central, me parece, la cuestión de la fundación del derecho soberano: ¿cómo [...] puede un soberano llegar a ejercer legítimamente un poder que ha arrebatado por la guerra, la revuelta, la guerra civil, el crimen, la violación de los juramentos? Me parece asimismo que en el teatro clásico francés –pienso sobre todo en Corneille, desde luego– los problemas que se abordan, que se representan, son también los del derecho público. Y creo también que en Schiller el problema del derecho, la representación teatral de la fundación del derecho, es algo esencial. Me parece que podría ser interesante estudiar todo el teatro, toda la historia del teatro en nuestras sociedades en función de ese problema de la representación del derecho. Tenemos un poco la impresión –en fin, me parece, sería una pista que estudiar– que desde el teatro griego y al menos hasta fines del siglo XVIII el teatro en las sociedades europeas tuvo, no por función única, sino como una de sus funciones, la de convertirse en el lugar, dar un escenario a un debate en torno del problema del derecho. Cosa que no fue la novela.

Cosa que tal vez fue la epopeya. Cosa que quizás es el western norteamericano, que, después de todo, es también un problema de derecho, de enfrentamiento de derechos, de enfrentamiento de la ley y la venganza, de derecho de conquista. Me parece que en las sociedades europeas hay todo un aspecto de las instituciones de representación, de las artes representativas, que [está] organizado de conformidad con esta cuestión de la fundación del derecho y cuya significación consiste en manifestar de una manera u otra los problemas fundamentales del derecho. Bueno, dejemos esta cuestión, una pista de trabajo posible.[4]

Como sea, *Edipo rey* es de manera muy visible una representación del derecho, porque se trata de un crimen, un crimen bajo su doble aspecto de infracción con respecto a leyes fundamentales y de mancha religiosa;[5] dos aspectos que, además, son completamente indisociables en el pensamiento y la cultura griegos. Problema, asimismo, del descubrimiento del autor de ese crimen, y problema final –que en la obra teatral, por otra parte, queda abierto– del castigo del criminal. Digamos de manera muy esquemática, si les parece, que en casos como los de *Electra* o *Antígona*, el problema era saber cómo dar cabida al derecho familiar dentro del derecho de la ciudad, cómo enfrentar uno a otro y cómo coordinarlos entre sí. En el caso de *Edipo* se plantea un problema jurídico mucho más simple: se trata de descubrir al asesino desconocido. Esta cuestión del procedimiento que utilizar para descubrir al asesino desconocido es una cuestión típica no sólo en el derecho clásico griego, sino en la filosofía griega clásica. Por ejemplo, en el libro IX de las *Leyes* de Platón, § 874*a*, tenemos la mención muy exacta del problema de Edipo: no Edipo con nombre propio, sino el caso general de la situación edípica.[6] Platón se refiere al caso en que, si bien el asesinato es evidente, no se descubre quién es el asesino y este, pese a todos los esfuerzos de los investigadores, es inhallable. Tenemos pues esta situación jurídica simple, mucho más simple que en *Electra*, por ejemplo, o en *Antígona*: se ha cometido un crimen y hay que encontrar al culpable, cuyo nombre e identidad no se conocen. Dicho esto, para definir la situación inicial, a lo largo de todo el texto una serie de términos jurídicos técnicos –muy precisos, pero perfectamente comprensibles para los oyentes griegos– muestra con claridad que la pieza se desenvuelve, en efecto, como un proceso [judicial]. No es que se trate exactamente, desde ya, de la representación total y exhaustiva de un proceso. Digamos, con todo, que tenemos un paradigma judicial absolutamente claro que se organiza en torno a esta pregunta: ¿cómo encontrar al culpable cuyo crimen se conoce, cuando no se conoce su identidad?

En calidad de mero señalamiento, les indicaré algunos de los elementos del paradigma general. Tomemos por ejemplo el comienzo mismo del texto, cuando Creonte, que ha sido enviado por Edipo a informarse con el oráculo de Delfos para averiguar por qué Tebas fue castigada con la peste, vuelve con la respuesta. Edipo le pregunta: "Pero, veamos, ¿de qué asesinato nos informa Apolo?".[7] El texto griego emplea el verbo *menuein*, que la traducción francesa[8] vierte diciendo que Apolo señala el crimen como causa de la peste. En realidad, el verbo *menuein* es un término técnico, que designa una forma de acción judicial bien precisa.[9] En el derecho clásico griego había dos maneras de denunciar un crimen, ya fuese ante el consejo (la *boule*) o ante la asamblea. Uno de esos procedimientos era posible y admisible cuando el denunciante era ciudadano: era la *exangelesia*. Por otro lado, cuando el denunciante del crimen no era ciudadano y no podía presentar su denuncia bajo esta forma, debía adoptar otra –la *menysis*–, que es la que nos ocupa. Ahora bien, en efecto, como no es tebano, Apolo no tiene que iniciar una acción de *exangelesia*, como si fuera ciudadano; presenta una *menysis*, el término técnico aquí utilizado. Estamos pues frente a una denuncia, hecha por un no ciudadano, de un crimen cometido en el territorio de la ciudad.[10] Lo interesante de ver es que esta *menysis* de Apolo, esta denuncia que hace Apolo, asume dos formas: la forma de la peste, la peste que ha sido enviada como reacción a la impureza, como consecuencia de la impureza provocada por el crimen; y además, la denuncia radica igualmente en el oráculo que se ha pronunciado y del que informa Creonte. El procedimiento judicial especialmente designado por el texto se percibe como si estuviera inserto en la acción divina (la venganza de Apolo) y en el rito religioso de la profecía (del oráculo).

A esa *menysis*, a esa denuncia de Apolo, Edipo responderá como un gran magistrado: "Puesto que hay una denuncia, voy a volver a examinar" –acá cito el texto o, en todo caso, la traducción–, "voy a volver a examinar todo desde el comienzo".[11] Esto se corresponde de modo exacto con el episodio, igualmente bien definido desde el punto de vista jurídico, que debe seguir a la denuncia del crimen, cuando esta ha sido aceptada ya sea por el consejo o bien por la asamblea: se designan investigadores –*zetetai*–,[12] que están encargados de investigar y reexaminar las cosas desde el principio, para saber cuál es la verdad de la denuncia. Y para marcar con claridad el carácter íntegramente judicial del procedimiento que pone en marcha, Edipo, por una parte, promete una recompensa a toda persona que aporte alguna información, y por otra parte maldice a quienes ocultan lo que saben; tercero, por último, absuelve a quienes testimonien contra sí mismos.[13]

Entonces, por supuesto, en la extraordinaria sobrecarga y complejidad del texto, con toda la serie de ecos que resonarán a lo largo de la obra teatral, es bien sabido que la maldición lanzada contra quienes oculten lo que saben, más la absolución decretada para quienes testimonien contra sí mismos, asumirán en conjunto el sentido dramático o, mejor, trágico que ustedes bien conocen. Pero también hay que reconocer que no son meros efectos en la economía dramática de la obra: la famosa maldición que Edipo lanza contra el criminal desconocido, la cual recaerá sobre su propia persona, es asimismo un procedimiento judicial perfectamente atestiguado en el derecho ateniense clásico. Por ejemplo, en el famoso proceso por sacrilegio de 415 (algunos años después de *Edipo* si es cierto que esta obra se representó en 420), en ese famoso proceso por sacrilegio relatado por Tucídides[14] y más tarde por Plutarco,[15] hay testimonios de un procedimiento de ese tipo: se promete una recompensa a quienes puedan aportar informaciones, y también se asegura la impunidad de aquellos que testimonien contra sí mismos. Y la famosa maldición que Edipo pronuncia contra el criminal desconocido, que resultará ser él mismo, tiene su origen, aun en sus propios términos, como eco muy directo de una práctica religiosa y judicial que era habitual en la época y que Platón atestigua. En el libro IX de las *Leyes*, precisamente acerca del asesino desconocido, se dice lo siguiente: "Si se encuentra a alguien muerto y el asesino es desconocido y ninguna indagación lo descubre, hay que hacer proclamaciones contra él" –cosa que hace Edipo– "y el heraldo debe proclamar en la plaza del mercado que, sea quien fuere, el asesino no podrá pisar ningún lugar sagrado de su país ni del de su víctima",[16] que es exactamente lo que dice Edipo. Y en ese caso, "si lo hace y es descubierto, que sea muerto y arrojado sin sepultura fuera de las fronteras",[17] y será de esto, en efecto, que se hablará al final de la tragedia de Sófocles.

Así están organizados los instrumentos mismos de la indagación. Y esta indagación también se realizará de una manera que es jurídicamente muy reconocible. Tenemos en primer lugar la aparición de Tiresias –Tiresias el adivino, como saben–, que se presenta decididamente como un testigo. Los textos mismos lo dicen: "vino", *eiselelythas*;[18] *eiserchomai* quiere decir "comparecer", comparecer en el sentido jurídico, técnico del término. "Vine", dice Tiresias, "porque tú me llamaste" (*kaleis*,[19] otro término jurídico). Tiresias se comportará como un testigo reticente a quien se amenaza; y Edipo terminará por poner fin a ese testimonio y lo despedirá con una fórmula igualmente ritual, *aphes*, "vete".[21] Tras la partida de Tiresias, el coro discutirá su testimonio, tal como lo haría un jurado. Después de Tiresias aparece Creonte, pero no como testigo; al contrario, viene para quejarse ante el coro, ante el jurado, por haber sido objeto de acusaciones calumniosas por parte de Edipo. Y frente a esa acusación, a ese reproche que se le hace, Edipo va a replicar con otra acusación. Va a acusar a Creonte, según la expresión que usa, de *kako technia*,[22] expresión jurídica que quiere decir, de manera general, "maniobra fraudulenta" o, más específicamente, "soborno de testigo". Y, en efecto, es eso lo que Edipo le reprocha. Le reprocha haber sobornado al testigo que debía ser el oráculo y cuyo sentido él ha falseado al transmitirlo. Eso es al menos lo que Edipo reprocha a Creonte. Y para terminar, la última escena, justamente la que va a ocasionar la aparición de la verdad, y a la cual será preciso, claro está, dedicar más tiempo, es –de manera muy directa, en este caso– una escena judicial de testimonio, de indagación. Hay: interrogatorio, obtención de la confesión mediante la amenaza, con amenaza de tortura hasta finalmente conseguirla. El marco general de la obra es, pues, un marco procesal perfectamente reconocible. Lo reitero, no es la representación exacta de un proceso, pero sí un paradigma judicial perfectamente comprensible y reconocible para el auditorio y los espectadores griegos.

Después de esta introducción un poquito tediosa, hay que ceñirse a la cuestión que querría plantear: en esa escena, en esa escena judicial, ¿qué es exactamente lo que se representa?

Todo el mundo sabe, desde Aristóteles –si es verdad que se conoce a Aristóteles, claro está, pero a fin de cuentas eso no importa–, que la tragedia griega se basa en dos elementos: la peripecia, que invierte la fortuna de los personajes y transforma la felicidad en desdicha, la suerte en infortunio;[23] y por otro lado, el otro gran resorte es el reconocimiento, es decir, la revelación de la identidad real de un personaje previamente desconocido o ignorado. La mayoría de las tragedias griegas, en efecto, se apoya en estos dos mecanismos, y por lo general la peripecia,[24] es decir, la inversión de la situación es la que permite reconocer la verdad de cada quien. Entre todas las tragedias griegas, *Edipo rey* tiene la particularidad de ser, si no la única, sí al menos una de las muy pocas en las que no es la peripecia –es decir, la transformación de los acontecimientos, de la fortuna de los personajes– la reveladora de la verdad. La revelación de la verdad, la *anagnorisis*,[25] el reconocimiento del personaje en su identidad real, es lo que constituye la peripecia que va a arrastrar a la caída de Edipo y hacer de este hombre envidiado, cuya suerte parecía más deseable que la de ninguno, un hombre condenado a la abominación y la desdicha definitiva. Se trata pues de una obra íntegramente apoyada en el mecanismo del reconocimiento, de la *anagnorisis.*

De hecho –y es aquí donde querría insertar mi análisis y situarlo con respecto a los análisis habituales–, me parece que en *Edipo rey* hay dos *anagnorisis*, dos reconocimientos. Por un lado está el eje que va de la ignorancia o la inconsciencia del propio Edipo a la obligación en que se encuentra de reconocer quién es. Es el eje del reconocimiento individual, el eje de Edipo en cuanto sujeto de una acción de la que no tiene recuerdos –o, mejor aún, de cuyas claves o significaciones carece– y acerca de la cual se revela, al final de la obra, que él no sólo la cometió, sino [que] la cometió siendo el hijo de aquel a quien dio muerte y de aquella con quien se unió en matrimonio. Tenemos por tanto esta *anagnorisis* individual, la irrupción de la verdad en el sujeto. Y además tenemos otro eje, el eje del que más me gustaría ocuparme: el del establecimiento de la verdad, no a los ojos de Edipo sino a los ojos de un personaje que, según creo, como en todas las obras griegas, tiene capital importancia y que es el coro. Puesto que si Edipo, en efecto, busca la verdad, la busca para que el coro pueda reconocerla: el coro, es decir, los ciudadanos, es decir también, la asamblea del pueblo, es decir, lo que se constituye como la instancia judicial que tiene que descubrir, establecer la verdad y, en definitiva, convalidarla.[26] Ante los ojos del coro, ¿cómo se revela la verdad de Edipo? Es este eje, el del establecimiento de la verdad en términos de validez y legitimidad jurídicas, el que querría estudiar.

En esta obra hay, efectivamente, una cosa que sorprende: si bien es cierto que Edipo es hasta el final alguien que no se reconoce por lo que es, hay que reconocer, en cambio, que la verdad, la verdad de lo que él es, no sólo es conocida por los espectadores antes del comienzo de la obra, sino que esta está escandida en su totalidad por elementos que les recuerdan ese conocimiento. No por ello deja de ser cierto que, durante la obra, esa verdad es explícitamente presentada al menos tres veces.

Esta verdad tan difícil de conocer y que Edipo se negará durante tanto tiempo a reconocer, es dicha íntegra, completa, exhaustivamente una primera vez por dos personajes, puesto que son siempre dos personajes juntos, y en cierto modo acoplados, quienes, al hablar uno como complemento del otro, producen la verdad.[27] La primera pareja que la produce es la de Apolo y Tiresias: Apolo indica por qué hay peste y Tiresias dice quién es el culpable. Primera manifestación de la verdad, primera producción de la verdad, primera veridicción que, por unas cuantas razones que habrá que estudiar, no funciona, no cuaja, no es aceptada, no es convalidada ni legitimada. Y después hay una segunda producción de la verdad. Esta segunda producción de la verdad también es obra de dos personajes que se completan entre sí: Yocasta y Edipo, quienes, al evocar sus recuerdos en condiciones de las cuales deberemos volver a hablar, refieren una y otro la totalidad de las cosas que permiten reconocer al segundo como esposo de su madre y asesino de su padre. También esta segunda veridicción, esta segunda aleturgia, queda en suspenso y no es aceptada: no es convalidada, persiste en ella un elemento de incertidumbre. Y es simplemente la tercera vez, en la tercera aleturgia, al aparecer una nueva pareja, cuando la verdad es, por fin, no producida, porque ya lo ha sido, sino, esta vez, aceptada, convalidada, y provoca los efectos judiciales y los efectos dramáticos que se esperan de ella. Y esa tercera pareja que dice la verdad, esa tercera pareja de la veridicción, ese tercer embate de aleturgia, es el que lleva a cabo la pareja constituida por el mensajero procedente de Corinto y un esclavo, el pastor del Citerón. También ellos dos, al combinar los elementos de su saber, van a producir la verdad. Apolo y Tiresias, el nivel de los dioses. Edipo y Yocasta, el nivel de los reyes y los jefes. El mensajero y el pastor, el nivel de los esclavos y los sirvientes. Y son el esclavo y ese sirviente quienes van a producir la veridicción que ni los reyes ni los dioses habían sido capaces de producir. No lo habían sido, en todo caso, en condiciones tales que la institución judicial pudiese reconocerles validez. Tres manifestaciones de verdad, tres aleturgias, tres tipos de veridicción: es precisamente eso lo que querría estudiar.[28] ¿Cómo se llevó a cabo cada una de esas veridicciones? ¿Cómo se llevó a cabo cada una de esas aleturgias? ¿Y por qué, de alguna forma, fue la tercera la que funcionó? ¿Por qué fue la tercera la que produjo efectivamente la verdad?

Por tanto, primera aleturgia, primera pareja: el dios y el adivino. Recordarán lo que sucede. Como la peste impera en Tebas, Edipo envió a Creonte a consultar a Apolo, y Creonte regresa e informa el oráculo. ¿Qué dice el oráculo? El oráculo dice lo siguiente. Primero, la peste será vencida por una purificación. "¿Y por qué hace falta una purificación? ¿Una purificación de qué?", pregunta Edipo. "La purificación de un asesinato." ¿Pero cuál es pues ese asesinato del que hay que purificarse? Respuesta del oráculo transmitida por Creonte: "el asesinato de Layo". ¿Quién cometió ese asesinato? "Alguien que está en esta misma tierra, en Tebas",[29] esta es la respuesta del oráculo, que se detiene en ese punto y no dice más, puesto que –como se señala en el texto– el dios nunca dice más que lo que quiere decir.[30] Digamos que con esta respuesta del oráculo tenemos en cierto modo la mitad del asunto, porque se trata simplemente de la denuncia, por parte del dios, de un asesinato que se ha perpetrado, y cuya víctima se conoce. Se sabe que ese asesinato y esa víctima son los que han engendrado la peste, y queda por llenar la otra mitad (en cierta forma), es decir, la mitad del asesino. Se conoce a la víctima; ahora hay que conocer al asesino.

En eso aparece Tiresias. Tiresias, a quien también convoca Edipo como testigo, Tiresias que es de alguna manera el doble de Apolo, el doble del dios. Su reverso: es ciego, mientras que el dios, por supuesto, lo ve todo. Y es él, Tiresias, quien es capaz de descifrar y completar lo que ha dicho el dios en un discurso complementario. Él es el que puede decir quién es efectivamente el asesino. El interrogatorio de Tiresias se realiza bajo la forma jurídicamente válida del testigo reticente. Y como él se niega a decir la verdad que conoce, vemos las amenazas de Edipo, vemos cómo reacciona Edipo ante esa negativa del testigo a decir lo que sabe. Primer reproche: Edipo comienza por culparlo del mal que ha hecho a sus conciudadanos al no decir la verdad.[31] Segundo reproche, más grave: "Has cometido una afrenta contra la ciudad y, por lo tanto, no sólo causas un daño general a tus conciudadanos, sino que tu actitud amenaza con poner en riesgo la vida y la existencia misma de la ciudad".[32] Tercero y último, Edipo invierte la negativa, se vuelve hacia Tiresias, que se niega a hablar, y pronuncia una acusación contra él. Sospecha que es él quien ha cometido el crimen, porque no quiere hablar o porque, aunque hable, lo hace en condiciones tales que no se logra comprender con exactitud qué quiere decir y a quién acusa.[33] De manera que, frente a ese reproche, a esa acusación concretamente pronunciada por Edipo, el adivino dice todo. Dice todo. Dice: "¿Quién cometió el crimen? Edipo".[34] E incluso carga un poco las tintas; mientras discuten, le dice: "No sólo asesinaste a Layo, sino que para colmo te casaste con tu madre. Yocasta es tu madre".[35]

En consecuencia, se dice la verdad: se dice toda la verdad y, en rigor, la obra podría terminar allí. O, mejor, allí comienza el problema de saber por qué esa verdad así dicha, y por autoridades que no son desdeñables –habida cuenta de que se trata del oráculo y de un adivino a cuyo respecto el texto ha destacado no pocas veces que nunca se equivocaba y que decía la verdad–, por qué, por mucho que se diga en esas condiciones, no es admitida. Ante todo, no es admitida por Edipo. Claro está, y es evidente que pueden encontrarse justificaciones a su conducta, porque las respuestas del oráculo, por una parte, y del adivino, por otra, serían acusaciones en su contra, y lo son efectivamente. Pero hay algo muy interesante y en lo que me gustaría detenerme, que es esto: ni el corifeo ni el coro mismo aceptan lo que ha sido el veredicto del oráculo. O, en todo caso, se niegan explícitamente a aceptar lo que es la adivinación de Tiresias. Por ejemplo, cuando Tiresias y Edipo se enfrentan durante el interrogatorio y Edipo niega las acusaciones de Tiresias, el corifeo dice: "La ira los arrebata a ambos, Edipo y Tiresias".[36] Y cuando este último se retira, el coro dice: "No puedo creerle" –con referencia a Tiresias–, "no puedo creerle y no puedo desmentirlo. ¿Qué decir? No sé".[37] Así, el corifeo y el coro se niegan a tomar partido por uno o por otro. ¿Por qué el coro y el corifeo se niegan a aceptar esa palabra revestida de todas las autoridades sagradas? Creo que si miramos un poco cómo se presentan esas palabras en la obra, podemos comprender por qué no son aceptables para el coro y el corifeo.

Primero, la palabra del dios y la del adivino son palabras que sólo se pronuncian si uno y otro lo consienten. Esto se destaca en varias oportunidades: nadie puede forzar al dios a hablar si este no quiere. Y cuando Edipo apremia a Tiresias el adivino para que hable, Tiresias le dice: "Pero no eres tú quien me manda. Es el dios. Soy el servidor de Loxias y, por consiguiente, hablaré si él quiere".[38] Esa negativa a hablar, legitimada por el hecho de que el dios es el dios y el hecho de que el adivino es su sirviente, es completamente típica. Es un rechazo de la autoridad político-judicial que podría y que podrá –lo veremos al final de la obra– obtener de manera legítima una confesión, un testimonio o una declaración. En el orden judicial uno está obligado a hablar. Si bien aquel a quien se interroga tiene derecho a decir: "Me niego a hablar porque no tengo que obedecerle", en ese mismo momento la maquinaria judicial deja de funcionar. En consecuencia, se trata ante todo de una palabra que sólo habla si quiere.

Segundo, es una palabra que tiene con la verdad una relación muy curiosa, muy extraña o, en todo caso, que no es la relación que un testigo común y corriente podría tener con la verdad. Tiresias lo dice: "En mí habita la fuerza de lo verdadero".[39] Y el coro, con referencia a la profecía del dios, dice: "Acaba de resplandecer en todo su brillo la palabra emanada del Parnaso nevado".[40] Quiere decir que estamos frente a una palabra que es su propia autoridad, que decide por sí misma hablar o no hablar y que es portadora de la verdad por una especie de derecho natural. La lleva consigo: la verdad la habita o ella habita la verdad. Hay un vínculo de copertenencia entre esa palabra del dios y del adivino y la verdad. A eso se debe el uso del verbo *phemi*: yo pronuncio, yo afirmo.[41] Utilizado en el sentido fuerte y riguroso, *phemi* quiere decir: "cuando hablo, afirmo que lo que digo es verdad", y la afirmación y el hecho de que yo lo afirme bastan para constituir la ley, el aval, la garantía de esa verdad.

Tercero, tercer carácter de esta palabra, es que deduce su autoridad de un ver, y de un ver que tiene, desde luego, una forma muy particular. Ante todo, como es obvio, porque por el lado del dios, el lado de Apolo, todo se ve, y no hay además diferencia entre lo que Apolo ve y lo que quiere: ve lo que ve, ve lo que quiere, basta con que haya visto para que lo visto se convierta efectivamente, antes o después, en la verdad y la realidad. Por otra parte, también por el lado del adivino la relación entre lo que dice y lo que ve es muy singular. En primer lugar, claro está, porque el adivino es ciego (Edipo no olvida recordárselo: "Eres un ciego cuyos oídos están tan cerrados como los ojos. No ves más que tinieblas").[42] Y al mismo tiempo ese adivino que ve a pesar de ser ciego ve el futuro al igual que el presente y el pasado (y puede decirle a Edipo: "No ves en qué extremo de desgracia te encuentras en esta hora. No entrevés el raudal de desastres que va a rebajarte al rango de tus hijos").[43] Vale decir que todo lo que los humanos no pueden ver (puesto que eso va a ser el futuro, dado que todavía no ha sucedido), el adivino lo ve en una intemporalidad que es característica de su relación con la verdad.[44]

En esa palabra –en ese tipo de palabra profética, oracular, o de palabra divina– se comprende perfectamente por qué Edipo no se reconoce. No puede reconocerse en esas palabras acusatorias. Por lo demás, se lo dice al adivino: "No dices más que necedades,[45] hablas en vano";[46] son palabras vacías. Pero tampoco el coro puede reconocerse en ellas o, más bien, no puede reconocer la validez de sus propias palabras. Lo que querría destacar a lo largo de esta obra es que, entre el reconocimiento por parte de Edipo de lo que él mismo es y el reconocimiento de la validez jurídica de la verdad por parte del coro, hay una correlación permanente. Edipo sólo podrá reconocerse cuando el coro haya reconocido la validez de lo que se dice. Y Edipo no se reconoce en las palabras del adivino y el oráculo del dios, y el coro tampoco puede reconocer esa validez. El coro que se entona en ese momento, después de la partida de Tiresias, es –según creo– sumamente importante, porque muestra a las claras cuál es su función a lo largo de toda la obra: el coro es la instancia que experimenta, acepta o rechaza, establece la verdad dicha. Y Tiresias apenas se ha marchado cuando el coro, pues, comienza su canto.

Es muy interesante observar con mayor detenimiento ese canto. En él, en ese coro, hay dos partes. Ante todo, una parte consagrada al oráculo, a los oráculos en general. El coro dice lo siguiente:

> Sí, los oráculos dicen la verdad. Cuando el oráculo pronuncia lo que dice, podemos estar seguros de que lo que dice ha sucedido, sucede, va a suceder. Ha lanzado su flecha y aquel hacia quien la ha lanzado haría bien en forzar el paso y huir con rapidez, pues la flecha ya está detrás de él y de uno u otro modo ha de alcanzarlo. Corre, debería correr, pero de todas maneras está condenado. En las llamas y el relámpago, la flecha ha sido lanzada.[47]

Estamos en un mundo que es, desde luego, el de la fatalidad, el mundo del brillo y la luz, el mundo, por tanto, de la verdad, el mundo inevitable.

Ahora bien –y aquí comienza la segunda parte del coro–, el coro dice: "Pero sí, pero eso ya no vale para mí". Bueno, no lo dice así, dice: "La flecha ha sido lanzada, en las llamas y los relámpagos. Pero, en cuanto a mí, mi opinión ondea con el viento, no puedo ni creer ni desmentir lo que ha dicho Tiresias; no veo nada, ni delante de mí ni lo que hay por detrás".[48] En contrapunto y oposición respecto de este mundo de la fatalidad, de la intemporalidad, de la luz pura, de lo que es el resplandor del relámpago, que, por consiguiente, manifiesta la verdad y urde a la vez el destino, frente a esto, el coro hace valer en cierto modo su derecho a no creer, su derecho a no saber, su derecho a permanecer en la oscuridad y no ver más que lo que se le da con exactitud. Nada más allá, por el lado del porvenir; más bien, nada para los griegos por el lado del porvenir, es decir, detrás de él; nada [por el lado] del pasado, es decir, nada de lo que está delante de él.[49] Sólo le será accesible lo inminente, y eso el coro lo explicita al decir: "Zeus y Apolo son clarividentes, y conocen el destino de los mortales, ¿pero los humanos? ¿Los humanos?".[50] Y se plantea entonces el interrogante acerca del adivino, sobre Tiresias. Dice: "¿Puede el adivino decir la verdad?". Y bien, dice, "entre los hombres, ¿puede estimarse de veras que un adivino posee dones superiores a los míos?".[51] Y el interrogante, por el solo hecho de plantearse, implica desde luego una respuesta negativa. "El adivino no tiene dones superiores a los míos. Y si es verdad", dice, "que hay algunos hombres que saben más que otros, aun así es necesario que lo prueben".[52]

Creo que aquí tenemos dos elementos importantes. Primero, ningún don es superior al del coro; vale decir que, en el rango de la verdad del momento, no hay instancia que sea superior a la del justo, a la de la asamblea, a un poder que, en el tribunal, va a decidir lo que es verdadero y lo que no lo es, quién es culpable y quién no lo es. Por consiguiente, superioridad de esa instancia judicial. Y segundo, necesidad de que esta instancia judicial funcione conforme a la prueba, y el coro sigue hablando de Edipo y diciendo que este ya dio pruebas. Dio pruebas de su sabiduría y de su amor por Tebas (en obvia referencia a la Esfinge y la victoria obtenida por Edipo sobre ella). Dio pruebas y, en consecuencia, contra él sólo podrán valer pruebas: "Sin haber visto" –*idoimi*, dice el texto– "que se cumplen las palabras del dios, no puedo aprobarlas".[53] *Idoimi*, *phaneru*.[54] toda esta serie de palabras muestra con claridad que estamos en el orden del ver, pero un ver que ya no es, de ningún modo, el del relámpago divino que, a la vez, pone de manifiesto las cosas y urde el destino. No es para nada la mirada divina que atraviesa el tiempo y es intemporal. Lo que reclama el coro y por lo que no puede aceptar aquello que, empero, se ha dicho perfectamente en la veridicción oracular, lo que quiere, son cosas visibles, pruebas, una demostración. Verdad del ver, del ver por uno mismo, del ver que demuestra: eso es lo que reclama el jurado, eso es lo que demandan el coro y el corifeo. Y por eso la primera veridicción –a pesar de que en ella se ha dicho todo– queda recusada, descalificada.

Comienza entonces –bueno, paso de largo unos cuantos elementos, en particular el episodio con Creonte, del cual podremos volver a hablar, si quieren, al menos en la discusión posterior–, comienza entonces la segunda aleturgia, el segundo embate de veridicción. Esta aleturgia ya no tiene lugar en el nivel del dios y su adivino, sino en el de los reyes, entre Yocasta y Edipo. Luego de la partida de Tiresias y Creonte, Yocasta es la primera en intervenir, interviene, retomando precisamente las cosas en el punto en que las había dejado el coro, es decir, el problema de la veridicción profética y adivinatoria. Yocasta afirma: "Si el dios quiere revelar las cosas, puede perfectamente hacerlo y sabe perfectamente hacerlo por sí mismo".[55] En cuanto al adivino, dice, "verás" –se dirige a Edipo– "que nadie que sea mortal posee el arte [*techne*] de predecir".[56]

Volveré dentro de un momento al problema de la *techne*, pero creo que esta primera intervención de Yocasta sitúa bien el problema, la cuestión. ¿Puede haber una *techne* de la predicción? Y si no la hay, ¿puede haber otra técnica para producir la verdad? Sobre la base de esta recusación de la veridicción divina y adivinatoria, Yocasta dice: "Voy a darte la prueba" –le dice a Edipo– "de que los adivinos no poseen el arte de predecir".[57]

"Voy a darte la prueba." Esta escena de la prueba, de la demostración de que el arte de predecir carece de fundamentos, se desarrollará a lo largo de toda la escena por medio de una intervención de Yocasta, un diálogo con Edipo y finalmente un monólogo o un relato de este último. Tres elementos, en consecuencia: Yocasta, diálogo Yocasta-Edipo y monólogo-relato de Edipo.

El elemento inicial (el de Yocasta) y el elemento terminal (el monólogo de Edipo) se corresponden, son absolutamente simétricos. Yocasta, en su primera intervención, muestra que las predicciones no dicen la verdad, porque explica a Edipo cómo pudo ella misma hacer que su propio hijo, a pesar de las predicciones, no matara a Layo. Y al final de la escena, siempre en esa demostración de que los adivinos no dicen la verdad, Edipo, por su parte, va a explicar cómo, a pesar de la predicción de que iba a matar a Pólibo, a pesar de la predicción de que iba a matar a su padre, logró no matar a quien cree su padre, ese mismo Pólibo. Tenemos con ello, en estos dos elementos, el inicial y el final, el despliegue de los procederes humanos mediante los cuales, primero, se escapa a las predicciones de los adivinos, y segundo, se puede demostrar por eso mismo que las predicciones de los adivinos no dicen la verdad.

Y además, entre los dos, entre esos dos elementos, hay todo un largo diálogo entre Edipo y Yocasta que se desarrolla, una vez más, en forma de preguntas y respuestas, como en el testimonio. Edipo interroga a Yocasta y le hace una serie de preguntas. Le hace una serie de preguntas, la interroga como a un testigo. ¿A partir de qué? A partir de las cosas de las que ella se ha enterado acerca de la muerte de Layo: lo que le han dicho, los rumores públicos, sus propios recuerdos, la apariencia física que tenía Layo, la cantidad de personas que lo acompañaban, la existencia o no de sobrevivientes. En resumen, toda una indagación sobre la base de lo que Yocasta había podido saber o llegar a conocer. Y, por supuesto, a lo largo de ese juego de preguntas y respuestas la verdad se descubre y, en la práctica, se dice. En la práctica se dice y, a pesar de ello, no va a ser aceptada, ni por Edipo ni por Yocasta. Incapaces, en verdad, de advertir lo que están diciendo, no van a sacar las consecuencias últimas de lo dicho, que les permitirían identificarse y reconocerse en los episodios que ellos mismos han contado. Y escapan.

¿Escapan cómo? Pues bien, por un lado, porque en la historia que cuentan falta cierto elemento o, mejor aún, persiste un elemento equívoco, que es la cantidad de personas que mataron a Layo. Los testimonios aportados, el rumor público: todo lo que Yocasta logró conocer parece indicar que fueron varias las personas que lo mataron. Ahora bien, respecto de la persona que teme que sea Layo, de la persona que prácticamente sabe que es Layo, Edipo sabe muy que él fue el único que la mató. Esto constituye entonces un elemento de incertidumbre gracias al cual ellos, en cierto modo, podrán escapar a la veleidad de la verdad que están descubriendo. Y además, también escapan a esta verdad que acaban de descubrir al convencerse de que se puede escapar al destino y de que la técnica humana permite escurrirse por entre las tramas y los hilos que han sido urdidos por los dioses. Layo no pudo ser muerto por su hijo, porque este tomó todas las precauciones para que eso no sucediera.

He aquí entonces la verdad dicha, pero una verdad que Edipo sigue sin reconocer, una verdad en la cual todavía no se reconoce, aunque él mismo la haya formulado. En ese punto se sitúa una segunda intervención del coro que es igualmente capital, porque está a la vez muy cerca y es muy simétrica de la que mencionaba hace un momento, luego del primer embate de veridicción. Es una intervención muy cercana, muy simétrica y al mismo tiempo mucho menos clara. Ante todo, se produce en una simetría invertida con respecto a la primera. Recordarán que en la primera el coro comenzaba por afirmar la omnipotencia de los dioses y mencionaba la flecha lanzada por estos que, de un modo u otro, daría en aquel a quien apuntaba. Pero frente a esto, y en nombre del hecho de que no veía ni hacia adelante ni hacia atrás, reclamaba para sí una prueba sólida. En el coro que sigue a la conversación entre Edipo y Yocasta las cosas, el desenvolvimiento mismo del texto, se invierten. Ante todo, en efecto, el coro comienza de manera bastante extraña con una maldición contra la tiranía y el exceso, la arrogancia de los tiranos que se juzgan en la cumbre de la fortuna y a continuación se hunden en lo más bajo.[58] Y después de esta maldición contra la tiranía, resulta que se vuelve a hablar de la famosa cuestión de los oráculos, esos oráculos de los cuales se había dicho en el primer coro que, desde luego, eran verdaderos pero que, en fin, hacía falta otra cosa; y ahora, en este segundo coro, la cuestión de los oráculos aparece al final y lo que se proclama es la necesidad de respetarlos. Eran insuficientes en el primer coro, y resulta que ahora pasan a ser algo que hay que respetar de manera absoluta, y malditos sean quienes no aceptan la lección de estos oráculos, quienes no aceptan lo dicho por ellos.[59]

Aquí hay entonces algo un poco enigmático, y que habría que tratar de explicar. ¿Cómo es posible, por un lado, que la veridicción de Yocasta y Edipo sea tal que, si bien estos dicen la verdad, no pueden reconocerse en ella? Y por otro lado, ¿cómo es posible que el coro no diga nada que, por supuesto, la reconozca –que reconozca la verdad de lo que se dice–, pero deje de tomar partido directamente por Edipo? El coro tiene una actitud ambigua, extraña: crítica de la tiranía y elogio de los oráculos. Entonces, así como antes nos preguntábamos qué era la veridicción divina (cuál era su forma, y la razón por la que no fuese aceptable desde el punto de vista de la justicia), creo que debemos preguntarnos qué fue la veridicción de Edipo. ¿Cómo es que este dijo la verdad, y cuál era su saber? En otras palabras, en vez de preguntarnos, como suele hacerse, sobre la ignorancia de Edipo, me gustaría preguntarme un poco sobre lo que sabía, y la manera como lo sabía. Porque sabía mucho: Edipo está lleno de saber.[60]

Durante la discusión entre Edipo y Tiresias hay un pasaje bastante notable, cuando Tiresias lanza contra Edipo una acusación que este considera –y cree realmente– calumniosa. Edipo exclama repentinamente: "*O ploute tyranni techne technes*, cuánta envidia suscitáis".[61] "*O ploute tyranni techne technes*": oh riqueza, oh tiranía –poder, soberanía, "corona", traduce Mazon–,[62] y *techne technes*, arte supremo. Riqueza, tiranía, arte supremo: al mencionar estos tres elementos, se entiende que Edipo se los atribuye; si Tiresias lo envidia es porque él tiene la riqueza, el poder y la *techne technes.*

Que el poder esté flanqueado por esos dos atributos me parece algo importante. El acoplamiento riqueza-ejercicio del poder, riqueza-soberanía, riqueza-tiranía –dejemos esta palabra en todo lo que tiene de equívoco– es clásico, es habitual: uno ejerce el poder porque es rico o se vuelve rico porque ejerce el poder; la copertenencia de estas dos cosas, en todo caso, no es problemática. En cambio, la expresión *techne technes*, que constituye el tercer elemento de la trilogía y acompaña a la tiranía de manera simétrica con la riqueza, esa *techne technes*, ese arte supremo, ese saber supremo, ¿cuál es? De un modo u otro, creo que es bastante notable, porque en los textos arcaicos, si bien poder y riqueza siempre se asocian, el poder jamás se asocia a la idea de un saber técnico, un arte específico. En cambio, es, como sabrán, un tema muy capital e importante en las discusiones filosóficas y políticas de los siglos V y IV. En efecto, toda la discusión entre los sofistas, Sócrates y Platón girará en torno de esta cuestión: ¿el ejercicio del poder político puede considerarse como una *techne*, como una técnica que se aprende, se enseña y asegura al político el ejercicio del poder, así como asegura al arquitecto la capacidad de construir una casa? La expresión, *techne technes*, es importante porque a continuación se convertirá, precisamente, en la expresión tradicional para designar el gobierno: el gobierno, no sólo en el sentido global colectivo del arte político, sino asimismo, como ustedes saben, en el sentido del gobierno de los individuos unos por otros, el gobierno de las almas. La expresión *techne technes* se utilizará incluso en la pastoral cristiana para designar la manera –por tanto el arte, la técnica– que permite gobernar las almas y conducirlas a su salvación.

Volvamos a la noción de *techne* de Edipo. ¿Qué es esta *techne* de Edipo? ¿Y por qué, al hablar de sí mismo, al hablar del poder que ejerce, él puede mencionar la *techne technes*? Creo que en este punto hay que comparar a Edipo con otros dos personajes que, justamente, no poseen la *techne* pero ejercen no obstante un poder.

Primero, con Creonte, que es el hermano de Yocasta y por lo tanto cuñado de Edipo, quien lo ha enviado a Delfos a consultar al oráculo. A su regreso, Creonte transmite el oráculo y Edipo lo acusa de haber falsificado la respuesta de este y de estar en connivencia y complicidad con Tiresias para despojarlo a él, Edipo, de su poder. Ante esta acusación lanzada por Edipo, Creonte responde. Responde y le dice: "Pero, en fin, comprenderás que no puedo envidiarte ni tener deseos de tomar tu lugar y ejercer el poder en tu lugar, porque tengo una buena vida".[63] Este razonamiento tiene la forma misma de la defensa y es típicamente sofístico: para desestimar una acusación se muestra hasta qué punto es inverosímil (encontramos este proceder en el caso de Antifonte,[64] por ejemplo) que uno haya hecho aquello de que se lo acusa. En consecuencia, "es del todo inverosímil que yo quiera tomar tu lugar, porque tengo una buena vida". ¿Y qué es esa buena vida a la que alude Creonte? Pues bien, dice, es "una vida de rey". Es "una vida de rey en la que me dan regalos, soy muy solicitado, tratan de ganar mi favor, me rodean espontáneamente de honores, y ello, a causa de mi nacimiento. Así, no tengo preocupaciones. El pueblo me hace regalos y tú mismo, Edipo, me rodeas de atenciones".[65] En otras palabras, el retrato que Creonte traza de su propio personaje es el de alguien que vive como un rey sin serlo o, mejor aún, sin gobernar. Tiene la *arche*, es decir, el primer rango. Tiene la *dynasteia*, es decir, el poderío. Y no tiene la *tyrannis*: no tiene la tiranía, es decir que no tiene el ejercicio individual, personal del poder.[66] Todo le viene de su estatus. Todo le viene de sus prerrogativas. Todo le viene de esa preminencia. Por lo tanto, no tiene necesidad de *techne*: no necesita arte, conocimientos o un saber cómo hacer para estar donde está y disfrutar de los beneficios de esa posición. Por eso va a utilizar acerca de sí mismo una palabra que es muy importante: va a decir que es *sophron*,[67] que es sabio, que es sensato, que es prudente. Por ende, al no ejercer el poder, al no tener necesidad de *techne*, la virtud que va a practicar es la mesura, que le permitirá, aun cuando disfrute de sus precedencias y prerrogativas, no ser arrogante ni excesivo con los otros. Virtud fundamental de la prerrogativa aristocrática: ser *sophron*. Y por consiguiente, nada de *techne*.

En cuanto a Tiresias, ¿puede también decirse de él que tiene una *techne*, como Edipo? En el texto de Sófocles la palabra *techne* aparece tres veces en relación con Tiresias, pero siempre de manera muy irónica. Primero, el término *techne* es utilizado dos veces por Edipo con referencia a Tiresias.[68]

Por un lado, cuando le dice: “Pero, en fin, cuando la Esfinge asolaba la tierra tebana, ¿ejercías ya tu *techne*?”. Una manera de decir: “Si tú, Tiresias, tenías una *techne*, ¿qué hacías con ella y por qué no la aplicaste cuando la Esfinge asolaba Tebas? Por lo tanto, no tenías *techne*”. Del mismo modo, un poco más adelante Edipo le dice: “Pero con toda tu *techne* o tu presunta *techne*, algo que podría ser como una técnica, no eres capaz de resolver el enigma”. Y para terminar, Yocasta se vale de esta palabra una tercera vez en relación con Tiresias al decir, en el pasaje que, por lo demás, mencioné hace un rato: “Ningún mortal poseyó jamás la *mantike techne*, el arte de la adivinación”.[69] Vale decir que el adivino no tiene *techne*, y la idea de una *mantike techne*, de un arte adivinatorio, no puede sostenerse.*

* * *

Los dioses [*inaudible*] tienen la certeza; los hombres tienen simplemente el *tekmerion*, tienen el signo, tienen la huella, tienen la marca.[70] También encontramos esta palabra *tekmerion* en Aristóteles, en el sentido, además, de prueba: lo que permite demostrar. En el texto de *Edipo rey*, me parece que *tekmerion* se utiliza sobre todo para designar un movimiento de conocimiento que permite pasar de lo que no se sabe a lo que se sabe (y, por consiguiente, siendo ignorante, constituirse en sujeto que finalmente sabe) a través de unos cuantos recorridos que van del presente al pasado, del pasado al presente, de la presencia a la ausencia o de la ausencia a la presencia.[71] Del presente al pasado: Edipo explica a cada instante que,

* Introducimos aquí un corte que corresponde al cambio de cinta de grabación. El cambio genera una laguna que es posible colmar en parte por medio de la copia mecanografiada que se conserva en el IMEC. Reproducimos en su totalidad el extracto pertinente, con meras correcciones ortográficas: “En realidad, lo que caracteriza la práctica de Tiresias no es la posesión de una *techne*. Si Tiresias dice la verdad es porque hay un vínculo de naturaleza entre lo que él dice y la verdad. La verdad habita sus palabras: ‘tengo la verdad en mí, tú lo sabes’, dice. Y esta posibilidad de decir la verdad sin recurrir a una *techne* le permite… Cuando habla de lo que hace, utiliza la palabra *phronein*, piensa, reflexiona, se repliega sobre sí mismo y en su fuero íntimo, al escuchar la palabra del dios, puede aprehender la verdad y decirla. Así, digamos que tenemos tres elementos: por una parte el poder de Creonte, poder aristocrático, poder que se ejerce por el derecho y a través del derecho de precedencia, poder que implica como virtud el *sophronema*; tenemos el poder de Creonte, que es un poder de saber la verdad y decirla, pero que tampoco implica una técnica específica, porque hay una connaturalidad entre lo que él dice y la verdad, y el poder de Tiresias, que ha ejercido una actividad y manifestado su fuerza y su virtud como hombre mediante la reflexión sobre sí mismo y mediante el pensamiento en su profundidad primigenia.

a partir de lo que uno tiene en este momento ante la vista –a partir de los testigos que todavía viven, por ejemplo–, es preciso recuperar lo que pudo suceder el famoso día del asesinato de Layo. El *tekmerion* es también lo que permite, a la inversa, volver a descender del pasado al presente: es lo que quiere hacer Yocasta, y además lo que ella reprocha a Edipo no hacer. A partir de lo que pasó (a saber, que se ha podido escapar hasta el día de hoy a las predicciones de los adivinos y los oráculos de los dioses), a partir de eso, hay que tomar en consideración que en ese momento sigue ocurriendo lo mismo y que uno no está atrapado en esas mismas predicciones, porque en el pasado ya pudo escapar a ellas. El *tekmerion* es lo que permite pasar de la presencia a la ausencia, es decir, tomando a los testigos que están actualmente aquí, para intentar recuperar lo que se nos escapó y sigue escapándosenos. Se trata de ir desde la ausencia de quienes simplemente oyeron decir o de quienes simplemente saben que hay gente que vio, de ir de esa ausencia hacia la presencia, es decir, hacia el testigo, el testigo que pudo en concreto ver, oír y estar allí.

Todo este arte del descubrimiento –que utiliza los signos, las huellas, las marcas, que permite remontarse de lo que no se sabe a lo que se sabe sobre la base de elementos materiales que llevan de manera probable de uno a otro–, es, según creo, lo que caracteriza la *techne* edípica. Y este arte del descubrimiento, este arte propio de Edipo, ¿qué permite sacar a la luz? No, sin duda, los decretos de los dioses, porque son conocidos por gente como Tiresias, en quien habita el poder de la verdad. Lo que permite descubrir el saber de Edipo no son, por cierto, las leyes, esas leyes de las que el coro va a decir que nacieron en el Olimpo y ningún mortal las dio a luz. Lo que la *techne* de Edipo permite descubrir es precisamente lo que él, que se dice hijo de *Tyche*,[72] llama... eso que permite descubrir es el encuentro, el acontecimiento, lo que se produce: el entrecruzamiento entre lo que sucede a los hombres –o las diligencias de los hombres, los afanes de los

---

En relación con esto, ¿qué va a hacer Edipo? ¿En qué va a consistir la *techne* de Edipo? Puesto que es precisamente él quien tiene una *techne*, mientras que los otros dos no la tienen: la de ser capaz de encontrar (*euriskein*). Las personas que hablen de Edipo van a referirse a esa capacidad que él tiene y que caracteriza específicamente su *techne*, su capacidad de encontrar. La ciudad ha recurrido a él para que encuentre algún auxilio (v. 27); Edipo cuenta al pueblo entero la solución que ha encontrado (v. 68), y reprocha a los tebanos no haberse propuesto descubrir al asesino y [anuncia] que él va a descubrirlo (v. 258). Intentará descubrirlo por sí mismo (v. 340). Cree haber descubierto el complot tramado por Creonte (v. 546) y Tiresias también le dice, ¿el saber de los hombres...? Los dioses tienen la certeza [...]" (copia mecanografiada, clase del 28 de abril de 1981, pp. 14-15).

hombres– y los decretos de los dioses. Es un arte de descubrir, a través de los indicios, los acontecimientos. [Más] precisamente, tenemos con ello un arte, una *techne*, que está emparentado –el texto de Sófocles lo dice con claridad– con otras dos *techn[ai]* del mismo tipo, la medicina y el arte de la navegación (una vez en el caso de esta y dos en el caso de aquella, el texto de Sófocles relaciona la *techne* edípica con esas otras dos artes). Esta trilogía –el arte de gobernar, el arte de curar y el arte de navegar–, esta trilogía, ustedes [lo] saben, va a ser absolutamente fundamental en todo el pensamiento, toda la temática del pensamiento político, prácticamente hasta los siglos XVII o XVIII en Occidente. Trilogía clásica, que en la época de Sófocles asimila el médico y el piloto al jefe político, y muestra por consiguiente que hay un saber propio del ejercicio del poder político [y] que ese saber no puede resumirse, ni siquiera apoyarse realmente, en lo que los adivinos o los dioses dijeron de manera profética. Se trata de un saber propio del ejercicio del poder político, que tiene la forma técnica del descubrimiento de la verdad a partir de elementos materiales cuya significación, o aquello a lo cual remiten, se obtiene por medio de una técnica que es propia del ejercicio de ese saber.

Obviamente, por entonces esa era una idea totalmente novedosa, que se debatía y en la cual podía reconocerse la idea de que Edipo es el hombre de la *techne technes*. Para los espectadores griegos de esa época se perfilaba así toda una discusión completamente contemporánea, a la que la idea así aludía: la nueva ciencia de gobernar [...], cuya posibilidad misma discutían los filósofos y los sofistas, y que Edipo la reivindica en conexión directa con el ejercicio del poder político o, para ser más precisos, en conexión directa con la forma específica de ejercicio del poder político que es la tiranía. La tiranía, desde luego, con el sentido ambiguo que tiene en esa época: tiranía es a la vez el ejercicio de un poder personal por parte de alguien que tiene un estatus de héroe, alguien que, además, mantiene con los dioses una relación privilegiada que le permite dar sus leyes a la ciudad; pero el tirano también es –ese es el otro lado del personaje tiránico– el hombre del exceso, el hombre del abuso, alguien que hace de su poder un uso que va más allá de la medida y la regla. Es en suma lo que sucede con la *techne* edípica: con esta *techne*, en efecto, Edipo pondrá en marcha una serie de investigaciones que, al valerse concretamente de todos los juegos de signos, de todos los signos indiciales que pueden hallarse, de todos los *tekmeria*, terminará por encontrar la verdad; pero al mismo tiempo, con esa misma *techne*, Edipo cree que podrá escapar a los decretos de los dioses, y es allí, en ese exceso, donde va a toparse con su pérdida. Que la *techne* del poder político sea lo bastante precisa, lo bastante informada, lo bastante racional para poder descubrir la verdad de las cosas, está muy bien; pero cuando, con esta *techne*, uno procura oponerse a lo que ha sido decretado por los dioses, hay algo que está ligado al abuso mismo del poder tiránico. Y es así como podemos comprender el coro que cierra la segunda aleturgia, la segunda veridicción, la de Edipo y Yocasta, que a su turno, después del dios y su adivino, dicen una vez más esa misma verdad.

Ahora se comprende ese coro. En primer lugar, elogio de las leyes –los *nomoi*– a las que deben obedecer, según dice el coro, las palabras y los actos. Esos *nomoi* nacieron en el Olimpo y ningún mortal los ha dado a luz. En segundo lugar, denuncia en ese coro de la desmesura del tirano, que tiene altibajos y que, precisamente, intenta escapar a lo dispuesto por los dioses y por las leyes mientras ejerce su poder, y maldición contra quienes ostentan su orgullo, sólo buscan la riqueza y transgreden lo que no debe transgredirse. Y para terminar, último aspecto de ese coro, elogio de los oráculos que hay que respetar: con esos personajes tiránicos, violentos y excesivos se tiene por caducos los oráculos transmitidos al antiguo Layo y se pretende abolirlos; Apolo se ve privado de todo honor, y el respeto por los dioses se esfuma. Este enigmático coro se explica si se lo compara, por sus funciones, con el que servía de conclusión a la escena entre Edipo y Tiresias. En ese primer coro la cuestión estribaba en decir por qué la verdad oracular no era satisfactoria. Y en este segundo coro, ahora, después de la segunda veridicción, la cuestión consiste en recusar el saber edípico o, mejor aún, retomar de él la única parte que se ajusta al *nomos* y, al contrario, condenar, destinar a la maldición la parte de la *techne* que ha contribuido a alimentar los excesos de su poder tiránico.

Puede comenzar entonces la última aleturgia, la última producción de verdad, la última veridicción. Ella ya no se presenta más como la de los dioses (que fue recusada por las razones que les he mencionado) ni como la de los reyes (que tuvo su utilidad y su fecundidad, pero también su reverso y su exceso). La veridicción que va a reconocerse es la de los sirvientes. Tenemos, pues, dos personajes: el mensajero de Corinto que viene a anunciar la muerte de Pólibo y el pastor del Citerón a quien Edipo, en función de su *techne* y en su búsqueda de *tekmeria*, ha ido a buscar a lo más recóndito de su bosque. Estos dos personajes, el mensajero que llega espontáneamente y el pastor a quien se ha convocado, se confrontan. Y de esa confrontación, por supuesto, surgirá la verdad. Por lo demás, el coro lo anuncia de antemano. Adoptando, de manera paradójica, y casi se diría irónica, la posición del profeta, dice: "Si soy buen profeta, si una luz me revela lo verdadero, sí, ¡por el Olimpo!"" –referencia muy explícita al momento en que la verdad aparecerá en la boca misma de los sirvientes, referencia muy explícita al oráculo de los dioses y la autoridad de la palabra divina–, "sí, ¡por el Olimpo!, mañana verás que el Citerón se ha convertido en compatriota de Edipo y se sabrá la verdad sobre el nacimiento de Edipo".[73]

¿Cómo va a desarrollarse esta última aleturgia? Pues bien, se desarrolla –y lo hace total, exhaustivamente– como un verdadero interrogatorio judicial llevado a cabo conforme a las reglas.

Primero, interrogatorio de identidad. Cuando llega el pastor del Citerón, Edipo, en plan de magistrado, pregunta: "¿El pastor a quien hacen comparecer ante nosotros es efectivamente el que el mensajero de Corinto conoció antaño, y que le entregó ese famoso niño que iba a ser Edipo?". Edipo, por lo tanto, hace la pregunta y da un primer elemento de respuesta. Dice: "Yo no lo conozco, ni siquiera puedo saber si es el mismo. Pero reconozco a los sirvientes que lo trajeron y esos sirvientes son los míos".[74] En ese momento, el corifeo completa diciendo: "Yo reconozco a ese pastor. Sin duda es, en efecto, el que estaba al servicio de Layo".[75] Y el corintio, el mensajero de Corinto, aporta el tercer elemento del reconocimiento. Dice, en efecto: "Este hombre que ahora veo frente a mí es en verdad aquel de quien hablaba,[76] y que antaño me dio, me entregó el niño en cuestión".[77]

Después de este interrogatorio de identidad se puede interrogar al pastor sobre lo que hizo y lo que pasó. El pastor, desde luego, se niega –tanto como le es posible– a decir lo que sabe. Se niega en principio porque cometió la falta de no matar a Edipo como le habían pedido Layo y Yocasta, y a continuación porque sabe bien que lo que diga desencadenará la catástrofe. Pero mientras el dios, al comienzo de la obra, podía decir: "Sólo hablo cuando quiero" –o, en todo caso, eso es lo que se decía del dios, que sólo hablaba cuando quería–, y mientras Tiresias podía decir: "No te obedezco porque no soy tu sirviente, soy el sirviente de Loxias", esta vez el pastor estará obligado a hablar. Se le recuerda que debe hablar. Y como sigue mostrándose reticente, se lo amenaza con la tortura: "Que le aten las manos",[78] dice Edipo, "te haré hablar y si no, morirás".[79] Y la amenaza de muerte va a marcar todo el interrogatorio, como un elemento que formaba parte del derecho ateniense clásico. Para obtener una confesión, era perfectamente lícito aplicar la tortura cuando se trataba de un esclavo, con la única condición de que el amo diera su autorización para que se lo torturara.[80] Ahora bien, sucede precisamente eso: el propio Edipo, en cuanto tiene el poder, en cuanto ejerce el poder sobre el sirviente, lo amenaza de muerte; y, por consiguiente, el sirviente estará obligado a decir la verdad, decir esa verdad, la verdad de lo que él mismo hizo. Estará obligado a confesar. Y el interrogatorio, en efecto, se desarrolla en torno a un punto muy preciso: lo que hizo el propio testigo. Ya no es cuestión ahora de palabras proféticas. Ya no se trata de esa gran mirada que recorre todo el tiempo; no se trata de esa luz, que es la de la flecha lanzada, sino de lo que el testigo mismo pudo haber hecho. "¿Recuerdas que te dije eso?",[81] dice el sirviente de Corinto. "¿Quién te dio el niño? ¿Con qué intención hiciste tal y tal otra cosa?"[82] Y la respuesta del sirviente está muy bien marcada desde el punto de vista gramatical. A cada instante el sirviente responde: "Sí, yo mismo encontré a ese niño en el valle de Citerón. Sí, yo me ocupaba de los rebaños. Sí, fui yo quien te liberó tus dos pies".[83] "Sí, en efecto, Yocasta te había entregado a mí."[84] "Fui yo el que omitió matarlo [*autos*]."[85]

Y creo que con eso tenemos la fórmula misma, y la introducción en la escena, del procedimiento de la confesión, también calificado en la obra por la aceptación del coro en cuanto es el que, en oposición a las otras formas de veridicción, va a producir efectivamente una verdad que es indiscutible. Para que la verdad sea jurídicamente aceptable, no es necesario que hablen los dioses. Para que la verdad sea efectivamente aceptable, no es necesario que la produzcan los reyes, puesto que, si bien es cierto que estos utilizan el sabio método de los *tekmeria*, de los signos, lo hacen también para escapar al destino de los dioses. Con el esclavo tenemos una palabra de verdad. Una palabra de verdad que ni siquiera pasará por las referencias más o menos probables que permiten separar lo que se quiere saber de lo que no se sabe. En este caso tenemos una palabra que es íntegramente verdadera porque quien la pronuncia puede decir: "Sí, yo hice eso. Sí, fui yo mismo [*autos*], yo lo vi, yo lo oí, yo lo di, yo lo hice".[86] Con esta palabra que pasa sin embargo por la boca de un esclavo amenazado de muerte, a través de ella, aparecerá la verdad misma de Edipo. El coro reconoce esa verdad, la acepta; ella es la que hace justicia. Y a partir del momento en que esta verdad es efectivamente reconocida o, mejor, en el momento mismo en que es reconocida por el coro y por todos –y por los espectadores–, Edipo se reconoce. Se reconoce como el que hizo todo eso.

Si bien todos los elementos de verdad que él mismo había dicho, y todas las predicciones sobre él ya le decían, y le habían dicho varias veces, cuál era su situación; sólo puede reconocerse cuando se hace una confesión. Una confesión que, como advertirán, no es la suya: Edipo no confiesa. Por otra parte, ¿qué podría confesar? Edipo no confiesa, la confesión proviene del esclavo. Y una vez que el esclavo realiza la confesión en ocasión de ese procedimiento, Edipo podrá decir, al reconocerse y en cierto modo ocupar el lugar del personaje que la confesión del esclavo ha señalado: "¡Así, finalmente, todo habría de ser verdad! Me revelo hijo de quien yo no debía nacer, me revelo esposo de quien yo no debía desposar, me revelo asesino de quien yo no debía matar".[87] Por fin Edipo podrá, a su turno, decir "yo" en relación con todos sus crímenes.

Perdónenme esta lectura un poco larga y, a pesar de ello, muy parcial de esta obra de Sófocles. No piensen ni por un momento que quise presentarles nada que fuese semejante a una interpretación global, exhaustiva, del *Edipo rey*. Tampoco piensen que quise hacerles un capítulo de la historia del derecho en lo concerniente a la aparición y el establecimiento de la confesión en el procedimiento penal griego. Simplemente quise mostrarles este procedimiento de la confesión, que, en la época en que Sófocles escribió *Edipo rey*, si bien no era reciente, al menos sí formaba parte de un conjunto judicial, una práctica judicial de la que la Atenas clásica se jactaba, con la que brillaba y se vanagloriaba, y sobre la cual, al mismo tiempo, se interrogaba... Me parece que es interesante ver con qué solemnidad la confesión viene en definitiva a instalarse allí, en esa representación ritual, cultural y políticamente tan importante del derecho que la ciudad ateniense se daba a sí misma.

Querría destacar, también, que esta toma de conciencia de Edipo marcha exactamente al mismo paso que la convalidación por parte del coro; e incluso que ese descubrimiento de sí mismo en el cual se detendrá la mayoría de los comentaristas y analistas, ese descubrimiento que Edipo hace de sí mismo, no es en el fondo más que la otra cara de la producción legítima de verdad que es jurídicamente aceptable y que, en efecto, es aceptada por el coro. Esa verdad legítima es la producida en la forma, no de profecía, y tampoco de una deducción a partir de indicios; es la construida en la forma del interrogatorio de los testigos, el interrogatorio de los testigos presenciales que terminan estando obligados a confesar lo que ellos mismos vieron, dijeron, hicieron.

Para terminar, lo que quería destacar es que –como verán– Edipo, en cuanto hombre de la *techne*, está situado entre la palabra profética y el testimonio de confesión. En cierto sentido es a él, a Edipo, hombre de la *techne* y también hombre de la tiranía, a quien se debe este procedimiento de la búsqueda de testigos. Es él quien recusa la forma profética y oracular de la veridicción; es él quien quiere al mismo tiempo el interrogatorio de los testigos, y es él quien va a buscar, manda a buscar al pastor del Citerón. En ese sentido –es el buen aspecto del tirano–, sigue siendo todavía el salvador de la ciudad, sigue siendo el que la ha puesto de pie, sigue siendo el buen piloto. E incluso gracias a eso, gracias a esa verdad producida, la ciudad podrá salvarse. Sin embargo –y aquí tenemos el aspecto inverso, el de la desmesura tiránica–, al querer valerse de esa *techne* contra los decretos de los dioses para escapar de ellos, no hace otra cosa que encerrar en su propia condena el destino que había sido urdido para él.

En ese sentido, Edipo fue necesario para que la verdad apareciera, fue necesario para que se estableciera la forma regular de la maquinaria judicial que es capaz de producir la verdad. Pero ahora la maquinaria judicial que él mismo ha instalado lo elimina como si estuviera "de más". Y la lección de la tragedia, desde el punto de vista de la fundación del derecho, es que la veridicción obtenida mediante el procedimiento correcto, aunque no pase por el mismo camino que la palabra de los dioses, aunque no pueda eludirse, aunque uno no pueda dispensarse de ella porque el dios ha hablado, esa veridicción indispensable, no puede empero sino confirmar –en caso de hacerse como corresponde– la palabra profética de los dioses. El drama de Edipo es que, al mismo tiempo que establece un procedimiento de veridicción, quiere escapar por eso mismo a la palabra profética de los dioses. Cuando la veridicción se obtiene por medio del procedimiento correcto –cuando, en efecto, la maquinaria judicial funciona tan bien que logra extraer la verdad más esencial de los labios más inesenciales, como los del esclavo–, en ese momento, la verdad que aparece en virtud de ese procedimiento puramente humano pero conforme al *nomos*, conforme a la ley, no hace otra cosa, a través de este procedimiento, sino confirmar la palabra profética de los dioses y, por consiguiente, remitir a ella. La veridicción, así llevada a cabo y así regulada, no obedece a la desmesura del tirano: ella depende del *nomos*, depende de la ley, de esa ley que ha nacido del Olimpo. Y esa ley, la fidelidad a ese *nomos*, permite que el decir veraz del esclavo que vio venga a avalar para el coro el decir veraz de un adivino que era ciego. La plaza pública, con las instituciones judiciales a las que hace de escenario, avala, garantiza y confirma lo que se había dicho en el relámpago de la profecía divina.

De ese modo puede encontrarse en *Edipo rey* no –lo reitero– un testimonio directo de lo que fue el procedimiento judicial ateniense, no un testimonio directo de lo que fue su historia real, sino la primera representación dramática de esa nueva práctica judicial (relativamente nueva, en esa época) que hacía de la confesión y de todos los procedimientos regulares de la confesión un elemento esencial en el sistema judicial.

Bueno, si tienen preguntas que hacerme, porque me he extendido mucho...*

* Hay una pregunta, pero es inaudible. La grabación se interrumpe.

NOTAS

1 Además de este, Foucault propuso varios otros análisis de *Edipo rey*: en 1971, *Leçons sur la volonté de savoir*..., ob. cit., pp. 177-192; en 1972, "Le savoir d'Œdipe", conferencia dictada en Búfalo, Estados Unidos, ibíd., pp. 223-253 [trad. cast.: "El saber de Edipo", en *Lecciones sobre la voluntad de saber*..., ob. cit., pp. 255-286]; en 1973, "La vérité et les formes juridiques", cit., y en 1980, *Du Gouvernement des vivants. Cours au Collège de France, 1979-1980*, ed. de M. Senellart bajo la dirección de F. Ewald y A. Fontana, París, Gallimard - Seuil, 2012, clases del 9, 16, 23 y 30 de enero de 1980 [trad. cast.: *Del gobierno de los vivos. Curso en el Collège de France (1979-1980)*, Buenos Aires, FCE, 2014]. El tema de la verdad como efecto del ajuste de dos decires a medias por un lado, y de la puesta en relación de enunciados y visibilidades por otro, importante en *Obrar mal, decir la verdad* y en la conferencia de 1972, será retomado en el marco de una comparación entre *Edipo rey* y *Ion* en 1983, en M. Foucault, *Le Gouvernement de soi et des autres*..., ob. cit., clases del 19 y 26 de enero de 1983, pp. 71-136. Siempre dentro de esa comparación, se retoma asimismo el tema de la necesaria sucesión de los momentos de veridicción, una necesidad referida a la asunción de la verdad por el sujeto en *Obrar mal, decir la verdad*, y al derecho a hablar en *Le Gouvernement de soi et des autres*..., ob. cit., p. 140.

2 Referencia probable a la lectura de la tragedia propuesta por Freud en *Die Traumdeutung* (1899), donde compara el develamiento "paulatino y retardado con supremo arte" de la identidad de Edipo con el "proceso [...] de un psicoanálisis". No olvidemos que, según Freud, el destino de Edipo "nos conmueve [...] porque habría podido ser el nuestro y el oráculo ha suspendido igual maldición sobre nuestras cabezas antes de que naciéramos. [...] Este sueño [del incesto] es soñado aún, como entonces, por muchos hombres [...]. Es [...] la clave de la tragedia y el complemento al de la muerte del padre. La fábula de Edipo es la reacción de la fantasía a estos dos sueños típicos, y así como ellos despiertan en el adulto sentimiento de repulsa, tiene la leyenda tiene que acoger en su contenido el horror al delito y el castigo del delincuente, que este se impone por su propia mano"; véase Sigmund Freud, *L'Interprétation du rêve*, trad. de J. Altounian, P. Cotet, R. Lainé, A. Rauzy y F. Robert, París, Presses Universitaires de France, 2011, pp. 303-305, col. "Quadrige" [trad. cast.: *La interpretación de los sueños*, en *Obras completas*, vol. I, Buenos Aires, Siglo XXI - Biblioteca Nueva, 2012, pp. 507-508]. Foucault recusa esta hipótesis ya en 1971: "Freud", dice entonces, "al avanzar en dirección a las relaciones del deseo con la verdad, creyó que Edipo le hablaba de las formas universales del deseo, cuando en realidad le contaba las coacciones históricas de nuestro sistema de verdad (el sistema contra el cual Freud chocaba)"; menciona a ese respecto "el error de Freud", pero también el de "los culturalistas a propósito del error de Freud", alusión probable, según D. Defert, en M. Foucault, *Leçons sur la volonté de savoir*..., ob. cit., p. 193, n. 18, a Bronislaw Malinowski, *La Sexualité et sa répression dans les sociétés primitives*, París, Payot, 1939 [trad. cast.: *Sexo y represión en la sociedad primitiva*, Buenos Aires, Nueva Visión, 1974]. En ese mismo sentido, véase Jean-Pierre Vernant, "'Œdipe' sans complexe", *Raison Présente*, 4, 1967, pp. 3-20, reed. en J.-P. Vernant y Pierre Vidal-Naquet, *Œdipe et ses mythes*, Bruselas, Éd. Complexe, 2006, pp. 1-22 [trad. cast.: "'Edipo' sin complejo", en J.-P. Vernant y P. Vidal-Naquet, *Mito y tragedia en la Grecia antigua*, vol. I, Barcelona, Paidós, 2002, pp. 79-101]. Vernant, que discute un texto de Didier Anzieu, "Œdipe avant le complexe ou l'interprétation psychanalytique des mythes", *Les Temps Modernes*, 245, 1966, pp. 675-715

[trad. cast.: "Edipo antes del complejo o de la interpretación psicoanalítica de los mitos", en *Psicoanalizar*, Madrid, Biblioteca Nueva, 2001], tacha de falsa la tesis de la universalidad y la antihistoricidad de los deseos que según Freud constituyen el "complejo de Edipo". Véase asimismo Bernard MacGregor Walker Knox, *Œdipus at Thebes: Sophocles' Tragic Hero and His Time*, New Haven y Londres, Yale University Press - Oxford University Press, 1957, pp. 4-5.

3 Como Vernant, Foucault sostiene, contra Freud, que la historia de Edipo no es "la fábula más antigua de nuestro deseo y nuestro inconsciente"; véase M. Foucault, "La vérité et les formes juridiques", cit., p. 553. Como Gilles Deleuze y Félix Guattari, *Capitalisme et schizophrénie*, vol. I, *L'Anti-Œdipe*, París, Minuit, 1972 [trad. cast.: *El anti-Edipo: capitalismo y esquizofrenia*, Barcelona, Paidós, 1998], busca, "detrás de la presunta historia de Edipo, algo que tenga que ver [...] con la historia de un poder, un poder político"; véase M. Foucault, "La vérité et les formes juridiques", cit., p. 554. Pero tanto en 1981 como en 1973, la intención no es dar a ver en el *Edipo* "un instrumento de limitación y coacción que los psicoanalistas, desde Freud, utilizan para contener el deseo y hacerlo entrar en una estructura familiar definida por nuestra sociedad en un momento determinado" (íd.); lo que está en cuestión es para él un "tipo determinado de relación [...] entre poder político y conocimiento"; un tipo determinado de relación "de la que nuestra civilización todavía no se ha liberado" y que la tragedia de Edipo representaría e incluso, en cierta forma, habría instaurado (íd.). La yuxtaposición de los análisis del canto XXIII de la *Ilíada* de Homero (clase del 22 de abril de 1981) y del texto de Sófocles (clase del 28 de abril de 1981) sugiere que, más que el "triángulo edípico padre-madre-hijo" señalado por Deleuze y Guattari (ibíd., p. 553), lo que concentra su atención en *Edipo rey* es la triangulación del juego de verdad ya indicado por Louis Gernet en "Le temps dans les formes archaïques du droit", *Journal de Psychologie*, 53, julio-septiembre de 1956, pp. 379-406, reed. en *Droit et institutions...*, ob. cit., pp. 121-156 [trad. cast.: "El tiempo en las formas arcaicas del derecho", en *Antropología de la Grecia antigua*, ob. cit.]; véase p. 128: "el juego se vuelve triangular: se afirma una verdad de otro tipo, en la que se producirá la noción de un tiempo socializado"; una triangulación que según Gernet no es resultado de una evolución sino que corresponde a una mutación (ibíd., p. 127). La clase del 22 de abril de 1981 tomaba por objeto procedimientos o rituales judiciales que oponían a dos partes en la forma de la lucha: procedimientos o rituales de eficacia inmediata, en todos los sentidos de la palabra "inmediata". En ellos el único tiempo de referencia es el tiempo judicial; la verdad jurídica se produce en el presente del rito; no depende de "lo que sucedió" (ibíd., p. 131); por consiguiente, no hay motivo para corroborar una "verdad histórica" (en el momento de resolver el diferendo que enfrenta a Menelao y Antíloco, el *histor*, señala Foucault, no es consultado); la función de los testigos o los cojuradores no implica ser "informantes valederos, por poco que sea, de un hecho pasado" (las más de las veces, señala Gernet, no han conocido el hecho: testimonio y cojuramento son afirmaciones de solidaridad basadas en un saber que no es discutible ni discutido; ibíd., pp. 134 y 136); una de las partes "es autorizada, conforme a las reglas del juego, a utilizar contra otra tal o cual arma"; convencer y vencer son una y la misma cosa (ibíd., p. 132), y se trata *in fine* de la ordalía, que carece de "relación con la noción positiva de prueba" y "hace salir tanto del tiempo como del espacio humanos" (ibíd., p. 133). La clase del 28 de abril de 1981 se ocupa del análisis de Edipo, quien, en cambio, apela a todos los medios para establecer, a través de diversos procederes, "lo que pasó". Otro tipo de verdad –verdad que, para citar una vez más a Gernet (ibíd., p. 131),

representa a las claras "lo que llamaríamos una verdad histórica"; y verdad producida en otro tipo de juego, donde domina otro tipo de enunciados, ya no performativos sino constatativos. A ese otro juego corresponde otro tipo de temporalidad, que es su marco y su condición de posibilidad: un "tiempo abstracto y cuantitativo" que incluye "la noción de un pasado que vale como tal" (ibíd., p. 155). La mutación está señalada por la transformación de la función del testigo: ahora neutral por hipótesis, se convierte, en cuanto *mnemon*, en el custodio del recuerdo del pasado con vistas a una decisión de justicia (ibíd., p. 152). Adviértase que la triangulación del juego de verdad no es más que uno de los aspectos de la tragedia de Sófocles estudiada por Foucault: la pieza misma se organiza como una sucesión de tipos de saberes o aleturgias, que articulan de diferente manera pasado, futuro y presente (sobre esas articulaciones, véase M. Detienne, *Les Maîtres de vérité dans la Grèce ancienne*, con prefacio de P. Vidal-Naquet, París, François Maspero, 1967, reed. 1981, p. 130, n. 101 [trad. cast.: *Los maestros de verdad en la Grecia arcaica*, Madrid, Taurus, 1974]). Por lo demás, la triangulación del juego de verdad, en *Edipo rey*, sólo se deja ver confusamente, toda vez que Edipo, amén de ser marido e hijo de la misma mujer y padre y hermano de los mismos hijos, también es juez y parte o, mejor, parte demandante y parte demandada. Esta última confusión o ambigüedad, que hace de él a la vez el sujeto y el objeto de la investigación, es en *Obrar mal, decir la verdad* la que más importa, a diferencia de lo que se observa en la tradición psicoanalítica.

4 Foucault menciona la "pista de trabajo" teatral en varios cursos. En febrero de 1976 despliega un conjunto de observaciones acerca, por un lado, de la tragedia griega como "tragedia del derecho", por otro, de la tragedia shakespeariana como "ritual de rememoración de los problemas del derecho público", caracterización que extiende a las tragedias de Corneille y Racine; véase M. Foucault, *"Il faut défendre la société." Cours au Collège de France, 1976*, ed. de M. Bertani y A. Fontana en el marco de la Association pour le Centre Michel Foucault, bajo la dirección de F. Ewald y A. Fontana, París, Gallimard - Seuil, 1997, pp. 155-157 [trad. cast.: *Defender la sociedad. Curso en el Collège de France (1975-1976)*, Buenos Aires, FCE, 2000, pp. 163-164]. En marzo de 1978 propone una serie de consideraciones sobre la "práctica teatral de la razón de Estado" y menciona la aparición, en la edad clásica, de un "teatro político cuyo reverso es el funcionamiento del teatro, en el sentido literario del término, como el lugar privilegiado de la representación política y sobre todo de la representación del golpe de Estado"; señala que el teatro de Shakespeare, Corneille y Racine ofrece "con bastante frecuencia, casi siempre [...], representaciones de golpes de Estado"; véase M. Foucault, *Sécurité, territoire, population. Cours au Collège de France, 1977-1978*, ed. de M. Senellart bajo la dirección de F. Ewald y A. Fontana, París, Gallimard - Seuil, 2004, p. 271 [trad. cast.: *Seguridad, territorio, población. Curso en el Collège de France (1977-1978)*, Buenos Aires, FCE, 2006, pp. 308-309]. Las indicaciones dadas aquí permiten precisar cómo hay que entender uno de los términos utilizados por Foucault en "La vérité et les formes juridiques", cit., p. 554, para definir la función que atribuye a *Edipo rey*; ese término fue recientemente comentado por Philippe Chevallier, *Michel Foucault et le christianisme*, Lyon, ENS Éditions, 2011, pp. 160-163. Cuando Foucault dice que la tragedia de Sófocles es "representativa [...] de determinado tipo de relación entre poder y saber, entre poder político y conocimiento, de la que nuestra civilización todavía no se ha liberado", convendría dar a la palabra "representativa" un sentido teatral –"dramático", dice Foucault al final de la clase– e incluso aletúrgico; véase, en el presente volumen, "Situación del curso", p. 317 y ss. Si seguimos a Daniel Defert, "Situation du cours",

en M. Foucault, *Leçons sur la volonté de savoir...*, ob. cit., p. 242 [trad. cast.: "Situación del curso", en *Lecciones sobre la voluntad de saber...*, ob. cit., pp. 305-306], y sostenemos que "la pregunta hecha [...] a través de Edipo, '¿quién habla?', es la pregunta misma de la década de 1970" y que el "ascenso hacia la Grecia arcaica servía, como ya había servido al joven Nietzsche wagneriano, de metáfora de la actualidad", la función que Foucault asigna a *Edipo rey* (o la lectura que propone de esta obra) es la función misma que Vernant describe como la de la tragedia: expresar, "trasponiéndolos conforme a las exigencias de un nuevo género literario, los conflictos internos del pensamiento social" (sin embargo, no el pensamiento de la ciudad del siglo V: el pensamiento actual); y, en líneas más generales, "a través del debate abierto por el drama", conferir "al estatus mismo del hombre [...] una forma de problema"; véase J.-P. Vernant, "'Œdipe' sans complexe", cit. (2006), p. 3, y *Mythe et société en Grèce ancienne* (1974), París, François Maspero, 1982, p. 206 [trad. cast.: *Mito y sociedad en la Grecia antigua*, Madrid, Siglo XXI, 1987].

5 Al respecto, véase M. Foucault, *Leçons sur la volonté de savoir...*, ob. cit., pp. 161-193. Sobre la cuestión de la mancha es posible que una de las fuentes de Foucault haya sido Louis Moulinier, *Le Pur et l'impur dans la pensée et la sensibilité des Grecs jusqu'à la fin du IVe siècle avant J.-C.*, París, Klincksieck, 1952, texto analizado en J.-P. Vernant, "Le pur et l'impur", *L'Année Sociologique*, 1953-1954, pp. 331-352, reed. en *Mythe et société...*, ob. cit. (1982), pp. 121-140 [trad. cast.: "Lo puro y lo impuro", en *Mito y sociedad...*, ob. cit.].

6 Véase Platón [Platon], *Œuvres complètes*, vol. XII, 1ª parte, *Les Lois: livres VII-X* (1956), 4ª ed., texto fijado y traducido por A. Diès, París, Belles Lettres, 2003 [trad. cast.: *Leyes: libros VII-XII*, en *Diálogos*, vol. IX, Madrid, Gredos, 1999]. Dos extractos del libro IX de las *Leyes* se aplican a la situación edípica. El primero determina las penas con que debe castigarse a quien ha matado a su padre o su madre (libro IX, 869*a-c*, ibíd., pp. 121-122). El segundo, que Foucault detalla más adelante en la misma clase, establece las disposiciones que es preciso adoptar cuando se ignora quién es el asesino (libro IX, 874*a-b*, ibíd., pp. 128-129).

7 Sófocles, *Edipo rey*, v. 102: "ποίου γὰρ ἀνδρὸς τήνδε μηνύει τύχην". "¿La muerte [τύχην] de qué hombre así denuncia [μηνύει]?", en Sophocle, *Œdipe roi*, en *Œuvres*, vol. I, ed. y trad. de P. Masqueray, París, Belles Lettres, 1922, p. 144 [trad. cast.: *Edipo rey*, en *Tragedias*, Madrid, Gredos, 2000]; "Pero ¿cuál es pues el hombre cuya muerte denuncia [μηνύει] el oráculo?", en *Œdipe roi*, trad. de P. Mazon, París, Belles Lettres, 2007, v. 102, pp. 10-11. Adviértase que la palabra griega traducida como "muerte" es τύχη, "suerte" (a propósito de las diversas acepciones de τύχη en el texto de la tragedia de Sófocles, véase B. M. W. Knox, *Œdipus at Thebes...*, ob. cit., pp. 176-181).

8 D. Defert, en M. Foucault, *Leçons sur la volonté de savoir...*, ob. cit., p. 192, n. 1, da como edición de referencia *Œdipe roi*, trad. de P. Masqueray, ob. cit. En Lovaina la Nueva, Foucault utiliza asimismo la traducción de Paul Mazon, *Œdipe roi*, en *Œuvres*, vol. II, ed. de A. Dain, París, Belles Lettres, 1972, o *Œdipe roi*, en *Tragédies complètes*, con prefacio de P. Vidal-Naquet, trad. de P. Mazon, París, Gallimard, col. "Folio", 1973. Las referencias dadas a continuación remiten a Sófocles, *Œdipe roi*, París, Belles Lettres, 2007.

9 Sobre μηνύειν y la μήνυσις, véase B. M. W. Knox, *Œdipus at Thebes...*, ob. cit., p. 80, sobre la cual parece basarse el análisis desarrollado por Foucault en este párrafo y los tres siguientes.

10 Ibíd., p. 81.

11 Sófocles [Sophocle], *Œdipe roi*, ob. cit., v. 132, pp. 12-13.

12 Sobre este punto, véase B. M. W. Knox, *Œdipus at Thebes...*, ob. cit., pp. 80-81.

13 Sófocles, *Œdipe roi*, ob. cit., vv. 224-275, pp. 18-23. Al respecto, véase B. M. W.

Knox, *Œdipus at Thebes...*, ob. cit., pp. 81-82. Prometer, maldecir, absolver: tres *speech acts*, como dice Foucault, que se vale del concepto de Austin, acerca de la confesión en la conferencia inaugural (p. 24 del presente volumen); tres "palabras eficaces", para retomar la terminología de Marcel Detienne en *Les Maîtres de vérité...*, ob. cit., una de las tres publicaciones que configuraron la coyuntura en la que se elaboraron las *Lecciones sobre la voluntad de saber* (y, por lo tanto, las primeras clases sobre Edipo); véase D. Defert, "Situation du cours", cit., p. 266. Palabras de tipo mágico religioso, que "realizan" y "cumplen", según expresa en griego el verbo κραίνειν, *krainein* (M. Detienne, *Les Maîtres de vérité...*, ob. cit., p. 53 del original francés); que no son "el reflejo de un acontecimiento prefabricado", sino "uno de los elementos de su realización" (ibíd., p. 56); que una vez articuladas se convierten en "un poder, una fuerza, una acción" (ibíd., p. 54), y por esa razón pertenecen al ámbito de lo inmediato y lo irrevocable. Al comienzo de la tragedia, Edipo rey –Edipo *en cuanto* rey: puesto que, en este punto, la verdad todavía está "ligada a ciertas funciones sociales"; es "inseparable de ciertos tipos de hombre, de sus cualidades propias y de un plano de lo real, definido por su función en la sociedad griega arcaica" (ibíd., p. 49)– es, como el adivino, un "maestro de verdad": al decir la justicia "'dice la verdad' o, mejor, la 'vehicula'", y, al decirla o vehicularla, la realiza (la palabra cargada de eficacia, escribe Marcel Detienne [ibíd., p. 58], "es desde el inicio una realidad, una realización, una acción"). Al final de la tragedia, tanto Edipo como la palabra eficaz –forma de decir veraz del maestro de verdad– quedan despojados de su soberanía.

14 Tucídides [Tucidide], *La Guerre du Péloponnèse*, libro VI, §§ 27-29 y 60-61, trad. fr. de L. Bodin y J. de Romilly, París, Belles Lettres, 1955, pp. 21-22 y 44-46 [trad. cast.: *Historia de la Guerra del Peloponeso*, cuatro volúmenes, Madrid, Gredos, 2000]. Sobre este punto, véase B. M. W. Knox, *Œdipus at Thebes...*, ob. cit., p. 82.

15 Plutarco [Plutarque], "Vie d'Alcibiade", §§ XVIII-XXI, en *Les Vies des hommes illustres*, vol. I, trad. de D. Ricard, París, Lefèvre éditeur, 1838, pp. 488-492 [trad. cast.: "Alcibíades", en *Vidas paralelas*, vol. III, Madrid, Gredos, 2006].

16 Platón, *Les Lois: livres VII-X*, ob. cit., libro IX, 874*a-b*, p. 128.

17 Ibíd., 874*b*, p. 129.

18 Sófocles, *Edipo rey*, v. 319: "τί δ' ἔστιν; ὡς ἄθυμος εἰσελήλυθας". Según la trad. de P. Mazon: "¿Qué hay allí? ¿Y por qué semejante desconcierto ante la idea de haber venido?". Según B. M. W. Knox, *Œdipus at Thebes...*, ob. cit., pp. 84 y 226, n. 134, εἰσελήλυθας es el término técnico que significa "comparecer ante un tribunal" ("*coming in to court*").

19 Sófocles, *Œdipe roi*, ob. cit., v. 432, pp. 34-35.

20 Al respecto, véase B. Knox, *Œdipus at Thebes...*, ob. cit., p. 82: "But when Œdipus' appeal to the prophet is followed by Tiresias' disturbing regrets that he has come, we find ourselves suddenly in a familiar ambience, the examination of a reluctant witness" ["Pero cuando la apelación de Edipo al profeta es seguida por el perturbador lamento de Tiresias por haber comparecido, nos encontramos de improviso en un ambiente conocido, el interrogatorio de un testigo reticente"].

21 Al parecer, Foucault cita el texto de memoria: Edipo despide a Tiresias (véase el final del v. 431: "ἀποστραφεὶς ἄπει"), pero no usa la palabra ἄφες. Es Tiresias quien la pronuncia, cuando comparece ante Edipo (véase v. 320: "ἄφες μ' ἐς οἴκους"; trad. de Mazon: "Vete, déjame volver a mi casa". Según B. Knox, *Œdipus at Thebes...*, ob. cit., p. 84, ἄφες es, en el vocabulario judicial, el término técnico que significa liberación (*release*), absolución (*acquital*) o desestimación (*dismissal*).

22 Sófocles, *Edipo rey*, vv. 642-643: "δρῶντα γάρ νιν, ὦ γύναι, κακῶς [v. 642] εἴληφα τοὐμὸν σῶμα σὺν τέχνῃ κακῇ [v. 643]". Traducción de Mazon. "¿No lo he sorprendido [oh, mujer,] urdiendo criminalmente contra mi persona una intriga criminal?". Referencia, según B. Knox, *Œdipus at Thebes...*, ob. cit., p. 90, a un aspecto de la técnica judicial de los siglos V y IV. En el vocabulario de la práctica judicial, κακοτεχνίαν (término que evocan las últimas palabras del verso, τέχνῃ κακῇ) significa "arrancar un falso testimonio", cosa de la cual, precisamente, Edipo acusa a Creonte, de quien sospecha que ha sobornado a Tiresias. Al respecto, Knox, ibíd., p. 229, remite en especial a Platón, *Leyes*, XI, 936*d*.

23 Según Aristóteles, las historias son simples o complejas en función de que lo sean las acciones que imitan. Es simple la acción "coherente y una, en la que la inversión de la fortuna se produce sin peripecia ni reconocimiento"; es compleja la acción en la que esa inversión se produce "con reconocimiento o peripecia, e incluso con ambas". Véase Aristóteles [Aristote], *Poétique*, X, trad. de M. Magnien, París, Livre de Poche, 2008, p. 100 [trad. cast.: *Poética*, en *Poética - Magna moralia*, Madrid, Gredos, 2011].

24 "Peripecia [*peripeteia*] es "el cambio de la acción en sentido contrario; esto [...], conforme a la verosimilitud o la necesidad." Aristóteles pone a Edipo como ejemplo: "Así, en *Edipo*, el hombre llegado con la intención de alegrar a Edipo y librarlo del temor relativo a su madre, al descubrir quién era, hizo todo lo contrario al develarle su identidad" (ibíd., XI, p. 101).

25 El reconocimiento (anagnórisis), otro elemento de la acción compleja, es "un cambio desde la ignorancia hacia el conocimiento, para amistad o para odio, de los destinados a la dicha o al infortunio" (ibíd.). Aristóteles presenta en dos ocasiones el reconocimiento edípico como un modelo de belleza trágica. En el capítulo XI escribe: "El reconocimiento más perfecto es el acompañado por peripecia, como la del *Edipo*" (ibíd.). En el capítulo XVI aclara: "El mejor de todos los reconocimientos es el resultante de los hechos mismos, de modo que la sorpresa se produce por circunstancias verosímiles, como en el *Edipo* de Sófocles". Y lo distingue 1) del reconocimiento "mediante señales" (*dia ton semeion*), "que es el menos artístico y el más usado por incompetencia"; 2) de los reconocimientos "fabricados por el poeta" (*hypo tou poietou*); 3) del reconocimiento "por el recuerdo" (*dia mnemes*), y 4) del reconocimiento "procedente de un silogismo" (*ek syllogismou*; ibíd., XVI, pp. 109-110). Al respecto, véase Jean-Pierre Vernant, "Ambiguïté et renversement. Sur la structure énigmatique d'*Œdipe roi*", en Jean Pouillon y Pierre Maranda (comps.), *Échanges et communications: mélanges offerts à Claude Lévi-Strauss à l'occasion de son 60e anniversaire*, París y La Haya, Mouton, 1970, vol. II, pp. 1253-1273, reed. en J.-P. Vernant y P. Vidal-Naquet, *Œdipe et ses mythes*, ob. cit., pp. 23-53 [trad. cast.: "Ambigüedad e inversión: sobre la estructura enigmática del *Edipo Rey*", en *Mito y tragedia...*, ob. cit., pp. 103-133], estudio al cual hace referencia Foucault en *Du Gouvernement des vivants...*, ob. cit., clase del 16 de enero de 1980, p. 25. Ya en 1972 Foucault insistía, como Vernant, en el hecho de que en *Edipo rey* la anagnórisis tiene la peculiaridad de ser "'reflexiv[a]': aquel que busca es objeto de la búsqueda; el ignorante es aquel a cuyo respecto se intenta saber"; véase M. Foucault, "Le savoir d'Œdipe", cit., p. 225. En el mismo sentido, confróntese con J.-P. Vernant, "Ambiguïté et renversement...", cit. (2006), que por su parte remite a Knox: "Edipo realiza una investigación, a la vez judicial y científica, subrayada por el uso reiterado del verbo *zetein*. Pero el investigador es también el objeto de la investigación, el *zeton* es también el *zetoumenon*, como el examinador, el interrogador, es también la respuesta a la pregunta. Edipo es el descubridor y el objeto del descubrimiento, el mismo que es descubierto".

26 Referencia probable a M. Detienne, *Les Maîtres de vérité...*, ob. cit., p. 102. Para este autor, el hecho de que en lo sucesivo el coro tenga esa función representa "el certificado de defunción de la palabra eficaz": "es el conjunto de los ciudadanos el que 'realiza' [κραίνει, *krainei*]"; las antiguas nociones de *telos* y *krainein* "ya no son más que metáforas", y el poder en el sentido mágico-religioso, poder de cumplir, de realizar, se convierte en el poder en sentido político, poder de gobernar. "La eficacia mágico-religiosa se ha convertido en ratificación del grupo social."

27 El hecho de que la verdad siempre sea expuesta por un par de personajes que hablan uno como complemento del otro –cosa que M. Foucault, "Le savoir d'Œdipe", cit., p. 226, denomina "ley de las mitades"– remite por un lado, gracias al motivo del σύμβολον (véase Sófocles, *Edipo rey*, v. 221), al tema del indicio y la prueba (M. Foucault, "Le savoir d'Œdipe", cit., p. 229; véase asimismo M. Foucault, *Leçons sur la volonté de savoir...*, ob. cit., p. 191). Pero también está relacionado con lo que M. Detienne, *Les Maîtres de vérité...*, ob. cit., p. 100, llama "laicización de la palabra": la decadencia de la palabra mágico-religiosa en beneficio de una "palabra-diálogo" (ibíd., p. 81), diálogo entre los participantes de cada aleturgia (Apolo y Tiresias, Edipo y Yocasta, el mensajero de Corinto y el pastor del Citerón) y diálogo, asimismo, entre sus veridicciones. Por lo demás, los dos temas están íntimamente ligados: la noción positiva de la prueba es un correlato de la "palabra-diálogo", donde la verdad –en el sentido de "verdad histórica" y por ende de verdad historizada–, ahora relativa, depende de la conformidad de los enunciados con la realidad, una realidad que por una parte se considera preexistente a la palabra pronunciada, y que por otra se constituye como referente objetivo para la palabra dialogada; esta misma noción positiva de la prueba es en cambio ajena a la palabra mágico-religiosa, que *da* prueba, del mismo modo que, al vehicular la verdad, hace realidad; sobre este punto, véase ibíd., pp. 100-101, así como L. Gernet, "Le temps dans les formes archaïques...", cit. (1982), pp. 129-137. Si en *Edipo rey*, como escribe Foucault, hay dos anagnórisis –el eje del reconocimiento individual y el eje del establecimiento de la verdad–, en el segundo eje, entonces, la historia contada por la tragedia y estudiada por Foucault se trama, hipotéticamente, alrededor de un problema de prueba (un problema que involucra la manera de concebir la verdad), la historia de la sustitución de la "palabra eficaz" por la "palabra-diálogo", del pensamiento mágico-religioso por el "pensamiento racional" y de una lógica de la ambigüedad por una lógica de la (no) contradicción; sobre esta historia, véase M. Detienne, *Les Maîtres de vérité...*, ob. cit., pp. 145-147. Como el juramento, la maldición pronunciada por Edipo participa de la ordalía; pero el "cambio de estado" o "desplazamiento del ser" (L. Gernet, "Le temps dans les formes archaïques...", cit. [1982], p. 133) al que ella remite es, en el pliegue de los registros de la "palabra eficaz" y la "palabra-diálogo", más allá de la decadencia "individual" de Edipo de la que ella es instrumento, la laicización de Aletheia y la mutación del juego de verdad que la tragedia hace constar y describe. Al cabo del drama ya no se trata de jurar (práctica analizada por Foucault en la clase del 22 de febrero de 1981), sino de juzgar.

28 En 1971, 1972 y 1973 Foucault analiza *Edipo rey* en términos no de sucesión de aleturgias, sino de afrontamiento de diferentes tipos de saber: saber referido a los dioses, oracular y adivinatorio o problemático, por una parte; saber referido a los hombres, judicial y científico o empírico, por otra. Sobre la tragedia de Sófocles como sucesión de saberes, véase entre otros el fragmento conservado de la transcripción de la clase dictada el 17 de marzo de 1971 y "Le savoir d'Œdipe", en M. Foucault, *Leçons sur la volonté de savoir...*, ob. cit., pp. 189-192 y 225-251; como sucesión de aleturgias, véase, antes de *Obrar*

mal, decir la verdad, M. Foucault, *Du Gouvernement des vivants...*, ob. cit. La diferenciación material de los saberes se teoriza en M. Foucault, *L'Archéologie du savoir*, París, Gallimard, 1969 [trad. cast.: *La arqueología del saber*, México, Siglo XXI, 1972] (D. Defert, nota 3 de "Le savoir d'Œdipe", cit., p. 251). La teorización de la diferenciación formal de las aleturgias, ya en curso en *Obrar mal, decir la verdad* (véase, en el presente volumen, "Situación del curso", pp. 281-340), se consuma en M. Foucault, *Le Courage de la vérité...*, ob. cit. (véase en especial la clase del 1º de febrero de 1984).

29 Sófocles, *Œdipe roi*, ob. cit., vv. 96-111, pp. 8-11.

30 Ibíd., vv. 278-281, pp. 22-23.

31 Ibíd., vv. 322-323, pp. 26-27.

32 Ibíd., vv. 330-331, pp. 26-27.

33 Ibíd., vv. 345-349, pp. 28-29. El carácter enigmático de la veridicción profética llegará a ser –en M. Foucault, *Le Courage de la vérité...*, ob. cit., pp. 17-18, entre otras– uno de los rasgos mediante los cuales Foucault distinguirá esta forma de decir veraz de la *parresia*.

34 Sófocles, *Œdipe roi*, ob. cit., vv. 352 y 362, pp. 28-29.

35 Ibíd., vv. 366-367, pp. 28-29.

36 Ibíd., vv. 404-405, pp. 32-33.

37 Ibíd., vv. 485-486, pp. 38-39.

38 Ibíd., vv. 408-410, pp. 32-33.

39 Ibíd., v. 356, pp. 28-29.

40 Ibíd., vv. 473-475, pp. 36-37.

41 Véase por ejemplo "Yo digo que el asesino buscado eres tú" (Φονέα σέ φημι τἀνδρὸς οὗ ζητεῖς κυρεῖν), ibíd., verso 362, pp. 28-29.

42 Ibíd., vv. 370-371 y 374, pp. 30-31.

43 Ibíd., vv. 413 y 424-425, pp. 32-33.

44 Según J.-P. Vernant, "Figuration de l'invisible et catégorie psychologique du double: le *colossos*", presentado en el coloquio "Le signe et les systèmes de signes", Royaumont, 12 a 15 de abril de 1962, y publicado en *Mythe et pensée chez les grecs*, vol. II, París, François Maspero, 1974, p. 75, n. 32 [trad. cast.: "Representación de lo invisible y categoría psicológica del doble: el *colossos*", en *Mito y pensamiento en la Grecia antigua*, Barcelona, Ariel, 1983], el adivino Tiresias, como el *colossos*, "pertenece a la vez al mundo de los vivos y al de los muertos. La imagen del 'vidente ciego' traduce esta ambigüedad". Personaje homérico, tiene el don de ver en el mundo de los vivos lo que los otros vivos no ven (Aletheia) y de recordar, en el mundo de los muertos –el mundo del Olvido (Leteo)– aquello de lo que los otros muertos no recuerdan (Mnemosine). Aletheia o Mnemosine, su don de videncia es una omnisciencia que engloba pasado, presente y futuro; a propósito de esto, véase M. Detienne, *Les Maîtres de vérité...*, ob. cit., p. 47.

45 Sófocles, *Œdipe roi*, ob. cit., v. 433, pp. 34-35.

46 Ibíd., v. 365, pp. 28-29.

47 "¿Cuál es pues aquel a quien en Delfos señaló la roca profética como el que con su sangrienta mano consumó crímenes que superan todos los crímenes? / Ha llegado la hora de que mueva en su huida corvas más robustas que las de las yeguas que luchan contra los vientos. / Ya sobre él se lanza el hijo de Zeus, armado de llamas y relámpagos, y tras sus huellas corren las diosas de la muerte, las terribles diosas que jamás han perdido a su presa. // Acaba de resplandecer, brillante, la palabra emanada del nevado Parnaso. Quiere que todos rastreen al culpable desconocido. / Ya vaga él, como un toro solitario, por el agreste bosque, a través de grutas y peñascos. / Solitario y con miserable pie, evitando el oráculo del centro de la tierra. ¡Mas estos, con vida eterna, revolotean a su alrededor!" (ibíd., vv. 463-482, pp. 36-39).

48 "Sin duda me turba, me turba extrañamente el sabio adivino. No puedo creerle ni desmentirlo. ¿Qué decir? No sé. Estoy llevado y traído por el viento de mis temores y ya no veo nada ni delante ni lo que hay detrás. / ¿Qué motivo de disputa podía haber, ora en el alma de los Labdácidas, ora en la del hijo de Pólibo? Ni en el pasado ni en el presente / hallo la menor prueba que me fuerce a ir a la guerra contra la pública fama de Edipo, y a erigirme, en nombre de los Labdácidas, en el vengador de tal o cual incierto asesinato. // Pero si Zeus y Apolo son sin duda clarividentes y conocen el destino de los mortales, entre los hombres, en cambio, ¿posee un adivino dones superiores a los míos? Nada, en verdad, lo atestigua. Sí, un saber humano / puede siempre superar otros, pero, mientras no haya visto verificados los dichos de sus acusadores, me niego a admitirlos" (ibíd., vv. 483-506, pp. 38-39).

49 Al respecto, véase también M. Foucault, *L'Herméneutique du sujet. Cours au Collège de France, 1981-1982*, ed. de F. Gros bajo la dirección de F. Ewald y A. Fontana, París, Gallimard - Seuil, 2001, p. 445: "Los griegos no tenían ante sus ojos el futuro sino el pasado; es decir que entraban de espaldas en el futuro" [p. 441 de la trad. cast., *La hermenéutica del sujeto. Curso en el Collège de France (1981-1982)*, Buenos Aires, FCE, 2002]. En la clase dictada el 24 de marzo de 1982, Foucault menciona esta representación de la relación con el pasado y el futuro en el marco de un análisis de la *praemeditatio malorum*, la premeditación de los males, ejercicio en el que ve una prueba de verdad en el sentido, no de una prueba referida a la verdad de las opiniones que acompañan las representaciones, sino de una prueba de uno mismo como sujeto de verdad (véase *L'Herméneutique*..., ob. cit., p. 444 y ss.). Indica así el horizonte en el cual se desplegaron los debates a los que la *praemeditatio malorum* –que presentifica el futuro para anularlo (ibíd., p. 452) y se aplica a mirar lo peor de frente para reducir lo imaginario asociado a él (ibíd., p. 453)– dio lugar durante la Antigüedad: desvalorización del pensamiento del futuro, que "pre-ocupa" y condena sea a la imaginación, sea a la impotencia (ibíd., p. 446), por una parte; valorización de la memoria, por otra (ibíd., p. 445). Tanto en *La hermenéutica del sujeto* como en *Obrar mal, decir la verdad*, la referencia a la relación de los griegos con el futuro y el pasado señala la atención que dedica Foucault a la dimensión temporal de los juegos de verdad y a la instauración de una conciencia histórica en Occidente (ibíd., p. 446). Si esa instauración, como él presume, pone en juego la posibilidad de pensar que puede haber una memoria que sea al mismo tiempo un pensamiento del futuro, es preciso, tras los pasos de Knox, observar que Edipo, incluso cuando procura establecer "lo que pasó", es quien se preocupa por el futuro; deseoso de prevenir (la realización del oráculo) y curar (a Tebas de la peste), tiene con el tiempo la relación "científica" del médico (p. 88 del presente volumen), a diferencia de Yocasta, quien, al negar toda previsión (*foresight*), "rechaza no sólo el punto de vista religioso, sino también el punto de vista científico"; véase B. M. W. Knox, *Œdipus at Thebes*..., ob. cit., p. 144). En la tragedia de Sófocles esta relación "científica" de Edipo con el tiempo es a la vez la condición de su pérdida y de la salvación de Tebas: problema y solución. Sobre la cuestión de la dimensión temporal de los juegos de verdad en la antigua Grecia, véase L. Gernet, "Le temps dans les formes archaïques...", cit. (1982), pp. 121-156; sobre la concepción del tiempo y de la relación con el tiempo en algunas técnicas de sí de la antigua Grecia, véase J.-P. Vernant, "Le fleuve 'amélès' et la 'mélété thanatou'", *Revue Philosophique de la France et de l'Étranger*, 150, 1960, p. 163-179, y "Aspects mythiques de la mémoire et du temps", *Journal de Psychologie*, 1956, pp. 1-29, reeds. en *Mythe et pensée chez les Grecs*, vol. I, París, François Maspero, 1974, pp. 108-123 y 80-107, respectivamente [trad. cast.: "El río Ameles y la *meleté thanatou*" y "Aspectos

míticos de la memoria y del tiempo", en *Mito y pensamiento...*, ob. cit.], y sobre las relaciones entre memoria, verdad (*A-letheia*) y olvido (*Lethe*) y sus transformaciones en el transcurso de lo que él llama "proceso de laicización", véase M. Detienne, *Les Maîtres de vérité...*, ob. cit.

50 Sófocles, *Œdipe roi*, ob. cit., vv. 497-499, pp. 38-39.

51 Ibíd., vv. 499-500, pp. 38-39.

52 Ibíd., vv. 502-506, pp. 38-39.

53 "ἄλλ' οὔποτ' ἔγωγ' ἄν, πρὶν ἴδοιμ' ὀρθὸν ἔπος, μεμφομένων ἂν καταφαίην". Trad. de P. Mazon: "mas, mientras no haya visto verificarse los dichos de sus acusadores, me niego a admitirlos" (ibíd., vv. 504-506, pp. 38-39). Ilustración del hecho de que, cuando la "palabra eficaz" pierde su soberanía, "el diálogo integra incluso la ambivalencia de la mántica"; véase P. Vidal-Naquet, "Préface", en M. Detienne, *Les Maîtres de vérité...*, ob. cit., p. x [trad. cast.: "Prefacio", en *Los maestros de verdad...*, ob. cit.].

54 "Φανερὰ γὰρ ἐπ' αὐτῷ πτερόεσσ' ἦλθε κόρα ποτέ": "Lo que sigue siendo manifiesto es que un día la doncella alada la emprendió contra él"; véase Sófocles, *Œdipe roi*, ob. cit., v. 508, pp. 40-41.

55 Ibíd., vv. 724-725, pp. 56-57.

56 Ibíd., vv. 708-709, pp. 54-55.

57 Ibíd., v. 710, pp. 54-55.

58 "La desmesura engendra al tirano. Cuando la desmesura se ceba en la locura, sin preocupación por la hora ni por su interés, / y cuando sube a lo más alto, en la cumbre, repentinamente se hunde en un precipicio fatal, / donde ya sus pies quebrados rehúsan servirla. Ahora bien, lo que al dios pido que jamás se interrumpa es, al contrario, la emulación favorable para la ciudad; Nunca dejaré de tener como resguardo al dios. // En cambio, a quien va por su camino ostentando su orgullo en gestos y palabras, sin temor a la Justicia ni respeto ante las moradas de los dioses, a ese lo condeno a un destino doloroso, que castigue su orgullo funesto, / no bien se revele sólo apto para buscar beneficios criminales, sin retroceder siquiera ante el sacrilegio, y para tocar cosas que son intocables, / ¿qué hombre, en tales circunstancias, podrá jactarse de apartar de su alma los dardos de la ira? Si costumbres como esas son dignas de honra, ¿por qué debo participar aquí en coros?" (ibíd., vv. 872-896, pp. 66-67).

59 Ibíd., vv. 906-910, pp. 68-69.

60 Foucault ya privilegia el motivo del saber de Edipo en desmedro del motivo de su ignorancia o su inconsciencia en "El saber de Edipo"; véase M. Foucault, "Le savoir d'Œdipe", cit., pp. 234, 245 y 250-251: en Edipo ve "no [el] *blasón* del inconsciente, [la] figura del sujeto que se ignora a sí mismo, sino [la] figura del soberano portador de un saber excesivo, un saber que quiere sacudir la medida y el yugo" (ibíd., p. 250). El privilegio habitualmente otorgado al motivo de la falta de saber –ya tome esa falta la forma de la ignorancia o de la inconsciencia– se relaciona allí con la dificultad, "[e]n un sistema de pensamiento como el nuestro [...], de pensar el saber en términos de poder y por lo tanto de exceso, por lo tanto de transgresión" (lo pensamos "en términos de justicia, de pureza del 'desinterés', de pura pasión de conocer"). Esa dificultad se relaciona a su vez con el hecho de que pensemos el saber "en términos de conciencia" (ibíd., p. 251). Nótese que los temas del deseo apasionado de conocer y del saber de *Edipo* también son desarrollados por J.-P. Vernant en "Ambiguïté et renversement...", cit. (2006), pp. 27 y 35-36, y B. Knox, *Œdipus at Thebes...*, ob. cit., pp. 276-277, entrada "*Œdipus*" del índice analítico, que se despliega en diferentes motivos, entre ellos: "*- and the scientific spirit*" ["y el espíritu científico"], "*- intellectual progress*" ["progreso intelectual"], "*- as investigator*" ["como investigador"], "*- as questioner*" ["como

interrogador"], "- *as revealer*" ["como revelador"], "- *as teacher*" ["como maestro"], "- *as discoverer*" ["como descubridor"], "- *as physician*" ["como médico"], "- *as mathematician*" ["como matemático"] e incluso "- *name*" ["nombre"]. Ni Vernant ni Knox, sin embargo, asocian estos temas a una problematización de los términos en los cuales hemos llegado a pensar el saber.

61 Sófocles, *Œdipe roi*, ob. cit., vv. 380-382, p. 30.

62 Ibíd., vv. 380-381: "ὦ πλοῦτε καὶ τυραννὶ καὶ τέχνη τέχνης / ὑπερφέρουσα". Trad. de P. Mazon (ibíd., p. 31): "Ah, riqueza, corona, saber que supera todos los otros saberes". Trad. de P. Masqueray, *Œdipe roi*, ob. cit., p. 155: "Oh riqueza, poderío, superioridad del arte".

63 Sófocles, *Œdipe roi*, ob. cit., vv. 583-586, pp. 46-47.

64 Se trata de Antifonte el sofista, recordado por Jenofonte, o bien de su contemporáneo, Antifonte el logógrafo, mencionado por Tucídides. El segundo, nacido hacia 480 a.C., comenzó por dedicarse al arte oratorio y a escribir alegatos y discursos a cambio de una remuneración, antes de desempeñar un papel insigne durante la revolución oligárquica de los Cuatrocientos. Obligado a comparecer en la justicia después de la caída de los oligarcas, fue condenado a muerte y ejecutado en 411 por haber participado en una misión a Esparta y contribuido al derrocamiento de la democracia ateniense; véase Jules Nicole, *L'Apologie d'Antiphon d'après des fragments inédits sur papyrus d'Egypte*, Ginebra y Basilea, Librairie Georg & Cie., 1907, pp. 12-14. Varias veces se discutió si Antifonte el sofista y Antifonte el logógrafo son una misma persona; lo hicieron entre otros Louis Gernet en su introducción a Antifonte, *Discours suivis des Fragments d'Antiphon le Sophiste*, texto establecido y traducido por L. Gernet, París, Belles Lettres, 1923, p. 1-25, obra que Foucault probablemente conocía, y por Gerard J. Pendrick en *Antiphon the Sophist, The Fragments*, ed., introducción, trad. y comentario de G. J. Pendrick, Cambridge, Cambridge University Press, col. "Cambridge Classical Texts and Commentaries", nº 39, 2001, pp. 1-25, que aquel no pudo conocer.

65 Sófocles, *Œdipe roi*, ob. cit., vv. 587-600, pp. 46-47.

66 Alusión probable a los versos siguientes, en los que se mencionan los tres conceptos, *arche*, *dynasteia* y *tyrannis*: "¿Cómo podría yo, pues, considerar el trono [*tyrannis*] preferible a un poder [*arche*] y una autoridad [*dynasteia*] que no suscitan en mí ningún desvelo?" (ibíd., vv. 592-593, pp. 46-47).

67 "No nací con el deseo de ser rey [τύραννος εἶναι], sino con el de vivir como un rey [τύραννα δρᾶν]. Y lo mismo para quienquiera que esté dotado de razón" (ibíd., vv. 587-589, pp. 46-47).

68 La palabra *techne* aparece en el diálogo entre Edipo y Tiresias en los versos 357 y 389. La primera vez se la menciona en la siguiente réplica: "¿Y quién te habría enseñado [lo verdadero]? Desde luego, no tu arte [Πρὸς τοῦ διδαχθείς; οὐ γὰρ ἔκ γε τῆς τέχνης]" (ibíd., v. 357, pp. 28-29); la segunda, en la réplica en la cual Edipo, tras deplorar los celos generados por la riqueza, el poder y la *techne technes*, interpela así a Tiresias, que está "ciego a su arte [*ten technen d'ephy typhlos*]": "Porque, finalmente, dime: ¿cuándo fuiste un adivino infalible? Cuando la Esfinge entonaba aquí su canto, ¿cómo no pronunciaste ante los ciudadanos la palabra que los habría salvado?" (ibíd., vv. 389-392, pp. 30-31).

69 Ibíd., vv. 708-709, pp. 54-55.

70 En griego: "σαφήνειαν μὲν θεοὶ ἔχοντι, ὡς δ'ἀνθρώποις τεκμαίρεσθαι" (Diógenes Laercio, *Vidas y opiniones de los filósofos ilustres*, VIII, sección 83, líneas 17 y 18). Es una frase de Alcmeón de Crotona, filósofo y médico del siglo V a.C., que, según B. Knox (*Œdipus at Thebes*..., ob. cit., p. 123), habría sido el primero en utilizar el verbo *tekmairesthai* en un sentido científico, para distinguir el saber de los hombres del saber de los dioses. Véase también ibíd., p. 239, n. 55.

71 La palabra *tekmerion* no aparece en *Edipo rey*. Es cierto, la forma *tekmairetai*, construida sobre la base del mismo radical, se menciona una vez, en labios de Yocasta: οὐδ' ὁποῖ' ἀνὴρ [v. 915] ἔννους τὰ καινὰ τοῖς πάλαι τεκμαίρεται [v. 916]. Trad. de P. Mazon: "El hombre no sabe juzgar con sangre fría el presente por el pasado"; y mediante una palabra construida a partir de la misma raíz (δυστέκμαρτον, "difícil de inferir"), Edipo expresa en un primer momento su reticencia a buscar la causa de la muerte de Layo (v. 109; véase sobre este punto B. M. W. Knox, *Œdipus at Thebes*..., ob. cit., p. 123). En "El saber de Edipo", donde ya se despliega el tema de las huellas visibles que permiten vincular el pasado al presente, se citan otras palabras para caracterizar la *techne* gracias a la cual Edipo es capaz de encontrar (*euriskein*); véase M. Foucault, "Le savoir d'Œdipe", cit., p. 242: βασάνῳ (*basano*, de *basanos*, v. 510), σημήνας (v. 957) e incluso σημεῖα (*semeia*, v. 1059). Dos hipótesis, entonces, acerca de esta evolución del léxico, respecto de la cual alerta P. Chevallier, *Foucault et le christianisme*, ob. cit., pp. 167-169. La primera: de un estado a otro del trabajo de Foucault sobre *Edipo*, la interpretación se emancipa de la letra del texto para no conservar de este más que ciertos temas, representados por una sola palabra –*tekmerion*, *histor*–, a veces no traducida; una palabra que, llegado el caso, no es como tal un elemento del texto analizado, o sólo lo es bajo formas derivadas, objeto "a la vez extraído e injertado", como dice Chevallier (ibíd., p. 205). La segunda: para las clases sobre Edipo dictadas en 1980 y 1981, "la inmensa documentación en la que siempre se apoyó Foucault", como dice D. Defert, "Situation du cours", cit., p. 278, incluye *Œdipus at Thebes*, el libro de Knox que, según el propio Defert (ibíd., p. 253), había conocido al dar las conferencias norteamericanas sobre "El saber de Edipo". Ahora bien, *tekmairesthai* (juzgar sobre la base de pruebas, inferir) es, junto a *skopein* (mirar, examinar) e *historein* (interrogar, investigar), uno de los tres términos utilizados por Knox para definir los métodos de investigación de Edipo, métodos que son "los del espíritu crítico de la época que él representa" (B. M. W. Knox, *Œdipus at Thebes*..., ob. cit., p. 120): según el filólogo, se trata de una "palabra que (aunque se utilice en otro sentido en Homero) resume, en su significación del siglo V –formarse un juicio sobre la base de pruebas, huellas visibles [*evidence*]–, el nuevo espíritu científico (ibíd., p. 122).

72 Sófocles, *Œdipe roi*, ob. cit., vv. 1080-1081: "ἐγὼ δ' ἐμαυτὸν παῖδα τῆς Τύχης νέμων / τῆς εὖ διδούσης, οὐκ ἀτιμασθήσομαι. Trad. de P. Mazon: "yo me tengo por hijo de la Fortuna, Fortuna la Generosa, y no me avergüenzo de ello"; frase pronunciada después de la salida de escena de Yocasta, que ha conminado en vano a Edipo a poner fin a su investigación. Sobre esta identificación y el error de Edipo, que hace una interpretación equivocada de lo que dice Yocasta, véase J.-P. Vernant, "Ambiguïté et renversement...", cit. (2006), p. 37 y ss.: tanto la identificación como el error remitirían por un lado a la "imagen mítica del héroe expuesto y salvado" que, "bajo una forma traspuesta, se prolonga en el siglo V en cierta representación del *tyrannos*" (ibíd., p. 38), y por otro, al ritual ateniense del chivo emisario, el *pharmakos*, "doble del rey pero al revés, semejante a los soberanos de carnaval a quienes se corona por la duración de una fiesta" (ibíd., p. 45). Entre *techne* y *tyche*, Edipo sería en suma el pliegue en el discurso –hijo de la Fortuna, vástago de la suerte– que es la condición de posibilidad de su saber y su poder; un pliegue que él habría vuelto a cerrar en un discurso (discurso general sobre el *tyrannos* y el *pharmakos*; discurso singular sobre su destino) que debía a otros y no a sí mismo. Adviértase que Foucault ya cita el v. 1080 en "Le savoir d'Œdipe", donde se refiere a él para caracterizar el poder (p. 236) y el saber (p. 243) tiránicos, y lo asocia en los dos casos al orgullo de Edipo.

73 Sófocles, *Œdipe roi*, ob. cit., vv. 1087-1097, pp. 82-83.
74 Ibíd., vv. 1110-1116, pp. 84-85.
75 Ibíd., vv. 1117-1118, pp. 84-85.
76 Ibíd., v. 1120, pp. 84-85.
77 El corintio pregunta: "Y ahora, dime. En ese tiempo, ¿recuerdas haberme entregado un niño, para que yo lo criara como si fuera mío?" (ibíd., vv. 1142-1143, pp. 86-87).
78 Ibíd., v. 1154, pp. 86-87.
79 Ibíd., v. 1158, pp. 86-87.
80 Sobre este punto, que según M. Foucault, "Le savoir d'Œdipe", cit., p. 245, "señala con claridad el carácter judicial del último episodio", véase L. Gernet, *Droit et société...*, ob. cit., p. 153, donde el autor dice que "la facultad de testimoniar excluye la utilización de la tortura; ahora bien, la práctica de la tortura de los esclavos es muy habitual en las causas de asesinato, y tenemos varios ejemplos de ella [...]. La ley dictaminaría que el testimonio del esclavo es admisible, no prohibiría el recurso a otro medio de prueba; en otras palabras, el esclavo testimoniará lisa y llanamente si el adversario consiente en ello: el adversario puede exigir que se someta al esclavo a la tortura". Gernet aclara que el "asentimiento del amo" es necesario para asegurar la comparecencia del esclavo testigo, pues al ser "propietario, puede manifestar su oposición". Más generalmente, véase L. Gernet, "Aspects du droit athénien de l'esclavage", ibíd., pp. 151-172. Véase también B. M. W. Knox, *Œdipus at Thebes...*, ob. cit., pp. 97-98.
81 Sófocles, *Œdipe roi*, ob. cit., vv. 1132-1140, pp. 86-87.
82 La pregunta es formulada por Edipo al pastor (ibíd., v. 1174, pp. 88-89).
83 Indicaciones dadas por el mensajero (ibíd., vv. 1025-1028 y 1031-1034, pp. 76-79).
84 Ibíd., v. 1174, pp. 88-89.
85 Ibíd., v. 1179, pp. 88-89.
86 M. Foucault, *Leçons sur la volonté de savoir...*, ob. cit., p. 179, ve y hace ver en el personaje del pastor del Citerón no un sujeto confesante sino un *histor*, un testigo; ocurre lo mismo en "Le savoir d'Œdipe", ob. cit., p. 248, donde Foucault señala las apariciones del verbo *historein*: ἱστορεῖς en el v. 1146, ἱστορεῖ en los vv. 1150 y 1156. A diferencia de los cojuradores, el pastor es quien ha visto y oído. A diferencia del *histor* de la escena del escudo de Aquiles (canto XVIII de la *Ilíada*), lo que conserva en la memoria con vistas a un fallo judicial –pues el *histor* es un "heredero del *mnemon*" (M. Detienne, *Les Maîtres de vérité...*, ob. cit., p. 101)– es lo que ha visto y oído, ya no la manera como se zanjan los diferendos; véase M. Foucault, *Leçons sur la volonté de savoir...*, ob. cit., p. 77. Y a diferencia de Fénix (canto XXIII de la *Ilíada*), se le pide que informe –esto es, que confiese, en el sentido definido por Foucault en la conferencia inaugural– lo que ha visto y oído, que aquí se revela decisivo. Triple transformación: en el plano jurídico aparece sin duda una nueva noción de lo verdadero, al mismo tiempo que un nuevo sujeto. En ese nuevo juego de verdad, el *histor* ya no es, en cuanto *mnemon*, un equivalente funcional de lo que será ulteriormente la ley escrita (véase ibíd., p. 78): "da inicio, en la propia Grecia, a las instituciones características de un derecho moderno que son las de los archivos y el registro" (L. Gernet, *Droit et institutions...*, ob. cit., pp. 152-153). La "verdad histórica" –la verdad producida por la investigación en forma de reconstrucción (véase el tema del *symbolon* en las *Lecciones sobre la voluntad de saber* y "El saber de Edipo")– se convierte a la vez en la "verdad" para la cual debe ser adecuado el decir-el-derecho, y el criterio sobre cuya base las partes se deslindan. Sobre el *histor* véanse pp. 63-64, n. 29 del presente volumen.
87 Sófocles, *Œdipe roi*, ob. cit., vv. 1182-1185, pp. 90-91.

Clase del 29 de abril de 1981

Hermenéutica del texto y hermenéutica de sí en el cristianismo primitivo – Veridicción de sí en la Antigüedad pagana – El examen de conciencia pitagórico: purificación de sí y mnemotécnica – El examen de conciencia estoico: gobierno de sí y rememoración del código – La expositio animae *estoica: medicina de las pasiones y grado de libertad – La penitencia en el cristianismo primitivo – El problema de la reintegración – La penitencia, un estatus que manifiesta un estado – Significaciones de la* exomologesis *– Una vida en forma de confesión, una confesión en forma de vida – Un ritual de suplicación – Más que el modelo médico o judicial, el del martirio – Veridicción de sí y mortificación de sí – De la publicación de sí como pecador a la verbalización de sí: tentación e ilusión.*

Después de esta prehistoria de la confesión tomada de Grecia, querría pasar ahora a su historia, la historia de esa confesión que tanta importancia tuvo en la moral, el derecho, la religión y la literatura, las instituciones y, en suma, en toda la cultura de Occidente. Creo que esa confesión, esa confesión que nos concierne y cuya forma, si no domina, sí al menos penetra y atraviesa tantas de nuestras prácticas y tantas de nuestras instituciones, esa confesión en la cual se nos convoca a reconocernos, creo que difícilmente haya comenzado antes del cristianismo.

Desde luego, tenemos la costumbre de caracterizar el cristianismo como una religión que ata al individuo a y mediante obligaciones de verdad. Pero por lo general, cuando se piensa en las obligaciones de verdad que el cristianismo impone a los individuos, se piensa en la verdad de un dogma, se piensa en la verdad del texto, se piensa en la verdad de la tradición, se piensa en la verdad de una enseñanza que, como ustedes bien saben, está dada, garantizada y autenticada por una autoridad institucional. Yo creo empero que el cristianismo también implicó y sigue implicando otro tipo de obligación de verdad, que se sitúa en una dimensión muy distinta y que tuvo para nuestra historia cultural, para nuestra historia institucional, pero también, diría, para la historia de nuestra subjetividad, una importancia al menos tan grande como las obligaciones de lo que podríamos llamar la fe.

Me parece, en efecto, que uno de los rasgos más fundamentales del cristianismo es el de haber vinculado al individuo con la obligación de buscar en sí mismo la verdad de lo que él es. El cristianismo ató al individuo a la obligación de averiguar, en el fondo de sí mismo y a pesar de todo lo que esa verdad pueda ocultar, cierto secreto, cierto secreto cuyo develamiento, cuya manifestación debe tener, en su rumbo hacia la salvación, una importancia decisiva. Obligación, por tanto, de buscar la verdad de sí mismo. Obligación de descifrar a través de todos los obstáculos esa verdad, con la finalidad de emprender en relación con su salvación un rumbo o una etapa decisiva. Y tercero y último, obligación no sólo de descubrir esa verdad, sino de manifestarla, de manifestarla no sólo ante su propia mirada mediante una serie de actos, de acciones, como por ejemplo el examen de conciencia, sino también obligación de manifestarla a otros, al menos a uno, por medio de una serie de ritos, una serie de procesos y procedimientos que, como ustedes saben, se encuentran en parte, pero sólo en parte, en el sacramento de la penitencia.

En esta obligación de buscar la verdad de uno mismo, descifrarla como condición de salvación y manifestarla a otra persona, me parece que tenemos un tipo de obligación de verdad muy diferente de esa que vincula a un individuo con un dogma, un texto o una enseñanza. Y me parece [que] uno de los grandes problemas históricos del cristianismo ha sido justamente saber cuál es el tipo de vínculo que puede establecerse entre una y otra de esas obligaciones, cómo puede vincularse la obligación de creer con la obligación de descubrir la verdad en uno mismo. ¿Cómo ligar la verdad de la fe a la verdad del sí mismo? ¿Cómo articular una con otra, la hermenéutica del texto y la hermenéutica de la conciencia? Me parece que ese problema atravesó todo el cristianismo. Fue, en todo caso, el que irrumpió en los siglos XV y XVI y dio lugar a la Reforma –la Reforma de manera general o las Reformas–, ya que el protestantismo fue la gran empresa por medio de la cual la cultura occidental, la cultura europea, el cristianismo occidental, procuró resolver ese problema o plantear sobre nuevas bases y en nuevos términos el vínculo entre la obligación de creer en la verdad y la obligación de descubrir en uno mismo algo que fuera una verdad, que fuera la verdad del texto y al mismo tiempo la verdad de sí mismo. Ese fue el desafío al que el protestantismo intentó responder.

Pero no es eso, obviamente, lo que hoy querría destacar, y menos aún, por supuesto, estudiar. Al contrario, quiero tomar en su especificidad, en su singularidad, ese tipo de obligación de verdad que no es la obligación de la adhesión a la fe, sino la obligación de la hermenéutica de sí mismo. Me parece entonces que en la historia de las religiones occidentales esta obligación fue algo de suma importancia: un acontecimiento, por cierto, en la historia de las religiones tradicionales de la cuenca mediterránea, y un acontecimiento igualmente fundamental, desde luego, en la historia de la subjetividad. Y si bien es cierto que a menudo se atribuyó al cristianismo la curiosa invención que sería el pecado –tema, idea que en mi opinión es muy criticable, porque indudablemente no hubo que esperar al cristianismo para descubrir el pecado–, creo que mucho más importante para la definición histórica del cristianismo, mucho más importante para la historicidad misma del cristianismo, [es] el hecho de que este nunca se desarrolló con independencia de las grandes técnicas descubiertas por él –o, en todo caso, desarrolladas por él–, las grandes técnicas que debían permitir garantizar lo que llamaré, con referencia a una expresión que ya he utilizado, la veridicción de sí mismo. Obligación de decir la verdad sobre uno mismo.

Esta obligación es, pues, la que me gustaría estudiar en el cristianismo; al menos en el cristianismo primitivo, aquel que, podemos decir, tiene su fecha de terminación –a la vez de consumación y de terminación– con San Agustín. En la clase de esta noche querría, si les parece, focalizarme en tres puntos. En primer lugar, en el problema de la veridicción de sí mismo en la civilización antigua, con anterioridad al cristianismo y esencialmente en la práctica filosófica. Desde luego, lo recorreré con mucha rapidez porque es simplemente un *background*, un plano de referencia que permitirá situar mejor –espero– la especificidad, la particularidad, la importancia de la veridicción de sí en el cristianismo. Después, en una segunda parte, intentaré mostrarles lo que fue la veridicción de sí en la penitencia canónica de los primeros siglos hasta el siglo V. Y en una tercera parte, trataré de estudiar la veridicción de sí no en la penitencia canónica sino en la vida y las prácticas monásticas de los siglos IV y V.

Primera parte, entonces: la veridicción de sí en la Antigüedad pagana. Esta obligación de decir la verdad sobre uno mismo no es, desde luego, una invención del cristianismo. Dista de ser inexistente en la cultura antigua. Muy simplemente, para darles algunas indicaciones sobre ella, de un modo u otro hay que recordar, en primer lugar, que la obligación de decir la verdad o, al menos, la incitación a decir la verdad existía en ciertas prácticas religiosas.

[Por un lado,] en las prácticas de la religión popular. Por ejemplo, en unos cuantos templos –como en Epidauro y Cnido– se encontró una serie de inscripciones que muestran que los individuos, cuando habían cometido una falta, procuraban hacérsela perdonar por el dios a quien habían ofendido al cometerla; y para eso la reconocían, y la reconocían públicamente.[1] En el templo de Cnido, para mencionar un ejemplo, se encontró una estela en que una persona en falta se reconoce culpable de haber cometido un robo y lo proclama.[2] Y se encontraron inscripciones, por ejemplo, en las que, al contrario, alguien que ha sido víctima de un robo exige al ladrón, mediante esa inscripción, que le devuelva la ropa que le ha robado y reconozca su falta, para que así le sea perdonada.[3]

Por otro lado, al margen de esas prácticas [...] de la religión popular, en religiones orientales que durante el Imperio Romano cobraron la importancia que ustedes conocen, en las religiones orientales, los procedimientos de la confesión [*aveu*], de la confesión [*confession*] de la falta, eran algo habitual.* Los remito al célebre texto de la sexta sátira de Juvenal, donde cuenta que, en la religión de Isis, cuando una mujer que habría debido observar la obligación de abstinencia sexual ha tenido relaciones con su marido, va al encuentro del sacerdote de Isis, confiesa haber tenido relaciones sexuales con su marido en ese período de veda y –mediante el obsequio, además, de un ganso bien gordo– se hace perdonar por obra de ese regalo y la confesión de la falta que ha cometido.[4]

Había por tanto entre las prácticas religiosas habituales –no insisto– unas cuantas prácticas religiosas de confesión de la falta con finalidades de perdón. Pero me interesan mucho más las prácticas de veridicción, descubrimiento y manifestación de la verdad de uno mismo en la práctica filosófica y las diferentes corrientes filosóficas, porque son las que vamos a encontrar a lo largo de una multitud de transformaciones en la práctica monástica de los siglos IV y V. Y esas prácticas de veridicción adoptaron, creo, dos grandes formas: una que es la forma del examen

* Dos términos franceses pueden ser traducidos por "confesión": *aveu* y *confession*. Respecto del contexto, el primero tiene un alcance más amplio que el segundo, que remite principalmente al ámbito religioso. En cuanto al sentido de cada uno de ellos, sucede lo contrario. El término *aveu* expresa la idea de la manifestación verbal de una falta. *Confession*, por su parte, puede expresar esta misma idea, pero también otras, como por ejemplo confesar la fe, es decir, las verdades a las que se adhiere. Más allá de estas diferencias, ambos términos son utilizados frecuentemente de manera indistinta. [Nota de E. C.]

de conciencia, y otra que es la forma de la exposición del alma (*expositio animae*) ante alguien, un amigo, director, director de conciencia, etc.

En primer término, el examen de conciencia.[5] El examen de conciencia se atestigua desde tiempos remotos en la práctica y la vida filosóficas de la Antigüedad griega. Como bien sabrán, la práctica se remonta hasta Pitágoras o, al menos, hasta la corriente pitagórica. Toda una serie de autores antiguos, como Plutarco, Arriano, Diógenes Laercio, Porfirio o Hierocles, se refirió de manera muy regular a algunos versos de Pitágoras.[6] Y esos versos de Pitágoras, entonces, citados a lo largo de toda la Antigüedad son los siguientes: "No permitas que el dulce sueño se deslice bajo tus ojos antes de haber examinado cada uno de los actos de tu jornada. ¿En qué he faltado? ¿Qué he hecho? ¿Qué he omitido de lo que debía hacer?".[7] Algunos autores, como Hierocles y Porfirio, agregan a estos dos versos otros dos que atribuyen también a la Antigüedad pitagórica: "Comienza, desde el primero de tus actos, a recorrerlos todos; a continuación, si compruebas que has cometido faltas, repréndete, pero si has actuado bien, regocíjate".[8] En general se admite que estos dos últimos versos citados por Hierocles y Porfirio no son auténticos.[9] Y, en efecto, tienen una sonoridad tan claramente, tan típicamente estoica, que son muy pocas las probabilidades de que pertenezcan a la antigua tradición pitagórica. No por ello esos versos antiguos de la tradición pitagórica dejan de ser importantes, ya que dan testimonio de una práctica bien consolidada.

Lo interesante en esta apelación al examen de conciencia es ante todo que tiene lugar al anochecer, y como bien saben ustedes, si fueron convenientemente criados conforme a las reglas de la educación cristiana, sigue siendo el anochecer el momento en que deben hacer su examen de conciencia. En ese sentido, ustedes son pitagóricos. Y la razón por la cual el examen de conciencia es un examen nocturno y no ha dejado de serlo desde los pitagóricos es una razón muy precisa, vinculada con la doctrina misma de Pitágoras: que en el dormir se reciben sueños, y por su intermedio uno se pone en contacto con el mundo espiritual o el mundo ideal y, por consiguiente, antes de aventurarse a entrar en contacto con ese otro mundo por intermedio del dormir y la vigilia, hay que purificarse. Y así como uno purifica su cuerpo antes de entrar en contacto con un lugar religioso o un rito religioso, así, antes de entrar en contacto con el otro mundo, mediante el sueño, es menester purificar el alma. Y el examen de conciencia es una práctica purificatoria.[10]

Por otra parte, parece en verdad que el examen pitagórico tenía otra significación y otro valor. En efecto, en uno de los numerosos textos que se refieren a esos versos de Pitágoras, y que encontramos en el *De Senectute* de Cicerón, este último dice que si los pitagóricos recomiendan el examen de conciencia al anochecer –y la memorización, por consiguiente, de lo que se ha hecho durante la jornada–, es [...] "*memoriae exercendae gratia*", para ejercitar la memoria.[11] Ahora bien, ustedes también saben cuál fue la importancia de la práctica de la memoria entre los pitagóricos.[12] Se los considera [...] inventores de la mnemotecnia; en todo caso, el valor espiritual de la memoria y de la ejercitación de la memoria es fundamental en ellos. Repasar la jornada, recordar todo lo que se ha hecho para bien o para mal, tiene entonces un valor purificador respecto del otro mundo con el cual uno entrará en contacto y, a la vez, un valor de ejercicio de esa facultad tan fundamental que es la de la memoria. Se trata de un método de mnemotecnia.

Paso por encima de la prolongada historia –muy mal conocida, además, muy difícil de conocer por la falta de documentos– de las prácticas de dirección de conciencia en las diferentes escuelas filosóficas. Y querría pasar directamente a lo que podríamos llamar una de las últimas formas, una de las últimas grandes formas del examen de conciencia en la Antigüedad antes del cristianismo: el examen de conciencia estoico, del que tenemos una descripción muy precisa en el tercer libro, § 36 del *De Ira* de Séneca.[13] Voy a leerles el pasaje: "Qué más bello", dice Séneca,

> que la costumbre de indagar en los hechos de nuestra jornada. Qué dormir el que sigue a ese repaso de nuestros actos. Qué calmo, profundo y libre el dormir cuando el alma ha recibido su parte de elogio y de crítica y, sometida a su propio control y su propia censura, sienta secretamente en el banquillo a su conducta. Ejerzo esa autoridad sobre mí y todos los días me convoco, me hago comparecer ante mí mismo cuando mi luz baja y mi mujer por fin se calla. Examino conmigo mismo y evalúo mis actos y mis palabras. No me disimulo nada, no me paso nada por alto. ¿Por qué, en efecto, habría de temer alguno de mis errores, cuando puedo decirme: "Ten cuidado en no volver a empezar. Hoy te perdono. En tal o cual discusión has hablado con demasiada vehemencia: no has corregido a quien hacías reproches; lo has ofendido"?[14]

Este examen de conciencia plantea unos cuantos problemas o, en todo caso, merece unas cuantas observaciones. Desde luego, hay en principio algo paradójico en ver a estoicos como Séneca –aunque este se refiere explícitamente, en esa práctica, a un hábito que tenía Sextio; también la encontramos en Marco Aurelio, y Epicteto alude a ella–;[15] hay algo paradójico en ver a todos estos estoicos atribuir tanta importancia a una práctica como la del examen de conciencia, si este debía tener la función de sopesar la importancia relativa de las faltas unas en comparación con otras y sopesar, en cierto modo, la gravedad del pecado. En efecto, para los estoicos todas las faltas son iguales (basta con haber cometido una infracción: puesto que se trata de una infracción, poco importa en definitiva que sea o no grave, y no hay magnitud relativa una vez que se la ha cometido). En consecuencia, el texto debe querer decir algo distinto a la búsqueda del grado de culpa.

¿Qué dice el texto? Ante todo, se nota que aquí el examen también está, como en los pitagóricos, directamente ligado al dormir. El examen de conciencia aparece como una preparación para el dormir. Pero no parece que pueda adjudicarse con ello a esta práctica estoica una intención purificadora como ocurre entre los pitagóricos. Me parece que si la calidad del dormir es importante y depende en parte del ejercicio del examen de conciencia, se debe a que esa calidad es reveladora del estado del alma, de su tranquilidad y del dominio que uno ha podido mantener sobre todos los deseos y apetitos. Un buen dormir es un dormir revelador de un alma tranquila y dueña de sí misma. Hasta aquí la preparación para el dormir.

Por otra parte, creo que lo que también hay que señalar en este texto es el vocabulario utilizado, un vocabulario que, como advertirán, no es en modo alguno el vocabulario médico de las enfermedades del alma y sus síntomas. Es un vocabulario que, al menos a primera vista, aparece sobre todo como judicial. Encontramos expresiones que son de un notorio carácter jurídico: "*cognoscere de moribus suis*", "*causam meam dico*", invoco mi causa, conozco tal y cual cosa.[16] Parece pues que el sujeto, en este examen de conciencia, es con respecto a sí mismo juez y acusado a la vez o, si lo prefieren, que en ese examen se divide en dos y por un lado se acusa a sí mismo o se juzga a sí mismo, y por otro es la persona juzgada. En cierto modo, el examen organizaría una escena judicial en la que el sujeto tendría que desempeñar los dos papeles a la vez.

Pero cuando lo observamos con mayor detenimiento, advertimos en realidad que, pese a esas dos o tres referencias a la práctica judicial, el vocabulario suena de manera completamente distinta y, de hecho, es mucho más un vocabulario administrativo que un vocabulario judicial. Es el vocabulario de la gestión de un bien, el vocabulario de la gestión de un territorio, el vocabulario del gobierno y la administración. Séneca, por ejemplo, se dice en ese texto "*speculator sui*"; el *speculator* es quien supervisa que una operación sea correcta, quien supervisa que las cosas se hayan hecho bien, como deberían hacerse.[17] Dice asimismo "*totum diem mecum scrutor*": que examina consigo mismo toda la jornada transcurrida.[18] Dice además que vuelve a empezar con las ponderaciones hechas acerca de las cosas que pudo decir o pudo hacer: *remetiri*.[19] En consecuencia, no es con respecto a sí mismo tanto un juez como un administrador; un administrador que, una vez hecho el trabajo o terminado el año de gestión, hace las cuentas, reevalúa las medidas y ve si todo se ha hecho bien como debía hacerse. Y cuando se observa cuáles son las faltas que, al final de su examen de conciencia, Séneca se reprocha –lo recordarán, al final de su examen de conciencia recuerda por ejemplo haber hablado con demasiada vehemencia en una discusión con alguien, o no haber corregido como correspondía a la persona a la que le hacía reproches: en vez de hacerle reproches capaces de corregirla, la había ofendido–, esas diferentes faltas que él descubre en su examen de conciencia son, con todo, de una naturaleza muy curiosa. En efecto, ¿se puede hablar verdaderamente de faltas? En realidad, y él mismo lo dice, son errores: se equivocó, y no es que haya cometido algo parecido a un pecado o una falta. ¿Y por qué errores? Porque no tuvo suficientemente presentes los fines que el sabio debe proponerse. Un sabio debe proponerse, por ejemplo, cuando se relaciona con otro, el bien de este. Séneca habría debido procurar que sus reproches hiciesen bien al otro, y no lo hicieron. No ha alcanzado el fin que debía proponerse y, en esa medida –en esa incapacidad que ha mostrado, en ese error de cálculo que ha hecho y por el cual no ha alcanzado el fin propuesto–, hay algo que el examen de conciencia debía revelar y señalar. Séneca no ha aplicado como corresponde las reglas de conducta que se deducen de los principios generales que deben regir la conducta de los individuos.

Por consiguiente, el examen de conciencia aparece aquí como una memorización de los actos realizados durante la jornada, pero esta memorización, en el fondo, tiene esencialmente por fin reactivar los principios fundamentales que deben regir la conducta de los individuos, y el examen debe permitir al mismo tiempo reajustar mejor la conducta a esos principios. Vuelve a tratarse por tanto de memorización, vuelve a tratarse de mnemotecnia, pero, a diferencia de los pitagóricos,* lo que se cultiva no es simplemente el arte de la memoria. Se cultiva este arte de la memoria o,

* Foucault dice "estoicos".

más bien, se hace un acto de memoria para recordar y reactualizar, para implantar mejor en el pensamiento y la conducta las reglas de códigos que, en general, deben regir la manera de comportarse en la vida.

Como ven, en ningún caso este examen de conciencia puede considerarse como una empresa para descubrir una verdad que esté oculta en el fondo del propio sujeto. No es cuestión de descubrir una verdad oculta en el fondo de uno mismo, sino de recordar y memorizar una verdad que ha podido olvidarse o una verdad que acaso se olvide mañana. Memoria, pues, que no buscará en el fondo de uno mismo algo olvidado, memoria que se dirige a un código de conducta que es preciso recordar sin cesar, por temor a que un día se lo olvide. Y lo que el sujeto olvida no es, por tanto, a sí mismo, no es su naturaleza, no es su origen, no es tal o cual falta. Es lo que habría debido hacer, el conjunto de las reglas de conducta. El recordatorio de los errores cometidos en la jornada sirve para medir la distancia que separa lo que se ha hecho de lo que habría debido hacerse.

El sujeto que practica el examen sobre sí mismo no es pues la sede de procesos más o menos oscuros que haya que descifrar y exponer a la luz del día. Aquí, el sujeto no es, en el fondo, sino el punto de cruce entre reglas de conducta que hay que recordar y el punto de partida de acciones futuras que deberán o deberían ajustarse a ese código. El sujeto se sitúa en el punto de cruce del código y las acciones, y su acto de examen de conciencia se sitúa exactamente allí. ¿Las acciones realizadas son, en efecto, conformes al código? Y al hacer esta evaluación se reactiva el código para las acciones futuras. Acciones pasadas, reactualización de la memoria, acciones futuras: ese es el funcionamiento del examen de conciencia en Séneca. De ninguna manera una hermenéutica de sí, de ninguna manera el desciframiento de un secreto que esté sellado en el fondo de uno mismo. En el examen de conciencia de Séneca no hay subjetividad.

Segundo texto de Séneca que se refiere a otra práctica, pero que también menciono aquí, tanto por su importancia en la filosofía antigua como por su importancia futura en el cristianismo y la vida monástica: se trata del problema de la confesión hecha a otro y de la relación con el director de conciencia. Encontramos ese otro texto de Séneca en el comienzo mismo del gran tratado *De tranquillitate animi*.[20] Ustedes saben de qué se ocupa este tratado. De manera más o menos ficticia –pero esto importa poco–, Séneca presenta su tratado sobre la tranquilidad del alma a través del pedido de uno de sus amigos, que se llama Sereno y quiere consultarlo. El tratado *De tranquillitate animi* es la respuesta a ese pedido de consulta.

Sereno, entonces, el joven amigo de Séneca, le pide consejo. Y en ese momento tenemos un pedido que adopta la forma exacta de una consulta médica que Sereno dirigiera a Séneca, una consulta médica sobre su propio estado de ánimo; los remito, por ejemplo, al célebre texto de Galeno sobre las pasiones del alma, donde se habla de las consultas médicas que atienden los médicos no por problemas del cuerpo, sino por problemas del alma.[21] Así se dirige Sereno a Séneca. "¿Por qué", dice en la carta sin duda ficticia que Séneca le atribuye, "por qué no te he de confesar la verdad [*verum*] como se la confiesa a un médico? No me siento, en efecto, del todo enfermo, pero tampoco me siento del todo sano".[22] Y Sereno se explaya sobre esta indicación: "En efecto, ni del todo enfermo ni del todo sano, tengo algo parecido a un estado de malestar, un poco como si estuviera en un barco que, sin avanzar, se sacude a causa del balanceo".[23] Tiene, en suma, un mareo y teme por ello permanecer en el mar a bordo de ese barco inmóvil a la vista de tierra firme: tierra firme, [esto es,] las virtudes estoicas hacia las cuales querría ir, las que querría abordar, cuya solidez constituye su meta y que aún son inaccesibles para él. Así pues, para salir de ese estado de inestabilidad y al mismo tiempo de inmovilidad en el que, de algún modo, se sacude sin moverse, incapaz de alcanzar la tierra firme de la vida estoica, en ese estado de inmovilidad inestable, Sereno decide "*verum fateri*", confesar la verdad a Séneca.

¿Qué es ese *verum*? ¿Qué es esa verdad que Sereno va a decir a Séneca cuando lo aborda como se aborda a un médico para explicarle el estado de la propia alma? ¿Cuál es esta *expositio animae* que constituye un género importante, una práctica importante en la vida filosófica –y en la vida individual, además– de toda una clase social importante en el Imperio Romano? ¿Esa relación con el director de conciencia? Ese *verum* que se da, que se manifiesta en la *expositio animae*, ¿se refiere a faltas, a pensamientos secretos, a deseos vergonzosos? De ningún modo. En realidad, cuando se mira la *expositio animae* que Sereno presenta a Séneca para que este pueda hacer su operación médica, el texto se muestra como una acumulación de detalles que, lo juro, son poco importantes. Sereno explica por ejemplo que utiliza la vajilla que ha heredado de su padre, que se deja llevar con facilidad y que se entusiasma cuando pronuncia discursos públicos. De hecho, debajo de ese desorden aparente de anotaciones de aspecto anecdótico es muy fácil reconocer, sin duda, tres grandes dominios que se corresponden con las tres grandes formas de vida que son tradicionales en la filosofía grecorromana: el dominio de las riquezas, el dominio de la vida política y el dominio de la gloria. Adquirir riqueza, participar en los asuntos de la ciudad y granjearse la estima, el honor de la opinión, son las tres grandes posibilidades de actividad para un hombre libre, las tres grandes cuestiones de moral que plantean los interrogantes filosóficos. ¿Hay que buscar las riquezas? ¿Hay que apartarse o no de los asuntos de la ciudad? ¿Merece la pena buscar la estima de los otros y una gloria inmortal? Como ven, el marco de la exposición de Sereno, a diferencia de lo que es el examen de conciencia del que hablábamos hace un momento, no se define en absoluto por el decurso real de su vida pasada. No se define en modo alguno por su biografía. Tampoco está referido a una teoría del alma o de sus elementos. Es la clasificación puramente tradicional de los distintos tipos de actividades que pueden ejercerse y los fines que pueden perseguirse. Y en cada uno de esos dominios, uno tras otro, Sereno va a exponer por tanto su actitud; en fin, expondrá su alma.

Pero ¿qué va a exponer de su alma? Pues bien, al respecto hay una palabra que reaparece prácticamente a lo largo de todo el texto y que me parece un hilo conductor importante con referencia a cada uno de esos dominios y de sus diferentes aspectos. La palabra que reaparece sin cesar es *placet*, "*mi placet*", esto es lo que me gusta, esto es lo que no me gusta. Es el hilo conductor de su análisis. Por ejemplo, en sus relaciones con los otros, Sereno dice: "Me gusta prestar servicios a mis amigos".[24] O, acerca de las riquezas y el lujo: "Me gusta una comida simple y no tener otros muebles que los que he heredado. Pero, por otro lado", continúa diciendo, "resulta que el espectáculo del lujo me gusta".[25] O "me complazco en enfatizar mis discursos y pienso que la posteridad los recordará".[26]

Como se darán cuenta, al exponer de esa forma lo que le gusta, Sereno nunca procura revelar los deseos profundos [en los cuales] los cristianos verán una de las manifestaciones de una concupiscencia fundamental, siempre presente, oculta. Al enumerar lo que le gusta y lo que no le gusta, no tiene más que la ambición de indicar con la mayor exactitud posible cuáles son las cosas a las que todavía está apegado, y cuáles aquellas de las que ya se ha alejado: "Me gusta simplemente una comida sencilla y no me gusta atracarme como un cerdo, pero me complace, sin embargo, el espectáculo del lujo y me alegra ser recibido cuando me invitan a la casa de otro".[27] Por lo tanto, el equilibrio –o, mejor, el señalamiento– de lo que le gusta y lo que no le gusta no es en modo alguno el indicio de la presencia en él de un deseo o una concupiscencia ocultos: es sencillamente un indicador de libertad. Un indicador de libertad que le permite decir: "De esto puedo prescindir, y de esto no siempre logro prescindir".

El *verum* que Sereno se propone decir, y que se propone decir a un Séneca a quien aborda como si fuera un médico, es la prueba, en términos de placer, de los lazos que lo atan a las cosas de las que no es amo. Con ello no se trata de manera alguna de la revelación de una naturaleza oculta: de hecho, esta *expositio animae* es lo que podríamos llamar un balance de las dependencias; literalmente, un estado –casi en su acepción contable–, un estado de su libertad. Y, como corresponde en un estado contable, con los elementos positivos (todas las cosas simples que le gustan y que, por consiguiente, demuestran de cuánto ya se ha alejado) y además todos los elementos negativos (es decir, todos los placeres que todavía lo ligan a cosas de las que no puede ser amo).

Es necesario, pues, comprender la confesión de Sereno como la puesta en práctica de un corpus de reglas morales que él conoce bien. En cierto modo responde a un cuestionario corriente sobre el cual todo el mundo está de acuerdo. Y ese cuestionario, si quisiéramos hacerlo explícito, sería más o menos este: "En relación con el dinero, ¿en qué punto de la escala de las libertades te encuentras? ¿Dónde estás en la escala de tu emancipación? En relación con la vida pública, en relación con las inquietudes políticas, en relación con las inquietudes profesionales, ¿cuál es tu libertad? ¿Qué importancia atribuyes a la opinión de los otros?". Frente a estas preguntas, Sereno muestra conocer bien las respuestas que podría dar el sabio. Y omito la respuesta de Séneca, porque lo que me interesa en este pasaje es sobre todo la *expositio animae* de Sereno, pero esa respuesta se da exactamente en ese mismo plano (puesto que indudablemente Séneca debe responder como médico, ya que lo que se le pide es una consulta). La respuesta de Séneca no consiste de ninguna manera en hacer un diagnóstico sobre una enfermedad secreta que explique el estado de malestar en que se encuentra Sereno; su respuesta está exactamente en el plano de esa suerte de escala o estado de la libertad y las dependencias. Séneca se conforma con decirle:

> No creas que eres un enfermo que aún no logra curarse. Eres simplemente un antiguo enfermo que no se percata del todo de que está curado. A saber, en el cuadro y el estado de tus libertades, te has alejado en lo esencial de lo que aún te ataba de manera exagerada; por ese lado, estás curado. Pero hay todavía una serie de pequeños lazos que te retienen, y de eso aún hace falta liberarte.[28]

En suma, Séneca se conforma con indicar a Sereno cuál es el punto donde se encuentra este en el trayecto que debe llevarlo a la tierra firme de las virtudes estoicas. Séneca señala con exactitud ese punto.

Como ven, estamos aquí frente a un tipo de veridicción de sí que es perfectamente coherente, perfectamente sistemático, y que corresponde además a una práctica cuya amplitud fue, con todo, de relativa magnitud en la Antigüedad tardía. Podrán ya adivinar qué tan lejos estamos todavía del tipo de veridicción que vamos a ver desarrollarse en el cristianismo. En consecuencia, la prueba de la veridicción se hace esencialmente en términos de código de conducta y grado de libertad. Como es evidente, la veridicción de sí en la penitencia cristiana adoptará una apariencia y una forma muy distintas.*

* * *

Veridicción en el cristianismo: querría abordar esta cuestión bajo dos aspectos.** Querría hablarles ante todo de la veridicción en la penitencia cristiana. Ustedes están aquí en una facultad católica, de modo que no cometeré la ofensa de recordarles lo que saben muy bien: que la penitencia tal como la conocemos en la práctica católica actual, con [...] obligación al menos anual de apelar a ese sacramento de penitencia en un ritual que comporta la confesión de los pecados, es, como bien saben, una invención muy reciente que, a grandes rasgos, se remonta al siglo XII. La penitencia no era un sacramento, la penitencia no implicaba confesión, la penitencia no era obligatoria para todos los cristianos. Omito el muy largo debate sobre el origen de la penitencia y el estatuto que pudo tener en el cristianismo primitivo. En *El pastor* de Hermas tenemos lo que se considera como uno de los primeros testimonios de la existen-

* Foucault interrumpe la clase y se dirige al auditorio en los siguientes términos: "Bueno, voy a hacerles entonces una pregunta, si se quiere, de método. Porque en general hablo tanto más tiempo del que querría, tal vez porque soy como Sereno, me dejo llevar un poco, y asimismo porque un numeroso auditorio, del que me felicito y que les agradezco, no facilita mucho la rapidez de palabra. Bueno, ¿quieren entonces que interrumpamos cinco minutos y discutamos por ejemplo lo que acabo de decirles? ¿O que pase de inmediato, durante media hora o tres cuartos de hora más, a la exposición de la veridicción cristiana? Están a favor de la interrupción o están a favor de... ¿No? ¿Quiénes están a favor de la interrupción? ¿Pueden levantar la mano? Me parece que no voy a interrumpir, lo lamento. Bueno".

** Foucault se interrumpe una vez más y se dirige al auditorio en los siguientes términos: "Perdónenme, esto tiene un aspecto discontinuo, un poco formal; son señalamientos, no se trata de una historia, una historia continua y fina de las evoluciones, las transformaciones, las imbricaciones. Si se quiere, se trata más de incitaciones a una investigación o indicaciones de un trabajo posible que de un análisis completo y exhaustivo".

cia de una penitencia cuyo problema, a grandes rasgos, era el siguiente.[29] El problema de la penitencia en el cristianismo primitivo era: una vez bautizada, la persona ya no debe pecar más; si peca, debe ser expulsada de la comunidad eclesiástica. ¿Existe, con todo, algún recurso que permita al individuo reintegrarse, pese a que su pecado debería excluirlo y pese a que, por la existencia de ese pecado, él mismo se ha excluido de la comunidad? En otras palabras, la penitencia es el problema del segundo bautismo. ¿Puede uno ser bautizado una segunda vez? ¿O puede reintegrarse en virtud de algo que no es un segundo bautismo? Ese es, si se quiere, el marco general en que se planteaba el problema en el siglo II.

Dejemos este problema de origen. Querría recordar simplemente que la penitencia –que, por lo tanto, adoptó las formas que le conocemos sólo a partir del siglo XII–, la penitencia tal como se la atestigua entre finales del siglo II y la Edad Media [...], era una penitencia no renovable. Se hacía penitencia una vez en la vida, y una sola, visto que si ya era muy bueno poder cometer un pecado grave después del bautismo y no quedar excluido de la comunidad, era evidente que no se podía volver a empezar indefinidamente. Una sola penitencia.

En segundo lugar, esa penitencia era a veces la consecuencia y la secuela de un pecado grave y determinado que podía haberse cometido, como, por ejemplo, [el] pecado de adulterio e incluso haber renegado de la religión cristiana (el famoso problema de los *lapsi*).[30] Pero la penitencia también podía [tener lugar] –y muy a menudo tenía lugar– simplemente cuando el individuo consideraba que había cometido la cantidad suficiente de pecados o, en todo caso, que su vida de cristiano había sido lo bastante mala para desear un cambio global de vida, arrepentirse de todos sus pecados y preparar de una buena vez, antes de su muerte, una penitencia que le asegurara la salvación.

En tercer lugar, hay que recordar que esta penitencia no era un procedimiento específico: no consistía en hacer tal y tal otra cosa como, por ejemplo, un ayuno, una limosna o unas oraciones. La penitencia era una condición. Era una condición que abarcaba todos los aspectos de la existencia. En rigor, no se hacía penitencia o, para hacerla, uno se *convertía* en penitente, y convertirse en penitente era vivir de manera distinta a la de los otros. Era, desde luego, tener un lugar particular, espacialmente determinado, en la comunidad. Era un modo determinado de alimentación, con el ayuno. Era la prohibición, por supuesto, de tener relaciones sexuales. Era la imposibilidad de llegar a ser sacerdote aun cuando se hubiera salido de la penitencia. Porque esta era una condición que se solicitaba a la autoridad, al obispo. Y otorgada esa condición penitencial, cuando se había sobrellevado esa condición penitencial, cuando se había vivido conforme a esa condición penitencial durante el tiempo suficiente... el problema era saber si el tiempo estaba fijado de antemano o sólo llegaba a su fin con el acuerdo del obispo y quizás incluso de la comunidad. Como sea, dejemos de lado todos estos problemas institucionales... De todos modos, se volvía a la Iglesia y la comunidad al término de la penitencia, con una segunda ceremonia que era la de la reconciliación. Imposición de la penitencia; desenvolvimiento, pues, de la condición penitencial durante meses, años, en ocasiones hasta la muerte, y reconciliación mediante una ceremonia que, además, podía tener lugar en el lecho de muerte del individuo.

Entonces, en eso, en esa condición penitencial solicitada, impuesta, que afectaba todos los aspectos de la existencia, que terminaba mediante una ceremonia específica, ¿cuál era el lugar de la veridicción? ¿Había que decir la verdad? ¿Cómo había que decirla? ¿Cómo había que manifestar la verdad? ¿Y qué verdad había que manifestar?

Pues bien, el lugar de la veridicción era indudablemente de gran importancia en la práctica y la institución de la penitencia primitiva. Lo prueba de inmediato el hecho de que la práctica misma de la penitencia –el conjunto de las conductas, comportamientos y actos que caracterizaban la condición penitencial– se designa muy a menudo en la literatura de la época con una palabra, una palabra que encontramos en los textos griegos, pero que encontramos también en los textos latinos bajo su forma griega, como si los latinos no consiguieran traducirla del todo. Y ese término es el de *exomologesis*: *exomologesis*, *exomologein*. *Homologein* quiere decir prestar su acuerdo, ponerse de acuerdo. *Exomologein* es reconocer algo: reconocer algo, prestar su acuerdo, y es un término que se encuentra regularmente en el griego clásico. Es, además, un término que tiene un sentido preciso en el vocabulario jurídico, donde, en efecto, quiere decir "confesión" (en el texto de *Edipo rey* que les citaba ayer, cuando el esclavo se ve obligado a reconocer que él fue quien entregó a Edipo contra las órdenes de Layo, quien entregó vivo a Edipo al pastor de Corinto, dice: *exomologeo*, reconozco; sí, confieso).[31] Por tanto, ese es el término de la confesión.

En la literatura cristiana la palabra *exomologesis* designa, en realidad, varias cosas. Designa ante todo el acto de fe: cuando se reconoce la verdad de la enseñanza recibida, es *exomologein*. El término puede designar también el acto mediante el cual, ante Dios, uno puede reconocerse como pecador. Y en un texto, saben, ese texto tan añejo, el primero que nos da indicaciones sobre la práctica comunitaria de las iglesias cristianas primitivas, la *Didache*–, en ese famoso texto, se dice que cuando se hace la oración colectiva, es preciso "*exomologein hamartemata*", esto es, hay que reconocer los pecados propios.[32] Y una interpretación notoriamente tendenciosa que se impuso durante siglos quiso hacer decir a ese texto que ya en la Iglesia primitiva había que confesar los pecados; había que confesarlos y se los confesaba colectivamente delante de todos durante la oración colectiva, lo cual hizo nacer la leyenda de la confesión pública de los pecados. En realidad, ese texto de la *Didache* sólo quiere decir una cosa, y es que hay que reconocerse como pecador ante Dios durante una oración que, por su parte, es de carácter colectivo; pero no hay confesión, no hay formulación verbal, no hay enunciación verbal de los pecados que el texto de la *Didache* designe. En cambio, cuando se trata de la práctica penitencial misma –es decir, la aceptación, la imposición de la condición de penitencia, su desarrollo, la reconciliación–, también se usa de manera regular el término *exomologesis*, y en este caso con una significación bien precisa. Para esquematizar un poco las cosas, podemos representarlas de la siguiente manera.

Primero, cuando la penitencia se solicita o se impone, es necesaria la exposición de las faltas. ¿Por qué y cómo es necesaria? Y bien, si es el penitente quien solicita del sacerdote o el obispo –bueno, en esa época, admitamos que no hay diferencia–, cuando el que quiere ser penitente solicita recibir la penitencia, se dirige al obispo y le expone las razones por las cuales querría serlo. Y es probable, aunque no haya indicaciones muy precisas, que tuviera que haber una suerte de enunciación verbal de las faltas cometidas. Al parecer San Cipriano se refiere a esta práctica cuando habla de *expositio causae*, la exposición de la causa, expresión plenamente jurídica que demuestra que era en términos jurídicos, sin duda, como se pensaba al menos ese primer paso del acto penitencial o, mejor dicho, como se pensaba esa primera diligencia sobre cuya base iba a haber condición penitencial y desarrollo de la penitencia.[33] Pero adviertan que esa *expositio*, esa confidencia que se hacía al obispo para solicitar la condición de penitente, no pertenecía por un lado al ritual mismo de la penitencia –era simplemente lo que le antecedía– y, [por otro,] era, a no dudar, una práctica privada. No secreta, pero, en fin, se hacía de hombre a hombre, aunque, lo reitero, al margen del ritual mismo de la penitencia. Y, por añadidura, no parece que la palabra *exomologesis* se utilice para designar esta exposición de la falta que va a entrañar la imposición de la condición de penitente.

En cambio, la palabra *exomologesis* se emplea de manera explícita para otras dos cosas. Primero, para empezar por el final, en el momento mismo de la reconciliación. En el momento de la reconciliación, es decir, el momento de la ceremonia que a menudo tenía lugar el Viernes Santo.* La existencia de este episodio específico está atestiguada por unos cuantos textos. Por ejemplo, y acerca de la penitencia, San Cipriano habla habitualmente de las tres cosas siguientes: *paenitentiam agere, exomologesim facere, impositio manus.*[34] Vale decir que se hace la penitencia –y el penitente sobrelleva la condición de tal hasta el momento de la reconciliación–; hay pues *exomologesim facere,* hacer la *exomologesis,* y después la *impositio manus,* que es el rito mediante el cual uno queda propiamente reconciliado. Entonces, entre el desenvolvimiento de la condición penitencial y la imposición de las manos está la *exomologesis.* ¿En qué consiste? En realidad, San Cipriano no da indicaciones al respecto, pero tenemos indicaciones precisas, sea en textos anteriores, sea en textos más tardíos.

Textos anteriores: los encontramos en Tertuliano. Para ser exactos, en el *De pudicitia,* del que ustedes saben bien, y mejor que yo, que Tertuliano lo escribió en la época en que era montanista, lo cual, desde luego, puede llevar a considerar este texto con cierto escepticismo en cuanto descripción real de los ritos de penitencia.[35] Pero hay que ver bien de qué se trataba cuando Tertuliano hablaba de los ritos de penitencia en ese *De pudicitia.* Tertuliano no condenaba la práctica de la penitencia; al contrario, era plenamente partidario de que se la hiciese. Lo que no quería, y criticaba, era que, una vez que uno era penitente, pudiera dejar de serlo y reconciliarse. El conflicto de Tertuliano con otras autoridades religiosas o, si lo prefieren, con la autoridad religiosa, radicaba en la cuestión de la reconciliación, y no en la de la penitencia.

En ese *De pudicitia* describe dos cosas. Por una parte, en el capítulo 3, § 5, menciona al penitente en la puerta de la Iglesia. Esa es la única forma de penitencia que Tertuliano acepta. Ella es, dice, la que Dios y sólo Él ha enviado. Y la penitente que observa ese rito prefiere ruborizarse delante de la Iglesia a quedar en comunión con ella: “Ella permanece de pie en la puerta, sirve de advertencia a los demás con el ejemplo de su humillación, y llama en su auxilio a las lágrimas de sus hermanos”.[36] Esta parece ser la descripción del penitente tal como este es en su condición de penitente y cuando no está reconciliado. Pero en el capítulo 13, § 7 del mismo texto, en cambio, Tertuliano menciona lo que motiva su

* Foucault se pregunta: “No, que tenía lugar, perdón, bueno, sí, me disculpo, el día de la celebración de la Crucifixión o la Resurrección, en fin, bueno, el viernes”.

oposición, porque no quiere que los penitentes se reconcilien, y lo que constituye el rito de reconciliación. Y entonces se desahoga contra ese rito, que describe tal vez con un poco de énfasis, sin duda un poco de exageración. Escuchemos no obstante su relato. Tertuliano se dirige al sacerdote que hace las veces del pastor que recupera la oveja descarriada:

> Introduces en la Iglesia la penitencia de un fornicador para ablandar la indignación de la asamblea cristiana. Tomas de la mano al culpable oculto bajo su cilicio, cubierto de cenizas, y cuyo exterior anuncia el duelo y el abatimiento. Lo obligas a prosternarse públicamente delante de las viudas y los sacerdotes, a implorar la ayuda de nuestros hermanos, a besar el suelo que pisa cada uno de ellos y a echarse con humildad a sus pies.[37]

Es verosímil que este texto, que critica por tanto la práctica, describa no obstante una práctica real. Y si en la teatralidad del texto de Tertuliano podemos ver una nota de indignación contra ese tipo de prácticas, parece en verdad que tenemos aquí una serie de gestos muy precisos que caracterizarían la *exomologesis* de la persona a la que se iba a reconciliar: cilicio, se la toma de la mano, está cubierta de cenizas, se prosterna, besa el suelo que pisan sus hermanos y se echa humildemente a sus pies.

Por lo demás, tenemos la confirmación de que era sin duda así como transcurría la *exomologesis* (la manifestación de la verdad en la penitencia, el reconocimiento de la verdad en la penitencia) en textos más tardíos, por ejemplo en San Jerónimo cuando se refiere a la penitencia de Fabiola. Esta, en efecto, se había divorciado de su marido y había vuelto a casarse sin esperar a que él muriera, cosa que estaba muy mal. Por consiguiente, hace una penitencia que San Jerónimo, en la carta [LXXVII], describe así:

> Bajo la mirada de toda la ciudad de Roma, durante los días que precedían a las Pascuas, ella formaba parte de las filas de los penitentes; el obispo, los sacerdotes y el pueblo la acompañaban en su llanto, y ella, desgreñada, pálido el rostro, descuidadas las manos, la cabeza sucia de cenizas y humildemente gacha, hería su pecho abatido y el rostro con que había seducido a su segundo marido. Mostró a todos sus heridas y, sobre su cuerpo palidecido, Roma contempló llorosa sus cicatrices.[38]

Tenemos aquí un ritual, un gran ritual de suplicación, del que no hay que olvidar que, con todo, está en muchos de sus elementos muy cerca de los rituales de suplicación que encontramos en la tragedia griega y que se llevaban efectivamente a cabo en la sociedad griega. La romana era sin duda un poco diferente. En síntesis, estamos frente a un ritual profundamente inmerso en las tradiciones, un ritual de suplicación, pero que tiene su lugar bien definido en el procedimiento penitencial. Y verán que este ritual llamado precisamente *exomologesis* no comporta una confesión de los pecados sino una manifestación espectacular, una manifestación espectacular del hecho de que uno ha pecado, de la conciencia que tiene de ser un pecador, del remordimiento que siente por serlo y de la voluntad de no volver a pecar y de reintegrarse.

Pero al margen de este episodio muy preciso que se denomina *exomologesis*, el término *exomologesis*, el término de reconocimiento que, por tanto, los latinos, en general, no suelen traducir, aunque a veces lo vierten por "confesión", también se refiere mucho más ampliamente a todo el desenvolvimiento de la penitencia misma. Que la palabra *exomologesis* quiera decir en definitiva ser penitente y llevar una vida de penitente, que la vida de penitente se llame reconocimiento, confesión, exposición, es algo que, de un modo u otro, es importante y capital. En *Adversus haereses* de Ireneo (libro 1, capítulo 13, § 5), se dice por ejemplo que alguien ha vuelto a la Iglesia después de haberla abandonado y que ha pasado el resto de su vida en la *exomologesis*.[39] En Tertuliano, *De paenitentia*, capítulo 12, se menciona a un rey de Babilonia que habría hecho *exomologesis* durante siete años.[40] Está claro que en este caso la palabra no se refiere al ritual muy específico que tendría lugar en la iglesia en el momento de la reconciliación, sino al hecho de que la penitencia misma es en su totalidad *exomologesis*.

¿En qué sentido la vida de penitente podía ser al mismo tiempo una *exomologesis*, al mismo tiempo una confesión, al mismo tiempo un reconocimiento? De esta práctica penitencial, Tertuliano decía que no debía llevarse a cabo simplemente *in conscientia*, en la conciencia: debía ser *actus*, debía ser un acto que es preciso tomar en el sentido casi teatral de la palabra.[41] Debe ser un *actus* manifiesto, debe ser también una *disciplina*, es decir toda una manera, una regla de vida que afecta, dice Tertuliano, *habitus et victus*, el modo de comportarse y el modo de nutrirse, de alimentarse.[42] En el capítulo 9 de *De paenitentia*, Tertuliano explicita cómo debe ser esa vida de penitencia: hay que tenderse cubierto de sayal y bajo la ceniza, envolverse el cuerpo con oscuros harapos, abandonar el alma a la tristeza, corregir mediante duros tratamientos los miembros culpables.

De ordinario, el penitente alimenta las oraciones con los ayunos. Gime, llora, llora día y noche al Señor su Dios. Se echa a los pies de los sacerdotes. Se arrodilla delante de quienes son caros a Dios, encarga a todos los hermanos ser intercesores para obtener Su perdón.[43] Y esto constituye a la vez la penitencia y la *exomologesis*. En los textos más tardíos tenemos la referencia a los mismos tipos de prácticas. En una carta escrita por un clérigo de la Iglesia romana a Cipriano, su autor dice acerca de los apóstatas: "Para ellos es hora de hacer penitencia [*paenitentiam agere*], mostrar [*probare*] el dolor que sienten, expresar [*ostendere*] su vergüenza, manifestar [*monstrare*] su humildad y exhibir su modestia [*modestiam exhibere*]".[44] No hay penitencia sin la actividad consistente en exhibir, mostrar, expresar, manifestar. Cipriano, en *De lapsis*, dice: "Unid vuestras lágrimas a las nuestras, vuestros gemidos a nuestros gemidos".[45] Ambrosio, en *De paenitentia*, libro 1, capítulo 5, § 24, dice: "*Confitentur gemitibus, confitentur fletibus, confitentur liberis, non coactis vocibus*", "confiesan con sus gemidos, confiesan con sus lágrimas, confiesan con palabras que no son forzadas, sino libres [*vocibus liberis, non coactis*]".[46] Y en la parénesis [...].*

* * *

[¿A qué modelo se refiere esta práctica de la *exomologesis*? Encontramos una argumentación] médica o judicial. Por ejemplo, se encuentra con frecuencia este argumento: cuando uno va a consultar a un médico, debe mostrarle sus llagas para que él las cure; de la misma manera, si queremos curarnos de los pecados que hemos cometido, debemos mos-

* Introducimos aquí un corte que corresponde al cambio de cinta. Como producto del cambio hay una laguna que es posible llenar gracias a la copia mecanografiada conservada en el IMEC. El extracto útil se reproduce a continuación:
"Y en la *Parénesis* de Paciano[46a] pueden ver que en la definición de la penitencia no se dice que esta deba desarrollarse de manera verbal sino en la ceniza, el sayal, el ayuno, la aflicción y la participación de muchos en las oraciones. Lo que podemos rescatar de todas esas indicaciones es lo siguiente. La penitencia no puede desvincularse de algo que es distinto y se llama exomologesis, que es tan pronto el episodio final que en cierto modo corona la vida del penitente y va a llevarlo a la reconciliación final, como la exomologesis entendida en cuanto forma espectacular, teatral de la vida de penitencia. No se puede ser penitente sin hacer al mismo tiempo exomologesis, una práctica de veridicción que se confunde con el desarrollo penitencial mismo. Pero esa veridicción jamás adopta la forma de una enunciación verbal de las faltas. Puede haber, desde luego, gritos, lamentaciones y reconocimiento, con ello, de la falta cometida. En rigor, uno puede proclamar que es pecador y que

trar nuestras llagas, mostrar nuestras llagas a quien debe curarnos, el *Christus medicus*, que es quien nos curará y nos llevará a la salvación. Encontramos asimismo argumentos de tipo judicial bajo esta forma: cuando un acusado quiere conseguir que el juez lo perdone, sabe muy bien que si confiesa y reconoce humildemente su falta, apaciguará al juez. Reconozcamos del mismo modo nuestros pecados ante Dios y tal vez lo apaciguaremos. E incluso, cuando el diablo se levante contra nosotros en el Día del Juicio Final y nos acuse, si no hemos hablado en primer lugar nosotros mismos, Dios será más severo; mientras que si nos hemos adelantado a la acusación del diablo mediante nuestra propia penitencia, si nos hemos mostrado ante la mirada de Dios como penitentes, el diablo se verá sin duda obligado a callar en ese día terrible.

Pero, a decir verdad, esta explicación médica y también la explicación judicial de la práctica de la *exomologesis* y de la necesidad de una veridicción no me parecen las razones fundamentales. El verdadero modelo al cual se refiere esta práctica de la *exomologesis*, [esta] gran manifestación espectacular de uno mismo como pecador, el verdadero modelo, no es la enfermedad o las heridas y la medicina, no es el crimen y el juicio. El verdadero modelo, como sin duda ustedes lo advertirán, es el martirio. Es decir que al practicar la penitencia, quien ha cometido un pecado hace lo que sólo pueden hacer los que para la mayor gloria de Dios y por su honor y para dar testimonio de él, afrontan, se enfrentan a las persecuciones de los paganos.

La gran cuestión en torno a la cual giró toda la organización de la penitencia fue, por supuesto, la cuestión de los *lapsi*, aquellos que no quisieron afrontar el martirio para salvar la vida. Y la penitencia que se organizó en parte (sólo en parte, pero aun así en parte) para responder a esta pregunta "¿cómo reintegrar a los *lapsi*?", es una manera de sustituir el martirio real, que no se quiso afrontar, por una suerte de

ha incurrido en no pocas faltas. En ello no hay nada similar a lo que puede ser un examen de conciencia, lo que puede ser el enunciado reflexivo y, de algún modo, analítico de la falta cometida. Se trata de una verdad expresiva, teatral, un espectáculo en el cual no entran, no digo los pecados que uno ha cometido…, en el cual se muestra que uno es pecador. Me parece que la mejor traducción de la palabra *exomologesis* frente a la cual tropezó el romano, la encontró una vez más Tertuliano. Este utilizó la palabra *publicatio sui*, publicarse uno mismo. Hacer público el hecho de que uno es pecador y abrir al público su condición de pecador, aparecer ante el público con esa condición de pecador" (copia mecanografiada, clase del 29 de abril de 1981, pp. 16-17).

pequeño martirio, de martirio a escala reducida, que uno se autoimpone para estar, de alguna manera, a la altura de quienes supieron enfrentar efectivamente el martirio. La penitencia es una mortificación, una mortificación en sentido estricto. Esto quiere decir, por un lado, que uno se muestra como pecador, como perteneciente al dominio de la muerte. Bajo el sayal y la ceniza uno muestra que, en efecto, en su propia verdad de pecador, pertenece a un mundo que es el mundo de la muerte, y que no ha elegido el mundo de la vida sin perjuicio de morir para él; pero al someterse a esas mismas maceraciones, muestra que ahora está listo para afrontar la muerte; aunque haya elegido el pecado y aunque, por el pecado, haya mostrado que había escogido ese mundo de la vida que es al mismo tiempo un mundo de muerte. Uno mata en sí mismo el mundo de muerte que no había querido abandonar al pecar. Se muestra tal como es, se muestra muerto por el pecado, y se muestra listo a morir para dejar de pecar.

En la práctica de la penitencia, la veridicción y la mortificación están íntimamente ligadas. Si esta práctica implica la *exomologesis* es porque, a través de la penitencia, es preciso, por un lado, morir para este mundo y, en segundo lugar, dar testimonio público, a los ojos de ese mismo mundo, de que se está dispuesto a sacrificarlo, se está dispuesto a autosacrificarse en ese mundo para llegar al otro. Vale decir que así tenemos una veridicción de sí mismo, un acto ritual mediante el cual uno muestra la verdad de sí mismo, ¿pero en relación con qué, en función de qué, en conexión con qué? Con la mortificación de sí mismo, esto es, con el sacrificio de sí mismo. Uno produce la verdad de sí sólo en la medida en que es capaz de autosacrificarse. El sacrificio de sí por la verdad de sí, o la verdad de sí por el sacrificio de sí: eso es lo que está en el corazón del rito de la *exomologesis* penitencial. Como ven, tenemos así algo que no tiene, evidentemente, punto de comparación con la veridicción tal como la hemos podido encontrar en la práctica estoica de Séneca de la que les hablaba, [ni con] la práctica de la veridicción, del examen de sí mismo tal como se lo puede hallar en muchas otras formas de la práctica cristiana.

Sea como fuere, el vínculo entre veridicción y mortificación me parece algo absolutamente esencial en ese primer ritual de la penitencia cristiana. Entonces, lo que me hubiera gustado hacer, pero creo que ahora ya es demasiado tarde, habría sido explicarles cómo encontramos en los siglos IV y V esa otra forma de veridicción que se desarrolló en las instituciones monásticas y que también vincula, en cierta manera, veridicción y mortificación, pero a través de prácticas y ritos muy distintos. Mientras en la veridicción de la que acabo de hablarles, en la *exomologesis* penitencial, ustedes ven que toda la producción de verdad se hace en una suerte de gran teatralización de la vida, del cuerpo, de los gestos, con una parte verbal muy ínfima, en las prácticas monásticas que se desarrollan a partir de los siglos IV y V, al contrario, la mortificación de sí continuará ligada con la veridicción, pero a través de un medio nuevo y fundamental que tiene cierta importancia en la historia de la cultura y la subjetividad occidentales: el lenguaje. Por medio de la verbalización continua de sí mismo, el monje deberá realizar el vínculo entre veridicción y mortificación. Digamos que el penitente establece ese vínculo veridicción-mortificación en su cuerpo; el monje, por su parte, lo establece también en su cuerpo, porque en cierto modo es penitente, pero lo establece asimismo a través de cierto ejercicio continuo y permanente de lenguaje.*

* Sigue a la clase un intercambio con el auditorio que reproducimos *in extenso*:
Foucault: Entonces es eso, según los casos, lo que les contaré esta noche o la vez que viene, porque, miren, el tiempo ha pasado. ¿Quieren hacerme preguntas? Bien, bueno. ¿Sí?
Pregunta: La costumbre que al parecer existía en la Edad Media, pero después del siglo V, y según la cual las personas de edad se retiraban a una vida monástica tras una vida activa y familiar, ¿podría compararse [con] la penitencia atenuada?
Foucault: Sí. Desde ya. El gran ritual de penitencia que evoqué a través de los textos de Tertuliano, usted sabe, no desapareció así como así. Perdió importancia y extensión a raíz de una serie de cosas –la aparición de la penitencia tarifada de la que les hablaré la próxima vez, a partir de los siglos VII-VIII, la organización de la penitencia sacramental a partir de los siglos XII-XIII–; pero subsistió la práctica de la penitencia, es decir, la adquisición de la condición de penitente con un modo de vida particular y espectacular. En fin, subsistió en esencia bajo dos formas o, bueno, podemos decir incluso bajo tres formas. La vida monástica es una manera de escoger una condición de penitente, es una modalidad de la vida de penitente. Segundo, están en efecto quienes, al final de su vida, se retiraban y llevaban una vida de penitencia antes de morir, lo cual estaba de acuerdo con la práctica atestiguada en el siglo V. Por lo demás, a la autoridad religiosa no le gustaba nada que la gente esperara el momento de empezar a flaquear para hacer penitencia; pero esa era a la vez la manera de asegurarse la salvación del modo más seguro y hacer penitencia el menor tiempo posible. Bueno, eso es evidente. Y después, la tercera forma, eran, por supuesto, las cofradías de penitentes, que implicaban un determinado modo de existencia relativamente peculiar, pero a la vez sobre todo con obligaciones recurrentes en ciertas festividades del año, y bajo ciertas condiciones. Por lo tanto, si se quiere, está lejos de ser… de desaparecer.
Pregunta: ¿Cómo, en ciertos momentos, esta penitencia dramática [inaudible] *en ruptura con respecto a la obligación de veridicción que ya existía en la Antigüedad pagana? Usted dijo prácticamente que el problema de la obligación de ser veraz con uno mismo ya existía en la Antigüedad pagana.*
Foucault: Sí, pero en una forma muy distinta.
Pregunta: Entonces, ¿el cristianismo retomó esa forma de veridicción, pero esta es diferente?

Foucault: No, es la forma de veridicción que encontramos en las escuelas filosóficas, con examen de conciencia, relación con un director, consulta del otro. Eso, usted volverá a encontrarlo en el equivalente o, bueno, lo que fue la secuela de la existencia filosófica en el cristianismo: la vida monástica, como usted sabe. La verdadera vida filosófica se definió –sobre todo en el monacato originario, por consiguiente en el monacato oriental– como la verdadera vida filosófica. Es completamente lógico, por ende –y esto lo explicaré la próxima vez– que volvamos a dar con esa práctica. La práctica de la penitencia que se atestigua en los primeros siglos cristianos nada tiene que ver, nada, con esta práctica filosófica. Es algo totalmente distinto. Se trata, en realidad, de un rito de suplicación. Si se tomó de algo, fue de los grandes ritos de suplicación que podemos hallar en la civilización griega.

Pregunta: Si les interesa a otras personas, me gustaría mucho saber cuál era exactamente la relación del sayal y las cenizas con la muerte.

Foucault: Bien, creo que el sayal era en realidad una bolsa de pelo de cabra. Y esa bolsa de pelo de cabra, bueno, ya no tengo exactamente presentes las referencias precisas, pero aún antes, e incluso con prescindencia del cristianismo, y fuera del cristianismo, en muchas sociedades del Oriente mediterráneo, el sayal, la vestimenta de pelo de cabra, era un signo de renuncia y entrada al mundo de la muerte. Y en segundo lugar, luego, creo que en el caso de las cenizas la simbología es fácil.

Pregunta: Precisamente con relación a estar en la muerte con el sayal y las cenizas, usted parece decir que con eso se acepta la muerte, pese a que esa mortificación parece ser más bien una voluntad de volver a la vida mediante la mortificación y la exteriorización de…

Foucault: Me he explicado mal, sin duda. Pero si usted quiere, hay un cruce. En eso radica la riqueza y la intensidad de esta práctica de veridicción. Quien ha pecado es aquel que, en vez de escoger lo que en la *Didache*, en la tradición de las comunidades judeocristianas, se llama "camino de la vida", escoge el camino de la muerte. Por ende, está muerto para la única vida verdadera que es la vida cristiana o la vida en Dios. Así, está del lado de la muerte. Vestirse con un sayal y cenizas es por tanto manifestar lo que uno es en verdad, alguien que ha escogido el camino de la muerte. Cuando se ha escogido el camino de la muerte, ¿qué se puede hacer para pasar al camino de la vida y elegir la vida? Y bien, hay que morir para ese camino de la muerte, renunciar a él, para entrar a la verdadera vida espiritual que implica morir para este mundo. Y podría afirmarse que eso –el cruce entre la manifestación del hecho de que uno está realmente muerto a causa del pecado y la voluntad de morir para este mundo del pecado y vivir así otra vida–, es eso lo que se manifiesta y hace que el rito de veridicción esté decididamente ligado a otra noción de la que no hablé por falta de tiempo, pero que como advertirá es central, la de *metanoia*. La *metanoia* es convertirse y optar por un mundo, el verdadero mundo, en vez del mundo de la muerte. O por la verdadera vida en vez de la muerte.

Pregunta: ¿Aquí ha desaparecido por completo el papel de la opinión pública?

Foucault: Ah, no, de ningún modo ha desaparecido porque eso se hace precisamente ante todo el mundo. Y la reconciliación –como recordarán, en la descripción que da Tertuliano o que da San Jerónimo en relación con Fabiola– se hace en la iglesia; el penitente que suplicaba ante la puerta de la iglesia es tomado de la mano y atraviesa toda la iglesia. Y durante ese trayecto gime, llora, suplica a sus hermanos que vuelvan a admitirlo en su comunidad.

Por lo tanto, hay si se quiere una participación de los otros, que así queda de manifiesto. Creo además que en el texto de San Jerónimo (o quizás en otro) se dice con claridad que los asistentes también lloran junto con quien pide su reintegración. Así, de un modo u otro, hay un rito de participación.
Pregunta: ¿Y ya no hay necesidad de reconocimiento de la verdad por la opinión pública, como había necesidad de reconocimiento por el coro?
Foucault: En efecto, ya no la hay en modo alguno, ya no se trata en modo alguno de una forma jurídica de validación que diga: "Así es en verdad cómo sucedieron las cosas". Basta con que sea el propio sujeto quien diga "soy un pecador" para que eso constituya una verdad, sin que haga falta un sistema de pruebas. Quiero decir: no hace falta un sistema de pruebas; de hecho, tenemos mil señales de que en unos cuantos casos... Y en especial, el famoso y diabólico asunto de los *lapsi* en la época de San Cipriano hacía que, por ejemplo, antes de reconciliar a alguien, se reuniera información, se preguntara a la gente si efectivamente se había arrepentido. Se hacían enviar cartas. Hay pedidos de información. Por ende, tenemos si se quiere todo un trabajito de investigación, pero que no se integraba al ritual. El ritual, por su parte... y lo que me interesa ahí no es tanto el sistema de verificaciones que las Iglesias, la autoridad eclesiástica, podían suscitar; lo que me interesa es cómo se convoca al propio sujeto a manifestarse en su verdad. El motivo de que les haya hablado de esto tal vez un poco demasiado extensamente es que resulta interesante ver cómo, por ejemplo en Séneca, y en las reglas de vida estoica –bueno, la obligación de... en fin– se recomienda que uno exponga su propia alma ante otro, se le recomienda hacer un examen de sí mismo, pero advertimos en el fondo que se trata esencialmente de un problema de reactualización, de reactivación de códigos y de determinación del punto donde uno se encuentra en el avance filosófico hacia la libertad. No hablan de sí mismos, y en la única palabra que parece referirse a su subjetividad y es utilizada por Sereno o por Séneca, que es el *placet* –esto es algo que me gusta, aquello es algo que me disgusta–, no se muestra en absoluto esa subjetividad, sino más bien el tipo de acto, el grado de libertad. Con el rito de penitencia cristiana lo interesante es ver, entonces, que no hay ninguna elaboración verbal o, si se quiere, ninguna de las tareas de análisis preciso que constatábamos en los estoicos; lo que hay es algo muy macizo, muy zafio, si lo prefieren, muy teatral, pero en lo cual se muestra, debe mostrarse, la verdad misma del sujeto. Lo que este es. Y su verdad, su verdad en el punto de cruce o, en fin, en el punto de inflexión de la *metanoia*, de su conversión, allí donde el sujeto está muerto y a la vez quiere resucitar a otra vida. Y es su subjetividad, su subjetividad de muerto vivo, de muerto que elige la vida, lo que debe captarse. En nuestro próximo encuentro intentaré demostrarles, con referencia a los monjes, que estos retoman un poco esa forma y también se proponen decir su subjetividad, pero en este caso mediante una grilla verbal extraordinariamente complicada, extraordinariamente analítica, que dará acceso al campo del análisis, y también a la relación de uno consigo mismo, ámbito que se desconocía por completo en la Antigüedad.
Pregunta: [...] también puede establecerse una relación con la noción cristiana de culpa. Se siente con mucha intensidad el peso de la culpa. ¿Esta culpa sólo puede aparecer porque hay antropo... antropologización...
Foucault: Sí, sí, en fin, veo... Sí, yo tampoco consigo decirlo...
Pregunta: ...antropologización del sujeto, cuando no hay antropologización del sujeto en el examen de conciencia estoico?

Foucault: Yo no diría "antropologización", diría que prácticamente no hay subjetivación.
Pregunta: Por el lado estoico, pero por el lado cristiano...
Foucault: Bueno, del lado cristiano vemos en cierto sentido una subjetivación. Es decir, una vez más, sin duda es la verdad del sujeto la que...
Pregunta: ...y culpabilización al mismo tiempo...
Foucault: Bueno, el problema de la culpabilización, sí, claro, es evidente. Pero lo que hice ahí, si se quiere –y me alegra que tengamos una discusión, porque mi proyecto, en el fondo, era traerles algunos documentos y algunos elementos de discusión sobre los cuales pudiéramos trabajar un poco a continuación–, si les dije eso fue porque hay dos cosas que a mi entender merecen destacarse. Primero, que lo importante en el cristianismo me parece que es tanto más la relación del individuo con su verdad que el problema del pecado. Porque en última instancia "pecar", "pecado", la noción de *amartema*, por ejemplo... sabe Dios cuánto nos machacaron los oídos los estoicos mismos, los pitagóricos y hasta los estoicos con eso. Entonces, siempre se dice que el cristianismo dio el sentido del pecado, ¿pero qué significa el sentido del pecado? En esto, otra vez los estoicos, los pitagóricos, tenían un código de conducta extraordinariamente exigente, extraordinariamente complicado; había que prestar atención a cada instante para no cometer una falta. Lo que me parece que fue propio del cristianismo y constituyó en la historia de la subjetividad occidental, si se quiere, una ruptura, es la técnica, es el vínculo de verdad y es el conjunto de las técnicas perfeccionadas para extraer la verdad de uno mismo acerca del pecado. Pero lo que me parece importante es la verdad de uno mismo acerca del pecado, más que el sentido del pecado. Y lo segundo que quería destacar y por lo cual les explico esto un poco largamente, es que no se puede trazar una línea recta directa entre el *gnothi seauton* de Sócrates y las cosas de las que yo les hablaba. Esto es: la exigencia de conocimiento de sí en los cristianos no deriva del *gnothi seauton*. Y diría más, las prácticas estoicas del examen de conciencia o de la *expositio animae* son igualmente algo muy distinto del *gnothi seauton*. El *gnothi seauton* es un acto filosófico mediante el cual se establece cierto modo de relación con *la* verdad en general, y no es una manera de establecer una relación con la verdad propia de uno. Para Sócrates y Platón, hay que conocerse bien a sí mismo para conocer la matemática. En todo caso, hay que conocerse a sí mismo para conocer las verdades eternas. En los estoicos y los epicúreos, si bien encontraríamos cosas un poco similares, las técnicas de conocimiento de sí son diferentes y tienen un objetivo muy distinto [del] de ser una condición para el conocimiento en general. Y entre los cristianos más aún. Es esa especificidad de las técnicas de conocimiento de sí, irreductibles al *gnothi seauton*, lo que quería destacar.
Bueno, entonces, voy a hacerles una pregunta puramente práctica, porque estoy retrasado con respecto al programa que me había fijado. La próxima vez querría hablar sobre todo del derecho medieval; en fin, un poco del derecho medieval. ¿Quieren, pese a todo, que les hable de las prácticas monásticas del examen de sí? ¿Sí? ¿No les aburre? En definitiva, ¿nos desviaremos con respecto al marco que me había fijado y que, de un modo u otro, debía dirigirse un poco a los historiadores del derecho? ¿Les parece, no les molesta? ¿Puedo? Bueno, bueno. Muy bien, entonces, gracias.

NOTAS

1 En lo que concierne a las inscripciones de Cnido, véase Wolfgang Blümel (comp.), *Die Inschriften von Knidos*, Bonn, R. Habelt, 1992; se encontrarán informaciones y estudios complementarios en Angelos Chaniotis, "Under the watchful eyes of the gods: divine justice in Hellenistic and Roman Asia Minor", en Stephen Colvin (comp.), *The Greco-Roman East: Politics, Culture, Society*, Cambridge y Nueva York, Cambridge University Press, col. "Yale Classical Studies", n° 31, 2004, pp. 1-43; y Henk S. Versnel, "Beyond cursing: the appeal to justice in judicial prayers", en Christopher A. Faraone y Dirk Obbink (comps.), *Magika Hiera: Ancient Greek Magic and Religion*, Óxford, Oxford University Press, 1991, pp. 60-106, y "Peprêmenos: the Cnidian curse tablets and ordeal by fire", en Robin Hägg (comp.), *Ancient Greek Cult Practice from the Epigraphical Evidence: Proceedings of the Second International Seminar on Ancient Greek Cult*, Estocolmo, Astroms, 1994, pp. 145-154. En lo concerniente a las inscripciones de Epidauro, véase R. Dareste de la Chavanne, B. Haussoulier y T. Reinach (eds.), *Recueil des inscriptions juridiques grecques*, París, Ernest Leroux, 1891-1894, pp. 494-499 (inscripciones sobre el frente de una estela de Epidauro que da a "conocer los nombres de los deudores del dios de Epidauro"). Más en general, véase Walter Burkert, "Causalité religieuse: la faute, les signes, les rites", *Mètis. Anthropologie des Mondes Grecs Anciens*, 9(1), 1994, pp. 27-40, sobre todo p. 34: "Podrían agregarse varias inscripciones de algunos santuarios de Asia Menor, llamadas inscripciones penitenciales, *Bussinschriften*, que indican que el dedicador cayó enfermo, reconoció una falta, hizo penitencia y se curó, razón por la cual ofrece la estela como testimonio de la gracia del dios"; véase también, del mismo autor, *Creation of the Sacred: Tracks of Biology in Early Religions*, Cambridge, Harvard University Press, 1996 [trad. cast.: *La creación de lo sagrado: la huella de la biología en las religiones antiguas*, Barcelona, El Acantilado, 2009].

2 Véase A. Chaniotis, "Under the watchful eyes...", cit., pp. 3-6 (discusiones, ejemplos y referencias bibliográficas relativas a los estudios de las inscripciones que contienen confesiones y revelaciones).

3 Ibíd., pp. 6-10 (discusiones, ejemplos y referencias bibliográficas relativas a los estudios de las inscripciones que contienen maldiciones contra malhechores).

4 Décimo Junio Juvenal, sátira VI, vv. 526-541, en Juvénal, *Satires*, texto establecido por P. de Labriolle y F. Villeneuve, trad. de O. Sers, París, Belles Lettres, 2002, pp. 122 (latín) y 123 (versión francesa) [trad. cast.: *Sátiras*, Madrid, Consejo Superior de Investigaciones Científicas, 1991, pp. 83-85]: "irá a los confines de Egipto y transportará aguas traídas de la ardiente Méroe para salpicar con ellas el templo de Isis. [...] Él [el marido] implora el perdón cada vez que la esposa no se abstiene del débito conyugal en los días sagrados de observancia y se exige un gran castigo por haber violado el colchón y parece que la serpiente de plata ha meneado la cabeza. Sus lágrimas y susurros bien ejercitados posibilitan que Osiris no niegue el perdón de la culpa, sobornado naturalmente con un gran ganso y un pequeño bizcocho"; véase, también del mismo Juvenal, *La Fureur de voir: onze satires*, trad. de O. Sers, París, Belles Lettres, 1999, p. 80. Foucault menciona el culto de la divinidad egipcia Isis en el contexto de un examen del cuidado de sí en la segunda hora de su clase del 20 de enero de 1982; véase M. Foucault, *L'Herméneutique du sujet...*, ob. cit., pp. 110-111. Frédéric Gros aporta informaciones y referencias sobre la diosa Isis, ibíd., p. 119, n. 13.

5 Foucault propone varios análisis del examen de conciencia pitagórico en otros cursos. En *L'Herméneutique du sujet...*, ob. cit., clase del 24 de marzo de 1982,

segunda hora, pp. 460-461, interpreta que el examen de conciencia pitagórico tiene por "función principal [...] permitir una purificación del pensamiento antes del dormir", y no la de juzgarse a sí mismo. "El examen de conciencia no tiene la misión de juzgar lo que hemos hecho" (ibíd.); véase también ibíd., clase del 27 de enero de 1982, segunda hora, pp. 157-158 (donde el examen de conciencia se compara con la dirección de conciencia y la *parresia*), y clase del 13 de enero de 1982, primera hora, p. 48 (discusión del examen de conciencia como tecnología de sí). Frédéric Gros remite igualmente a la clase del 12 de marzo de 1980 en el Collège de France (*Del gobierno de los vivos*), en que "Foucault intenta una arqueología del par cristiano verbalización de los pecados/exploración de sí mismo, con la precaución de indicar una discontinuidad irreductible entre el examen pitagórico y estoico y el examen cristiano (en el triple nivel del campo de ejercicio, los instrumentos y los objetivos)"; véase M. Foucault, *L'Herméneutique du sujet...*, ob. cit., p. 468, n. 9. Por nuestra parte, también remitimos al lector a las notas 7 y 8 de F. Gros, ibíd., p. 61, donde se encontrarán informaciones y fuentes útiles sobre el pensamiento y la organización de los primeros grupos pitagóricos.

6 En su edición de *Los versos de oro*, Pieter Cornelis van der Horst comenta en detalle y sigue las articulaciones ulteriores de este examen de conciencia pitagórico en la obra de Horacio, Séneca, Arriano, Porfirio, Plutarco, Diógenes Laercio, Cicerón y otros. Véase Pitágoras [Pythagore], *Les Vers d'or des pythagoriciens*, ed., introducción y comentario de P. C. van der Horst, Leiden, E. J. Brill, 1932, pp. 22-25. Foucault expone esas reapariciones del examen de conciencia en el pensamiento de Epicteto, Marco Aurelio, Platón, Porfirio y Séneca en *L'Herméneutique du sujet...*, ob. cit., clase del 24 de marzo de 1982, segunda hora, pp. 460-466. Las notas de F. Gros, ibíd., pp. 468-469, nn. 13-26, son igualmente instructivas.

7 Pitágoras, *Les Vers d'or...*, ob. cit. (ed. de Van der Horst), vv. 40-42, p. 2 (griego antiguo), y *Les Vers d'or*, trad. de M. Meunier, París, L'Artisan du livre, 1925, p. 28 (versión francesa) [trad. cast.: *Los versos de oro*, Madrid, Espasa-Calpe, 1929].

8 Hierocles de Alejandría [Hiéroclès], *Commentaire sur les vers d'or des pythagoriciens*, vv. 42-44, trad. de M. Meunier, París, L'Artisan du livre, 1925, pp. 28 y 218-228 [trad. cast.: "Comentario a los Versos de oro de los pitagóricos", en Pitágoras, *Los versos de oro*, ob. cit.], y Pitágoras, *Les Vers d'or...*, ob. cit. (ed. de Van der Horst), p. 2 (griego antiguo). En realidad, parecería que Porfirio, en su *Vida de Pitágoras*, no agrega estos dos últimos versos. Véase Porfirio [Porphyre], *Vie de Pythagore*, § 40, líneas 18-20, en *Vie de Pythagore - Lettre à Marcella*, trad. de É. des Places, s. j., París, Belles Lettres, 1982, p. 54 [trad. cast.: *Vida de Pitágoras*, en *Vida de Pitágoras - Argonáuticas órficas - Himnos órficos*, Madrid, Gredos, 1987]: "No acojas el sueño en tus tiernos ojos antes de haber vuelto tres veces a los actos del día: ¿en qué he fallado? ¿Qué he hecho? ¿Qué he omitido de lo que era mi deber?". En cambio, Porfirio agrega efectivamente la doble forma de este examen de conciencia de la mañana; véase ibíd., § 40, líneas 20-23, p. 54: "Y antes de levantarse, estos: 'Ante todo, cuando te levantes al salir del dulce sueño, examina bien lo que harás durante la jornada'". Se encontrará un análisis de la doble forma en la tradición pitagórica en el comentario de P. C. van der Horst a Pitágoras, *Les Vers d'or...*, ob. cit., p. 23, así como en la discusión de M. Foucault, *L'Herméneutique du sujet...*, ob. cit., clase del 24 de marzo de 1982, segunda hora, p. 461.

9 Véase el comentario de P. C. van der Horst a Pitágoras, *Les Vers d'or...*, ob. cit., pp. 23-24 (un análisis de la cuestión de si los versos 42-44 datan de un período posterior).

10 Véase M. Foucault, *L'Herméneutique du sujet*..., ob. cit., clase del 24 de marzo de 1982, segunda hora, pp. 460-461.

11 Marco Tulio Cicerón [Cicéron], *Caton l'ancien (De la vieillesse)*, capítulo 11, § 38, trad. de P. Wuilleumier, París, Belles Lettres, 1961, p. 105 [trad. cast.: *Catón el Mayor o Sobre la vejez*, en *Tratados filosóficos I: Lelio o Sobre la amistad - Catón el Mayor o Sobre la vejez - El sueño de Escipión*, Buenos Aires, Losada, 2006]: "*ius augurium, pontificium, civile tracto, multumque etiam Graecis litteris utor, pythagoreorumque more, exercendae memoriae gratia, quid quoque die dixerim, audierim, egerim, commemoro vesperi*" ("dedico también mucho tiempo a la literatura griega y, a la manera de los pitagóricos, para ejercitar la memoria, rememoro al anochecer lo que dije, escuché e hice cada día").

12 Véase el comentario de P. C. van der Horst a Pitágoras, *Les Vers d'or*..., ob. cit., p. 24: el pasaje "de Cicerón *De Senectute*, XI, 38 se hace notar por el agregado de '*memoriae exercendae gratia*'. [...] Parece ser que la mnemotecnia cumple un gran papel en esas meditaciones del anochecer".

13 Lucio Anneo Séneca [Sénèque], *De Ira*, libro III, § 36, en *Dialogues*, vol. I, trad. de A. Bourgery, París, Belles Lettres, 1951, pp. 102-103 [trad. cast.: "Sobre la ira", en *Diálogos*, Madrid, Gredos, 2001]. Michel Foucault hace otros análisis de este texto en *Histoire de la sexualité*, vol. III, *Le Souci de soi*, París, Gallimard, 1984, pp. 77-78 [trad. cast.: *Historia de la sexualidad*, vol. III, *El cuidado de sí*, Buenos Aires, Siglo XXI, 2008]; *L'Herméneutique du sujet*..., ob. cit., clase del 24 de marzo de 1982, segunda hora, pp. 461-464, y *Du Gouvernement des vivants*..., ob. cit., curso del 12 de marzo de 1980, pp. 235-236; véase también el análisis de F. Gros en M. Foucault, *L'Herméneutique du sujet*..., ob. cit., p. 469, n. 17.

14 L. A. Séneca, *De Ira*, libro III, § 36, 2-4, ob. cit., p. 103.

15 Marco Aurelio [Marc Aurèle], *Pensées*, V, 1, trad. de A. I. Trannoy, París, Belles Lettres, 1925, p. 41 [trad. cast.: *Meditaciones*, Madrid, Gredos, 1999], y Epicteto, *Entretiens*, III, 10, 1, trad. de J. Souilhé, París, Les Belles Lettres, 1963, p. 38 [trad. cast.: *Disertaciones por Arriano*, en *Manual - Disertaciones por Arriano*, Madrid, Gredos, 2001]. Véase M. Foucault, *L'Herméneutique du sujet*..., ob. cit., clases del 3 de febrero de 1982, segunda hora, y del 24 de marzo de 1982, segunda hora.

16 L. A. Séneca, *De Ira*, libro III, § 36, 2, ob. cit., p. 103: "*Qualis ille somnus post recognitionem sui sequitur: quam tranquillus, quam altus ac liber, cum aut laudatus est animus aut admonitus et speculator sui censorque secretus cognovit de moribus suis*"; ibíd., § 36, 3, p. 103: "*Utor hac potestate et cotidie apud me causam dico*".

17 Ibíd., § 36, 2, p. 103: "*et speculator sui censorque secretus*".

18 El texto latino dice "*totum diem meum scrutor*", examino toda mi jornada; ibíd., § 36, 3, p. 103.

19 Ibíd.: "*Cum sublatum e conspectu lumen est et conticuit uxor moris iam mei conscia, totum diem meum scrutor factaque ac dicta mea remetior; nihil mihi ipse abscondo, nihil transeo*".

20 L. A. Séneca, *De la tranquillité de l'âme (De tranquillitate animi)*, en *Dialogues*, vol. IV, trad. de R. Waltz, París, Belles Lettres, 1950, pp. 71-106 [trad. cast.: *Sobre la tranquilidad del espíritu*, en *Diálogos*, ob. cit.].

21 Claudio Galeno [Galien], *Traité des passions de l'âme et de ses erreurs*, caps. 2 y 3, trad. de R. van der Elst, París, Delagrave, 1914, pp. 71-76 [trad. cast.: *Sobre la diagnosis y curación de las afecciones del alma de cada uno*, Madrid, Ediciones Clásicas, 2005]. Véase M. Foucault, *L'Herméneutique du sujet*..., ob. cit., clase del 10 de marzo de 1982, segunda hora, pp. 378-382; nota de F. Gros, ibíd., p. 258, n. 21, y M. Foucault, *Le Souci de soi*, ob. cit., pp. 75-81.

22 L. A. Séneca, *De la tranquillité de l'âme*, I, 2, ob. cit., p. 71: "*Illum tamen habitum in me maxime deprehendo (quare enim non verum ut medico fatear?), nec bona fide*

liberatum me iis quae timebam et oderam, nec rursus obnoxium. In statu ut non pessimo, ita maxime querulo et moroso positus sum nec aegroto nec valeo" ("Sin embargo, la disposición en la que me sorprendo las más de las veces (puesto que, ¿por qué no habría de confesarme a ti como a un médico?) es la de no estar francamente liberado de mis temores y repugnancias de antaño ni de nuevo bajo su imperio. Si el estado en que me encuentro no es el peor que pueda haber, sí es en todo caso el más lamentable y extraño: no estoy ni enfermo ni sano").

23 Ibíd., I, 18, pp. 74-75: "*Non esse periculosos hos motus animi nec quicquam tumultuosi afferentes scio; ut vera tibi similitudine id de quo queror exprimam, non tempestate vexor, sed nausea: detrahe ero quicquid hoc est mali, et succurre in conspectu terrarum laboranti*" ("Sé que esta inestabilidad del alma no tiene nada de peligroso ni entraña perturbación profunda alguna: para utilizar una comparación que te lleve a comprender con exactitud de qué me quejo, la tempestad ya no me sacude, pero no deja de marearme. Por benévolo que sea, líbrame de este mal y acude en ayuda de un infortunado que aún sufre a la vista de las costas").

24 Ibíd., I, 10, p. 73: "*Placet vim praeceptorum sequi et in mediam ire rem publicam; placet honores fascesque non scilicet purpura aut virgis abductum capessere, sed ut amicis propinquisque et omnibus civibus, omnibus deinde mortalibus paratior utiliorque sim*". En traducción más literal que la de R. Waltz: "Me gusta seguir los preceptos de nuestros maestros y consagrarme a los asuntos públicos; me gusta aspirar a los honores, no porque la púrpura y los haces me seduzcan, sino para tener más maneras de ser útil a mis amigos, mis allegados y todos mis conciudadanos".

25 Ibíd., I, 7-8, pp. 72-73: "[I,7] *placet minister incultus er rudis vernula, argentum grave rustici patris sine ullo nomine artificis, et mensa non varietate macularum conspicua nec per multas dominorum elegantium successiones civitati nota* [...] [I,8] *Cum bene ista placuerunt, praestringit animum apparatus alicuius paedagogii, diligentius quam in tralatu vestita et auro culta mancipia et agmen servorum nitentium*" ("[I,7] lo que me gusta es un criado vestido con sencillez, un pequeño esclavo poco pulido; es la maciza platería de mi padre, hombre rústico cuya vajilla no estaba firmada; es una mesa que no deslumbre con su apariencia de jaspe, ni que la ciudad entera conozca por haber pertenecido a una sucesión de hombres refinados [...]. [I,8] Y cuando ya me he habituado bien a ese modo de vivir, resulta que me dejo fascinar por la pompa de algún *paedagogium*, el espectáculo de esclavos vestidos con mayor esmero que para un desfile público").

26 Ibíd., I, 15, p. 74: "*Rursus, ubi se animus cogitationum magnitudine levavit, ambitiosus in verba est altiusque ut spirare, ita eloqui gestit, et ad dignitatem rerum exit oratio. Oblitus tum legis pressiorisque iudicii, sublimius feror et ore iam non meo*" ("Sí, pero una vez que mi espíritu se eleva a concepciones un poco generosas, he aquí que refina su estilo, que arde por dar a la forma tanta nobleza como al sentimiento, y mi lenguaje intenta igualar la elevación de mi pensamiento. Olvidadizo entonces de mis principios y los consejos de un gusto más sobrio, me lanzo en un vuelo sublime y ya no soy yo quien habla por mi boca").

27 Ibíd., I, 7-8, pp. 72-73.

28 Ibíd., II, 1-2, p. 75: "[II,1] Hace ya mucho tiempo, ¡por Hércules!, que me pregunto sin decir nada, Sereno, con qué podría comparar semejante disposición de espíritu; y lo que me parece asemejársele más es el estado de esas personas que, tras salir de una prolongada y grave enfermedad, sienten aún de vez en cuando escalofríos y malestares leves, y que, una vez liberadas de los últimos vestigios de su mal, siguen inquietándose con trastornos imagina-

rios y, aunque restablecidas, se hacen tomar el pulso por el médico y toman por fiebre la más mínima sensación de calor. Su salud, Sereno, ya no deja nada que desear, pero no han vuelto a habituarse a la salud: así vemos picarse y agitarse todavía la superficie de una mar en calma, cuando la tempestad acaba de amainar. [II,2] Por eso los procedimientos enérgicos a los que recurrimos con anterioridad ya no son oportunos: ya no tienes que luchar contra ti mismo, ni reprenderte, ni hostigarte con violencia. Nos encontramos en la etapa final: ten fe en ti mismo y convéncete de que estás en el buen camino, sin dejarte desviar por las innúmeras huellas de los viajeros extraviados a diestra y siniestra, algunos de los cuales se desorientan en las inmediaciones mismas del camino".

29 Hermas, *Le Pasteur*, trad. de R. Joly, París, Éditions du Cerf, 1997 [trad. cast.: *El pastor*, Madrid, Ciudad Nueva, 1995].

30 Véase M. Foucault, *Sécurité, territoire, population...*, ob. cit., clase del 22 de febrero de 1978, pp. 172-174, 189 (n. 16) y 190-191 (n. 27). La cuestión de si la readmisión de los *lapsi* en la Iglesia estaba subordinada o no a la confesión y la penitencia pública es mencionada por San Cipriano en tres cartas dirigidas, una al clero (XVI), otra a los mártires y confesores (XV) y la tercera a los fieles (XVII). Sobre este punto, véase canónigo Bayard, introducción a San Cipriano, *Correspondance*, París, Belles Lettres, 1925, pp. xviii-xxii, y la nota de Michel Senellart en M. Foucault, *Sécurité, territoire, population...*, ob. cit., clase del 22 de febrero de 1978, pp. 190-191, n. 27.

31 Sófocles, *Œdipe roi*, vv. 1155-1185, ob. cit. (trad. de Mazon), pp. 86-91.

32 *La Doctrine des douze apôtres: Didachè*, capítulo 4, § 14, líneas 27-30, trad. de W. Rordorf y A. Tuilier, París, Éditions du Cerf, 1998, p. 165 [trad. cast.: *Didaché*, en *Didaché - Doctrina Apostolorum - Epístola del pseudo Bernabé*, Madrid, Ciudad Nueva, 1992]: "En la asamblea, confesarás tus faltas y no irás a tu oración con mala conciencia. Ese es el camino de la vida".

33 Véase San Cipriano [Saint Cyprien], *Correspondance*, vol. II, carta LV, § VI.1, trad. del canónigo Bayard, París, Les Belles Lettres, 1925, p. 134 [trad. cast.: *Obras de San Cipriano: tratados, cartas*, Madrid, Biblioteca de Autores Cristianos, 1964]: "*ut ad communicationem temere prosilirent, sed traheretur diu paenitentia et rogaretur dolenter paterna clementia, et examinarentur causae et voluntates et necessitates singulorum, secundum quod libello continetur quem ad te pervenisse confido, ubi singula placitorum capita conscripta sunt*" ("pero la penitencia durará antes bien mucho tiempo; se invocará, junto con el arrepentimiento de las faltas, la paternal bondad, se examinarán los casos uno por uno, las intenciones, las circunstancias atenuantes, conforme al texto del opúsculo, que creo que ha llegado a vosotros, donde se detallan los puntos del reglamento").

34 Véase ibíd., vol. I, carta XV, § I.2, p. 43: "*ante actam paenitentiam, ante exomologesim gravissimi adque extremi delicti factam, ante manum ab episcopo et clero in paenitentiam inpositam...*" ("antes de cualquier penitencia, antes de la confesión de la más grande y más grave de las faltas, antes de la imposición de manos por el obispo y el clero para la reconciliación..."). El canónigo Bayard describe este pasaje al margen como "todo el proceso de la disciplina penitencial" (ibíd., p. 43, n. 1).

35 Quinto Septimio Florente Tertuliano [Tertullien], *La Pudicité (De pudicitia)*, trad. de C. Munier, París, Éditions du Cerf, 1993 [trad. cast.: *La pudicicia*, en *La penitencia - La pudicicia*, Madrid, Ciudad Nueva, 2011].

36 Ibíd., capítulo 3, § 5, pp. 160-161.

37 Ibíd., capítulo 13, § 7, pp. 208-209.

38 Véase San Jerónimo [Saint Jerôme], *Lettres*, vol. IV, carta LXXVII, §§ 4 y 5, trad. de J. Labourt, París, Belles Lettres, 1954, pp. 43-45 [trad. cast.: *Episto-*

lario, vol. I, Madrid, Biblioteca de Autores Cristianos, 1993]; § 4, p. 43: "Bajo la mirada de toda la ciudad de Roma, durante los días que preceden a las Pascuas, en la basílica que fue antaño de Laterano, decapitado por la espada de un César, ella formaba parte de las filas de los penitentes; el obispo, los sacerdotes y todo el pueblo la acompañaban en su llanto, y ella, desgreñada, pálido el rostro, descuidadas las manos, la cabeza sucia de cenizas y humildemente gacha"; § 5, pp. 44-45: "Mostró a todos su herida, y, sobre su cuerpo palidecido, Roma contempló llorosa sus cicatrices: tenía el pecho descompuesto, la cabeza desnuda, la boca cerrada [...]. Hería el rostro con el cual había seducido a su segundo marido".

39 Ireneo de Lyon [Irénée de Lyon], *Contre les hérésies*, libro 1, cap. 13, § 5, trad. de A. Rousseau y L. Doutreleau, vol. II, París, Éditions du Cerf, 1979, p. 200 [trad. cast.: *Contra las herejías*, Sevilla, Apostolado Mariano, 1999]: "*omne tempus in exomologesi consummavit*"; p. 201: "convertida a continuación con gran esfuerzo por los hermanos, pasó el resto de su vida en la penitencia, llorando y lamentándose por la corrupción que había sufrido por obra de ese mago".

40 Quinto Septimio Florente Tertuliano, *La Pénitence (De paenitentia)*, cap. 12, § 7, trad. de C. Munier, París, Éditions du Cerf, pp. 188 y 190 (latín), pp. 189 y 191 [trad. cast.: *La penitencia*, en *La penitencia - La pudicicia*, ob. cit.]: "durante siete años había cumplido la exomologesis en todo su horror; sus uñas habían cobrado un aspecto salvaje, como las zarpas del león; su cabellera desgreñada inspiraba terror como el plumaje erizado del águila. Pero ¡cuál no fue el afortunado resultado de un tratamiento tan riguroso! ¡Dios acogió a aquel que suscitaba el horror de los hombres!".

41 Ibíd., capítulo 9, § 1, p. 180 (latín), p. 181: "Así como la obligación de esta penitencia segunda y única es un asunto delicado, así de laboriosa es su prueba: no basta con producirla en el seno de la conciencia, es menester además que un acto la manifieste".

42 Ibíd., capítulo 9, § 3, p. 180 (latín), p. 181: "La exomologesis es pues la disciplina que conmina al hombre a prosternarse y humillarse, imponiéndole, aun en su manera de vestirse y alimentarse, una conducta capaz de granjearle la misericordia".

43 Ibíd., capítulo 9, § 4, pp. 180-181.

44 Se trata de un extracto de una de las cartas enviadas por sacerdotes y diáconos de Roma a Cipriano con referencia a la reintegración de los apóstatas. El texto latino está en la *Patrologia Latina*, vol. IV, columna 306: "*Tempus est igitur ut agant delicti poenitentiam, ut probent lapsus sui dolorem, ut ostendant verecundiam, ut monstrent humilitatem, ut exhibeant modestiam, ut de submissione provocent in se Dei clementiam, et de honore debito Dei sacerdotem eliciant in se divinam misericordiam*" (agradecemos a B. Coulie).

45 San Cipriano [Saint Cyprien], *Liber de lapsis*, *Patrologia Latina*, vol. IV, columnas 463-494; versión francesa: *De ceux qui ont failli*, sección 16, trad. de D. Gorce, en *Textes*, Namur, Éditions du Soleil Levant, 1958, p. 97, disponible en <www.abbaye-saint-benoit.ch/saints/cyprien/tombes.htm>; versión inglesa: *De Lapsis*, sección 32, en *De Lapsis - De Ecclesiae Catholicae Unitate*, trad. de M. Bévenot, s. j., Oxford, Oxford University Press, 1971, p. 49 ("*join your tears to ours, add your sorrow to our sorrow*" ["unid vuestras lágrimas a las nuestras, sumad vuestra pena a nuestra pena"]) [trad. cast.: *Los renegados*, en *La unidad de la Iglesia Católica - Los renegados*, Sevilla, Apostolado Mariano, 1991].

46 Ambrosio de Milán [Ambroise de Milan], *La Pénitence (De paenitentia)*, libro 1, cap. 5, § 24, líneas 53-55, trad. de R. Gryson, París, Éditions du Cerf, 1971 [trad. cast.: *La penitencia*, Madrid, Ciudad Nueva, 1999]; p. 72: "*Negarunt sermone, sed confitentur gemitibus, confitentur eiulationibus, confitentur*

fletibus, confitentur liberis, non coactis vocibus"; p. 73: "Renegaron en palabras, pero confiesan su fe con sus gemidos, la confiesan con sus lamentaciones, la confiesan con sus lágrimas, la confiesan al expresarse libremente, no forzados".

46a La copia mecanografiada conservada en el IMEC dice "*Paranèse de Patien*". *Paranèse* debe leerse *Parénèse* [parénesis], género literario (consolación, exhortación) en boga entre los autores eclesiásticos de los primeros siglos. Hay otra referencia al mismo texto en M. Foucault, *Du gouvernement des vivants...*, ob. cit., p. 191. Según Michel Senellart, se trata de un texto de San Paciano, obispo de Barcelona (siglo IV), *Paraenesis sive exhortatorius libellus ad poenitentiam, Patrologia Latina*, vol. XIII, columna 1082*d*; se publicó una versión francesa bajo el título de "Exhortation à la pénitence", en Cyrille Vogel (comp.), *Le Pécheur et la pénitence dans l'Église ancienne*, trad. y presentación de C. Vogel (profesor de la Facultad de Teología Católica de Estrasburgo), París, Éditions du Cerf, col. "Chrétiens de tous les temps", 1966; reed. por el mismo sello en su col. "Traditions chrétiennes", 1982, pp. 88-101 [trad. cast.: "Exhortación a la penitencia", en *Obras*, Barcelona, Universidad de Barcelona, 1958].

Clase del 6 de mayo de 1981

Práctica de la veridicción en las instituciones monásticas de los siglos IV y V: los Apophtegmata Patrum *y los escritos de Casiano – El monacato entre vida de penitencia y existencia filosófica – Caracteres de la dirección de conciencia antigua – Caracteres de la dirección de conciencia en el monacato: una obediencia indefinida, formal y autorreferida; humildad, paciencia y sumisión; inversión de la relación de verbalización – Caracteres del examen de conciencia en el monacato: del* actum *a la* cogitatio *– Movilidad del pensamiento e ilusión –* Discrimen *y* discretio*: confesión y origen del pensamiento – Veridicción de sí, hermenéutica del pensamiento y sujeto de derecho.*

La vez pasada recordé brevemente las formas de confesión que podemos encontrar en el cristianismo primitivo y, para ser muy preciso –bueno, más preciso–, en los rituales de penitencia. Y me pareció que esta confesión que encontramos en los rituales de penitencia de los primeros siglos del cristianismo era muy diferente de lo que se llama confesión en sentido estricto, la *confessio oris,* exposición verbal de los pecados, que se institucionalizará y formará parte del sacramento de la penitencia, pero de manera mucho más tardía, es decir no antes de los siglos XI y XII. La confesión que vemos en los rituales de penitencia en los primeros siglos cristianos, me pareció que había que entenderla como una especie de manifestación, manifestación de sí, manifestación expresiva y simbólica de sí que tiene un doble carácter: primero, el no tener por objeto, por finalidad, por objetivo, el descubrimiento de una verdad oculta en el fondo de uno mismo; y por otra parte, no utilizar como instrumento principal la expresión verbal. Y creo que es con la práctica monástica que vemos aparecer –de manera un poco más tardía, esto es, en los siglos IV y V, una nueva práctica que a mi entender tuvo una importancia absolutamente fundamental en la historia de lo que podríamos llamar las relaciones entre subjetividad y verdad en Occidente. En otras palabras, no es por el lado de la penitencia canónica sino por el lado de esas prácticas monásticas muy localizadas en instituciones, claro –pero en instituciones cuya importancia cultural y social será muy grande hasta el corazón de la Edad Media–; en esas instituciones monásticas y esas prácticas monásticas, donde encontramos lo que va a ser el gran cambio que va a introducirnos en los problemas centrales, los problemas mayores de la confesión en las culturas occidentales.

Con referencia a las instituciones monásticas, querría recordar muy rápidamente dos cosas que nunca hay que olvidar en lo relacionado con el monacato de los siglos IV y V.

Primero, el monacato tiene una relación ambigua con el ascetismo. Es completamente cierto que el gran movimiento de desarrollo, de proliferación de las instituciones monásticas en el siglo IV, se inscribe en un movimiento más general, un movimiento ascético de conjunto que por muchas razones conmovió al mundo cristiano desde mediados o finales del siglo III hasta comienzos del siglo V. El monacato forma parte de ese movimiento ascético, pero hay que tener bien presente que las instituciones monásticas son al mismo tiempo una manera de organizar, regular, frenar, detener ese mismo movimiento ascético del que forman parte. Se trata en cierto modo de apropiárselo, darle un cuerpo institucional para poder evitar los desbordes, los excesos individuales, las divergencias tanto comportamentales como doctrinales que el ascetismo individual, que cierto ascetismo de tipo competitivo podía manifestar. Se trataba, pues, de luchar contra esas divergencias, esos excesos individuales; de luchar también, es obvio, contra la influencia gnóstica o contra la influencia maniquea que se manifestaban en muchos aspectos de ese movimiento ascético. Es por tanto un ascetismo, pero un ascetismo que se institucionaliza. Y la institución cenobítica –en fin, el cenobio, la vida en común, la organización de un monacato comunitario con una estructura jerárquica fuerte– muestra a las claras que, en el corazón del monacato, vamos a encontrar no sólo una aspiración ascética, sino muy fuertes estructuras de poder.

Lo segundo que hay que recordar con referencia a ese mismo monacato es que se sitúa en el punto de cruce de dos instituciones o dos prácticas anteriores de las que les hablé, precisamente, la vez pasada. Se sitúa en el punto de cruce entre la penitencia de la que les hablé y las prácticas, las técnicas de la existencia filosófica.

[Por un lado,] en efecto, el monacato se presenta sin duda como una suerte de forma de vida penitente. La vida del monje es una *vita paenitentiae*, una vida de penitencia; vale decir que es una vida de mortificación cuya función es asegurarle al individuo que muere para este mundo y está naciendo a la verdadera vida. Y dentro de esa vida de penitencia encontraremos muchos elementos que marcan los ritos penitenciales de los que les hablaba la vez pasada, como, por ejemplo, el ayuno, la prohibición de las relaciones sexuales, y una forma particular de vestimenta. En cierta forma, todo esto va a trasladar dentro la organización de la vida monástica unos cuantos elementos importantes que encontrábamos en la condición penitencial a la que me referí la última vez.

Y por otro lado, en cruce con esta práctica penitencial, encontraremos prácticas, un conjunto de prácticas que, por su parte, provienen directamente de la filosofía. Ese cruce entre la vida de penitencia y la vida filosófica es probablemente uno de los puntos esenciales de la institución monástica. El monasterio, la vida monástica, se considera como la verdadera vida filosófica. La organización de los monasterios –en este caso, hay que ver lo que pasó en Antioquía; en fin, les ahorro los detalles–, la organización del monasterio se encara en parte con la organización de las escuelas filosóficas como referencia. Y el monasterio se denominó, se designó, se reivindicó como escuela de filosofía, donde la vida monástica debía estar, al igual que la vida filosófica, destinada a dar acceso a la verdad. Vivir como un filósofo o vivir como un monje, llevar la verdadera vida filosófica en el monasterio, es brindarse la posibilidad de acceder a la verdad, y acceder a la verdad pasando por el dominio de sí y el conocimiento de sí.

De tal modo, tenemos entonces en el monacato, cuando se tiene en cuenta su posición ambigua en el movimiento general del ascetismo y cuando se tiene en cuenta su situación en el punto de cruce entre el ritual de la penitencia y la vida filosófica, unos cuantos elementos que son absolutamente fundamentales e inscriben con mucha fuerza el monacato en la tradición de la cultura antigua.

En primer lugar, la idea de que no se puede tener acceso a la verdad sin pagar ese acceso con cierto modo de existencia específica. No cualquier existencia puede llegar a la verdad, y quien quiera progresar hacia esta debe adoptar un modo determinado de existencia, un modo determinado de vida que es específico. Se trata de una idea propia de la filosofía antigua; bueno, característica, en todo caso, de la filosofía antigua. No le es propia porque la constatamos en otros lugares, pero sí es característica de la filosofía antigua. Volvemos a encontrarla aquí: el monje disfrutará del derecho a tener acceso a la verdad.

En segundo lugar, ese acceso a la verdad exige una purificación de sí, que adopta dos formas gemelas y acopladas: renunciamiento y mortificación. Vivir una vida que es como la muerte y que, precisamente porque es como la muerte en este mundo, asegura el acceso a la otra vida; y por otra parte, ligado al renunciamiento y la mortificación, el conocimiento de sí. El monacato –a causa justamente de la situación en la cual se encontraba y de la institucionalización del ascetismo individual– va a considerar que esa purificación por mortificación y conocimiento de sí sólo puede llevarse a cabo a través de cierta relación. No simplemente con uno mismo –no simplemente una relación de conocimiento consigo mismo o una relación de ascetismo y mortificación con respecto a sí mismo–, sino también y al mismo tiempo una relación con el otro, una relación con el maestro.

Me parece que esta serie de características fundamentales puede explicar el desarrollo, dentro de la práctica monástica, de lo que me gustaría estudiar ahora con un poco más de detenimiento: las prácticas de veridicción de sí mismo o la manera como, en el monacato, el decir veraz sobre sí mismo se convirtió en un elemento absolutamente fundamental, esencial de esa vida, y en definitiva se inyectó, se injertó, se implantó en una forma absolutamente novedosa dentro de la cultura occidental. A partir de allí, la práctica de la confesión, la muy compleja tecnología de veridicción de sí mismo, va a tener una fortuna considerable. Entonces, esta noche querría estudiar un poco la veridicción de sí mismo, el decir veraz sobre sí en las instituciones monásticas.

Estudiaré estas prácticas por medio de una serie de textos que son conocidos.[1] Unos son los famosos *Apophtegmata Patrum*,[2] esos relatos que se han reunido y que constituyen otras tantas anécdotas, otros tantos *exempla*, otros tantos ejemplos, otras tantas escenitas de valor simbólico y educativo que circulaban en los diferentes monasterios o de un monasterio a otro como una enseñanza. Una enseñanza sobre la manera de vivir, la buena manera de vivir dentro de los monasterios sobre la base de una serie de anécdotas y ejemplos.

En segundo lugar, y sobre todo, me apoyaré en los textos de Casiano. Casiano, como saben, es un cristiano de origen ilirio que, luego de una estadía en Roma, se sintió atraído por el movimiento monástico, que ya estaba muy desarrollado y ampliamente institucionalizado en Siria y Egipto. Fue entonces, como lo hacían unos cuantos cristianos occidentales, a visitar los monasterios de Siria y también los del Bajo Egipto. Permaneció en ellos largo tiempo, vivió la vida de los monjes, frecuentó a los monjes más célebres y volvió a Occidente. Y allí escribió, creo que por pedido del obispo de Aix, dos textos. Uno, que se llama *Instituciones cenobíticas*,[3] en que cuenta cómo se institucionalizó ese monacato en el

Bajo Egipto y Siria y cuáles son las reglas de vida que se impusieron, esencialmente a los novicios; en esas *Instituciones* tenemos un esquema posible de organización de un monasterio, y, en efecto, Casiano escribió ese texto con el fin de fundar, organizar un monasterio. Y hay otro texto mucho más extenso que son las *Colaciones*,[4] en las cuales cuenta una serie de conversaciones importantes que tuvo con monjes, los más célebres y santos de las comunidades sea sirias, sea egipcias. En el fondo, Casiano fue quien introdujo en Occidente de la práctica de la vida monástica y al mismo tiempo la teoría de la vida monástica. Fue el principal agente de la transferencia, del traslado del monacato [oriental] al monacato [occidental].[5*] Junto con otros, desde luego, como San Jerónimo; pero sin duda es en sus textos donde se encuentra de la manera más detallada un testimonio sobre lo que era la práctica monástica entre finales del siglo IV y comienzos del siglo V. En la organización del monacato occidental, Casiano tuvo en consecuencia un papel absolutamente determinante. Un poco más adelante, San Benito retomó una cantidad no desdeñable de sus ideas y principios. Un hecho que terció, que llevó a que Casiano fuera relativamente olvidado en la tradición espiritual del cristianismo, olvidado como nombre, mientras que sus ideas se cristalizaban en instituciones. Como muchos monjes del Bajo Egipto, Casiano estaba impregnado de la tradición origeniana. La condena del origenismo algún tiempo después o antes (ya no sé) de la muerte de Casiano[6] hizo que, en cierta forma, se tachara su nombre, a pesar de que, lo reitero, la tradición que había traído e importado a Occidente fue absolutamente determinante en el nacimiento y el desarrollo del monaquismo en el oeste de Europa. Esos son, pues, los textos en los que me apoyaré.

La primera cosa concerniente a [ese] deber, esa obligación, esa práctica de veridicción sobre sí en las instituciones monásticas. Esa primera cosa, que me parece fundamental, es la siguiente. En las prácticas monásticas, tal como las atestiguan los *Apophtegmata Patrum* o las obras de Casiano, la obligación de decir la verdad sobre sí mismo se inscribe siempre dentro de una relación con otro, una relación con otro que se considera indispensable, fundacional, y que es al mismo tiempo una relación de obediencia, una relación de sumisión. Creo que esta inscripción del deber de decir la verdad sobre uno mismo dentro de una relación de obediencia con otro es algo a la vez fundamental y novedoso. Ustedes me dirán: bueno, "novedoso", sin duda no es muy

* Foucault dice: traslado del monacato occidental al monacato oriental.

novedoso porque, después de todo, toda la Antigüedad pagana (como suele decirse) había conocido bien ese tipo de relación singular y tan importante que es la del discípulo con el maestro, o del director con el dirigido. Pero creo justamente que la diferencia entre la relación discípulo-maestro en la Antigüedad pagana y la relación discípulo-director o dirigido-director en el monacato y la institución monástica, es que la relación de obediencia no existe en la Antigüedad y es una invención –o tal vez una importación– cristiana.[7]

Esto es lo que quiero decir. En la Antigüedad, desde luego, se encuentra sin cesar la idea de que alguien que no conoce un arte, que quiere abordar la vida, que quiere acceder a la sabiduría, que quiere aprender filosofía, necesita un director, un director que lo guíe, un director que lo conduzca, un director que lo tome de la mano y le haga recorrer el camino. El hecho de que ese director sea un guía y, por lo tanto, tenga una autoridad, es algo, por supuesto, perfectamente admitido. Los epicúreos, por ejemplo, tenían una organización muy estricta y jerárquica en la cual quienes actuaban como guías, directores de los más jóvenes, de quienes estaban menos avanzados en el camino filosófico, llevaban el nombre de *hegemones*: los que guían.

En la Antigüedad, esa dirección podía adoptar muchas formas. Podía adoptar formas enteramente coyunturales, como, por ejemplo, cuando alguien pasaba por una circunstancia difícil e iba a pedir a otro, más avanzado en materia de sabiduría, o más dueño de sí mismo, o más familiarizado con las técnicas de sí de las que acabo de hablar, que lo ayudara a salir de ese trance difícil: un duelo, la muerte de una esposa, de padres, de hijos, un revés de la fortuna, un exilio. Eran circunstancias en las cuales la gente, en la Antigüedad –claro que de cierto medio social y que disfrutara de cierta holgura y tuviera cierta cultura–, podía hacerlo. En esos casos se acudía a alguien que ayudara a salir de un trance difícil. En eso consistía el arte de la consolación. Había especialistas de la consolación. Una persona como el sofista Antifonte,[8] por ejemplo, tenía en Atenas un consultorio de consolación donde, a cambio de dinero, ayudaba a la gente a pasar esos trances difíciles. Una persona como Crantor,[9] por ejemplo, escribía tratados de consolación que se copiaban o se compraban, o se regalaban a un amigo que pasaba precisamente por un momento difícil. Conducción coyuntural, conducción provisoria, está claro, a la que podía oponerse la conducción mucho más continua que era posible encontrar en las escuelas filosóficas, y que tomaba a un individuo a una edad joven en general, aunque no forzosamente, y lo guiaba durante unos cuantos años hasta el momento en que, por fin, alcanzaba la regla,* alcanzaba la sabiduría y podía aplicar por sí mismo las reglas de vida que había aprendido. Eso es lo que hacían las escuelas filosóficas, pero también lo que hacían no pocos individuos al margen de la institución escolar. Cuando Séneca, por ejemplo, escribe para Sereno el tratado *De tranquillitate animi*,[10] en el fondo se hace cargo de un individuo: le propone una regla de vida moral y supervisa efectivamente la manera en que Sereno va a progresar. La extensa correspondencia entre Séneca y Lucilio[11] es un poco de ese tipo: conducción al margen de una institución filosófica propiamente dicha, pero conducción de la persona menos avanzada por parte de quien está más avanzado. Este aspecto se comprueba asimismo en la práctica médica, en la que el médico no tenía la mera función de atender enfermos, sino también la de dar un régimen de vida. Ese régimen de vida no se trataba simplemente de un régimen medicamentoso, sino de cómo vivir para mantener la buena salud, para estar sano, para aprovechar mejor la vida. Esa regulación de la vida era propuesta por los médicos, que seguían al individuo y veían si, en efecto, había interiorizado, aprendido bien las reglas.

Esto nos lleva justamente a varias características de la dirección antigua que la oponen con mucha claridad a la relación dirigido-director que encontramos en el monacato. En efecto, en esa dirección antigua de la que les di algunos ejemplos, está muy claro que toda la operación se orientaba hacia un fin –hacia un fin entendido a la vez como meta de la operación y como su término–, alcanzado el cual ella se detendría. Se trataba, por ejemplo, de ser guiado hasta conquistar la salud y saber uno mismo velar por ella. Se trataba de ser guiado tanto tiempo como se necesitara consuelo. Se trataba de ser guiado hasta convertirse en *sophos*, hasta convertirse en sabio. Esa es, pues, la primera característica: había un objetivo, una meta precisa; y, por consiguiente, era una conducción provisoria.

Segundo, en la dirección antigua esa conducción obedecía a un principio de competencia: el guía sabía más que quien pedía ser guiado. Por supuesto, tenemos al menos un célebre ejemplo en el que sucede todo lo contrario: el ejemplo de Sócrates, que al guiar hacía de cuenta que justamente no sabía y que aquellos a quienes interrogaba, como modo de guiarlos, sabían más que él. Pero, después de todo, en el fondo no

* Foucault parece querer rectificarse después de decir: "alcanzaba la regla". Al parecer, lo que quiere decir es "alcanzaba la sabiduría".

se hacía con ello otra cosa que invertir como en espejo cierto tipo de relación. Se trataba sin duda de llevar al individuo hasta el punto en que supiera o, en todo caso, descubriera que ya sabía. Y había al menos una cosa que Sócrates sabía y el otro no: que el otro sabía sin saber que sabía. En esa medida, con ese giro complementario en espiral, podrán advertir que volvemos a encontrarnos siempre con ese mismo principio del plus de competencia, el plus de saber en quien guía comparado con quien es guiado.[12]

Tercera característica de esa dirección antigua: consistía esencialmente en el aprendizaje de un código, de una regla de conducta, de una manera de vivir a menudo extremadamente detallada, que debía en cierto modo servir de código permanente al comportamiento de los individuos durante el resto de su vida.

Y para terminar, el último punto que resume todos los otros: es que en definitiva –una vez aprendido el código y bien interiorizada la reglamentación del comportamiento gracias a la competencia de quien guía porque sabe–, el individuo que no sabía, el individuo que era guiado, se torna capaz en última instancia de prescindir de un maestro [*maître*], y puede hacerlo porque ha llegado a ser dueño [*maître*] de sí mismo. En esencia, la operación de conducción consiste en una suerte de sustitución de dominio: uno acepta el dominio de otro para poder asegurar su propio dominio sobre sí mismo y por sí mismo. Y cuando Séneca, por ejemplo, hace el examen de conciencia del que les hablé la vez pasada, es porque ha llegado a ser dueño de sí mismo y puede, como amo y señor de él –de sí–, juzgar sus propias acciones, examinarlas, decir lo que está bien y lo que no lo está. Es literalmente dueño de sí mismo; ya no necesita maestro, es su propio maestro.

Para darles un ejemplo muy esquemático de este tipo de aprendizaje, de este tipo de dominio, me limitaré a acudir a un texto médico que pertenece a Ateneo, el médico del siglo I cuyos textos fueron citados por Oribasio. En el tomo 3 de la traducción de Daremberg,[13] en la página 161, tenemos la descripción de una regla de vida médica y de la manera –resumida en forma muy esquemática, desde luego– como uno debe ponerse bajo la dirección de un médico para llegar a ser dueño de su propia vida, dueño, en cierto modo, de su propia salud. Ateneo dice esto: "A partir de los catorce años es útil –o más bien necesario– para todo el mundo comprender, entre los objetos de enseñanza, no sólo las otras ciencias, sino también la medicina, y escuchar los preceptos de este arte"[14] (retengan la palabra "escuchar", tendremos que volver a ella). Verán, en todo caso, que de lo que se trata aquí es del aprendizaje de una ciencia, el aprendizaje de un corpus de conocimientos; pero por conocimiento hay que entender lo que los griegos designaban con la palabra *gnome*: es un conocimiento, pero al mismo tiempo un precepto; es a la vez una verdad y una regla. Se trata pues de aprender la medicina como cuerpo indisociable de conocimientos y preceptos, de saber y reglas. Hay que escuchar los preceptos de ese arte, para así acostumbrarnos a ser consejeros consumados de nosotros mismos sobre las cosas útiles para la salud. Como verán, queda en claro que el objetivo es llegar a ser consejeros consumados de nosotros mismos, ser dueños de nosotros mismos y convertirnos en un momento dado en nuestros propios guías. Y Ateneo prosigue:

> No hay casi instante alguno de la noche o el día en que no experimentemos la necesidad de un médico. Ya nos paseemos o estemos sentados, hagamos unciones o tomemos un baño, comamos o bebamos, durmamos o estemos en vela, en una palabra, hagamos lo que hagamos a lo largo de la vida entera y en medio de las diversas ocupaciones relacionadas con ella, necesitamos consejos.[15]

Es decir, una idea muy característica de estas artes de conducirse y ser conducido, a saber, en última instancia, que no podemos vivir, el *bios* –la vida– no puede vivirse como corresponde sin que,* a cada instante, en todos los aspectos, en todos los momentos y sea cual fuere la actividad que despleguemos, haya una regla que nos diga qué hacer. No podemos vivir, el *bios* no puede vivirse sin un sistema de regulación, sin una codificación extraordinariamente rigurosa que permita decidir a cada instante qué hacer y qué no hacer. Tenemos pues una perpetua necesidad de consejos, y en este caso, ya que de eso se trata aquí, de consejos médicos; pero, dice Ateneo,

> tenemos necesidad de consejos durante toda la extensión de nuestra vida, tenemos necesidad de consejos para emplear esta vida de manera útil y sin inconvenientes. Ahora bien, es cansador e imposible dirigirse siempre al médico en busca de todos esos detalles.[16]

La cosa está clara, entonces: necesitamos regir íntegramente nuestra vida mediante un código permanente y riguroso de conducta. Sólo el saber

* Foucault dice: "si".

médico posee ese código: será preciso pues tener a cada instante una especie de director médico de vida que nos diga qué hacer; necesitamos consejos a cada instante. Y como esto sería evidentemente imposible, tenemos que aprenderlo junto a un maestro que nos dé ese saber bajo la forma, a la vez, de conocimientos y preceptos; y, una vez adquirido ese saber, podremos llegar a ser entonces consejeros de nosotros mismos.

Advertirán en consecuencia el proceso, la curva general por la cual pasa esa conducción en la práctica de la dirección antigua. Digamos que esa relación de dominio, tal como se describe aquí, está enteramente modelada sobre la base de una forma que ustedes conocen bien y que es la forma de la pedagogía: el discípulo y el maestro, y el discípulo que acepta durante un tiempo someterse a la autoridad de un maestro para convertirse a su turno en maestro, dueño de sus aptitudes, de su salud, de su cuerpo, dueño de sí mismo y eventualmente maestro de otros discípulos, si quiere y es capaz de hacerlo. Se trata pues de adquirir un dominio.

Ahora bien, creo que en el monacato este modelo pedagógico de la conducción de los individuos se rompe. La verdadera gran ruptura en la historia de la famosa pedagogía o psicagogia antigua se produce allí. Creo que el monacato rompe la forma antigua de la relación pedagógica al introducir, al insertar en ella la cuchilla quizá fatal de la obediencia, la *obedientia.* Hay una despedagogización de esa relación de dominio que constituye uno de los rasgos absolutamente característicos de la práctica monástica.

¿Qué es esa relación de obediencia o esa obligación de obediencia que viene a reestructurar y al mismo tiempo a sacudir toda la relación pedagógica antigua? ¿Cómo se presenta esa relación de obediencia?

Ante todo, se presenta bajo la forma del siguiente principio: el hecho de que, de todas maneras, sea como fuere y durante todo el tiempo, tenemos necesidad de un director. Y hay una frase que va a repetirse durante más de un milenio con referencia a la dirección espiritual. Es una frase o, mejor, un texto tomado de los Proverbios: "Quien no tiene director –quien no es dirigido, más bien– cae como una hoja muerta".[17] Desde luego, esto es verdad para los principiantes. Es verdad para los novicios: en las *Instituciones* de Casiano hay un capítulo entero dedicado a la responsabilidad que asumen con los novicios quienes deben dirigirlos. No bien ingresados, un director se ocupa de ellos durante algunos días; después, un nuevo director los tendrá a su cargo durante más tiempo, en grupos de diez.[18] Volvemos a encontrar aquí el modelo de organización de ciertas escuelas filosóficas: hay una responsabilidad normal que se inscribe a la perfección en la tradición de la relación maestro-discípulo de la práctica filosófica antigua. Pero lo que es muy particular de la institución monástica es que, aun cuando uno haya dejado de ser un novicio, no puede prescindir al menos de cierta forma de relación de dirección.[19] No hay, por supuesto, una institución apta para impartir esa dirección a ancianos, mientras que en el caso de los novicios se designa a alguien como su director. No ocurre lo mismo con los ancianos. Pero todas las compilaciones de relatos, ya sean los *Apophtegmata* o las *Colaciones*, todas las compilaciones de relatos acerca de la vida monástica muestran con claridad que cuando alguien cree precisamente haber llegado a ser su propio dueño y poder prescindir de la relación de dominio en manos de al menos otra persona, cuando presume de sí mismo y considera que ya no necesita a nadie y puede, en consecuencia, dirigirse por su propia cuenta, en ese momento cae. Cualquiera puede caer, aun el que está más avanzado en el camino de la santidad, cuando no admite, cuando ya no admite la posibilidad o la obligación de ser dirigido y es o quiere ser dueño de sí mismo. No hay entonces testimonio de una dirección instituida para todo el mundo hasta el final mismo de la vida, pero encontramos muy claramente el principio de que la dirección no puede ser provisoria; de que hay, en todo caso, una necesidad fundamental, continua y permanente de dirección para todas las almas. De hecho, lo que está en cuestión –y ustedes lo advertirán con claridad–, lo que está en juego en todo esto, es la idea de un estado de perfección. No hay estado de perfección para el monje cristiano, pese a lo que hayan podido decir algunos filósofos o algunas escuelas de filosofía antigua. No hay estado de perfección, digan lo que dijeren algunos gnósticos o dualistas. Eso es lo que se afirma y se ilustra en el principio de directibilidad, si se quiere, o en el principio de que siempre debe haber una relación posible de dirección a lo largo de toda la existencia de un individuo.

Del reconocimiento de que siempre existe la necesidad de ser dirigido no les mencionaré más que un ejemplo, una anécdota que encontramos en los *Apophtegmata* y que Casiano reitera al menos dos veces.[20] Es la historia del monje Pinufio, que era de una santidad tan notable que acudían a él, para que les sirviera justamente de consejero, personas que necesitaban una guía. Su santidad era tan reconocida que en el monasterio donde estaba querían designarlo como superior; pero cada vez que se veía en esa situación, Pinufio se escapaba, iba a esconderse en otro convento, donde se postulaba para desempeñar la función de jardinero, cocinero, etc., las funciones más humildes. Pero su santidad salía a relucir una y otra vez y, por consiguiente, aparecían nuevos discípulos que pedían ser dirigidos. Y él, entonces, volvía a escaparse. Pinufio es por tanto el ejemplo del principio de que nunca hay que considerar que se ha alcanzado una situación definitiva de dominio, con respecto a los otros, claro, pero incluso con respecto a sí mismo. Jamás debe considerarse que se ha llegado al estado de dominio de sí mismo. Por consiguiente, siempre es necesario estar con respecto al otro –a otro– en esa situación de dependencia y sumisión.

Segunda característica, luego de la obediencia indefinida o la relación de dominio con respecto al otro: el hecho de que, en el monacato, la obediencia es una relación formal. Me refiero a lo siguiente. Recordarán que en la Antigüedad seguir al maestro era la condición para que se transmitiera cierto saber, cierta capacidad que poseía el maestro, más competente que el discípulo. Y gracias a la sumisión provisoria, a la escucha provisoria del maestro por el discípulo, ese saber del maestro, esa competencia del maestro, se transmitía al discípulo. La autoridad del maestro se apoyaba en su competencia: competencia técnica o sabiduría. En el monacato, al contrario, la obediencia es una práctica cuyo valor no depende de aquel a quien se obedece, cuyo valor no depende de la naturaleza, de la calidad misma de la orden que se obedece. El valor de la obediencia radica esencialmente en el hecho de obedecer.

Esto es importante. Desde luego, hay que intentar ponerse bajo la dirección del mejor guía posible. ¿Pero quién es el mejor guía posible en la práctica monástica? El que sea menos indulgente, es decir, el que deje al discípulo menos libertad y, por lo tanto, el que más lo someta. Pero hay que ir más lejos. Lo que hace progresar en la vía de la santidad y permite por consiguiente recorrer el camino que debe llevar a la vida y la verdad es el hecho puro de obedecer, sea cual fuere la orden y sea quien fuere el maestro. Sea quien fuere el maestro. En los *Apophtegmata* y también en Casiano encontramos una serie de ejemplos de discípulos que avanzan muy rápido por el camino de la santidad porque su maestro es un mal maestro, porque es un maestro injusto, porque es un maestro con mal carácter, porque es un maestro que les da órdenes absurdas y porque, en el fondo, es un maestro cualquiera.

Hay un ejemplo célebre. Ya no recuerdo el nombre de la persona, pero es acerca de una mujer, una mujer rica que había decidido renunciar a la vida y aceptado como forma de renunciamiento ser la criada de otra persona. Había dado con una maestra que era justa con ella; no indulgente, sino justa. La mujer pidió pues a su obispo que le encontrara una anciana particularmente injusta y con mal carácter, cuyos caprichos ella siguió a continuación, tanto y tan bien que logró su salvación gracias a ser criada de una mujer injusta.[21] Es también el caso de las famosas historias de órdenes absurdas que aparecen –y con mucha frecuencia– en los *Apophtegmata* y en Casiano. Por ejemplo, la historia del abate Juan, que hizo su camino de santidad como discípulo de un monje que, un día, le hizo plantar en el desierto, muy lejos de cualquier manantial y cualquier pozo, un palo seco, y le pidió que lo regara dos veces por día, prometiéndole que el palo florecería (esto es, además, el agregado de una versión un poco más tardía, pero, bueno, no importa). No hace falta decirles lo que pasó: al cabo de un año el palo seguía seco; el maestro del abate Juan reprocha a su discípulo no haberlo regado lo suficiente, por lo cual Juan lo riega un año más. Y, desde luego, el árbol termina por florecer, el palo seco termina por florecer.[22] Está también la historia de Patermuto, que había entrado junto con su joven hijo a un convento. Para comprobar su obediencia a las órdenes de sus superiores, se le pide que ahogue al hijo en el río. Y Patermuto va a ahogar al hijo en el río, hasta que, como es evidente, aparece el superior del convento y se lo impide.[23] Está claro que en estas dos historias –la del palo seco que florece y la de Patermuto– reconocemos a grandes figuras de las Escrituras que ustedes conocen tan bien como yo. Pero el hecho de que esas figuras escriturarias estén presentes allí –el abate Juan que riega el palo seco, Patermuto que sacrifica a su hijo–,[24] el mero hecho de que estos hayan reproducido a esas figuras escriturarias, no explica por qué son santos o por qué han avanzado tanto en el camino de la santidad. La razón es que, a través de esas figuras, ellos se ejercitaban en una forma de obediencia pura, de obediencia que no debía su valor al valor de la orden, sino simplemente al hecho de que esta se cumplía. Principio de la obediencia a *x*, principio de la obediencia siempre.

También en este punto hay que ser precavido: no es algo que fuera total y absolutamente ajeno a la pedagogía antigua. En la *Apología de Sócrates*, por ejemplo, verán con mucha claridad la distinción entre la *didaskalia* y la *opheleia*. El maestro no sólo va a enseñar –esa es la *didaskalia*, transmitir el saber que él posee al discípulo que no lo posee–, sino que también debe ser útil, es decir hacer que el individuo haga unos cuantos ejercicios que permitirán al discípulo avanzar por el camino de la virtud; ejercicios que no son, a decir verdad, una transmisión de saber o el traspaso de una competencia más grande a una más pequeña. No por ello deja de ser cierto que siempre se destaca con claridad –y es muy característico ver– que tanto en los *Apophtegmata Patrum* como en Casiano, el maestro jamás enseña nada al discípulo. Jamás es aquel que, poseedor de mayor competencia, va a enseñar, instruir en términos de saber o de preceptos acerca de lo que hay que hacer. El maestro somete al discípulo a una serie de pruebas que son pruebas de obediencia.

Tercera característica de esta obediencia –que es por tanto continua, como primera característica, continua e indefinida; en segundo lugar, es formal–, tercera y última característica: diría que es autorreferida. Es autorreferida, en la medida en que dentro de la institución monástica la obediencia no tiene en realidad más que un solo objetivo, una sola meta. ¿A dónde tiene que llevar al discípulo? A ser obediente, a estar en un estado permanente de obediencia. Y ese estado permanente de obediencia –que no es en definitiva el límite sino el objetivo permanente de la relación de obediencia a un maestro– se manifiesta en tres virtudes que creo importante caracterizar bien.

El estado de obediencia[25] al que conduce la prueba de obediencia continua se manifiesta en la *humilitas*, la humildad, que consiste en considerarse siempre como el último de todos. Ser el último quiere decir considerar que todos los otros, sean cuales fueren, pueden darnos órdenes que, en esas circunstancias, nosotros debemos obedecer. Relación de obediencia con el otro, a quien no se define, lo reitero, por su competencia o su valor, sino como cualquier otro. Se debe obediencia a cualquier otro. Eso es la *humilitas.*[26]

En segundo lugar, el segundo aspecto es la *patientia.* La *patientia* quiere decir nunca oponer resistencia a una orden dada. San Nilo escribía, en una frase que tendrá la fortuna histórica que ustedes bien conocen: "No diferir de un cuerpo inanimado o de una materia prima utilizada por un artista, ser como un cadáver, ser como un cuerpo inanimado, ser como una materia prima en las manos de otro, y no resistirse jamás".[27] Ejemplo, historia, *exemplum* que sirve para ilustrar este principio: la historia del copista. Copiar y volver a copiar las Sagradas Escrituras era, como es obvio, al margen de la salmodia y de la participación en las ceremonias colectivas, la actividad más sobresaliente, la más santa, la más sagrada: copiar, volver a copiar las Escrituras. Ahora bien, el buen copista es aquel que, cuando su maestro lo llama, aunque esté trazando en su pergamino, su papiro, los caracteres más sagrados y hasta el nombre de Dios, es capaz de dejar la pluma en el instante mismo en que escucha la orden del maestro y obedecer la exhortación que se le ha hecho.[28] Vale decir que no opone resistencia. Tenemos aquí el principio de la abolición de toda voluntad autónoma. Relación con todos los otros, abolición de la voluntad autónoma.

Tercera virtud, después de la *humilitas* como relación con cualquier otro, después de la *patientia* como ausencia de autonomía: la virtud más interesante, más paradójica, más fundamental, que es la *subditio*. La *subditio* es la sumisión, el ser sumiso. Es una noción muy importante.

Y lo es porque se opone –hay que oponerla– a lo que podía ser, por ejemplo, en el pensamiento político, moral, filosófico antiguo, la idea de un sometimiento a la ley. La Antigüedad conocía desde luego el principio de la obediencia, pero ¿a qué se debía obedecer? Se debía obedecer a la ley. Aquí, en la *subditio*, en la sumisión, no se trata de obedecer a la ley como código de obligaciones o prohibiciones. Se trata de hecho de dejar que el principio de obediencia penetre todo el comportamiento; es preciso no hacer nada que, en cierto modo, no haya sido ordenado por algún otro. Frase absolutamente fundamental de San Basilio: "Todo acto" –todo acto– "que se hace sin la orden o el permiso de un superior es un sacrilegio que llevará a la muerte y no a la utilidad, aunque parezca bueno".[29] En consecuencia, no hay que hacer nada que de alguna manera no sea ordenado por otro. Y San Barsanufio[30] decía que los jóvenes no sólo no deben osar –se lo menciona en las *Colaciones* de Casiano–,[31] los jóvenes no sólo no osan dejar su celda sin que el encargado lo sepa: ni siquiera presupondrán la autorización de su superior cuando deban satisfacer una necesidad natural. Hay pues, es preciso que haya un renunciamiento a la voluntad tal que nada en el comportamiento pueda aparecer, nada pueda hacerse en el transcurso de la vida, de la existencia, de la jornada, de la noche, nada deba hacerse si no se hace porque ha habido una orden. Esta penetración completa de toda la existencia, de todos los actos por una voluntad de otro, de otros, de un *x*, está, creo, en el corazón mismo de la noción de *subditio*, que es importante, entonces, por su oposición a la idea de obediencia a una ley, la ley que nos obliga a hacer algo o nos prohíbe hacer algo e implica por consiguiente que somos libres en lo demás. Oposición radical entre la *subditio* monástica y el sometimiento grecorromano a la ley.

Esta noción es importante porque, como verán, con ella llegamos exactamente a lo inverso del dominio de sí que era el objeto de la pedagogía antigua. En esta práctica monástica se trata de llegar a todo lo contrario, a no ser nunca dueño de sí, sino procurar que haya siempre en uno mismo, en nosotros mismos, alguien que sea el dueño, y el dueño de todo. Se trata pues de anularse como voluntad, de renunciar a uno mismo, de renunciar a querer y ser uno mismo, y ser uno mismo en su querer. Tenemos con ello el paso importante –o, mejor, el acoplamiento importante– entre el tema de la mortificación del cuerpo, que caracterizaba la penitencia y caracteriza aún la vida penitencial del monje, [y la mortificación de sí]. Se pasa de la mortificación del cuerpo o, mejor, se agrega a la mortificación del cuerpo la mortificación de sí:[32] hay que suprimirse en cuanto uno es uno mismo. Y creo que es este acoplamiento mortificación del cuerpo-mortificación de sí lo que está en el corazón mismo de la relación de obediencia.

La tercera y última razón por la cual esa relación de obediencia es fundamental en su singularidad es que, para llegar a la *subditio*, para procurar que, en lugar de nuestra voluntad, esté siempre la voluntad de otro, de algún otro que quiera por nosotros y transforme todos los actos voluntarios de nuestra existencia en actos de sumisión, para que esto sea posible, hay obviamente una exigencia. Una exigencia que es simple, que es evidente: hay que hablar. Hay que hablar, hay que decir todo lo que nos pasa, todo lo que queremos hacer, todo lo que deseamos, todo lo que planeamos hacer, todo lo que nos está pasando, todos los movimientos de nuestro pensamiento. Y esto –el hecho de que la *subditio* al otro, la renuncia a sí, pase por la verbalización ante el otro– se explica con mucha claridad, con mucha simpleza en un texto que es, creo, absolutamente fundamental en la historia de Occidente. En el capítulo IV de las *Instituciones* de Casiano leemos lo siguiente: es preciso que los jóvenes monjes aprendan a vencer su voluntad obedeciendo las órdenes más contrarias a sus inclinaciones. Y para poder conseguirlo con facilidad, se enseña a los principiantes a no ocultar por falsa vergüenza ninguno de los pensamientos –"*nullas cogitationes*", a lo cual volveremos porque es muy importante–, a no ocultar ninguno de los pensamientos que les corroen el corazón; pero tan pronto como nazcan será menester que los manifiesten al anciano.[33]

El principio de la confesión perpetua está, desde luego, directamente ligado a ese principio general de la obediencia.[34] La obediencia indefinida, la obediencia formal, la obediencia que debe llevar a un *estado* de obediencia –*humilitas, patientia, subditio*–, todo esto implica necesariamente la verbalización. Y creo que con ello tenemos algo fundamental en la historia de la cultura occidental: lo que podríamos llamar inversión del eje de verbalización en la relación de dominio.

En la Antigüedad, el que habla es evidentemente el maestro. El maestro es el que habla; la mejor prueba es que quien hace las veces de discípulo manifiesta la obediencia que debe a su maestro en un acto, una actividad, una actitud que se designa con la palabra griega ἀκούειν (*akouein*): él escucha. Escuchar y obedecer es una sola cosa, o están ligados. Lo están porque el mando está ligado a la actividad de la palabra. El que dirige habla, el que es dirigido escucha. Y, lo reitero, si Sócrates sirve de contraejemplo, es un contraejemplo un poco sofisticado que pese a todo confirma aquello para lo cual sirve de contraejemplo; puesto que Sócrates, desde luego, hace hablar al discípulo. ¿Pero para qué hace hablar al discípulo? Para que en un momento dado el discípulo, en definitiva, al final del camino, descubra la verdad en sí mismo y pueda decirla. En el momento en que dice la verdad alcanza efectivamente el punto donde puede ser dueño de sí mismo o, en todo caso, dueño de su saber.

Si en la Antigüedad la verbalización se hace desde el maestro hacia el discípulo, que es la instancia de la escucha, en esta nueva relación de obediencia desarrollada por las instituciones monásticas tendremos, al contrario, una estructura completamente invertida. Para obedecer, a la vez porque se obedece y para obedecer y poder mantenerse siempre en el estado de obediencia, hay que hablar. Hay que hablar de sí mismo. La veridicción es un proceso; la veridicción de sí mismo –el decir veraz sobre sí– es una condición indispensable para la sujeción a una relación de poder con el otro. Y de pronto, el otro va a escuchar, y quien está sometido va a hablar. Ustedes notan, en esta inversión, todos los ecos históricos que resuenan en nuestra cultura y la atraviesan. Creo que tenemos allí un clivaje que es fundamental.

El problema es ahora cómo va a efectuarse esa veridicción. Y cómo debe esta organizarse y desarrollarse para que la relación de obediencia, la relación fundamental con el otro, se sostenga a través y por la veridicción.*

* * *

Entonces, ¿cómo se hace la veridicción? El decir veraz sobre sí mismo para poder obedecer y llegar al estado de obediencia [...] implica sin duda dos cosas: primero, autoexaminarse, y segundo, decirlo efectivamente, en un acto verbal.

Primero, autoexaminarse. Hay una cosa que es muy característica: que el examen de conciencia, del que la vez pasada les mostré que era una práctica habitual en la Antigüedad pagana y, en todo caso, en unas cuantas escuelas filosóficas, de ese examen de conciencia, prácticamente no

* Michel Foucault se dirige al auditorio en los siguientes términos: "Bueno, entonces, ¿querrán tal vez que nos detengamos un poco? ¿Están acaso hartos? Hagamos una pausa de cinco minutos y volvemos a empezar, ¿o quieren hacer preguntas? ¿Qué prefieren? Díganme... Perdón. Nos detenemos unos cinco minutitos porque después corremos el riesgo de que se haga un poco largo...".

se encuentra mención en el primer cristianismo. En particular, los rituales de penitencia de los que les hablaba hace un rato no implicaban en modo alguno que se pidiera al individuo: "Recógete, piensa en tus pecados, trata de recordarlos, y después se los contarás a alguien". Decididamente no: el ritual de penitencia no pasaba de ninguna manera por ahí. Casi no se encuentran referencias al examen de conciencia; hay algunas, empero, que es voy a citar porque permiten precisamente situar la transformación que se producirá y que sólo se producirá con el monacato.

En Clemente de Alejandría encontrarán la idea de que es importante conocerse a sí mismo: *auton gnonai, auton, heauton*. ¿Por qué es importante conocerse a sí mismo?, se pregunta Clemente. Porque cuando uno se conoce, reconoce a Dios en sí y puede asemejarse a Él tan pronto como ha reconocido esa presencia divina en sí mismo.[35] Tenemos aquí una suerte de tema del reconocimiento, la reminiscencia platónica: estamos muy lejos del examen de conciencia tal como ha sido posible encontrarlo en los textos filosóficos antiguos o como se lo encontrará en el monacato. Verán también un texto de Orígenes, perteneciente al segundo libro del comentario sobre el Cantar de los Cantares.* En ese texto, Orígenes comenta un pasaje del Cantar de los Cantares en que se dice: "Si no te conoces, si no conoces las causas de tu belleza, irás al establo de los cabritos".[36] Y Orígenes, al comentarlo, hace notar que los cabritos son animales a la vez inquietos y errantes, imágenes del pecado: en consecuencia, uno va a caer en el pecado si no se conoce a sí mismo. ¿Qué es ese conocimiento?, pregunta Orígenes. Y en su comentario dice esto: "Hay dos modos de conocimiento de sí mismo [...]: o bien conocerse en sustancia, o bien conocerse en sus afectos".[37] Primera cuestión, conocerse en sustancia (*ousia*): el problema es saber, reconocer, saber reconocer si el alma es corporal o no, simple o compuesta, creada o increada, si está contenida o no en la simiente de los padres o fue incorporada a continuación. Por lo tanto, como ven, una cuestión filosófica, en el fondo, sobre lo que es la naturaleza del alma: a eso llama Orígenes "conocerse a sí mismo". Dice también que hay otro modo de conocimiento de sí mismo, que es conocer los afectos propios, conocerse según los afectos: saber si son buenos o no, si el alma está alejada de su meta o no, si ha hecho el mal voluntariamente o no, si sabe dominarse, si ha podido controlar sus mociones de ira. Es decir que Orígenes, como ven, se refiere a una

* Foucault se dirige al auditorio y agrega: "a quienes lo deseen, les daré la referencia exacta si la quieren".

práctica que es del todo homogénea, o a un tipo de conocimiento de sí que es del todo homogéneo con lo que podíamos encontrar en los estoicos. Entonces, en Clemente de Alejandría volvemos a encontrar [un] eco del principio de la reminiscencia platónica, [y] en Orígenes, un eco manifiesto de prácticas que constatamos en los estoicos, como las verán por ejemplo en Séneca.

Cuando en cambio, acudimos a textos más tardíos y que corresponden, sea directa o indirectamente, a la práctica monástica, notamos que la cuestión del examen de conciencia –el escrutinio del alma por sí misma– se convierte en una cuestión a la vez importante y técnica, [que] plantea problemas técnicos extraordinariamente complejos (de un modo u otro, mucho más complejos de lo que acabamos de decir hace un instante, ya lo encontremos en Orígenes o en Clemente de Alejandría). En esencia, hallamos ese examen bajo dos formas.

Ante todo, el uso de la práctica del examen nocturno, el examen de conciencia que debe hacerse al anochecer, y cuyo ejemplo, cuya fórmula habían dado Pitágoras y Séneca; en fin, los pitagóricos y gente como Séneca. Hay una descripción –o, mejor aún, varias descripciones– de ese examen nocturno en diferentes textos de Crisóstomo, que, como sabrán, es, con San Jerónimo, uno de los parlanchines más impenitentes que jamás haya producido el cristianismo. Entonces, el buen Crisóstomo se ocupó muchas veces del examen de conciencia. En una homilía sobre el salmo cuarto, por ejemplo, se encontrarán con esto: "No hay que adormecerse antes de pensar en lo que uno ha hecho. A la noche", dice Crisóstomo, "pide cuentas a tu conciencia acerca de las acciones hechas cada día, y condena el pensamiento que ha pecado".[38] Comprenderán, pues, hasta qué punto el examen nocturno todavía está próximo al examen de Séneca.[39] En la sexagésima homilía sobre el Génesis se dice: "Comparezcamos sin testigos ante el tribunal de nuestra conciencia".[40] En Crisóstomo encontramos, por tanto, la misma imagen que teníamos en Séneca: uno debe ser juez de sí mismo y comparecer todas las noches ante un tribunal donde es su propio juez y su propio acusado. Otro texto de Crisóstomo: "Si expulsas tus pecados de la memoria, Dios los recordará. Si los conservas en la memoria, Dios los olvidará".[41] Es decir que la memoria de Dios y la memoria del hombre son inversas y complementarias: tú olvidas, Dios recuerda; tú recuerdas, Dios olvidará. El alma guarda sus pecados en ella y los sueños son como testimonios. En realidad, entonces, el texto es muy complicado y habría que analizarlo con detenimiento, porque, como ustedes ven, está la idea de que cuando recordamos nuestros pecados, Dios los olvida. ¿Pero por qué los olvida? Porque cuando uno se acuerda de sus pecados, el alma ya no los guarda en sí. Y cuando los guarda, es decir, cuando no los memoriza, es decir cuando los olvida, en ese momento, reaparecen en sueños y los sueños son testimonios.* Es muy interesante como idea de mecanismo, pero, como ven, el eco pitagórico todavía es muy claro en un texto como este sobre la relación de la memoria y los sueños.[42] En la homilía sobre el salmo 50 también encontramos esto, siempre en Crisóstomo y con referencia al examen de conciencia: "¿No tienes un libro donde escribes tus cuentas diarias? Es menester que tengas un libro en tu conciencia [*Eche biblion en to syneidoti*],[43] es menester que tengas un libro en tu conciencia y escribas en él tus faltas. Cuando te retiras a tu lecho y antes de adormecerte, saca ese libro y lee lo que hay en él".[44] Como ustedes ven, la idea, por consiguiente… de que se debe… ven, ya empieza a desplazarse con respecto a la práctica estoica; la idea de que debemos tener sin descanso a nuestro lado una suerte de pequeño *notebook*, de librito de notas, libreta de notas, donde anotamos lo que pasa a medida que pasa, las cosas que hacemos, las faltas, los malos pensamientos. Debemos anotarlos o hacer como si los anotáramos, dice Crisóstomo. Y después, a la noche, hacemos como si sacáramos ese libro donde está inscrita toda la jornada, y lo repasamos.

Ahora bien, el tema de que uno debe tener a su lado una tableta para anotar todo lo que pasa a medida que pasa es una idea que remite de hecho a una práctica monástica de la que Atanasio da testimonio en la *Vita Antonii*, donde atribuye a San Antonio este precepto: "Que cada uno tenga un registro cotidiano de lo que hace noche y día. Que cada uno lo ponga por escrito".[45] Lo que Crisóstomo habría de presentar más adelante como una especie de metáfora –"Haz como si tuvieras un libro"–, Atanasio lo presentaba de hecho y lo atribuía a San Antonio como una práctica real, un precepto concreto. "Que cada uno ponga por escrito las acciones y movimientos de su alma" –es decir, no sólo lo que ha hecho, sino los movimientos mismos del alma–, "que los ponga por escrito, como si tuviera que hacerlos conocer a los otros. Que la letra escrita haga el papel de nuestros compañeros".[46]

Aquí, entonces, el texto es fundamental. En consecuencia, hay que escribir. Hay que escribir todo lo que uno hace, hay que escribir todos los movimientos del alma. ¿Y por qué hay que escribirlos? Porque una

* Foucault se dirige al auditorio y agrega: "Bueno, si ustedes quieren, habría que… quienes se interesen en estos problemas podrán remitirse a esos textos, cuya referencia precisa les daré".

vez que están escritos, que están grabados en letras, es como si uno los mostrara a los otros. Y verán que aquí se menciona el famoso problema de la elección entre anacoresis y cenobio, vida solitaria y vida comunitaria. Y San Antonio Anacoreta, a diferencia de los monjes, sus sucesores pacomianos o basilianos, dice: una vez que está escrito, es como si tuviéramos un compañero, porque las letras escritas son virtualmente legibles, virtualmente leídas por algún otro; y esa relación con el otro está asegurada por la anotación de todo lo que pasa en el alma por el medio de la escritura.

Creo que eso nos sitúa exactamente en el punto de articulación entre las técnicas de [sí], técnicas del sí mismo, tecnologías de sí que podemos encontrar en la Antigüedad filosófica pagana; en el punto de transición entre esas técnicas y técnicas nuevas [...] caracterizadas en esencia por el hecho de que la relación con el otro –y la sumisión al otro– es fundamental, y también caracterizadas por la exhaustividad y la continuidad. Decirlo todo a alguien –*x*, que es el otro o el principio del otro–, todo el tiempo; eso es lo que encontramos en estos textos sobre el libro, sobre la escritura: la necesidad de tener al lado un libro de cuentas de sí mismo, para la eventual mirada del otro. Estos elementos –que aparecen, pues, en el texto de San Atanasio, estos elementos son los que aparecen desarrollados en la vida monástica tal como la describe en ese entonces, y en detalle, una persona como Casiano. En sus *Instituciones cenobíticas* y en las *Colaciones*, en efecto, ¿cómo se desarrolla o, más exactamente, en qué consiste el examen de conciencia? ¿Y cuál es su especificidad?

La primera pregunta es, en el fondo, a qué se refiere el examen de conciencia. Recordarán que en el caso de Séneca el examen de conciencia se refería a las acciones realizadas, que, además, no eran tanto las faltas que uno creía haber cometido como los aspectos en que tenía la impresión de no haberse comportado como correspondía, de no haber alcanzado efectivamente los fines que se proponía, en que tenía la impresión de estar en divergencia con los principios. Siempre se trataba, en todo caso, de acciones, y de acciones juzgadas y ponderadas –el término está en Séneca– en relación con los principios. La polaridad acciones-principios era la materia prima, el objeto, el campo al que debía aplicarse el examen de conciencia. En el caso del examen de conciencia descrito por Casiano, ¿de qué hay que tomar conciencia? ¿Cuál es el objeto de la conciencia? El texto lo dice con mucha claridad: "*Nullas cogitationes celare*, no ocultar ningún pensamiento, ninguna cogitación".[47] El punto esencial de ese examen ya no va a ser la acción en su relación de adecuación o inadecuación con un principio. Va a ser el pensamiento mismo: "¿Qué he pensado? ¿Qué pienso?".

¿Qué significa este desplazamiento –esencial– del *actum* a la *cogitatio*? No quiere decir, desde luego, que en la vida monástica el problema de las acciones no se planteara. Sí, a lo sumo, puede decirse que no se planteaba en la medida en que, cuando se había realizado una acción contraria a las leyes, el monje era expulsado si la acción era grave o, en todo caso, se lo sometía a un castigo –muy codificado, por lo demás– si la acción, la mala acción, la infracción, no era demasiado grave. Pero en el examen de conciencia no se trata de eso. De lo que se trata es de la *cogitatio*. ¿Y por qué es tan importante la *cogitatio*, el pensamiento? Sencillamente porque el objetivo de la vida monástica es la contemplación.[48] Vale decir que el objetivo del monje es llegar a ver a Dios. Y es más, llegar a mirar a Dios. Y más aún, llegar a mantener la mirada del espíritu bien fija en Dios, en Dios en cuanto es el Ser único. En la contemplación todos los pensamientos deben unificarse en y por ese objeto que alcanza el pensamiento y que es Dios; y en esa unidad, el pensamiento debe hallar su inmovilidad. La contemplación como ejercicio de unificación e inmovilización del pensamiento en Dios: ese es el punto hacia el cual se orientan todas estas técnicas de la vida monástica.

En esas condiciones, comprenderán bien que si el objeto del monje es unificar e inmovilizar sus pensamientos en la mirada de Dios, en esa mirada hacia Dios, el obstáculo, el enemigo, la cosa que hay que vencer y de la que hay que liberarse es entonces la *cogitatio*, en el sentido que además recuerda Casiano, de *co-agitatio*,[49] es decir, en el sentido de movimientos del pensamiento. Todos esos pensamientos múltiples, todos esos pensamientos en movimiento que se producen en la mente, constituyen el principal obstáculo para alguien que quiere contemplar a Dios. El gran problema de la técnica de una espiritualidad gobernada, orientada hacia la contemplación, su gran problema, es la agitación interior del pensamiento. Mientras para la moral antigua el problema principal era la agitación del cuerpo y las pasiones por efecto de los acontecimientos exteriores, el problema fundamental de la vida monástica no será pues la agitación de los afectos por obra de acontecimientos exteriores, sino la agitación del pensamiento por un movimiento interior. Y es esto lo que se analiza largamente en un capítulo que –si les interesan estas cosas– deben leer decidida e incondicionalmente, un capítulo que es, creo, absolutamente fundamental en la historia de las tecnologías de sí en la historia occidental, la cultura occidental: me refiero a la octava colación de Casiano, que está dedicada a la movilidad del pensamiento.[50]

En ese capítulo, esa colación, se dice que el espíritu es [fundamentalmente móvil]. Esto, además, es característico: Casiano utiliza una palabra griega aunque el texto está escrito en latín; utiliza dos palabras griegas que proceden de Evagrio, que era su maestro. [...] Dice que el espíritu es *aikinetos* y *polykinetos*:[51] está siempre en movimiento y hace movimientos variados en todas las direcciones. Su naturaleza es de tal manera que no puede quedarse ocioso. Esta idea de que el espíritu es fundamentalmente móvil entraña una serie de consecuencias.

En primer lugar la importante consecuencia de que la noción misma de *cogitatio*, que corresponde al griego *logismos*, se convierte en una noción peyorativa. El *logismos* griego era una acción de pensamiento, un razonamiento; era una noción neutra o más bien positiva.[52] En los textos de la espiritualidad cristiana, al contrario, la palabra *logismos* y la palabra *cogitatio*, que por otra parte se utilizan sobre todo en plural, son siempre términos peyorativos: es la agitación del pensamiento, el pensamiento divergente, el pensamiento que va en uno u otro sentido e impide la contemplación.[53]

Segunda característica de este pensamiento, que vuelve necesario vigilarlo: no sólo está siempre agitado e impide la contemplación de Dios, sino que es un pensamiento engañoso acerca de sí mismo. Esto es igualmente importante. El problema de los estoicos sin duda era, en efecto, trabajar sobre su propio pensamiento. ¿Pero por qué? Para evitar que abrigáramos opiniones falsas en la mente. Había que impedir que nos engañáramos con respecto a las cosas, con respecto al orden del mundo y las leyes universales que regían la naturaleza. No había que engañarse sobre lo que era la *physis* [naturaleza], no había que engañarse sobre lo que eran los *kathekonta* [deberes]. El problema de la espiritualidad cristiana no es saber si el pensamiento se engaña con referencia a las cosas. El problema es saber si el pensamiento no se hace ilusiones sobre sí mismo. ¿Qué es hacerse ilusiones sobre sí mismo? Pues bien, el problema era muy simple, y también en este caso era un problema técnico. Al monje se le ocurre una idea. En apariencia, esa idea es buena; por ejemplo, la de ayunar. Buena idea; en consecuencia, el espíritu puede darle cabida. En efecto, la idea de ayunar, si el monje se pone concretamente a ayunar, va a ayudar al espíritu a dirigirse hacia Dios; así, forma por lo tanto parte del movimiento de convergencia hacia Dios. ¿Pero qué es lo que nos prueba que esta idea de ayunar no es, en realidad, un medio para que, a través de ese ayuno, nos hagamos valer ante nuestros hermanos los monjes, y les mostremos que podemos ayunar más que ellos? ¿Qué es lo que nos prueba que esta idea de ayunar no será en definitiva un medio por el cual vamos a debilitar a tal punto nuestro cuerpo que ya no seremos capaces de resistir a otras tentaciones como la de la gula? Por consiguiente, la buena idea de ayunar era en realidad una mala idea.[54] Hay que analizar esa idea, no en términos de verdad con respecto a las cosas, sino en términos de cualidad interna. O, mejor, es preciso interrogarla sobre sí misma para saber si no oculta otra cosa que esa buena cualidad.* Se trata, como es evidente, de una diferencia fundamental respecto del examen estoico.

Y llegamos entonces a este otro interrogante: si el pensamiento se engaña acerca de sí mismo, ¿por qué sucede así? ¿Porque nuestro juicio no es bueno? En cierto sentido, sí, pero con eso no basta. Los estoicos podían conformarse con esa respuesta, pero cuando el monje ve surgir en él un pensamiento como el de ayunar –que lo sorprende, ya que surge en él al primer movimiento, al primer asomo de idea– debe preguntarse de dónde le viene, ya que sólo esa respuesta podría garantizarle que el pensamiento es bueno o no. En otras palabras, ¿ese pensamiento le viene de Dios o le viene de Satanás? Si viene de Dios será una buena idea y no habrá ilusión en ella; su pensamiento no se hará ilusiones sobre sí mismo. En cambio, si viene de Satanás, será engañosa.

Como ustedes ven, en consecuencia, lo que caracteriza el examen cristiano, el examen de sí mismo, es que, en lugar de referirse a los actos, se refiere al pensamiento: al pensamiento y su movilidad. Mediante ese examen se trata de saber si el pensamiento no se forja ilusiones sobre sí mismo, y se trata [...], para decidir si hay ilusión o no, o si puede haberla, de decidir cuál es el origen mismo del pensamiento.

Entonces, pueden ver con claridad que el examen de conciencia, si ese es el objetivo que se asigna –examinar los pensamientos en función del poder de ilusión que pueden entrañar y en función de su origen–, va a tener una forma muy diferente a la que podíamos encontrar, por otra parte, en los estoicos e incluso en Crisóstomo, cuando este hablaba del examen nocturno. Comprenderán bien que en esas condiciones, no se trata –si uno debe vigilar de tal modo sus pensamientos en su naturaleza propia, su ilusión eventual y su origen–, no es cuestión de esperar el anochecer para memorizar las cosas, memorizar lo que uno hace. Se trata de una relación actual y permanente: una suerte de relación vertical por la cual uno se vigila a sí mismo y vigila sin cesar su propio

* Palabra casi inaudible, propuesta a título de hipótesis. También es posible que Foucault diga: "esta idea".

pensamiento. Por otro lado, verán a las claras que no puede tratarse de verificar si tal o cual cosa se ajusta como es debido a una regla, como sucedía entre los estoicos; se trata de descubrir lo que está oculto en el fondo de uno mismo, es decir, de dónde viene el pensamiento, cuál es su cualidad intrínseca, si comporta una ilusión o no. En síntesis, se trata de poner de relieve no, como en los estoicos, la verdad de las cosas para ajustar a ella el comportamiento; se trata de poner de relieve lo que puede haber de verdad –o de ilusión, verdad opuesta a la ilusión y ya no verdad opuesta al error–, lo que puede haber de verdad o de ilusión dentro del propio pensamiento.

Creo que de ese modo asistimos al momento en que comienza en Occidente lo que se llama, lo que puede llamarse una hermenéutica de sí. Una hermenéutica de sí cuyo objeto primero –históricamente, es ese objeto el que apareció ante todo en las prácticas de hermenéutica de sí– es la *cogitatio*, su *qualitas* y su *origo*, el pensamiento, [su] cualidad y su origen. Y para comprender en qué consiste ese examen y cuál debe ser su forma, Casiano se refiere en varias oportunidades a tres comparaciones que, según creo, son muy características de la actitud de examen de sí mismo en lo concerniente al pensamiento, su cualidad y su origen. Está la comparación con el molinero. Debemos ser molineros de nosotros mismos, debemos ser molineros de nuestro propio pensamiento; es decir que, así como el molinero, al ver llegar el grano que va a pasar por la muela, verifica si ese grano es bueno o no, si está seco o húmedo, si está podrido o sano, de la misma manera nosotros, molineros de nuestro pensamiento, cuando la muela de nuestro espíritu está girando con un movimiento que es precisamente el de la agitación misma del espíritu, debemos tratar de seguir a cada instante los granos e identificar los buenos y los malos pensamientos.[55] Otra metáfora es la del centurión, la del suboficial que, al ver desfilar a los hombres frente a él, identifica de inmediato a los que son aptos para ser soldados y los que no son aptos, los que pueden hacer tal o cual cosa y los que no pueden, los que tienen buena salud, los que son enclenques. Debemos ser el centurión, el suboficial, el inspector permanente de nuestros pensamientos.[56] La tercera y última metáfora –en su caso, utilizada en varias ocasiones– es la del cambista. El cambista es quien, cuando se le llevan monedas, se ocupa de verificarlas. ¿Qué hace con ellas? Hace la *probatio*, la prueba. ¿Y hace la prueba para saber qué? Tres cosas. Primero, ¿el metal es puro? Segundo, ¿la ceca de la que proceden esas monedas es una ceca legal, legítima, y la efigie que hay en ellas es también una efigie legítima? Tercera cuestión: ¿el peso no está alterado? ¿El desgaste, la corrupción del metal no han alivianado indebidamente la moneda? Debemos ser de manera permanente los cambistas de nuestro propio pensamiento, de nuestros pensamientos.[57] Debemos, ante cada idea que se presenta, en cada momento de nuestras cogitaciones, preguntarnos: ¿la idea es buena? ¿Su metal es puro? ¿De qué ceca proviene: es decir, viene de la ceca del demonio o de la ceca de Dios? Y por último, ¿su peso es justo? ¿No está desgastada, corrompida, esto es, no está mezclada con un mal deseo?

Esta actividad permanente que nos convierte en el molinero de nuestro pensamiento, el centurión de nuestras ideas, el cambista de lo que pasa constantemente en nuestro espíritu, es lo que la espiritualidad cristiana llamó con una palabra que mantuvo durante siglos, la palabra *discretio*,[58] la discreción o el *discrimen*. La posibilidad de discernir entre nuestros pensamientos: eso es lo que debe hacer fundamentalmente el examen de conciencia. Se darán cuenta de que estamos sumamente lejos de la metáfora del juez o del administrador que, con Séneca, pondera a la noche los actos para saber si se ajustaron o no a la regla. Estamos ante una técnica de sí muy distinta y entramos a un sistema de relación consigo mismo y un sistema de veridicción muy distintos.

Pero advertirán que de inmediato se plantea un problema, que es este: si a cada instante podemos engañarnos con respecto a nosotros mismos, si a cada instante podemos tomar una buena idea por mala y a la inversa, ¿dónde tendremos la garantía de que esa *discretio*, ese *discrimen*, esa actividad de discriminación en nuestros propios pensamientos no va a ser ilusoria en sí misma? ¿Qué nos asegurará que no hay en nosotros vaya uno a saber qué mal espíritu que nos engaña sin cesar, y por obra del cual, en el momento mismo en que creemos que las cosas son buenas, en el momento mismo en que creemos que son verdaderas, en realidad son falsas, porque ese espíritu no deja de engañarnos? Esta pequeña hipótesis –que resuena tal vez en la mente de aquellos de ustedes que estudiaron filosofía–,[59] esta pequeña hipótesis del engañador maligno en nosotros, ¿cómo vamos a dominarla?

Pues bien, vamos a dominarla por medio de una práctica que es, precisamente, la práctica de la confesión. El *discrimen*, la discriminación que necesitamos para el examen de nuestra propia conciencia, se hará al hablar. Debemos examinarnos todo el tiempo, pero lo que va a asegurarnos que, en nuestro examen, no nos equivoquemos y que separemos bien el buen grano del mal grano, al mal soldado del buen soldado, la buena moneda de la mala moneda, lo que va a asegurarnos de eso, es el hecho de no dejar de hablar: si decimos las cosas, si decimos lo que nos pasa por la mente a medida que ellas se presentan en esta.

¿Y por qué la confesión permite escapar de tal modo a la paradoja del examen que podría engañarse a sí mismo? Pues bien, si la confesión permite salir de esa paradoja, es por dos razones, una accesoria y otra fundamental. Una que es accesoria: al hablar a nuestro director, este podrá darnos consejos, darnos opiniones, indicarnos las oraciones que hacer, las lecturas recomendadas, la conducta que adoptar. Tenemos en ello, en los consejos del director, un punto, un elemento, un instrumento de discriminación. Pero hay que señalar que esta parte de la acción del director, de los consejos del director, es extraordinariamente reducida si tomamos los textos de Casiano: [este] es muy parco al respecto y, en la práctica, sólo da indicaciones muy esquemáticas sobre, digamos, los remedios de esa medicina espiritual. Sucede que la verdadera razón por la cual confesar va a permitir la *discretio*, la discriminación, es que la confesión misma –el solo hecho de hablar, hablar en voz alta y hablar con otro–, eso, ese acto, es de por sí operador de *discretio*. Y si la confesión es operadora de *discretio*, es de dos maneras y por dos razones.

Primero, porque si los pensamientos son de buena ley, si su origen es puro, si son buenas monedas de oro, no costará confesarlos; si, al contrario, provienen del mal, si las monedas que se presentan al pensamiento son de un oro impuro o corrompido, les costará, entonces, manifestarse, se negarán a decirse y procurarán ocultarse. La vergüenza de confesar es siempre un signo de la mala índole de lo que se confiesa: "El diablo", y cito a Casiano, "tan sutil, no podrá burlar o hacer caer al joven monje de otro modo que si, por orgullo o respeto humano, lo induce a ocultar sus pensamientos. Los ancianos afirman, en efecto, que el hecho de que nos ruboricemos de manifestar[los] a nuestro director es un signo universal y diabólico".[60] ¿Y por qué es tan fácil confesar los pensamientos cuando son buenos y tan difícil cuando son malos? ¿Por qué nos ruborizamos, por qué vacilamos? Por una razón cosmoteológica, a saber: que un pensamiento malo procede, desde luego, de Satanás. Ahora bien, Satanás, ángel de la luz, fue condenado a las tinieblas a causa de su orgullo: el día, por lo tanto, le está prohibido.*

* * *

* Aquí hay una laguna que corresponde a un segundo cambio de cinta de grabación. Es posible salvarla en parte por medio de la copia mecanografiada conservada en el IMEC. Reproducimos el extracto en cuestión, con meras correcciones ortográficas:

[...] Ese vínculo entre el poder de la ilusión y el sí mismo puede, hasta cierto punto, acercar el cristianismo al budismo, pero de todos modos hay una diferencia, que es importante: en el budismo, lo que está en la raíz de la ilusión es el principio mismo de la individuación, mientras que en el cristianismo el principio de la ilusión está en el apego a sí mismo, en cierta actitud afirmativa y conservadora de la relación consigo mismo. ¿Por qué? Porque la relación consigo mismo, cuando tiene la forma del apego, no es otra cosa que el efecto de la tentación por el otro, una tentación que es obra del demonio.

Tercera razón por la cual todo esto, según creo, tiene importancia: hay que comprender que la ilusión que nos hacemos sobre nosotros mismos –la ilusión que el cristianismo situó una vez más no en el cuerpo sino en el sí mismo– es por entero diferente del error al que los estoicos procuraban dar caza. Los estoicos querían lograr que en las opiniones no nos engañáramos acerca del mundo. En cambio, en este caso, no hay que engañarse respecto de uno mismo: ese es el desafío de esta espiritualidad y esta técnica.[61] Puede decirse que la hermenéutica de sí es una invención del cristianismo. Lo que inventó el cristianismo no es en modo alguno el desprecio por el cuerpo, no es en modo alguno el sentido del pecado. Lo que inventó el cristianismo, lo que introdujo, creo, en la cultura antigua, es el principio de veridicción de sí mediante una hermenéutica del pensamiento. Y me parece que de eso podrá derivarse una serie de formas: formas culturales, morales, religiosas, filosóficas. Creo también que el cristianismo, al introducir ese principio de una veridicción de sí mediante la hermenéutica del pensamiento, introdujo una forma de sujeto que el derecho, el pensamiento jurídico, la práctica judicial, jamás pudieron asimilar. Uno de los grandes desafíos para la cultura occidental será saber cómo se pueden conectar uno con otro, cómo se pueden reunir en un solo sujeto el sujeto de la veridicción espiritual tal como esta se constituyó por medio de las técnicas monásticas y el sujeto de derecho que, por otra parte, implican las instituciones. [De] ese juego entre el sujeto de la veridicción espiritual y el sujeto jurídico en torno al problema de

---

"[Sólo puede vivir] en la oscuridad de la conciencia, en los *arcana conscientiae*, y por consiguiente la confesión, al sacarlo del laberinto oscuro de su pensamiento, lo hará, lo obligará a enfrentarse con lo que es para él el elemento más hostil: la luz. Y si el diablo es omnipotente en la sombra y la noche de la conciencia, es impotente, en cambio, a la luz del día y a la luz del discurso" (copia mecanografiada, clase del 6 de mayo de 1981, p. 22).

la confesión –la confesión penitencial y la confesión judicial–, intentaré hablarles en las dos próximas clases.*

NOTAS

1 Acerca de las fuentes patrísticas de Foucault, véase Philippe Chevallier, "Foucault et les sources patristiques", en Philippe Artières, Jean-François Bert, Frédéric Gros y Judith Revel (comps.), *Foucault*, París, L'Herne, col. "Cahiers de l'Herne", nº 95, así como, del mismo autor, *Michel Foucault et le christianisme*, ob. cit., pp. 188-193. A las fuentes secundarias mencionadas por P. Chevallier quizás haya que agregar, acerca de la dirección de conciencia, Irénée Hausherr, *Direction spirituelle en Orient autrefois*, Roma, Pontificium Institutum Orientalium Studiorum, 1955: muchos fragmentos citados por Foucault están en esta obra, en idéntico orden.

2 *Apophtegmata Patrum / Les Apophtegmes des Pères: collection systématique*, vol. I, *Chapitres I-IX*, y vol. II, *Chapitres X-XVI*, introducción, texto crítico, trad. y notas de J.-C. Guy, París, Éditions du Cerf, 1993-2003 [trad. cast.: *Apotegmas de los Padres del desierto*, Salamanca, Sígueme, 1976].

3 Juan Casiano [Jean Cassien], *De institutis coenobiorum et de octo principalium vitiorum remediis / Institutions cénobitiques*, introducción, trad. y notas de J.-C. Guy, París, Éditions du Cerf, 1965 [trad. cast.: *Instituciones cenobíticas*, Zamora, Monte Casino, 2000].

4 Juan Casiano, *Collationes Sanctorum Patrum / Conférences*, 3 vols., introducción, texto latino, trad. y notas de Dom E. Pichéry, París, Éditions du Cerf, col. "Sources Chrétiennes", nº 42, 54 y 64, 1955-1958-1959, respectivamente [trad. cast.: *Colaciones*, 2 vols., Madrid, Rialp, 1958-1962].

5 Véase Cristian Bădiliță y Attila Jakab (comps.), *Jean Cassien entre l'Orient et l'Occident: Actes du Colloque International organisé par le New Europe College en collaboration avec la Ludwig Boltzman Gesellschaft, Bucarest, 27-28 septembre 2001*, Iasi y París, Polirom - Éditions Beauchesne, 2003.

6 Orígenes, nacido en Alejandría hacia 185, sucedió a Clemente a la cabeza de la escuela de catequesis de su ciudad natal. Su obra abarca entre otros títulos la *Hexapla*, que compara seis versiones, hebreas y griegas, del Antiguo Testamento y constituye "la primera tentativa de establecer un texto crítico" de este. Teólogo y exégeta, es encarcelado y torturado durante la persecución ordenada por Decio, y muere en Cesarea hacia 254. Leído a partir de las teorizaciones de sus discípulos, entre ellos Evagrio Póntico, se lo incluye entre los heresiarcas. En el siglo IV, sus detractores más influyentes son San Jerónimo, que admira al exégeta y combate al teólogo, y Epifanio de Salamina. En el siglo VI es condenado por el sínodo doméstico convocado por Justiniano en 543 y por el quinto concilio ecuménico de Constantinopla, en 553. Esas condenas se dictan después de la muerte de San Juan Casiano, ocurrida hacia 435. Véase Jean-Claude Polet (comp.), *Patrimoine littéraire européen*, vol. I, *Traditions juive et chrétienne*, Bruselas, DeBoeck Université, 1991, p. 249.

* Foucault termina la clase dirigiéndose al auditorio en los siguientes términos: "Eso es todo. Perdónenme por haberme extendido. ¿Tienen preguntas o quieren irse enseguida?".

7 Cf. M. Foucault, *Sécurité, territoire, population*..., ob. cit., p. 177 y ss.

8 Véase Plutarco [Plutarque], *Vie des dix orateurs*, "Antiphon", § 18, reprod. en Antifonte [Antiphon], *Discours suivis des Fragments*..., ob. cit., p. 27 [trad. cast.: *Vidas de los diez oradores*, en *Obras morales y de costumbres*, vol. X, Madrid, Gredos, 2003]: "En la época en que se entregaba a la poesía, instituyó un arte de curar las aflicciones, análogo al que los médicos aplican a las enfermedades: en Corinto, cerca del ágora, instaló un local con un letrero en el que se ufanaba de tratar el dolor moral por medio de discursos; inquiría las causas de la aflicción y consolaba a sus enfermos. Sin embargo, considerando que ese oficio no estaba a su altura, se volcó a la retórica".

9 Sobre Crantor (c. 335-275 a.C.), filósofo de la Academia, véase Diógenes Laercio [Diogène Laërce], *Vie, doctrines et sentences des philosophes illustres*, libro IV, "L'Académie", trad., semblanza, introducción y notas de R. Genaille, París, Garnier, 1933, vol. I, pp. 185-187 [trad. cast.: *Vidas y opiniones de los filósofos ilustres*, Madrid, Alianza, 2007]. Según C. E. Manning, *On Seneca's "Ad Marciam"*, Leiden, E. J. Brill, 1981, p. 12, que remite entre otros a Cicerón, *Cuestiones académicas*, II, 44, 135, los romanos tenían en alta estima su Περὶ πένθους πρὸς ἱπποκλέα [*Sobre la aflicción*] y veían en él al primer profesional de la consolación (παραμυθητικὸς λόγος) como género literario específico. Véase también Jacob van Wageningen, "Bijdrage tot de kennis der 'Consolatio mortis' bij Grieken en Romeinen", *Verslagen en Mededeelingen der koninklijke Akademie van Wetenschappen. Afdeeling Letterkunde* (Ámsterdam), 5(2), 1918, pp. 175-198.

10 Séneca [Sénèque], *De la tranquillité de l'âme*, trad. de C. Lazan, precedido por un ensayo de Paul Veyne, París, Rivages, col. "Rivages poche", 1991 [trad. cast.: *Sobre la tranquilidad del espíritu*, en *Diálogos*, Madrid, Gredos, 2001].

11 Séneca, *Lettres à Lucilius*, texto establecido por F. Préchac, trad. de H. Noblot, París, Belles Lettres, 1956 [trad. cast.: *Epístolas morales a Lucilio*, 2 vols., Madrid, Gredos, 1989-1994].

12 Foucault retoma este tema en *Le Courage de la vérité*..., ob. cit. Sin embargo, lo somete a una transformación: se presenta a Sócrates como alguien que "se afirma como el que no sabe" (ibíd., p. 26); pero para llevar al individuo, no "al punto de que [...] descubriera que ya sabía", sino al de descubrir que no sabe: "Cuando el profesor dice: yo sé, ustedes escúchenme, Sócrates dice: yo no sé nada, y si me ocupo de ustedes no es para transmitirles el saber que les falta, es para que, al comprender que no saben nada, aprendan con ello a ocuparse de ustedes mismos" (ibíd., p. 82).

13 Acerca de Charles-Victor Daremberg, véase Paule Dumaître, "Charles-Victor Daremberg (1817-1872): médecin hélleniste", *Clio Medica*, 20(1-4), 1985-1986, pp. 45-57.

14 Ateneo, cit. en Oribasio [Oribase], *Œuvres d'Oribase*, vol. III, *Livres incertains*, texto y trad. fr. de U. C. Bussemaker y C. Daremberg, París, Imprimerie Impériale, "Collection des Médecins Grecs et Latins", 1858, p. 164.

15 Ibíd. Estas palabras de Ateneo también se citan en M. Foucault, *Le Souci de soi*, ob. cit., p. 123.

16 Ateneo, cit. en Oribasio, *Œuvres d'Oribase*, vol. III, ob. cit., p. 164.

17 En M. Foucault, *Sécurité, territoire, population*..., ob. cit., p. 191, n. 29, M. Senellart señala que la frase mencionada por Foucault no está ni en los Proverbios (dados como una de sus fuentes en *Obrar mal, decir la verdad*) ni en los Salmos (dados como su fuente en *Seguridad, territorio, población*). E indica que "la fórmula es el probable resultado de la reunión de dos pasajes": 1) Proverbios, 11, 14 ("Donde hay desgobierno, el pueblo se hunde"), y 2) Isaías, 64, 6 ("Caímos todos nosotros como la hoja"). Si la hipótesis de la reunión es exacta, la fuente del segundo pasaje podría ser igualmente

Salmos, 1, 1-3. De todos modos, a la vista de otras citas que salpican esta clase, es asimismo posible que Foucault se haya basado en I. Hausherr, *Direction spirituelle en Orient*..., ob. cit., p. 169, que cita a Doroteo de Gaza ("Está dicho en los Proverbios: quienes no son gobernados caen como hojas; la salvación está en un abundante consejo") y menciona Proverbios, 11, 14, 70 como fuente de "quienes no son gobernados caen como hojas". La misma frase se menciona en M. Foucault, *L'Herméneutique du sujet*..., ob. cit., p. 381.

18 J. Casiano, *Institutions cénobitiques*, ob. cit., IV, "De la formation de ceux qui renoncent (au monde)", § 7, p. 131: "Una vez, pues, que alguien ha sido recibido y puesto a prueba con la perseverancia que hemos mencionado y, tras abandonar sus vestimentas personales, se ha ceñido el hábito del monasterio, no le está permitido mezclarse al punto en la comunidad de los hermanos; antes bien, se lo pone en manos de un anciano que, morando aparte no lejos de la entrada del monasterio, está encargado de los extranjeros y los huéspedes y dispensa con ellos todos sus recursos de hospitalidad y humanidad. Cuando haya servido allí durante un año entero, y dado pruebas de su servicialidad con los extranjeros, sin haber dado motivos de queja, habrá adquirido así los primeros elementos de la humildad y la paciencia, y esa larga instrucción lo habrá dado a conocer. Visto que puede entonces mezclarse con la comunidad de los fieles, es confiado a otro anciano, a quien el abate ha puesto a cargo de diez jóvenes para instruirlos y gobernarlos, conforme a la prescripción de Moisés que leemos en el Éxodo".

19 Véase al respecto, entre otras referencias, ibíd., IV, § 37, pp. 177-179: "Puesto que la pérfida serpiente está siempre pegada a nuestros talones, es decir que nos tiende trampas para nuestra perdición y trata de hacernos caer, hasta el final de nuestra vida. Por eso, de nada te serviría haber comenzado bien ni abrazado con gran fervor la vida de renunciamiento en sus inicios, si no le das su valor terminándola del mismo modo, y no conservas sin descanso y hasta la muerte la humildad y la pobreza del Señor de las que acabas de hacer profesión en Su presencia. Para poder realizarlo, observa siempre la cabeza de esa serpiente, es decir, el asomar de los pensamientos sugeridos por ella, revelándolos al instante a tu anciano".

20 Según J.-C. Guy (en nota a J. Casiano, *Institutions cénobitiques*, ob. cit., p. 165), el relato sobre Pinufio presentado en las *Instituciones cenobíticas* "es reproducido casi literalmente por el propio Casiano, *Colaciones*, XX, 1, 2-5".

21 J. Casiano, *Conférence de l'abbé Piamun*, "Des trois sortes de moines", en *Conférences*, vol. III, *XVIII-XXIV*, ob. cit., XVIII, § 14, pp. 101-107.

22 Según J.-C. Guy, hay varias versiones de esta historia, relatada a menudo en la literatura occidental sobre la obediencia. La primera, transmitida por Casiano en las *Instituciones cenobíticas*, presenta a Juan de Licópolis, "una de las más célebres figuras del monacato egipcio en el siglo IV", que habría nacido hacia 305 y muerto hacia 395 (J. Casiano, *Institutions cénobitiques*, ob. cit., p. 152, n. 2). La segunda, presentada en los *Apophtegmata Patrum*, la atribuye a Juan Colobos de Escete, que habría nacido hacia 339 y muerto en 409 (*Les Apophtegmes des Pères*..., ob. cit., vol. I, pp. 66-68); esta segunda versión agrega el milagro del palo que echa raíces y da frutos. Una versión posterior, todavía más adornada, se presenta en el panegírico copto de Juan Colobos hecho por Zacarías, a fines del siglo VII (ibíd., pp. 254-257). Foucault expone la primera versión en *Sécurité, territoire, population*..., ob. cit., p. 180, y se refiere a la segunda en el presente *Obrar mal, decir la verdad*. Según J.-C. Guy, es verosímil que la versión propuesta en los *Apophtegmata Patrum* sea posterior a la de Casiano (véase J. Casiano, *Institutions cénobitiques*, ob. cit., pp. 156-157, n. 1).

23 Ibíd., pp. 160-163. En la versión del episodio presentada por Casiano, hermanos "enviados adrede a la orilla del río" sacan "como de su seno al niño re-

ción arrojado" e impiden "así que se consume la orden del anciano, a quien el padre ya había satisfecho con su devoción". J.-C. Guy indica que un relato similar se encuentra, "conforme a una tradición diferente correspondiente a un marco de vida anacorético", en las colecciones de apotegmas *Alphabeticon*, Sisoes 10 (*Patrologia Graeca*, vol. 65, 393C) y *Systematica*, XIV, 8 (*Patrologia Latina*, vol. 73, 949D). Foucault relata igualmente esta historia, que presenta como la prueba de Lucio durante la clase del 22 de febrero de 1978; la fuente citada es la *Historia lausíaca* (según M. Senellart, no figura en ella); véase M. Foucault, *Sécurité, territoire, population*..., ob. cit., p. 180 y p. 191, n. 33.

24 Juan Casiano hace una comparación explícita entre los sacrificios de Patermuto y Abraham: "Esa fe y devoción complacieron a tal extremo a Dios que fueron aprobadas al punto por un testimonio divino. El anciano [Patermuto], en efecto, tuvo al instante la revelación de que, por esa obediencia, había cumplido la obra del patriarca Abraham. Y como poco tiempo después ese mismo abate del monasterio pasó de este mundo al Señor, lo puso a la cabeza de todos los hermanos, dejándolo en el monasterio como sucesor y abate"; véase J. Casiano, *Institutions cénobitiques*, ob. cit., pp. 162-163.

25 Sobre la importancia de la noción de estado de obediencia, véase M. Foucault, *Sécurité, territoire, population*..., ob. cit., p. 180; M. Senellart señala que, en el manuscrito de la clase, Foucault trazó un círculo alrededor de la palabra "estado" y anotó al margen "noción importante".

26 Sobre la *humilitas*, véase J. Casiano, *Institutions cénobitiques*, ob. cit., IV, § 39, p. 181: "Y estos son los signos en los cuales se reconoce la humildad: primero, si uno ha mortificado toda voluntad propia; segundo, si no ha ocultado nada a su anciano, no sólo de todos sus actos, sino aun de todos sus pensamientos; tercero, si no se apoya en su propio discernimiento, sino que, ávido por escuchar las advertencias del anciano, se remite en todo al juicio de este; cuarto, si obedece en todo sin desabrimiento y practica constantemente la paciencia; quinto, si, lejos de infligir ningún daño a nadie, no lo afligen siquiera las injurias que recibe de los otros; sexto, si no osa hacer otra cosa que lo recomendado por la regla común o el ejemplo de los ancianos; séptimo, si se contenta con tener las cosas más viles y se considera como un mal obrero, que no merece lo que se le brinda; octavo, si se declara el último de todos, no sólo de palabra y como con desgana, sino con un sentimiento íntimo del corazón; noveno, si refrena la lengua y no alza la voz; décimo, si no se entrega con demasiada facilidad a la risa".

27 Nilo [Evagrio Póntico], *Logos Asceticos*, cap. 41, en *Patrologia Graeca*, vol. 79, 769D-772A, cit. en I. Hausherr, *Direction spirituelle en Orient*..., ob. cit., p. 190: "Cuando, escribe San Nilo, se conoce a semejantes maestros (tal como él acaba de describirlos), estos requieren que los discípulos hayan renunciado a sí mismos y a todas sus voluntades propias, al extremo de no diferir en nada de un cuerpo inanimado o de la materia prima utilizada por un artista, de suerte que, como el alma en el cuerpo hace lo que quiere sin que el cuerpo oponga ninguna resistencia, y como el artista da pruebas de su técnica sin que la materia le signifique ningún estorbo en la persecución de su meta, así el maestro pone en acción su ciencia de la virtud, porque tendrá discípulos dóciles que no lo contradigan en nada".

28 J. Casiano, *Institutions cénobitiques*, ob. cit., IV, § 12, p. 137: "Tan pronto perciben la señal que los llama a la oración o a algún trabajo, rivalizan tanto en presteza para dejar sus celdas que quien ejerce el oficio de escriba no se atreve a terminar la letra que ha comenzado, sino que salta en el momento preciso en que el ruido de quien golpea a la puerta llega a sus oídos, y no tolera siquiera el retraso que exigiría la terminación del trazo iniciado; dejando inconcluso el trazado de la letra, busca menos el provecho del trabajo

que rivalizar en celo en el cumplimiento de la obediencia". Según J.-C. Guy, "Los *Apophtegmata Patrum* refieren un ejemplo específico que se corresponde exactamente con esta práctica general: Marco, discípulo de Silvano, 1". Véase también I. Hausherr, *Direction spirituelle en Orient...*, ob. cit., p. 200, que remite a *Patrologia Graeca*, vol. 65, 273D-296A. M. Foucault, *Sécurité, territoire, population...*, ob. cit., p. 179, reitera el mismo ejemplo.

29 Basilio, *De Renunt. Saec.*, n. 4, *Patrologia Graeca*, vol. 31, 363B, reprod. en I. Hausherr, *Direction spirituelle en Orient...*, ob. cit., pp. 190-191: "Todo acto hecho sin la orden o el permiso del superior es un robo y un sacrilegio que lleva a la muerte y no a la utilidad, aunque te parezca bueno".

30 San Barsanufio (siglos V-VI), eremita cerca de un monasterio de la región de Gaza, sostuvo correspondencia con Juan de Gaza, *Correspondance*, París, Éditions du Cerf, col. "Sources Chrétiennes", nº 426, 427, 450, 451 y 468, 1997, 1998, 2000, 2000, 2002, respectivamente.

31 J. Casiano, *Institutions cénobitiques*, ob. cit., IV, § 10, pp. 134-135.

32 Al respecto, véase –entre otras referencias– ibíd., IV, § 35, p. 175: "Nuestra cruz es el temor del Señor. Así como el crucificado ya no tiene la posibilidad de mover sus miembros y volverse hacia donde le plazca, así debemos también nosotros regir nuestra voluntad y nuestros deseos ya no conforme a lo que nos es agradable y no hace sino complacernos, sino conforme a la ley del Señor, donde ella nos ha atado. Quien está atado a la cruz ya no considera las cosas presentes, ya no piensa en satisfacer sus pasiones, ya no tiene preocupación ni inquietud algunas por el mañana; ya no lo agita el deseo de poseer nada; no se deja llevar por el orgullo, las rivalidades o las disputas; no tiene ya ningún resentimiento por las injurias que se le han hecho, ni recuerdo alguno de las que ha sufrido; aunque todavía vivo, ya se considera muerto a todos los elementos de este mundo, y la atención de su corazón está ya fija en el lugar al que sabe que pronto va a ir. Al tenernos el temor del Señor atados a la cruz, también a nosotros nos es preciso estar muertos a todo eso, es decir no sólo a los vicios carnales, sino aun a los elementos del mundo, con los ojos del alma siempre fijos en el lugar al que en todo momento debemos tener la esperanza de llegar. De esta manera, en efecto, podremos mortificar todas nuestras concupiscencias y afecciones carnales". Entre las fuentes secundarias: I. Hausherr, *Direction spirituelle en Orient...*, ob. cit., pp. 160-167.

33 J. Casiano, *Institutions cénobitiques*, ob. cit., IV, § 9, p. 133. Sobre este punto, que él llama "apertura de conciencia", J.-C. Guy remite a I. Hausherr, *Direction spirituelle en Orient...*, ob. cit., pp. 152-177.

34 Al respecto, véase ibíd., pp., 171 y 200-201.

35 Clemente de Alejandría [Clément d'Alexandrie], *Le Pédagogue*, libro III, texto griego y trad. de C. Mondésert y C. Matray, notas de H.-I. Marrou, París, Éditions du Cerf, col. "Sources Chrétiennes", nº 158 [trad. cast.: *El pedagogo*, Madrid, Ciudad Nueva, 1994]: "Parece claro, pues, que el más grande de todos los conocimientos es el conocimiento de sí mismo; puesto que aquel que se conoce a sí mismo tendrá el conocimiento de Dios y, poseedor de ese conocimiento, se tornará semejante a Dios" (III, 1, 1, 1).

36 En la segunda homilía de Orígenes sobre el Cantar de los Cantares no se hace ninguna alusión a los cabritos. Foucault se refiere probablemente a I, 9: "'Si no te conoces a ti misma, oh bella entre las mujeres, sigue las huellas de tus rebaños y lleva a pacer' ya no los rebaños de ovejas y corderos, sino 'tus machos cabríos'. Él pondrá, en efecto, las ovejas a su derecha y los machos cabríos a su izquierda. [...] 'Sigue las huellas', dice la Escritura: llegarás a ser la última de las pastoras, puesta no en medio de las ovejas sino en medio de los machos cabríos. Al permanecer con ellos, no podrás estar conmigo, es decir el buen Pastor". Véase Orígenes [Origène], *Homélies sur le Cantique*

des Cantiques, introducción, trad. y notas de O. Rousseau, o. s. b., París, Éditions du Cerf, 2007, col. "Sources Chrétiennes", nº 37 bis, p. 99 [trad. cast.: *Homilías sobre el Cantar de los Cantares*, Madrid, Ciudad Nueva, 2000]. En Orígenes, Gregorio de Elvira y San Bernardo, *Le Cantique des Cantiques*, introducción y trad. de R. Winling y otros, París, Desclée de Brouwer, 1983, p. 36, Winling traduce *"haedos tuos"* como "tus cabritos", no "tus machos cabríos".

37 Orígenes, *Commentaire sur le Cantique des Cantiques*, libros I y II, texto de la versión latina de Rufino, introducción, trad. y notas de L. Brésard y H. Crouzel con la colaboración de M. Borret, París, Éditions du Cerf, col. "Sources Chrétiennes", nº 375, 1991, pp. 359-379 [ed. cast.: *Comentario al Cantar de los Cantares*, Madrid, Ciudad Nueva, 1986]: "Me parece pues que el alma debe adquirir dos clases de conocimiento de sí misma: lo que ella misma es y de qué manera se mueve; es decir, ¿qué tiene ella en su sustancia y sus disposiciones?" (p. 359: II, 5, 7); "Entre esas realidades, corresponderá pues al alma tener también cierto conocimiento de sí misma, por cuyo intermedio debe saber cuál es su sustancia, si es corporal o incorpórea, si es simple o compuesta de dos, de tres partes o incluso de un mayor número" (p. 379: II, 5, 21).

38 Juan Crisóstomo [Jean Chrysostome], "Homélie sur le Psaume quatrième", en *Œuvres complètes*, vol. VIII, trad. del griego al francés del abate Joly, Nancy, Bordes, 1867, p. 157 [trad. cast.: *Obras completas de San Juan Crisóstomo*, vol. IV, *Homilías sobre diversas virtudes y textos varios de la Sagrada Escritura*, México, Jus, 1966]: "Después de la comida de la noche, cuando estás a punto de reposar, solo y sin testigos, aprovecha la calma y el silencio que te rodean para ingresar en el secreto de tu conciencia; hazle dar cuenta de tus pensamientos culpables de la jornada, de los artificios urdidos por ti, de tus trampas para perjuicio del prójimo, de tus deseos licenciosos. En esa calma profunda, haz tu propio interrogatorio, transforma tu conciencia en juez de tus pensamientos depravados, sondéalos y ponlos ante tu vista, desgarra tu alma, castiga a esa pecadora. [...] Haz cada día este ejercicio, oh hermano mío; no te adormezcas sin reflexionar sobre tus malas obras del día y, al día siguiente, te deslizarás menos por la pendiente del mal. [...] A la noche, di a tu alma: rinde cuentas, y castígala por sus pensamientos criminales; átala como a una columna y flagélala, diciéndole: oh, alma mía, no te pierdas más".

39 Con relación a la afinidad de las concepciones del examen de conciencia en Séneca y San Juan Crisóstomo, véase M. Foucault, "Technologies of the self", en Patrick H. Hutton, Huck Gutman y Luther H. Martin (comps.), *Technologies of the Self: A Seminar with Michel Foucault*, Amherst, The University of Massachusetts Press, 1988, pp. 16-49; en francés: "Les techniques de soi", en *DE*, vol. IV, *1980-1988*, texto nº 363, p. 808 [trad. cast.: "Las técnicas de sí", en *Estética, ética y hermenéutica...*, ob. cit., pp. 443-474].

40 Se encontrará una versión en una lengua moderna en San Juan Crisóstomo [Saint John Chrysostom], "Homily 60", en *Homilies on Genesis*, 46-47, trad. de R. C. Hill, Washington D. C., The Catholic University of America Press, 1992, pp. 184-185: *"let us daily require an account of ourselves for words and glances and execute sentences on ourselves so as to be free from punishment there [...]. So let us take the initiative in passing sentences on ourselves with all goodwill, holding the court of conscience unbeknown to anyone; let us then examine our own thoughts, and determine a proper verdict so that through fear of imminent punishment our mind may forbear to be dragged down and instead may check its impulses, and by keeping in view that unsleeping eye may ward off the devil's advances"* ["exijámonos diariamente una explicación de nuestras propias palabras y miradas y cumplamos las sentencias contra nosotros mismos para quedar libres de castigo <...>. Tome-

mos pues la iniciativa en el pronunciamiento de sentencias contra nosotros mismos con toda buena voluntad, sin dejar que nadie conozca el tribunal de la conciencia; examinemos luego nuestros pensamientos y establezcamos un veredicto adecuado para que, en virtud del temor a un inminente castigo, nuestra mente pueda refrenar su caída y, en cambio, sea capaz de controlar sus impulsos y, teniendo en cuenta ese ojo insomne, pueda mantener a raya los avances del diablo"].

41 J. Crisóstomo, "De peccato et confessione" (homilía 24), *Patrologia Graeca*, vol. 63, columna 741: "Oh, nobleza del alma, él no ha dejado caer en el olvido la memoria del pecado, sino que, aun perdonado, lo ha grabado en su conciencia como una imagen. Y ya ves lo que pasa: si conservas el pecado en la memoria, Dios no lo recuerda; si lo olvidas, Dios lo recuerda. ¿Has hecho algo malo? Recuérdalo, para que tu Señor pueda olvidarlo. ¿Has hecho algo bueno? Olvídalo, para que tu Señor pueda recordártelo".

42 Al respecto, véase J.-P. Vernant, "Aspects mythiques de la mémoire...", cit., en especial p. 94 y ss., y "Le fleuve 'amélès'...", cit. Adviértase que el segundo de estos estudios, que brinda valiosas indicaciones sobre las nociones de *melete, epimeleia, epimeleia mnemes, ameleia, ameletesia* y *ameletesia mnemes*, anuncia ciertos temas que Foucault desarrollará en sus clases sobre el cuidado de sí. No es que haya una relación de dependencia entre unos y otros, pero es posible que los estudios de Vernant se cuenten entre las fuentes secundarias de Foucault.

43 La frase completa es: "Ἔχε βιβλίον ἐν τῷ συνειδότι, καὶ γράφετὰ ἁμαρτήματα τὰ καθημερινά" (agradecemos a Emmanuel Francis y Vincent Francis).

44 J. Crisóstomo, "In Psalmum Homilia" (segunda homilía sobre el salmo 50), *Patrologia Graeca*, vol. 55, columna 581: "¿No tienes en tu morada un libro donde llevas las cuentas cotidianas? Ten un libro en tu conciencia y escribe en él tus pecados cotidianos".

45 Atanasio de Alejandría [Athanase d'Alexandrie], *Vie d'Antoine*, introducción, texto crítico, trad., notas e índice de G. J. M. Bartelink, París, Éditions du Cerf, 1994, p. 286 (§ 55, 7-9) [trad. cast.: *Vida de San Antonio, padre de los monjes*, Zamora, Monte Casino, 1988]: "Cada día, pues, cada cual debe llevar la cuenta de sus actos del día y de la noche. [...] He aquí una cosa más que debe observarse para estar seguros de no pecar: señalemos y escribamos, cada quien, las acciones y mociones de nuestra alma, como si tuviéramos que comunicárnoslas los unos a los otros".

46 Ibíd., pp. 286-287: "señalemos y escribamos, cada quien, las acciones y mociones de nuestra alma, como si tuviéramos que comunicárnoslas los unos a los otros. Estad seguros de que, por mera vergüenza de que eso se conozca, dejaremos de pecar y aun de tener nada malo en el corazón. ¿Quién, en efecto, quiere ser visto cuando peca? ¿O quién, cuando ha pecado, no prefiere mentir, para pasar inadvertido? Así como, si nos viéramos los unos a los otros, no cometeríamos el pecado de la fornicación, de igual manera, si escribimos nuestros pensamientos como para comunicárnoslos los unos a los otros, nos guardaremos grandemente de los pensamientos impuros, por vergüenza de que se conozcan. Que la escritura, por ende, reemplace a los ojos de los compañeros de ascesis a fin de que, ruborizados tanto por escribir como por ser vistos, no abriguemos en el corazón ningún mal pensamiento".

47 J. Casiano, *Institutions cénobitiques*, ob. cit., IV, § 9, p. 133.

48 J. Casiano, *Première conférence de l'abbé Nesteros*, "De la science spirituelle", en *Conférences*, vol. II, ob. cit., XIV, § 13, pp. 199-201.

49 Al respecto, véase M. Foucault, "Les techniques de soi", ob. cit., p. 810: "En Casiano encontramos una etimología de *logismoi* –*co-agitationes*–, pero no sé si es valedera".

50 Se trata en realidad de la séptima colación; véase J. Casiano, *Première conférence de l'abbé Serenus*, "De la mobilité de l'âme et des esprits du mal", en *Conférences*, vol. I, ob. cit., VII, pp. 416-485.

51 Ibíd., pp. 428-429: "Νοῦς *itaque, id est mens* ἀεικίνητος καὶ πολυκίνητος *definitur, id est semper mobilis et multus mobilis*"; "En lo que toca al espíritu humano, se define como presa de una perpetua y extrema movilidad".

52 *Logismos* (λογισμός) deriva de *lego* (originalmente, "reunir, recoger, escoger", y de allí "contar, enumerar"), como *logikos*, "concerniente a la palabra, la razón, la lógica". Pierre Chantraine, *Dictionnaire étymologique de la langue grecque: histoire des mots*, vol. II, París, Klincksieck, 1968, p. 626, lo traduce como "cálculo, razonamiento".

53 En ese mismo sentido, véase entre otros la nota complementaria de Laurence Brottier en Juan Crisóstomo, *Sermons sur la Genèse*, introducción, texto crítico, trad. y notas de L. Brottier, París, Éditions du Cerf, 1998, p. 373, col. "Sources Chrétiennes", nº 433. En la obra de San Juan Crisóstomo, por ejemplo, *logismoi* "puede tener [...] un valor neutro de *pensamientos* [...]; un valor positivo de *razonamientos* [...], signo característico del hombre en la tradición estoica, o, con más frecuencia, una connotación negativa [...] de origen judío transmitida por Orígenes [...] e implantada por Evagrio en la tradición ascética, en la que λογισμοί y demonios suelen ser intercambiables [...]. Así, esos λογισμοί salidos de las pasiones [...] designan sea las pasiones representadas a menudo por la imagen de un mar turbulento [...], sea las opiniones personales que se oponen a la fe eclesiástica, particularmente los sistemas de los herejes".

54 Sobre este ejemplo, que incumbiría a Juan de Licópolis, véase J. Casiano, *Première conférence de l'abbé Moïse*, "Du but et de la fin du moine", en *Conférences*, vol. I, ob. cit., I, § 21, pp. 141-143.

55 Ibíd., pp. 129-131. Véase también M. Foucault, *L'Herméneutique du sujet...*, ob. cit., p. 286, y "Les techniques de soi", cit., p. 811.

56 J. Casiano, *Première conférence de l'abbé Serenus*, ob. cit., VII, § 5, pp. 430-437. Respecto de la metáfora del centurión, véase también M. Foucault, "Les techniques de soi", cit., p. 811.

57 J. Casiano, *Première conférence de l'abbé Moïse*, ob. cit., I, §§ 20-22, pp. 135-145. Véase también M. Foucault, *L'Herméneutique du sujet...*, ob. cit., pp. 286-287, y "Les techniques de soi", cit., pp. 810-811. Se encontrará una comparación de las significaciones de la metáfora del cambista en Epicteto, por un lado, y Evagrio Póntico y Casiano, por otro, en M. Foucault, *L'Herméneutique du sujet...*, ob. cit., pp. 483-484, y "Les techniques de soi", cit., p. 802. Ninguna comparación se hace aquí con el tema del cambio de valor de la moneda en los cínicos, presentado en M. Foucault, *Le Courage de la vérité...*, ob. cit., pp. 208-209 y 221-223.

58 Sobre la noción de *discretio*, véase J. Casiano, *Première conférence de l'abbé Moïse*, ob. cit., I, § 20, p. 135.

59 Alusión a la primera de las meditaciones de Descartes, "De iis quae in dubium revocari possunt", "De las cosas que pueden ponerse en duda": "*Supponam igitur non optimum Deum, fontem veritatis, sed genium aliquum malignum, eundemque summe potentem & callidum, omnem suam industriam in eo posuisse, ut me falleret*"; "Supondré, pues, que no un Dios óptimo, fuente de la verdad, sino algún genio maligno de extremado poder e inteligencia pone todo su empeño en hacerme errar". Véase René Descartes, *Méditations métaphysiques* (ed. latina, 1641, 1642; trad. francesa, 1647), cronología, presentación y bibliografía de J.-M. y M. Beyssade, París, Garnier-Flammarion, 1979, pp. 74-75 [trad. cast.: *Meditaciones metafísicas*, 8ª ed., Buenos Aires, Aguilar, 1975, p. 52]. En esta alusión, los oyentes que estudiaban filosofía notaron sin duda un eco

de la controversia entre Derrida y Foucault acerca de la interpretación de la primera meditación que abre el capítulo 2, "El gran encierro", de *Historia de la locura*. A modo de referencia, Foucault –que se propone "hacer la historia de ese otro giro de la locura [...] mediante el cual los hombres, en el gesto de razón soberana que encierra a su vecino, se comunican y se reconocen a través del lenguaje sin piedad de la no locura; recuperar el momento de esa conjura" (véase M. Foucault, "Préface", en *Folie et déraison: histoire de la folie à l'âge classique*, París, Plon, 1961; reed. en *DE*, vol. I, nº 4, p. 159)– plantea que para Descartes existe "una imposibilidad de estar loco, esencial no al objeto del pensamiento, sino al sujeto que piensa": en la primera meditación, la locura, escribe, "es excluida por el sujeto que duda. Como no tardará en excluirse que él no piensa y no existe". Véase M. Foucault, *Histoire de la folie à l'âge classique*, 2ª ed., París, Gallimard, 1972, p. 57 [trad. cast.: *Historia de la locura en la época clásica*, Buenos Aires, FCE, 1992]. Derrida sostiene que "la lectura [...] de Descartes y del *cogito* cartesiano" propuesta por Foucault "involucra en su problemática la totalidad de esta *Historia de la locura*" (véase Jacques Derrida, "Cogito et histoire de la folie", en *L'Écriture et la différence*, París, Seuil, 1967, p. 52 [trad. cast.: "*Cogito* e historia de la locura", en *La escritura y la diferencia*, Barcelona, Anthropos, 1989]); pero no advierte que, como escribe Foucault, "[e]ntre Montaigne y Descartes ha habido un acontecimiento: algo así como el advenimiento de una *ratio*" (M. Foucault, *Histoire de la folie...*, 2ª ed., ob. cit., p. 58), acontecimiento o advenimiento que marcaría "el decreto cartesiano" (J. Derrida, "Cogito et histoire...", cit., p. 74). Con referencia a esta tesis Derrida plantea una serie de interrogantes, entre otros, el de saber si lo que Descartes dijo tiene en efecto la significación –la significación histórica– que Foucault supone. Acerca de la significación y la función que Derrida atribuye a la hipótesis del genio maligno en la interpretación de la primera meditación, opuesta a la de Foucault, véanse J. Derrida, "Cogito et histoire...", cit., en especial pp. 81-82; y, de manera crítica, M. Foucault, "Mon corps, ce papier, ce feu", apéndice II de *Histoire de la folie...*, segunda edición, ob. cit., en especial pp. 600-601 [trad. cast.: "Mi cuerpo, ese papel, ese fuego", en *Historia de la locura...*, ob. cit.]. Para que "el genio maligno y el *cogito* se conviertan, conforme al deseo de Derrida, en la verdadera escena de enfrentamiento con la locura", escribe Foucault, "es preciso [...] borrar todo lo que muestra que el episodio del genio maligno es un ejercicio voluntario, controlado, dominado y efectuado de cabo a rabo por un sujeto meditante que nunca se deja sorprender", un ejercicio que tiene lugar "luego de que el ejercicio de la meditación ha excluido el riesgo de *estar loco*". En la interpretación "clásica" de la primera meditación, ese momento de exclusión se borra, no por desatención, sino "por sistema"; un sistema que, entre otras características, omite "analizar los modos de implicación del sujeto en los discursos" (ibíd., p. 602).

60 J. Casiano, *Institutions cénobitiques*, ob. cit., IV, § 9, p. 133. En traducción de J.-C. Guy: "El diablo, tan sutil, no podrá burlar o hacer caer al joven de otro modo que si, por orgullo o respeto humano, lo induce a ocultar sus pensamientos. Los ancianos afirman, en efecto, que el hecho de que nos ruboricemos de manifestarlo al anciano es un signo universal y evidente de un pensamiento diabólico".

61 Respecto del objeto y el motivo del control de las representaciones en el examen y la dirección de conciencia tal como los practican los estoicos y los cristianos, véase M. Foucault, *L'Herméneutique du sujet...*, ob. cit., pp. 483-484. Según Foucault, en el caso de los estoicos es cuestión de "someter a prueba la independencia del individuo con respecto al mundo externo", en tanto las representaciones se consideran como "la oportunidad de recordar una

serie de principios verdaderos, concernientes a la muerte, la enfermedad, el sufrimiento, la vida política, etc.", y, mediante ese recordatorio, "ver si somos capaces de reaccionar de conformidad con dichos principios: si estos se han convertido en efecto [...] en la voz del amo que se eleva tan pronto murmuran las pasiones, y sabe hacerlas callar". Para los cristianos –Foucault se refiere en este caso a Evagrio Póntico y Casiano–, el objetivo es "prescribir una actitud hermenéutica en relación consigo mismo: descifrar lo que puede haber de concupiscencia en pensamientos aparentemente inocentes, reconocer los que proceden de Dios y los que vienen del Seductor"; "descifrar bajo las apariencias una verdad oculta que sea la del sujeto mismo".

Clase del 13 de mayo de 1981

Caracteres de la exagoreusis *en los siglos IV y V – Renuncia a sí – Verdad del texto y verdad de sí – Liberación y ajuste de la hermenéutica del texto y de la hermenéutica de sí en el protestantismo – Ilusión, evidencia y sentido (Schopenhauer y Freud) – Juridización de la confesión en la tradición eclesiástica del siglo IV al siglo VII – Compenetración de la* exagoreusis *y la* exomologesis *en las primeras comunidades monásticas y de laicos – Caracteres y orígenes de la penitencia tarifada: modelo monástico y modelo del derecho germánico – Sacramentalización e institución de la confesión obligatoria en el siglo XIII – Juridización de las relaciones entre el hombre y Dios – Formas y significaciones de la confesión en la* confessio oris.

[...]* La vez pasada intenté situarles esa práctica muy singular a mi entender, y también muy importante en la historia de la cultura occidental. Se desarrolló en las instituciones monásticas de los siglos IV y V de nuestra era, y Casiano la analizó en detalle en *Instituciones cenobíticas* y sobre todo en las *Colaciones*: es una práctica para la cual los griegos utilizaban con bastante frecuencia la palabra *exagoreusis*, que, si se quiere, puede traducirse como confesión permanente de sí mismo. Insistí en esta práctica de la *exagoreusis* porque me parece que con ella la confesión entra en la historia de la cultura occidental como una dimensión importante y polivalente, cuyos efectos, secuelas, consecuencias, encontraremos en una serie de ámbitos: religioso, filosófico, jurídico, etc.

¿Qué es esa práctica de la *exagoreusis*, de la confesión permanente de sí mismo, y por qué es importante? Me parece que es importante, sobre

* La grabación comienza con una frase incompleta: "Como recordarán, la vez pasada nos detuvimos...".

todo, en sí misma, por su forma y su mecanismo interno, que es muy curioso y, según creo, muy diferente de todo lo que había podido verse antes, ya fuese en la práctica filosófica de la moral antigua o en los ritos penitenciales del cristianismo. Ustedes recordarán que en cuanto a forma y a mecanismo interno la *exagoreusis* –la confesión permanente de sí mismo– no se refiere a los actos. Se refiere a pensamientos: a las representaciones, las imágenes, las voluntades, los deseos, a esa suerte de flujo ininterrumpido y siempre agitado que los Padres latinos llaman "*cogitationes, logismoi*", esa realidad móvil del pensamiento de la cual en ese momento se aprende a desconfiar como un peligro interior e incesante.[1]

En segundo lugar, el tipo de examen propio de la *exagoreusis* no se desarrolla según la modalidad de la memoria. No hace falta que les diga hasta qué punto era importante la memorización en la cultura antigua y, en la práctica, para gran parte, en todo caso, de la filosofía griega. El examen de sí mismo no se hace según la modalidad de la memoria; debe hacerse en forma de control permanente de una suerte de relación vertical de uno consigo mismo que permite vigilarse y ver, verificar, experimentar todo lo que atina a entrar a la conciencia en un momento dado; en otras palabras, ser el censor de uno mismo. Y, como recordarán, habíamos dado con esta imagen de la censura que, en Casiano, es tan afín a esa que Freud, en otra dimensión, describirá más adelante.

En tercer lugar, en este método de examen permanente de sí mismo, de censura del flujo móvil del pensamiento, nunca es cuestión de ponderar los propios pensamientos en función de un criterio de verdad. La cuestión no es saber si los pensamientos son verdaderos o falsos, si las opiniones son fundadas o no. Tampoco es cuestión de ponderar los pensamientos de uno en relación con una ley moral. La cuestión –y creo que esto es muy importante– es saber si esos pensamientos no se dan por algo distinto de lo que son, es decir, si no son portadores de ilusiones. No estamos en el mundo del error o la falta: estamos en el mundo de la ilusión o en la sospecha de la ilusión.[2]

Cuarta característica de esta *exagoreusis*: en ese trabajo que uno hace sobre sí mismo, no se trata de determinar si uno es culpable o no, si fue ciertamente responsable de tal o cual acto, tal o cual pensamiento o tal o cual deseo. Se trata de saber de dónde proviene lo que sucede en mí y si lo que sucede en mí proviene de Dios o de otro, o del Otro por excelencia, esto es, de Satanás. Y en la dimensión del otro interior a mí se despliega la práctica de la *exagoreusis*.[3]

Quinta característica de la *exagoreusis*: esta es indisociable de una práctica continua de verbalización, porque, en efecto, no se puede efectuar esa discriminación entre los pensamientos, no se puede someter a prueba la ilusión que estos portan en sí y encontrar su origen, como no sea mediante una práctica permanente e incesante que consiste en decir, a medida que uno las piensa, las cosas que surgen en el pensamiento.

Sexta y última característica: esa búsqueda del principio de la ilusión en mí (y de las raíces que esta puede echar en la presencia insidiosa de otro) no tiene por papel consolidar en mí mismo un dominio total y perfecto, como era el objetivo de la sabiduría antigua. No se trata siquiera de liberarme exactamente de ese otro que está en mí para que logre reinstalarme en mi identidad. En realidad se trata, con esa *exagoreusis*, de destruirse a sí mismo, de renunciar a sí mismo, renuncia que, de alguna manera, acierta a tener dos papeles o a estar en dos posiciones simultáneas [...]. Por un lado, si quiero de veras conocerme, si quiero ejercer sobre mí ese control que es tan necesario, es necesario que renuncie a cualquier voluntad autónoma, cualquier voluntad que sea mía;[4] es necesario que me someta al otro y, como prenda de mi sumisión al otro, le confíe todo lo que pienso. Y gracias a eso, al término mismo de ese trabajo permanente y como efecto permanente suyo, ya enteramente sometido a la voluntad del otro, después de purificar mi corazón de todos los pensamientos móviles que lo turban, podré abrirme a Dios y no tener otra voluntad que la voluntad misma de Dios. Y por tanto iré de una renuncia a mi voluntad a otra renuncia a mi voluntad;[5] o, mejor aún, habrá un proceso global de renuncia a mi voluntad que me hará pasar del mundo de Satanás al de Dios, de un reino a otro, de una ley a otra. Creo que en eso reside algo cuya forma misma es importante.

Me parece que esta *exagoreusis* también es importante por otra razón: podemos decir que con ella tenemos la apertura, el comienzo de lo que cabe llamar una hermenéutica de sí mismo. Y me parece –creo habérselos explicado en la primera clase,[6] en fin, intenté situarlo– que una de las cosas absolutamente fundamentales en el cristianismo es que en él tenemos una religión que comporta dos conjuntos, dos tipos, dos modos de obligación de verdad. Por una parte, la obligación de creencia en una verdad que es la de la verdad revelada, que es la del dogma, que es igualmente la del texto. Y por otra, en el cristianismo, [sea] mediante la *exomologesis* que yo les mencionaba quince días atrás, sea en la *exagoreusis* de la que les hablé la semana pasada y que acabo de resumir, vemos aparecer una obligación de verdad que es la obligación no de creer en un dogma, no una verdad en forma de acto de fe, sino una obligación de verdad que adopta la forma de la necesaria exploración de sí mismo, el necesario descubrimiento de una verdad en sí, la obligación fundamental de decir esta verdad. Verdad del texto, verdad de sí. Verdad del texto, verdad del alma. Hermenéutica del texto, hermenéutica de sí.

Ustedes me dirán: ¿tenemos efectivamente derecho a utilizar las palabras "hermenéutica de sí" para hablar de las prácticas de *exomologesis* y, sobre todo, de *exagoreusis*? Creo que en eso reside un problema importante en el cual, eventualmente, habría que detenerse. Digo "eventualmente detenerse" ya que por desdicha, con el tiempo de que disponemos, la forma misma de la conversación –o, más bien, del monólogo– es un poco difícil detenerse y discutir. Entonces, marco puntos de referencia, esbozo líneas que seguir y, si les interesa, eventualmente podrán trabajar con eso o podríamos, por otra parte, discutirlo.

Hay una cosa importante: entre la obligación de creer y la obligación de descubrirse a sí mismo hay una copertenencia, un lazo fundamental; entre el texto y el sí mismo el cristianismo marcó un lazo profundo. En efecto, si puedo conocerme a mí mismo, si poco a poco, y en virtud de la censura permanente ejercida sobre mi pensamiento, puedo filtrar las buenas y las malas ideas, efectuar la discriminación necesaria, será en la medida misma en que tenga con la verdad del dogma y la verdad del texto una relación estable y bien establecida. Dentro del acto de fe [...], en la relación con la verdad revelada, podré [efectivamente] hacer ese trabajo de desciframiento o revelación de mí mismo. Pero, a la inversa, para que pueda efectivamente adherir de manera completa y total a la fe que se me propone –mejor: para que pueda efectivamente comprender la enseñanza que se me da, e incluso comprender el texto de la Escritura, y hasta su letra–, es necesario además que mi corazón sea puro, es decir, que yo haya purificado mis pensamientos y realizado sobre mí el trabajo de exposición, de manifestación que se efectúa mediante la *exagoreusis*. Por tanto, esas dos relaciones con la verdad se condicionan una a la otra: debo conocer mi verdad para adherir a la verdad del texto, y la verdad del texto me guiará en la búsqueda que emprendo de los secretos de mi conciencia. Tenemos pues un vínculo fundamental entre lectura del texto y verbalización de sí. Si quiero leer el texto y comprenderlo, debo verbalizarme.

Me parece que en el cristianismo ese vínculo entre lectura del texto y verbalización de sí es algo fundamental. Sin embargo, pese a esa copertenencia, creo que hay dos técnicas hermenéuticas por entero diferentes. En otras palabras, no se pondrá en práctica el mismo tipo de interpretación, al menos en el cristianismo primitivo, cuando se trate de la hermenéutica del texto y cuando se trate de la hermenéutica de sí. En el cristianismo primitivo –ya desde sus primeros siglos– la hermenéutica del texto recurría a técnicas de interpretación que estaban perfectamente elaboradas y eran bien conocidas, en la tradición judaica tanto como en la tradición helénica. El texto era objeto de técnicas de interpretación abundantes, complejas y perfectamente admitidas. En cambio, la hermenéutica de sí, esa posibilidad de descubrir algo que está oculto en el fondo de mí mismo, el decurso que me permite descubrir no lo desconocido sino lo oculto –cosa que es la definición de la hermenéutica en general–, ese proceder, cuando se trata del sí mismo, no tenía en la cultura griega ni en la cultura judía, según creo, los antecedentes y los instrumentos de que disponía la hermenéutica del texto.

La hermenéutica del texto era ya una práctica cultural afianzada. Por su parte, la hermenéutica de sí –al menos si la tesis que procuro explicarles es verdadera, si en efecto es una invención que tuvo como medio de eclosión el ascetismo y el monacato de los siglos IV y V– no tenía una técnica específica. Y efectivamente, cuando vemos cómo suceden las cosas en las recetas y los procederes expuestos por Casiano, o antes de él por Evagrio, o bien los testimonios que de ellos tenemos en los *Apophtegmata Patrum*, notamos que en rigor no hay interpretación, y la hermenéutica de sí pasa íntegra por el acto de verbalización. Es simplemente el hecho de poder decirlo, simplemente el hecho de decirlo; eso es lo que va a pasar en el acto verbal: si me ruborizo o no me ruborizo, si vacilo o no vacilo, si el diablo se escapa con mis palabras o, al contrario, mis palabras manan sin dramatismo alguno... Eso permitirá hacer la *discretio*, el *discrimen*: permitirá decir qué es bueno y qué no lo es en mi pensamiento, dónde hay ilusión y dónde no la hay, dónde hay presencia del diablo, dónde no. En otras palabras, lo que tiene valor interpretativo es el acto verbal en sí mismo, y ninguna otra cosa. Por ende, si se quiere, es una técnica relativamente (o muy) rudimentaria, situada por entero en el acto de habla, mientras que en el caso del texto había técnicas tanto más elaboradas.

Tercera razón por la cual insistí en la *exagoreusis*: su estructura interna, [la]* relación entre hermenéutica de sí y hermenéutica del texto, me parece importante en el cristianismo; y esa tercera razón es que, en definitiva, esa dualidad entre hermenéutica del texto y hermenéutica de sí tiene, según creo, una importancia fundamental en toda la historia del cristianismo. Me parece que entre esos dos tipos de hermenéuticas hubo siempre, durante un milenio y medio, dos milenios, una tensión, un juego, un equilibrio, un desequilibrio, que representaron la vida y el

* Foucault dice "su".

dramatismo o al menos una parte del dramatismo de la cultura cristiana. [...] Al oponer así en su persistencia la hermenéutica del texto y la hermenéutica de sí, no pienso sólo en dos formas de pensamiento, sino en dos tipos de prácticas y dos modos de experiencias, dos maneras de vivir el cristianismo. Y me parece que podríamos seguir esa contraposición y esos juegos a lo largo de toda la historia del cristianismo.

Durante la Edad Media vemos con mucha claridad que –cualesquiera que hayan sido los prestigios, la precedencia de la hermenéutica del texto– la hermenéutica de sí dio lugar a una serie de experiencias espirituales, de formas de misticismo que a menudo estaban en paralelo, a veces en divergencia y a veces incluso en contradicción con las estructuras institucionales del texto autorizado por la institución. Y creo que lo que pasó en los siglos XV y XVI –la Reforma, o el conjunto de movimientos que acompañaron, rodearon y expresaron la Reforma–..., me parece que ahí podemos percibir, ver muy bien el conflicto que estalla entre la hermenéutica de sí y la hermenéutica del texto. Desde luego, me parece que en la Reforma vemos el rechazo a la autoridad de la Iglesia en su estructura institucional; el rechazo a someter la hermenéutica que se puede llevar a cabo con el texto a una autoridad institucional dogmatizadora; también la negativa a someter la hermenéutica de sí a la autoridad jurisdiccional del sacerdote en una institución o un sacramento como el de la penitencia.

El protestantismo liberó tanto la hermenéutica del texto como la hermenéutica de sí. Pero no se limitó a eso (a liberar estas dos prácticas con respecto a la autoridad de la Iglesia, la autoridad de la enseñanza o la autoridad de la penitencia). El protestantismo intentó ajustar[las] una a la otra, ponerlas en comunicación y procurar que eso que uno descubría en el fondo de sí mismo fuese la verdad misma de la fe, la verdad misma que se da en el texto. Esta suerte de interiorización o redoblamiento, de repliegue en virtud del cual la verdad del texto voy a encontrarla en mí, y lo que encuentre en mí va a ser la verdad del texto, es el camino que el protestantismo intentó seguir para resolver la tensión fundamental del cristianismo.

Una palabra más, antes de detenerme en estas consideraciones generales sobre la hermenéutica de sí en la cultura occidental. Me parece que si bien la existencia de la hermenéutica de sí fue tan importante en la historia del cristianismo, también lo fue en la historia de la filosofía (creo que esto se olvida con demasiada frecuencia). Por lo general, eso que se conviene en llamar "relaciones entre la filosofía y la religión" y usualmente se estudia con ese nombre siempre está centrado en las relaciones entre –digamos– verdad revelada o verdad del texto y verdad de la razón. Sin embargo, me parece que en realidad [...] –y a lo largo de toda la Edad Media eso está bastante claro– la pregunta planteada [por] la filosofía siempre fue: ¿cuáles son las relaciones entre verdad del texto, verdad de la razón y verdad de sí? Sea como fuere, creo que muchos de los aspectos de la filosofía del siglo XVII pueden esclarecerse a partir de esa perspectiva.

Por ejemplo, ya se trate de Descartes o también de la filosofía empirista, en el fondo, ¿qué pasó en el siglo XVII, que no fuese esto: que el proceder filosófico renunció, y de manera definitiva, a tomar por referencia la autoridad del texto? Y cuando digo "la autoridad del texto" no pienso simplemente en la autoridad del texto revelado, sino en la autoridad de *cualquier* texto que sea, transmitido por la tradición cultural occidental: en lo sucesivo, ninguno de ellos era lo bastante autoritativo para imponer su propia verdad. El proceder filosófico debe –es notorio en Descartes, y también lo es en los empiristas ingleses– partir sólo de sí mismo, es decir, partir sólo del propio filósofo. Y por consiguiente, en ese momento se plantea de manera palmaria el problema de la verdad del sí mismo: el proceder filosófico, en vez de plantear la cuestión de las relaciones entre verdad de la razón y verdad del texto, va a desplazar el problema hacia la cuestión de las relaciones entre verdad de la razón y verdad del sí mismo.

En ese punto volvemos a encontrar el famoso peligro que se cierne sobre toda la cuestión de la hermenéutica del sí mismo desde la espiritualidad de Evagrio y Casiano: ¿no hay en mí algo parecido a un poder de ilusión que hace que, aun cuando crea conocer la verdad, yo mismo *me* engañe, no en el sentido de cometer un error en cuanto a las cosas, las verdades eternas o los principios de la razón, sino en la medida en que hay algo, un poder, que me embaucaría? Yo me embaucaría a mí mismo si creyera que veo evidentemente la verdad: como se darán cuenta, es con toda exactitud el problema cartesiano. Y el problema cartesiano, por supuesto, sólo pudo resolverse mediante la exclusión de ese famoso poder que es el del genio maligno, una exclusión del genio maligno que vaya uno a saber qué radicalidad filosófica propia de Descartes no tornaba necesaria para nada: era una necesidad decididamente cultural inscrita en la historia misma de la cultura occidental, toda vez que, desde los siglos IV y V, la relación de uno consigo mismo estaba gravada, hipotecada en cierto modo por el peligro de la ilusión que la espiritualidad cristiana había descubierto, puesto de relieve, denunciado de manera incesante.

¿No me forjo ilusiones con respecto a mí mismo? La evidencia del *cogito* permite a Descartes sacarse de encima ese peligro planteado, marcado, indicado por la espiritualidad cristiana. Digamos que la solución empírica, la solución de Locke, consistirá en encontrar eso no en la evidencia sino en la sensación: la sensación que, por su relación inmediata con la exterioridad, eludirá los peligros que son propios de la interioridad del pensamiento. Y, así, tendremos lo que caracteriza al pensamiento clásico al menos hasta Kant: ya no hay peligro alguno de que me forje ilusiones acerca de mí mismo; puedo engañarme, no cabe duda, pero serán o errores de los sentidos, o errores metafísicos, o errores de razonamiento los que van a engañarme. De ahora en más, la posibilidad de mi ilusión con respecto a mí mismo queda conjurada y sólo volverá a la filosofía occidental después de la crítica kantiana y, de algún modo, gracias a [o] a través de la brecha de la crítica kantiana, cuando Schopenhauer redescubra no sólo la posibilidad sino la copertenencia fundamental entre la individualidad del sí mismo y la ilusión.

Me parece que con ello se introduce y se arraiga en el pensamiento occidental el problema del inconsciente, que Freud buscará precisamente en el lugar que Schopenhauer le había señalado. Freud es un schopenhaueriano: nunca hay que olvidar que, en toda Europa, la filosofía del siglo XIX estuvo dominada por la cuestión de Schopenhauer, por Schopenhauer y las cuestiones planteadas por él. Podemos decir, de manera muy esquemática, que lo que hizo Freud al retomar la cuestión de la ilusión de uno con respecto a sí mismo allí donde Schopenhauer había indicado su posibilidad a partir de la crítica kantiana…, para resolver, para abordar esa cuestión, él utilizó métodos interpretativos que eran precisamente los métodos de interpretación del texto que la tradición cristiana (pero en su caso no es eso) [o] en todo caso la tradición judía (es lo que sucede con Freud) ya habían perfeccionado durante siglos. Y esa especie de disimetría que les señalé a propósito de la *exagoreusis*, y que me probaba que, por un lado, había sin duda una hermenéutica de sí que estaba decididamente ligada a la hermenéutica del texto, pero que si la hermenéutica del texto disponía de técnicas interpretativas, la hermenéutica de sí, por su parte, no las tenía: con Freud –bueno, con Schopenhauer– reaparece después de Descartes la posibilidad, la necesidad, la inevitabilidad de la ilusión de uno con respecto a sí mismo; y con Freud constatamos el desarrollo de una hermenéutica de sí que dispondrá de técnicas interpretativas.

Así es como podríamos, de manera muy global, no digo en absoluto reinterpretar la filosofía occidental, pero sí me parece que al desarrollar algunos de esos esquemas, al seguir algunas de esas pistas, podríamos volver a atravesar en diagonal la historia del pensamiento o la filosofía occidental (preferiría decir "la historia del pensamiento occidental"); volver a atravesarla desde el punto de vista de los efectos que pudieron producir en ella las formas muy específicas de espiritualidad que el cristianismo introdujo en los siglos IV y V de su historia. Esa es en parte, como un vistazo, la conclusión que habría querido sacar la vez pasada, que no tuve tiempo de desarrollar y que quería, por tanto, indicar ahora para comenzar.

Entonces, lo que me gustaría retomar ahora no es la historia de la confesión –de la *exagoreusis*– en la filosofía o la cultura occidental. [Me gustaría] tratar de estudiar un poco los efectos de esa forma de la confesión y del principio de la veridicción de sí mismo, el efecto de la obligación de decir la verdad sobre sí mismo: seguir sus efectos en el orden jurídico. Y para ello, estudiaré hoy el problema de la juridización del decir veraz sobre sí dentro de la tradición y la institución eclesiásticas, y la próxima vez estudiaré algunos de los efectos y problemas del decir veraz sobre sí en la institución jurídica propiamente dicha.

Primero, juridización de la confesión en la institución eclesiástica.* Hace quince días, entonces, estudié una forma de veridicción de sí mismo, esa que encontramos en los ritos de penitencia, unos ritos que se ponían en práctica, se llevaban a cabo y se utilizaban en las comunidades cristianas en general. Y después, la semana pasada, estudié la *exagoreusis*, es decir una práctica muy diferente que consiste en hablar de manera indefinida de sí mismo y de los movimientos del pensamiento propio, una práctica que por su parte se desarrolla exclusivamente o de manera muy privilegiada en las comunidades monásticas. Por lo tanto, *exomologesis* en la penitencia y *exagoreusis* como práctica ascética y espiritual en las comunidades monásticas. En realidad, estas dos prácticas –*exomologesis* penitencial y *exagoreusis* espiritual– representan tanto más dos polos entre los cuales hay una serie de formas graduadas, que dos instituciones o dos formas perfectamente distintas una de la otra. Sin embargo, me parece que durante los primeros siglos –y esta será la primera parte–, entre esos siglos IV y VII, vemos poco a poco una contaminación cada vez más no-

* Foucault se dirige al auditorio de la siguiente manera: "¿Quieren...? Bueno, me disculpo, hice una suerte de introducción un poco larga, conclusión-introducción. ¿Quieren que nos detengamos parar cinco minutos para conversar eso o quieren que siga? ¿Perdón? ¿Seguir? ¿Sí? Bueno, de acuerdo. Está bien".

toria de esas dos formas, al mismo tiempo que una adaptación, un ajuste de cada una [de ellas], una en las comunidades cristianas, [otra] en las comunidades monásticas. Una adaptación que indica ya una suerte de paso a formas jurídicas.

1. Comencemos por la cosa de la que les hablé la vez pasada, es decir, la *exagoreusis* en las comunidades cristianas. Es muy evidente que esta práctica que consiste –lo reitero– en estar obligado a contar a su director espiritual todos los movimientos de su propio pensamiento, no puede ser más que una suerte de programa ideal, desde luego completamente irrealizable. Cuando digo que es completamente irrealizable no me refiero a que esa regla haya sido olvidada, y ni siquiera a que la existencia de ese principio general no haya tenido efectos, en cierto modo matriciales, sobre varias otras prácticas. En especial, el principio de una apertura del corazón –el principio de una dirección espiritual necesaria, a no dudar, para los novicios, pero en resumidas cuentas también para todos los monjes– sigue manteniéndose. Vamos a reencontrarlo en todas las instituciones monásticas de la Alta Edad Media y de la Edad Media.

Menciono dos ejemplos, uno conocido, otro no tanto. El más conocido es, claro, el de la regla benedictina establecida en Occidente, que plantea en principio que un gran consuelo en la vida –les cito una de las redacciones de esa regla benedictina–, un gran consuelo en la vida es tener *"cui aperias pectus tuum"*[7] (alguien a quien abras tu corazón), alguien con el cual *"arcanas participes"*[8] ([...] a quien participes los secretos de tu conciencia) y [...] al cual debes confiar *"secreta cordis tui"*[9] (los secretos de tu corazón). Y otro texto –destinado en este caso a comunidades de mujeres (es la *Regula ad virgines*, atribuida a San Donato y datada en el siglo VII)–[10] en que se dice:

> Es menester que las hermanas hagan con celo asiduo e incesante la confesión tanto de lo que han pensado cuanto de toda palabra o todo acto inútil, e incluso de toda *commotio animi* [todo arrebato del alma], y ello, *omnibus diebus, omnibus horis, omnibus momentis* [todos los días, todas las horas, en todos los momentos]. Que nada se oculte a la madre espiritual, ni siquiera *parva cogitata* [los pensamientos pequeños]: ni siquiera ellos deben ser pasados por alto y tenidos al margen de la confesión.[11]

Como ven, entonces, la regla, esta regla de la *exagoreusis* se preserva. Pero se preserva como una especie de punto ideal, núcleo hacia el cual hay que acercarse y que, en los hechos, en concreto, adoptará una serie de formas, como las del examen regular de la conciencia a la noche y a la mañana o –a veces, en determinadas horas del día– la confesión de los pecados al director espiritual, las relaciones duraderas con este, las conversaciones.

Pero por fuera de todo esto y de la necesidad de ajustar la regla de la *exagoreusis* completa, en sí misma imposible e insostenible, hubo una serie de otros factores que indujeron, dentro mismo de las prácticas monásticas,* de las instituciones monásticas, de las comunidades monásticas, [...] otras prácticas que, cada vez más, se desplazaban, se desviaban hacia una suerte de prácticas casi jurídicas.

No hay que olvidar ante todo que en Oriente, en Egipto, los monasterios de tipo pacomiano tenían [...] una forma, un objetivo, un tipo de organización bastante diferente de aquello de lo que Casiano puede dar testimonio; en todo caso, muy diferente de las comunidades que tenían esencialmente un papel, se asignaban un objetivo esencialmente contemplativo. Los monasterios pacomianos son en primer lugar monasterios de personas pobres. Los pueblan *fellah* egipcios, para quienes los ejercicios espirituales son naturalmente una cosa un poco difícil de aprender. Se trata de personas que tienen un problema que resolver, el de la vida y la supervivencia: problema de la mendicidad. ¿Cómo podrán vivir? ¿Hay que mendigar o hay que trabajar? Y la regla pacomiana impondrá precisamente el trabajo en lugar de la mendicidad, lo cual fue una de las elecciones fundamentales en el monacato cristiano hasta la reaparición de las órdenes mendicantes con San Francisco. Trabajo, por lo tanto. Y bien, al mismo tiempo, con la cantidad muy considerable de monjes que formaban parte de la comunidad, como es natural, necesidad de una organización de tipo colonia o de tipo militar, organización militar con obligaciones de trabajo, horas, grupos de diez con superiores; en resumen, todo un conjunto administrativo que se va estableciendo en las comunidades monásticas.

Los monasterios benedictinos que conocemos en Occidente están marcados hasta cierto punto por las mismas improntas que los monasterios pacomianos, con dos acentos más específicos. Por un lado, un agustinismo que fue la verdadera razón por la que Casiano cayó un poco en el olvido. ¿Qué queremos decir con agustinismo? Queremos decir que se va a desconfiar de todo lo que en ese momento podía considerarse como

* Foucault se rectifica. Al parecer quiso decir, no "prácticas monásticas", sino "instituciones, comunidades monásticas".

un resto de origenismo, esto es, la idea de que, por sí mismo y por una acción espiritual sobre sí, uno puede asegurarse la salvación y purificar su corazón. Con el agustinismo –la idea de que no hay modo de salvarse sino por la gracia de Dios–, es muy evidente que todo lo que puede ser ejercicio espiritual perderá un poco o gran parte de su eficacia en cuanto a la certeza de la salvación. Y de resultas, en esos monasterios impregnados de agustinismo, el problema de la purificación de sí mismo, el problema de la santificación de sí, ese decurso voluntarista a través de las experiencias espirituales hacia la perfección, desaparecerá en beneficio de un trabajo que se impondrá, se organizará y se reglamentará.

Y si se piensa que a ese agustinismo se sumaba un papel económico y social muy importante de los monasterios benedictinos desde la incipiente Alta Edad Media –bueno, desde el final de la Antigüedad, durante toda esa muy Alta Edad Media–, se ve bien por qué, en definitiva, esos monasterios benedictinos se dieron un funcionamiento muy diferente del que Casiano podía sugerir. El trabajo se vuelve una actividad fundamental, con un valor espiritual, porque en cierta medida el trabajo permite la no dispersión de los pensamientos, que era una de las condiciones de la contemplación, [y porque] es también lo que impone al individuo una humildad que es necesaria. Pero el trabajo es asimismo, por supuesto, el instrumento de independencia de la función litúrgica desempeñada por los monasterios; el trabajo es también toda la importancia económica de esas comunidades, que se expresa y se ejerce a través del tipo de reglamentación mencionada; y por esa vía, un tipo de disciplina que impone reglamentación, jerarquía, vigilancia y, desde luego, sanción de las faltas. De ese modo encontramos poco a poco –en fin, bastante rápido– en las reglas monásticas, por debajo del principio general de la confesión permanente a otro, una codificación cada vez más rigurosa en lo concerniente a las faltas que no deben cometerse, las confesiones que hacer acerca de las propias faltas y los castigos que convienen.

En segundo lugar, si tomamos ahora la otra forma de manifestación de verdad, es decir, la que encontramos en la *exomologesis*, en los rituales de penitencia, recordarán que esas obligaciones de verdad nunca consistían en confesar, como en la *exagoreusis*, el movimiento perpetuo de los pensamientos, sino [que] se trataba de manifestarse globalmente por lo que uno era, es decir como pecador. Cuando uno había cometido faltas graves o sentía el agobio que para su vida representaba el peso general de todos sus pecados, o cuando sentía la inminencia de la muerte, tomaba la condición de penitente y procuraba liberarse del peso de esos pecados mostrándose a la vista de todos en su condición de pecador.

Esa condición penitencial era, obviamente, tan difícil de manejar y poner en práctica como la regla de la confesión perpetua en las comunidades eclesiásticas. [Por una parte,] la condición penitencial era en efecto muy gravosa, porque cuando el individuo se convertía en penitente, quedaba aislado del conjunto de la comunidad, con todos los inconvenientes espirituales –y todos los inconvenientes sociales y económicos, además– que esa situación podía implicar. Por añadidura, quedaba proscrito de la sociedad; en todo caso, había unas cuantas cosas que no podía hacer; por ejemplo, casarse. No podía tener relaciones sexuales con su mujer si era... En suma, había una invalidación del individuo desde el momento en que tenía la condición de penitente, y esa condición no era algo que durase unos días o unas semanas: por lo general, la gran dramaturgia penitencial de la que les he hablado se desenvolvía a lo largo de años. Por otra parte, el hecho de que la condición penitencial fuera tan pesado causaba que muchas veces la gente, en lugar de hacer penitencia, de adoptar ese estatus de penitente por haber cometido un pecado que era grande, prefiriera esperar el fin de su vida y el momento en que sentía que verdaderamente se le acababa la cuerda; según su propio punto de vista, era garantía de salvación, y evitaba fastidiarse durante demasiado tiempo con un estatus que, en efecto, era un poco farragoso. Tercer tipo de inconveniente: el carácter público de la condición de penitente, en virtud del cual, si bien esa condición pública de penitencia resultaba natural y aceptable cuando la falta misma era escandalosa y pública, [en cambio,] cuando la falta era secreta, ese carácter público planteaba en relación con la comunidad una serie de problemas, de cuestiones escandalosas, si se quiere (la penitencia misma suscitaba escándalo al revelar una falta que hasta ese momento no se conocía).

En síntesis, todo esto indujo –y bastante pronto, tenemos signos de ello hacia los siglos IV y V– una modificación bastante grande en la economía general de lo que podríamos llamar régimen de la penitencia en las comunidades cristianas. Por un lado se comenzó a tomar la costumbre de distinguir penitencia pública y penitencia privada. Se planteó este principio: cuando las faltas sean públicas, se hará una penitencia pública; en cuanto a las faltas secretas, supondrán una penitencia que será de por sí de carácter privado (una penitencia privada que, en su realización, debe conllevar desde luego una confesión al obispo o al sacerdote, que decidirá un tipo de satisfacción –que por ejemplo puede ser el ayuno, la abstinencia sexual o la oración, o eventualmente el peregrinaje– y esas tantas penitencias,* satisfacciones, serán la reacción, la respuesta y algo así como la sanción de esa falta secreta). Y, en conexión con esto, con esa dificultad para administrar la condición general de la penitencia, vemos desplegarse una ampliación de las prácticas de dirección espiritual un poco similares a las que constatábamos en las comunidades monásticas, pero que se volverán instrumento de relevo, una forma intermedia, una forma atenuada cuando no se pueda pedir al individuo que adopte la condición de penitente. Y de tal modo, encontramos esta definición –que en su caso data del siglo IV– en el Oriente cristiano: un texto de Gregorio Nacianceno en que este muestra con claridad [...] que la dirección espiritual, práctica ascética, práctica esencialmente destinada a las comunidades monásticas, está difundiéndose en las comunidades cristianas en general.

Este texto de Gregorio Nacianceno es muy importante, porque se lo ha de citar indefinidamente hasta el siglo XVII cuando se hable de la dirección de conciencia como *techne technes*, arte de las artes. Esta famosa expresión *techne technes* que Edipo pronuncia o, bueno, que Sófocles pone en labios de Edipo para designar el poder político: la *techne technes*, ese arte entre las artes que permite dirigir a los hombres y conducir el comportamiento de los hombres, ahora se aplica a la dirección espiritual. Gregorio Nacianceno escribe:

> Me parece que dirigir al hombre, ese animal tan variado y cambiante, es la *techne technes* [el arte de las artes], la *episteme epistemes* [la ciencia de las ciencias]. Se lo comprenderá si se compara el cuidado que se presta a las almas y la cura de los cuerpos; si, sabiendo cuán difícil es la primera, se indaga además cuánto más difícil aún es la segunda (la nuestra, la dirección espiritual), ya sea por la naturaleza del tema que tratar, ya por la fuerza de la ciencia que utilizar, o bien por la meta que se procura alcanzar.[12]

Sigue un extenso paralelismo entre la medicina y la dirección espiritual. Y el párrafo termina así:

> Hay que tener en cuenta todas las diferencias, las diferencias entre los hombres y las mujeres, los jóvenes y los viejos, los ricos

* Rectificación de Foucault. Al parecer quiso decir "satisfacción" y no "penitencia".

> y los pobres, quienes están alegres y quienes están tristes, quienes están sanos y quienes están enfermos, los jefes y los subordinados, los solteros y los casados, quienes viven en el campo y quienes viven en las ciudades, quienes son simples y quienes son hábiles. Hay que atender las almas con procederes y métodos diferentes, ya sea por la palabra, por el ejemplo, por el acicate, por el freno, por la alabanza, por la reprimenda, ya sea en público o en privado.[13]

Eso es lo que decía Gregorio Nacianceno en el segundo de sus discursos.

El texto es muy interesante, porque se advierte a las claras que no se dirige a una comunidad monástica: hace de la dirección espiritual una suerte de función pastoral general que debe ejercer todo pastor, todo sacerdote, todo obispo, todos los que de manera general tienen una responsabilidad en relación con una comunidad, sea cual fuere. Creo que, con el desarrollo de la función pastoral dentro de las comunidades cristianas, se constata que el ritual de la *exomologesis* pierde parte de su importancia, se modifica, se flexibiliza, se ablanda, y la dirección espiritual penetra en ellas.

Tenemos, pues, un doble movimiento. En las comunidades monásticas, la dificultad de aplicar la regla de la confesión permanente induce el ingreso de otras técnicas, en particular la de castigo –individual, en cierto modo– de la falta una vez que ha sido cometida. Y a la inversa, en las comunidades no monásticas vemos la atenuación del principio de la *exomologesis*: notamos que poco a poco la obligación de adoptar la condición de penitente que tienen quienes han pecado es sustituida poco a poco, es duplicada por la obligación de otra penitencia, que sería una penitencia ajustada, adaptada en función de las necesidades mismas de la dirección espiritual, adaptada simultáneamente al individuo que ha cometido la falta y a la falta cometida. Digamos que en líneas generales se constituyeron dos grandes focos. Uno, el convento, la comunidad monástica, foco a la vez espiritual y económico cuya estructura comunitaria se tornó cada vez más fuerte y al cual finalmente se dotó de una organización reglamentaria rigurosa: en él las prácticas de la dirección espiritual se modificaron en el sentido de una suerte de codificación de las conductas y las sanciones. Segundo, el otro foco, el de la comunidad de los laicos bajo la dirección del obispo o los ancianos, que era un foco pastoral y administrativo al mismo tiempo, donde la estructura comunitaria era mucho menos sólida que en los monasterios: en este caso, la práctica de la penitencia se juridizó de otra manera, por obra de una especie de contaminación con los procedimientos judiciales y administrativos.

En consecuencia, tenemos en estas dos formas una compenetración, una contaminación recíproca, una tendencia a homogeneizarse hasta cierto punto, sin que jamás se suprimiera el dimorfismo entre ambas formas de vida, habida cuenta de que este, al contrario, fue una de las grandes dimensiones del cristianismo (o, en todo caso, del cristianismo católico). Pero hay dos cosas que son interesantes. Por un lado, tanto en las comunidades monásticas como en las Iglesias, no se puede formar parte de la comunidad sin una obligación de verdad, de verdad sobre sí mismo, de verdad de sí mismo que está ligada a una relación de dependencia específica con respecto a algún otro. Y segundo, en ambas formas de comunidades esas obligaciones de verdad [...] que formular a algún otro se impregnan entre sí y poco a poco se tiende a algo que consiste en la obligación de confesar faltas definidas por un código, y que se sancionarán en función de ese mismo código.

2. Este movimiento, que se extiende desde el siglo IV hasta los siglos VI y VII, se multiplicará, se intensificará a partir del siglo VII, cuando aparece [...] en las instituciones cristianas lo que podemos calificar de primera gran juridización de la penitencia, la penitencia tarifada.

Supongo que muchos de ustedes saben qué es la penitencia tarifada: una forma que comenzó a expandirse desde el siglo VII y que tuvo como agentes de difusión a los monjes irlandeses, cuyo papel fue capital en la evangelización de Europa Occidental, una parte de la Galia y también una parte de Alemania. La penitencia tiene estas particularidades. En primer lugar, es una penitencia que se ejerce, que debe practicarse cuando se ha cometido *una* falta: en cierto modo, por tanto, la penitencia tarifada responde punto por punto a las faltas; a una falta debe corresponder una penitencia. En segundo lugar, y como consecuencia, una cosa absolutamente novedosa: esta penitencia puede reiterarse, en tanto que la gran *exomologesis* –la gran condición penitencial que antaño se imponía a los grandes pecadores– no podía reiniciarse (uno se hacía penitente y seguía siéndolo hasta el final de su vida; o, si se reconciliaba, ya no podía a continuación retomar esa condición de penitente, quedaba como única alternativa la de ser excluido de la comunidad, excomulgado), en este caso, en cambio, según cuántas sean las faltas cometidas podrán o deberán cumplirse otras tantas penitencias. Como resulta obvio, esto es algo fundamental en la historia de la juridización: estamos extremadamente lejos de todo lo que había podido existir hasta ese momento, ya fuera bajo la forma de *exomologesis* como en forma de *exagoreusis*.

¿Cuál es el origen de la penitencia tarifada? Sus orígenes, a no dudar, son dos. Por un lado, un modelo monástico, precisamente ese que les señalaba hace un rato. A medida que los conventos se vuelven comunidades fuertemente reglamentadas, con una función económica específica –o importante, en todo caso–, con estructuras jerárquicas permanentes, sistemas de vigilancia y una reglamentación permanente de la vida, es evidente que no pueden funcionar sin que se defina una serie de faltas y se definan también las sanciones que deben corresponder a esas faltas. Si el modelo de la reglamentación monástica se difunde, es por una razón muy simple: el hecho de que, cuando alguien –un laico– había cometido un gran pecado y quería hacer penitencia y adoptar la condición de penitente, ¿dónde podía adoptar esa condición y llevar una vida de penitente si no era en los monasterios? Por lo tanto, en el momento de la vida en que uno quería reparar una falta grave, acudía al convento, donde los monjes proponían a quienes querían hacer penitencia, de ningún modo tomar esa gran condición penitencial que por otra parte sólo dependía del obispo, sino castigos del mismo tipo que las sanciones reglamentarias que podían encontrarse en los monasterios. El ayuno, por ejemplo; las genuflexiones; no dormir durante cierto tiempo para cantar salmos: castigos de tipo monástico.

Por otro lado, el otro modelo que aparece y que también es muy importante y nos hace avanzar considerablemente en la historia de la juridización es, desde luego, el modelo del derecho germánico. Es el modelo del derecho germánico, porque vemos muy bien... en la idea de que cuando se ha cometido un pecado hay que dar una satisfacción que permitirá la redención del pecado, encontramos muy claramente el principio del derecho germánico conforme al cual una falta siempre puede redimirse si se da una satisfacción a quien se ha infligido un perjuicio o a quien se ha dañado. Y así como esa redención equivale a un castigo y en cierto modo tiene dos caras –satisfacemos a quien hemos perjudicado y sufrimos un castigo–, de la misma manera, a la falta que se ha cometido contra Dios se responderá mediante una penitencia que será satisfacción para Dios y castigo para el pecador. Encontramos esta misma estructura.

En el sistema de la penitencia tarifada también encontramos el modelo germánico en esto: en ese momento hay una proporcionalidad calculada y establecida entre el pecado y la satisfacción que es preciso dar por él. Recordarán muy bien que en la *exomologesis* de la que les hablaba hace quince días no había proporcionalidad: uno había cometido una falta o se sentía pecador; pues bien, había que mostrar de la manera más dramática e intensa posible cuántos remordimientos se experimentaban por el pecado propio. Y cuanto más cargaba uno las tintas, cuanto más se revolcaba por el polvo, cuanto más intensamente ayunaba, cuanto más lloraba y suplicaba a los otros que participaran con sus oraciones en su salvación, más posibilidades concretas tenía de ser salvado, pero era en cierto modo en proporción a la voluntad que tenía de salvarse y no en proporción a la gravedad de la falta. En cambio, con la penitencia tarifada tenemos una codificación como aquella que podemos ver en el derecho germánico: por ejemplo, cuando un clérigo había robado una cabeza de ganado, los penitenciales de los siglos VII-VIII decían que debía hacer penitencia y que esta debía consistir en vivir un año a pan y agua, tres años a pan y agua más tres años sin vino ni carne si el clérigo había matado sin premeditación ni odio.

Tercera característica que acerca esta penitencia tarifada al derecho germánico: el castigo mismo puede redimirse, porque las penitencias eran desde luego muy pesadas y había un sistema de transacción. Al igual que en el derecho germánico, se podía negociar con la persona a quien se había perjudicado diciendo "no, en realidad es demasiado caro", del mismo modo que se podía decir a Dios (o al monje que lo representaba) que uno no podía cumplir esa penitencia, pero podía sustituirla por otra cosa, y había un código de sustituciones. Por ejemplo, cuando se vacilaba en hacer un año entero de penitencia (ni vino ni carne, pan y agua al menos –según creo– tres días por semana; abstinencia sexual), cuando uno la consideraba un poco pesada, había un sustituto, una *area*, que consistía en estar tres días encerrado en la tumba de un santo sin comida ni bebida y también sin dormir, cantando salmos los tres días. O, por ejemplo, en lugar de un ayuno especial, se podían recitar cien salmos mientras se hacían cien genuflexiones, e incluso podían cantarse tres veces cincuenta y siete cánticos. Había pues un sistema de redención que nos introduce de manera muy notoria en un sistema que es de orden jurídico.

Por último, la cuarta característica importante de la penitencia tarifada, que muestra con claridad cómo, a través de qué relevo se hace la juridización: las penitencias, las satisfacciones impuestas por la Iglesia o las comunidades eclesiásticas, se entrelazan con las penas civiles; y con frecuencia se encuentran en los penitenciales satisfacciones que son manifiestamente tanto civiles como religiosas. Por ejemplo, en el penitencial de San Columbano[14] leemos: "Si un clérigo ha asesinado a alguien, será enviado al exilio durante diez años", y estamos en el orden de la penitencia, de la satisfacción. Por tanto, "será enviado al exilio diez años. Dará a los padres de la víctima la composición legal debida. Se pondrá al servicio del padre y la madre"[15], otro aspecto directamente derivado del derecho germánico. Y también: "el laico que ha lesionado intencionalmente a alguien estará obligado a compensar el mal. Si no tiene medios para pagar, se encargará de los asuntos de la víctima hasta que esta alcance su curación".[16] Como ustedes ven, tenemos aquí un entrelazamiento de penas civiles y canónicas, o civiles y religiosas. De hecho, volvemos a encontrar un fenómeno que ya se esbozaba en San Agustín o en la época de San Ambrosio: que la Iglesia había hecho suya una parte no desdeñable de las funciones jurisdiccionales que antaño eran prerrogativa de las autoridades civiles. Y por consiguiente, la Iglesia, al convertirse en un poder jurisdiccional, cumple, sirve de vínculo entre estructuras jurídicas civiles y esas formas de la penitencia que en su origen estaban tan alejadas de ellas, si se toman la *exomologesis* y la *exagoreusis* tal como yo las he descrito.

Se percatarán, entonces, de cómo se produce la contaminación. En una práctica como la penitencia tarifada, sin duda, la forma de penitencia implica procedimientos muy diferentes de los que podían encontrarse ya fuera en la *exomologesis*, ya fuera en la *exagoreusis*: no hay nada del gran dramatismo global de estas, y tampoco se trata de decir todo lo que uno piensa.

No es que todo eso haya desaparecido. Ante todo, hay que recordar que las prácticas de la penitencia pública, las grandes *exomologesis* tal como yo se las he descrito, no desaparecerán en una serie de casos graves, con condiciones específicas: la exclusión de ciertas liturgias, manifestaciones exteriores y violentas de humillación y mortificación. En unos cuantos casos, esas penitencias públicas mantendrán su vigencia hasta los siglos XIII y XIV e incluso XV; habrá además una jerarquía entre las penitencias solemnes, las penitencias públicas y las penitencias privadas. En consecuencia, la práctica de la *exomologesis* continúa, pero se margina cada vez más, y queda cada vez más reservada a cierta cantidad de casos muy específicos. Pero [...] los rituales mismos de esa penitencia privada que ahora tiene una forma tan juridizada, esos rituales mismos, suponen todavía algunos elementos de la *exomologesis* dramática. Así, un penitencial (que es, creo, el de San Columbano, pero no estoy seguro) dice lo siguiente acerca de la confesión al sacerdote que impone la satisfacción:

> En el momento de confesar sus pecados al sacerdote, y cuando este le impone la satisfacción que debe cumplir, el penitente tiene que estar de rodillas en el suelo, con las manos extendidas y el rostro bañado en lágrimas, y en ese momento expresará su

> contrición. Después, cuando el sacerdote le imponga la penitencia, la satisfacción propiamente dicha, se tenderá cuan largo es, de cara al suelo, y gemirá, suspirará, llorará.[17]

Tenemos pues estos elementos de la *exomologesis* que persisten en esa parte del ritual, a pesar de la juridización.

No por eso deja de ser cierto que, a despecho de las formas antiguas y tradicionales del dramatismo penitencial, la penitencia tarifada constituye una nueva práctica que da [...].*

* * *

[...] la dificultad en la cual, según parece, se empezó a pensar tan tarde como durante los siglos X-XI en relación con la condición misma de ese acto penitencial. De hecho, ¿qué quiere decir esto, y cuál es el efecto de una penitencia como esa? Todavía no estamos en la época en que la penitencia es un sacramento: el penitente, cuando pide que se le imponga una penitencia, en cierto modo no hace otra cosa que anticiparse por su confesión y las satisfacciones que otorga al juicio y la condena que Dios podría pronunciar. Al condenarse en parte a sí mismo, al aceptar por voluntad propia esa satisfacción, espera mitigar el castigo que no dejará de imponérsele cuando comparezca en su juicio final.

* Introducimos aquí un corte que corresponde al cambio de cinta de grabación. Este cambio genera una laguna que es posible colmar parcialmente por medio de la copia mecanografiada preservada en el IMEC. Reproducimos a continuación el extracto en cuestión:
"No por eso deja de ser cierto que [...], a despecho de las formas antiguas [y] tradicionales del dramatismo penitencial, la penitencia tarifada constituye una nueva práctica que da a la manifestación de la verdad un lugar muy importante –adopta sólo de manera muy parcial las formas previas–, una manifestación de la verdad que en lo sucesivo debe ser verbal. Es verbal y debe esencialmente ser verbal para que el sistema mismo de la penitencia tarifada pueda funcionar. Ante todo se requiere una declaración analítica de la falta, hecha por quien la ha cometido. Esta declaración analítica se torna necesaria porque hay un código que ha previsto tal penitencia, tal satisfacción para tal falta; también ha previsto modificaciones de la satisfacción en función de una modificación de las circunstancias de la falta. En consecuencia, el penitente, quien solicita la penitencia o aquel a quien esta le es impuesta, debe exponer las circunstancias de su acto, las intenciones que él tenía, las frecuencias de sus hábitos, decir cuál es su condición, la condición de la víctima si ha herido a alguien (está claro que la importancia de la falta no es la misma según se haya matado a un esclavo o a un hombre libre, a un pobre o a un rico, etc.). Necesidad de una declaración anamnésica.

De hecho, esto plantea muchas dificultades teóricas, y a través de los textos se percibe a las claras que hay dos modelos que no dejan de superponerse. En el nivel de la práctica, de la organización misma del procedimiento, estamos en un mundo o una práctica en que el modelo judicial, si no es todopoderoso, está al menos extremadamente presente. Códigos, faltas, sanciones: estamos ante un modelo judicial. Pero si fuera un juicio –si fuera verdaderamente un juicio con una condena y una pena en función de la falta–, en cierta forma Dios quedaría atado por esa decisión del sacerdote: otorgar la penitencia e imponer una satisfacción. Y el juicio final, por consiguiente, perdería su razón de ser; habría una sustitución del juicio de Dios por el juicio humano. Imposibilidad de admitirlo y, por eso, dentro de esta práctica que sin embargo es claramente judicial, la presencia constante de la referencia al modelo médico. En realidad, la penitencia es una medicina. Uno está enfermo: el pecado es una enfermedad, o el pecado es una herida. Y así como, cuando uno va [al] médico, le explica qué enfermedades tiene o le muestra sus heridas, así como, cuando uno va al médico, se desviste para mostrarle los males que padece o las heridas que tiene, de la misma manera, la confesión tomará aquí la forma de la visita al médico. Uno muestra al sacerdote sus heridas y este le aconseja medicamentos; y uno acepta esos medicamentos con la esperanza de curarse. Es muy interesante ver que, dentro de una práctica ya juridizada por completo en la realidad, la imposibilidad de pensar la

---

Segundo, necesidad del diálogo que se introduce allí, que es también un elemento importante del diálogo en forma de interrogatorio. En efecto, como para ese entonces estamos ante un sistema codificado, no se atribuye a quien ha cometido la falta un conocimiento exacto del código, la persona no conoce lo que va a significar una diferencia en la definición de la falta, lo que entrañará un agravamiento o una atenuación de la satisfacción en función de tal o cual circunstancia... Todo esto sólo lo conoce quien impone la penitencia, y sólo él. Por lo tanto, aquel a quien uno confiesa sus faltas, el encargado de imponer la penitencia, debe hacer preguntas, debe interrogar. Y en el penitencial romano germánico leemos: 'Es preciso que aquel a quien confesamos nuestras faltas vele para que el penitente no disimule ninguna de sus taras espirituales y ninguno de los pecados eliminados en el penitencial quede oculto; por su insistencia, aquel con quien el penitente se confiese hará recordar a este todas esas cosas'.
En estos textos todavía no encontramos la palabra 'confesor', que, sin embargo, no tardará en aparecer: aparece, en todo caso, el personaje. Personaje no de quien impone la penitencia porque se lo piden y porque tiene la autoridad para hacerlo, sino aquel a quien se habla, aquel a quien se confiesa y aquel que podrá responder a esa confesión mediante una serie de preguntas que van a permitir [...]" (copia mecanografiada, clase del 13 de mayo de 1981, pp. 17-18).

penitencia como un tribunal induce la reactivación de ese tema de la penitencia como medicina, tema que estaba presente en los textos de los siglos III, IV o V y que en este caso deduce su utilidad, en cierto modo, de la imposibilidad de pensar la realidad jurídica de lo que uno, no obstante, hace en formas jurídicas.

El segundo punto en que debe insistirse, sin duda, es en que ahora la verbalización de la falta se convierte en un elemento capital. Verbalización de la falta que adopta así la forma que les he dicho en función de la existencia del código. Verbalización de la falta que desde luego se justifica por la necesidad, para quien impone la penitencia, de conocer esa falta. Verbalización que se justifica una tercera vez en función del modelo médico. Para terminar, en los textos del siglo IV encontramos [esta] justificación, [esta] valoración de ese acto verbal: al confesar una falta, uno hace un sacrificio. Mientras en la *exagoreusis* monástica la verbalización era una verdadera renuncia a sí, aquí aparece como un sacrificio: un sacrificio en cierto modo parcial, un esbozo de satisfacción. La expresión aparece a partir de los siglos X-XI: la confesión misma es un esbozo de satisfacción, porque da vergüenza; uno se avergüenza de confesar lo que ha hecho a otro, y ese sacrificio por medio de la verbalización es de alguna manera el inicio de la satisfacción. Lo es a tal punto que en caso extremo, en caso de urgencia y sobre todo en caso de muerte próxima, y con frecuencia en las batallas, se admite sin reservas la posibilidad de confesarse con un laico. No estamos en el mundo de los sacramentos: el poder de quien impone la penitencia es en realidad simplemente un saber; esa persona sabe qué penitencia hay que cumplir si uno quiere hacerse perdonar o confía en lograr que se lo perdone por sus pecados. Es bueno por tanto dirigirse a alguien que sabe, pero el hecho de que sea sacerdote, de que tenga una condición específica, de que (como llegará a decirse) tenga el "poder de las llaves", todavía no tiene incidencia alguna. Y como el hecho de confesar algo es ya en parte una satisfacción, si hace falta y, una vez más, en una situación de gran peligro, es perfectamente legítimo que uno confiese su falta a otro, a cualquiera, a la persona que está al lado. Y el sacrificio verbal que se hace de ese modo en la confesión equivaldrá a una satisfacción.

3. Llegamos entonces al tercer momento de mutación, la verdadera juridización de la penitencia, que se producirá entre los siglos XI y XIII, juridización que se hace conforme al modo paradójico de la sacramentalización de la penitencia. Es muy curioso que, a partir del momento en que se convierte en un sacramento, la penitencia quede total y completamente juridizada. Esto tiene explicaciones técnicas y explicaciones his-

tóricas más generales. En principio, me referiré rápidamente al esquema organizacional de todo esto.

Como saben, en el canon XXI del cuarto Concilio de Letrán, en 1215, se establece que todos los cristianos tienen la obligación de confesarse al menos una vez por año, en Pascuas.[18] Obligación absolutamente general, que ni siquiera tiene en cuenta la cuestión de si se ha pecado o no: tenga uno conciencia o no de haber pecado, debe confesarse. Como verán, una diferencia muy clara con la penitencia tarifada, que debía responder a un pecado preciso que uno tenía conciencia de haber cometido. En este caso hay que confesarse de todas maneras (lo cual plantea, como es obvio, unos cuantos problemas): sea porque, dice Alejandro de Hales,[19] se han cometido pecados veniales[20] –esa es también la tesis de San Buenaventura–, sea, más bien –y es la tesis que terminó por adoptarse–, porque esta regla de la confesión anual es de institución eclesiástica. Como uno pertenece a la Iglesia, debe confesarse: ser cristiano, pertenecer a la Iglesia, está ligado a la necesidad de confesarse –y la supone–, no el hecho de haber cometido un pecado. Modificación fundamental.

En segundo lugar, la obligación de la penitencia está asociada, en ese famoso canon XXI, a un dispositivo institucional. Dispositivo territorial, porque hay que confesarse con quien se llama sacerdote propio, el sacerdote de la parroquia a la cual uno pertenece (salvo autorización, lo que dio lugar a todos los conflictos que algunos de ustedes conocen y los otros no tienen más que imaginar). Segundo, también está ligada a un dispositivo litúrgico, porque esa confesión es necesaria dentro del ciclo litúrgico y en el momento de Pascuas. A un dispositivo punitivo, también, porque hay sanciones especiales, sea para los fieles que no aceptan ese deber, sea para los sacerdotes que, por su parte, están ligados a la obligación de confesar a su grey y que, si la eluden o no hacen como corresponde lo que deben hacer, serán igualmente castigados. Por último, un dispositivo procesal bastante preciso, dado que el canon explica al menos en líneas generales cómo debe hacerse la confesión [...]. Volveremos a esto dentro de un rato.

Otro punto importante –al mismo tiempo que el cuarto Concilio de Letrán afirma así la obligación universal de la penitencia; en ese mismo momento, ese mismo período– es [la] aparición del principio de que la penitencia es un sacramento. La idea, el tema de que la penitencia es un sacramento no sobreviene en absoluto antes de, digamos, los siglos XI o XII. Por supuesto, no hubo que esperar el Concilio de Letrán: vemos que la idea se perfila, se esboza en Lanfranco,[21] por ejemplo: en el *De celanda confessione*[22] este sitúa el sacramento de la penitencia entre los que llama sacramentos de la Iglesia, junto a la fe, el bautismo y la consagración del cuerpo y la sangre. Y es simplemente Pedro Lombardo[23] quien, a mediados del siglo XII, define el famoso septenario de los sacramentos, donde incluye en cuarto lugar la penitencia, después del bautismo, la confirmación y la eucaristía.

Ahora bien, al convertirse en sacramento, advertirán que la penitencia ya no puede ser lo que era en el caso de la penitencia tarifada, es decir, un seguro que el pecador trata de tener para la salvación futura). Por ser sacramento, la penitencia es una operación, una operación compleja con tres personajes: el pecador, el sacerdote y Dios. Esta operación se desenvuelve a la vez en el tiempo y en la eternidad: el sacerdote absuelve, absuelve realmente. Y con ello vemos muy bien las diferencias en las formulaciones: hasta los siglos XI y XII tenemos aún fórmulas de absolución deprecativa (es decir, aquellas en las cuales el sacerdote a quien se pide una penitencia pide a Dios que tenga a bien absolver al penitente), y luego, a partir del siglo XIII, la fórmula declarativa de absolución adopta una forma regular (el sacerdote dice "yo te absuelvo", y una vez que ha dicho "yo te absuelvo", la absolución es un hecho). Y al mismo tiempo que la sacramentalización de la penitencia da ese poder real de absolución al sacerdote, este tiene la libertad de elegir la satisfacción que quiera. De resultas, el código que existía y estaba en vigencia en la penitencia tarifada (a tal falta corresponde tal tipo de satisfacción)... Ahora, el sacerdote, en virtud del poder de absolver que tiene, puede decidir con absoluta libertad la penitencia, la satisfacción que considera necesaria y suficiente. Digo "con absoluta libertad", pero esto es demasiado esquemático: en realidad, había pese a todo límites y reglas, pero, bueno, en líneas generales es libre.

De todos modos, al mismo tiempo y por el hecho mismo de que la penitencia se convierte así en un sacramento –una operación real que absuelve efectivamente al pecador del pecado que ha cometido–, la vemos, de manera paradójica, juridizarse por completo. Vale decir que la posición de metáfora jurídica en la cual estaba en la penitencia tarifada, cuando era una especie de juicio y una manera de anticiparse al verdadero juicio que se remitía al fin de los tiempos... Y bien, en lugar de ser esa anticipación y estar situada en una posición simbólica, el acto de penitencia –el ritual penitencial– será efectivamente un acto de tipo jurídico: reestructuración de todo el sistema judicial en el cual la penitencia queda incluida y con el cual se había contaminado confusamente. Esa reestructuración se realiza ante todo mediante la distinción muy clara entre la jurisdicción penitencial y la jurisdicción no penitencial. Distinción entre el tribunal, el *forum justitiale*, con el poder de jurisdicción y de disciplina ligado a la jerarquía eclesiástica, un poder de jurisdicción que se habría transmitido al apóstol en su carácter de prelado: allí, ante ese *forum justitiale*, se deciden las penas canónicas, la interdicción, la destitución, la infamia. Y por otro lado, el *forum paenitentiale*, el tribunal penitencial cuyo poder fue conferido al apóstol en cuanto era sacerdote y debido a la famosa frase que cobra ahora su sentido y su condición, "perdonaré los pecados de aquellos a quienes tú perdones":[24] allí, en ese *forum paenitentiale* cuyo ejercicio se asigna al sacerdote en cuanto es sacerdote y por el poder de las llaves que recibe en el momento de su ordenación, allí, en ese *forum paenitentiale*, el sacerdote efectivamente absuelve. Absuelve. Es preciso además, para que pueda absolver, que haya recibido en concreto un poder especial que debe al obispo, además del poder de las llaves; lo cual implica que su decisión de absolver o no absolver tome efectivamente la forma de una sentencia; y para terminar, esta debe apoyarse en el doble conocimiento de la ley y de las faltas cometidas.

Como ven, tenemos aquí una superposición (ahora, en este caso, efectiva) entre la estructura sacramental y la forma judicial de la penitencia. Esta superposición de una estructura sacramental y una forma judicial, la efectuación de la forma judicial completa por obra de la sacramentalización de la penitencia, fue sin lugar a dudas algo muy importante; algo muy importante que planteó una gran cantidad de problemas de los cuales no puedo ocuparme, pero que ustedes podrán sospechar. En esencia, a partir de ese momento la Iglesia se planteó los grandes problemas de la teología moral. También es algo muy importante porque, con el episodio de la juridización por la sacramentalización, se darán cuenta de que la Iglesia estableció de manera absolutamente central dentro de su magisterio un modelo jurídico, un modelo judicial para la relación entre el hombre y Dios. Algo que jamás se le habría ocurrido a un cristiano primitivo –que la relación entre el hombre y Dios fuese del orden de la ley; que la relación podía ser del orden del tribunal, la relación podía ser [del orden] de la falta, del tipo de la falta [y] de la sanción; que la escena entre el hombre y Dios fuese una escena judicial– constituye efectivamente la gran realización de la Iglesia de los siglos XII y XIII.

Esto está evidentemente ligado por un lado a todo el debate, toda la dificultad, todos los conflictos relacionados con el ejercicio concreto de cierto tipo de poder temporal por la Iglesia. También estaba ligado, por supuesto, al problema de la redistribución de los poderes judiciales dentro del feudalismo. Y asimismo al problema de la definición de las esferas de acción e influencia y soberanía, de ejercicio del poder, entre la Iglesia y las monarquías nacientes. Sea como fuere, la Iglesia se convirtió –y eso es lo importante desde nuestro punto de vista– en la institución dentro [de la] cual se juridizan fundamentalmente las relaciones entre Dios y el hombre.* A partir de allí comienza o se desarrolla el gran olvido de San Agustín; a partir de allí también comienza toda una serie de efectos y consecuencias que serán precisamente las cosas contra las cuales se levantará la Reforma. Y la Reforma –Lutero, Calvino– será sin duda el inmenso esfuerzo por desjuridizar las relaciones entre el hombre y Dios, esa juridización que había sido la obra de la Iglesia del siglo XIII, los siglos XII-XIII.[25]

Pero también verán –y con esto quiero terminar– que en la superposición de la forma sacramental y la forma judicial, en el centro mismo del edificio y de alguna manera para mantener unidos esos dos elementos ([elementos] cuya yuxtaposición, por añadidura, plantea tantos problemas teóricos y prácticos), vamos a tener precisamente la confesión. La confesión que va a llevarse a cabo entonces con una tecnología extraordinariamente avanzada, elaborada. La confesión que debe, en esa *confessio oris*, esa "confesión de boca", constituir uno de los elementos absolutamente esenciales del ritual penitencial.

Esta confesión debe empezar por un acto de fe, que muestra con claridad, además, la articulación entre las dos grandes obligaciones de verdad, verdad con respecto al dogma –verdad con respecto a la fe– y verdad de sí.

Segundo, la confesión debe empezar, de algún modo, en la forma de la asociación libre o, en todo caso, de un desenvolvimiento espontáneo: el penitente debe decir lo que tiene en el corazón y la conciencia y lo que recuerda, como pueda y como quiera.

A continuación, el confesor debe someterlo a un cuestionario, un cuestionario cuyos esquemas están preestablecidos. Raimundo de Peñafort[26] –que fue el gran teórico o, diría yo, el gran tecnólogo de la penitencia en el siglo XIII– aportó una larga lista de los siete pecados capitales y todos sus derivados, los que suman cuarenta y tres en total, que deben servir de esquema a la confesión. Pero alguien como Escobar,[27] por ejemplo, propondrá como marco de la confesión una serie de esquemas que se superponen unos con los otros y que el confesor puede utilizar, sea eligiendo uno de ellos, sea siguiéndolos todos, sea proponiendo algunos:

* Foucault dice: "entre Dios y la Iglesia".

es el esquema de los diez mandamientos de Dios, los siete pecados capitales, los cinco sentidos del cuerpo, los doce artículos de la fe, los siete sacramentos de la Iglesia y las siete obras de misericordia; y es necesario hacer el examen general de la vida del individuo a través, una vez más, de uno, varios o la totalidad de los esquemas. Como ven, así tenemos un tipo de veridicción que es completamente diferente de la *exomologesis* y de la *exagoreusis*. Ya no consiste en decir todo lo que pasa por la cabeza de uno. Tampoco en manifestarse en el estado de pecador. Se trata de responder verbalmente a un cuestionario que se define por esquemas previos.

Por último, para determinar la forma de la confesión hay una serie de rasgos de la enunciación misma que deben caracterizar esa exposición. Son las famosas cualidades de la confesión según Raimundo de Peñafort; la lista, por lo demás, ha cambiado, pero como sea, en líneas generales son los mismos elementos. La confesión debe ser pronta; debe ser frecuente; debe ser amarga, es decir, acompañada por lágrimas; debe ser integral; debe ser voluntaria; debe ser fiel, esto es, arraigada en la fe; debe ser pura, en el sentido de no mezclar en ella ninguna vanidad (no hay que estar orgulloso de los pecados que uno ha cometido); debe ser *nuda*, desnuda, es decir que debe hacerse cara a cara; debe ser *morosa*, vale decir que debe hacerse con lentitud (no hay que hacer desfilar los pecados, dice Raimundo de Peñafort, como un contador que cuenta en una suma); debe ser acusatoria, es decir que uno tiene que mostrar con claridad de qué es culpable; debe ser *propria*, es decir, incumbir sólo a uno mismo y no acusar al vecino; debe ser verdadera y debe ser discreta, esto es, cada pecado debe estar bien aislado de los otros.

Con ello tenemos la *confessio oris*: como advertirán, la manifestación de la verdad es ahora a la vez enteramente verbal y enteramente jurídica.

Digo "enteramente verbal": no es del todo cierto, porque de alguna manera persisten en ella unos cuantos restos de la vieja *exomologesis*, que rodean el elemento verbal ahora devenido en esencial. Esos restos están presentes a título de acompañamientos; sin embargo, es bastante interesante recordarlos. Es necesario que en el transcurso de la confesión oral el penitente tenga determinada actitud. Si es un hombre, debe sacarse la capucha para que el confesor le vea bien el rostro (dentro de un momento verán por qué). En cambio, si es una mujer o un muchacho, hay que bajar la capucha para que no se vean esos rostros, de los que un texto dice que son como el viento ardiente del desierto; llegado el caso, será necesario que la mujer o el muchacho se pongan de perfil, para que el confesor no los vea de frente y no caiga en su seducción. Todo eso es muy importante y conocerá a continuación un gran desarrollo: es todo el problema del acto verbal de confesión como soporte de la contaminación del pecado y como soporte de impureza; en cierta forma, una transferencia. En los rituales físicos que rodean la confesión, sabrán también que hasta el siglo XVI había una regla por la cual esta no debía transcurrir en un confesionario; el confesionario no existía antes del siglo XVI.[28] Pero era menester incluso que la confesión no se llevara a cabo en una parte oscura y alejada dentro de la iglesia: todo el mundo tenía que poder ver a quien se confesaba con el confesor, para que, precisamente, en ese acto verbal no hubiera... Era necesario que ese acto verbal no fuese el soporte [de un] contacto del mal entre el pecador y quien debía confesarlo.

En consecuencia, toda una importancia marginal, de acompañamiento, en cierto modo, de los ritos físicos; pero se darán cuenta de que estamos lejos, muy lejos del gran ritual de *exomologesis.* La importancia de lo físico, la necesidad de ver (por parte del confesor, además) a quien estaba confesándose, tenía también [...] otra razón de ser: debía permitir también al confesor descifrar, a través de la actitud del confesado, lo que este podía eventualmente ocultar o tenía vergüenza de decir; permitía asimismo ver si sentía realmente vergüenza y contrición, o era indiferente a sus faltas e incluso estaba contento de haberlas cometido. Hay un texto muy significativo del *Liber poenitentialis* de Alano de Lille,[29] que dice:

> Hay que comprender el interior por el exterior, el rostro es una suerte de *animi signaculum.* Cuando el rostro se inclina hacia abajo y está empapado de llanto es señal de una buena contrición interior; si la mirada es directa y en el rostro no hay muestras de tristeza, es que la contrición es menos intensa.[30]

Estamos pues frente a toda una organización [...] muy compleja, muy meditada, de ese acto verbal, de ese acto verbal acerca del cual se entiende bien por qué hacen falta ahora tantas precauciones, dado que es la pieza esencial. Es la pieza esencial tanto para la forma judicial como para la estructura sacramental del edificio. En cierto modo, está en la juntura. En efecto, ¿qué es ahora la confesión penitencial? Es, como dirá santo Tomás, la materia misma de la penitencia: en ella debe recaer, sin duda, el acto de absolución que ha de formular el sacerdote. Ahora bien, ¿qué sucederá? En el acto de confesión y la absolución que lo sigue pueden pasar dos cosas que en cierta forma van a falsear o amañar el procedimiento. O bien el penitente oculta algunos de sus pecados, no les atribuye toda su gravedad o no siente contrición al enunciarlos cuando pide la penitencia. Y, por otra parte, por el lado de la palabra de absolución –de ese *speech act*, de ese acto performativo consistente en decir "yo te absuelvo"–, también puede haber trampa si, por ejemplo, el sacerdote no tiene la facultad que debe poseer para poder efectivamente oír la confesión (llegado el caso, puede no ser siquiera sacerdote, puede estar excomulgado; son muchas las razones por los cuales ese acto puede resultar amañado, falseado). Ahora bien, si en quien se confiesa hay un olvido voluntario o ausencia de contrición, ¿qué sucede? El sacramento no ha tenido lugar: se ha propuesto al sacramento una materia que no era la adecuada para la obra sacramental y, por consiguiente, bajo ningún aspecto hay sacramento, sea cual fuere la legitimidad de las facultades del sacerdote, sea cual fuere la sinceridad (sea cual fuere la regularidad, mejor) de la palabra de absolución pronunciada por él. [¿Y si,] en cambio [...], de parte del sacerdote hay algo que falla, algo que no funciona, algo que impide que el desarrollo sea legítimo? Si el penitente está efectivamente al tanto de esa situación, volvemos a caer, por supuesto, en el caso precedente y no hay sacramento. Pero si, en cambio, el penitente actúa de completa buena fe –cree realmente que el sacerdote tiene en sustancia el poder necesario para concederle la absolución, aunque no lo tenga–, con eso basta y la absolución se otorga efectivamente.

Vemos por consiguiente que el elemento esencial en esta operación jurídico-sacramental es en efecto el acto verbal mediante el cual el penitente anuncia sus pecados, si es cierto al menos que ese acto de confesión es un acto de verdad, es decir si aquel dice a las claras, con toda la contrición que pretende tener, todos los pecados de los puede ser consciente. La expresión *actus veritatis* –acto de verdad– es, creo, una expresión relativamente tardía que encontramos en los textos del siglo XIV. Pero define, marca con absoluta certeza de qué se trata ahora: en el corazón mismo del ritual penitencial, y en igualdad de todas las [demás] cosas (es decir con observancia de todas las reglas *por el lado* de quien habla, con toda sinceridad de su parte), el acto verbal –el acto de confesión, el *actus veritatis*– se convierte en el elemento esencial de este procedimiento.

Eso es. Tenemos allí, creo, el momento en que la confesión, al situarse en una estructura sacramental y dentro de una forma íntegramente juridizada, se sitúa como elemento fundamental de la penitencia. La vez que viene trataré de mostrarles –mucho más rápidamente, entonces– el fenómeno paralelo que, más o menos en la misma época, constatamos en las formas de la jurisdicción civil, las formas de la justicia civil, y los efectos que esto tendrá en la historia del derecho penal.*

NOTAS

1 Al respecto, véase I. Hausherr, *Direction spirituelle en Orient...*, ob. cit., pp. 152-153: "Lo que es indispensable manifestar a los [padres] espirituales no son los pecados sino los pensamientos, los *logismoi.* [...] Lo que el padre espiritual necesita saber, y sobre todo lo que el hijo espiritual debe manifestarle, son las inclinaciones actuales, y estas se dejan adivinar por los 'arrebatos de la mente', sin que haya motivos para recordar un pasado cuyo recuerdo mismo, demasiado detallado, puede causar mal antes que bien. [...] Lo que para el director es importante saber, y aún más para el dirigido manifestar, son los 'arrebatos de la mente', las sugestiones, los impulsos procedentes del interior. Cuando esos arrestos o arrojos internos se plasman en el acto exterior o el consentimiento de la voluntad, la manifestación hecha al director llega demasiado tarde. Será preciso entonces recurrir al confesor y tomar, para la próxima vez, la decisión de no esperar. Puesto que la psicología de los ascetas distinguió, antes de San Agustín, los momentos de la tentación. Está la *prosbole,* que carece de responsabilidad, *anaitios* [...]. Vienen a continuación el *syndiasmos,* coloquio interior con la sugestión; luego la *pale,* el combate contra ella: puede terminar en la victoria, o en el consentimiento, *syncatathesis,* que es el pecado en acto; repetidos, esos actos producen el *pathos* propiamente dicho, la pasión; y al cabo de esta, la terrible *aichmalosia,* el 'cautiverio del alma', incapaz en lo sucesivo de sacudirse el yugo del Mal. El objeto propio de la *exagoreusis ton logismon* o 'manifestación de los pensamientos' es la primera etapa de este proceso, la *prosbole.* Hay que aplastar la cabeza de la serpiente no bien asoma; masacrar a los hijos de Babilonia en su más tierna edad; desarraigar la planta antes de que arraigue con fuerza: estas son metáforas clásicas en la materia. Y todo esto se hace por estrategia: vigilancia –*nepsis*–, atención, custodia del corazón y la mente, oración, en especial invocación del Santo Nombre de Jesús, etc. Un elemento esencial de esta guerra es precisamente el recurso al padre espiritual".

2 I. Hausherr, ibíd., p. 217 ("La pratique de la manifestation des pensées"), cita, entre otros ejemplos, una carta de San Barsanufio: "Hermano, no te lances a discernir los pensamientos que se te ocurren. Eso no está hecho a tu medida. Si lo haces, aquellos te agitarán a su antojo como a alguien que no conoce su trapacería. Si te conturban, diles: no sé de qué clase sois. Dios, que os conoce, no os permitirá extraviarme. Arroja ante Dios tu impotencia y dile: Señor, estoy en tus manos, socórreme y arráncame de las manos de esos pensamientos. Pero el pensamiento que se demora en ti y te hace la guerra, cuéntalo a tu abad, y él te curará en nombre de Dios".

3 Ibíd., pp. 213-214: "Uno debe vigilar perpetuamente a la puerta de su corazón o su mente y, ante cada sugerencia que se presente, preguntar: ¿Eres de las nuestras o del partido contrario? Y justamente porque, por hipótesis y

* Foucault se dirige al auditorio: "Bueno, les agradezco. ¿Tienen alguna pregunta? ¿No?".

experiencia, uno se sabe a menudo incapaz de distinguir al lobo de la oveja –ya que el diablo se disfraza de ángel de luz–, gracias a esa incesante atención nunca faltarán preguntas que hacer al padre espiritual".

4 Ibíd., p. 161: "lo que impone además la manifestación de los pensamientos (ἐξαγόρευσις τῶν λογισμῶν) es el precepto fundamental de toda tendencia a la perfección: *abneget semetipsum.* Ese sí mismo del que hay que renegar se llama, en la lengua común de los ascetas orientales (y de San Benito), la voluntad propia, ἐκκοπή τὸ οἰκειοῦ θελήματος: excisión, resección de la voluntad propia es una de las divisas del monacato".

5 Ibíd., p. 165: "La paternidad espiritual no tiene otra razón de ser que la de conducir de la etapa de esclavo a la libertad de los hijos de Dios, de conformidad con una muy antigua división en tres caminos: esclavos, fieles servidores, hijos. Esta bienaventurada transformación se lleva a cabo mediante la completa sustitución de la voluntad humana por la voluntad divina".

6 Sobre la noción de obligación de verdad, véase M. Foucault, *Du Gouvernement des vivants...*, ob. cit., clases del 6 de febrero y el 26 de marzo de 1980.

7 Este extracto, que en apariencia Foucault cita de memoria, no pertenece a la regla de San Benito, sino a San Ambrosio de Milán; véase *De Officis Ministrorum Libri Tres*, libro 3 (*Liber tertius*), cap. 22, 131 (disponible en <ldysinger.stjohnsem.edu/@texts/0397_ambrose/03_amb-off-friend.htm>, consultado el 19 de enero de 2010). El texto original es: *"Solatium quippe vitae huius est, ut habeas cui pectus aperias tuum, cum quo arcana participes, cui committas secretum pectoris tui".*

8 Íd.

9 Íd.

10 La regla de San Donato, establecida hacia 655, es una de las dos compuestas en Galia para las mujeres. Contiene setenta y siete capítulos, cuarenta y tres de los cuales están directamente inspirados en la regla de San Benito, en tanto que los otros toman elementos de las reglas de San Cesáreo y San Columbano. Al respecto, véase Michèle Gaillard, "Les origines du monachisme féminin dans le nord et l'est de la Gaule (fin VIe siècle-début VIIIe siècle)", en Centre Européen de Recherches sur les Congrégations et Ordres Religieuses (comp.), *Les Religieuses dans le cloître et dans le monde des origines à nos jours: Actes du Deuxième Colloque International du CERCOR, Poitiers, 29 septembre-2 octobre 1988*, Saint-Étienne, Publications de l'Université de Saint-Étienne, 1994, p. 50. Hay una versión inglesa de la regla: "The Rule of Donatus of Besançon", trad. de J. A. McNamara y J. Halborg, en Jo Ann McNamara, *The Ordeal of Community*, Toronto, Peregrina Publishing Co., 1990, pp. 35-77.

11 *"Inter caeteras regulae observantias hoc magis super omnia tam iuniores quam etiam seniores monemus sorores, ut assidue et indesinenti studio tam de cogitatu, quam etiam de verbo inutili, vel opere, seu aliqua commotione animi, confessio omnibus diebus, omnibus horis, omnibusque momentis semper donetur; et matri spirituali nihil occultetur [...]. Ergo nec ipsa parva a confessione sunt negligenda cogitata, quia scriptum est:* Qui parva negligit, paulatim defluit *(Eccl., xix)"*, cit. en "Sancti Donati Vesontionensis Episcopi Regula ad Virgines", cap. 23, "Qualiter ad confessionem omnibus diebus veniant", en Jacques-Paul Migne (comp.), *Scriptorum Ecclesiasticorum qui in VII saeculi secunda parte floruerunt Opera Omnia. Ordine chronologico digesta, juxta memoratissimas editiones*, vol. único, Petit-Montrouge, Bibliothecae Cleri Universe, sive Cursum Completorum in Singulos Scientiae Ecclesiasticae Ramos Editore, 1851, p. 282.

12 Gregorio Nacianceno, *Oratio*, 2, 16. Se cuenta con una versión inglesa de este texto en Phillip Schaff y Henry Wace (comps.), *A Select Library of Nicene and Post-Nicene Fathers of the Christian Church*, segunda serie, vol. VII, trad. de C. G. Browne y J. E. Swallow, Búfalo (Nueva York), Christian Literature

Publishing Co., 1894, revisado y editado para New Advent por K. Knight, <www.newadvent.org/fathers/310 202htm> (consultado el 21 de enero de 2010). El extracto citado es comentado por Brian E. Daley, s. j., *Gregory of Nazianzus*, Nueva York, Routledge, 2006, p. 54 y p. 206, n. 234. Acerca de la conducción de las almas como arte de las artes y ciencia de las ciencias en Gregorio Nacianceno, véase Christopher A. Beeley, *Gregory of Nazianzus on the Trinity and the Knowledge of God: In Your Light We Shall See Light*, Nueva York, Oxford University Press, 2008, pp. 241-247. Según este autor, Gregorio llama *techne* "un arte u oficio con sus propios métodos y sentido de la pericia, una ciencia o una profesión basada en un corpus discreto de conocimientos (*episteme*)" [*"a distinctive art or craft with its own method and sense of expertise, a science or profession based on a discreet body of knowledge (episteme)"*] (ibíd., p. 242). En nota, Beeley aclara que en griego antiguo *episteme* se refiere casi siempre a una competencia práctica o profesional y a la comprensión concomitante, más que al conocimiento en general; Platón y Aristóteles desarrollaron esta última acepción, y desde entonces la palabra se refiere a un conocimiento científico, en oposición a *doxa*, que designa la opinión (íd.).

13 Gregorio Nacianceno, *Oratio*, 2, 28-30. Se cuenta con una versión inglesa en P. Schaff y H. Wace (comps.), *A Select Library of Nicene and Post-Nicene Fathers...*, ob. cit. (revisión y adaptación de K. Knight).

14 Las obras de San Columbano (*ca.* 600) fueron compiladas en 1626 por Patrick Fleming y publicadas por J.-P. Migne, *Patrologia Latina*, vol. LXXX, 209); el *Penitencial*, publicado por primera vez en 1667 y por segunda vez en la *Patrologia Latina*, vol. LXXX, 223, fue traducido al inglés y publicado en John T. McNeill y Helena M. Gamer (comps.), *Medieval Handbooks of Penance: A Translation of the Principal* libri poenitentiales *and Selections from Related Documents*, Nueva York, Columbia University Press, 1938, pp. 250-266. El texto está dividido en dos partes: la primera relativa a los pecados de los monjes, y la segunda a los pecados de los clérigos y los laicos.

15 J. T. McNeill y H. M. Gamer (comps.), *Medieval Handbooks of Penance...*, ob. cit., p. 252: *"1. If a cleric commits homicide and slays his neighbor, he shall do penance for ten years in exile. Thereafter he shall be admitted to his own country if he has well performed his penance on bread and water and is approved by the testimony of the bishop or priest with whom he has done his penance and to whom he was committed, that he may make satisfaction to the parents of whom he slew, offering himself in place of their son and saying: 'Whatever you wish I will do unto you'. But if he does not make satisfaction to the man's parents he shall never be admitted in his own country, but shall be like Cain a vagabond and a fugitive upon the earth"* ("1. Si un clérigo comete homicidio y mata a su vecino, hará penitencia durante diez años en el exilio. Luego, se lo admitirá en su país si ha cumplido bien su penitencia a pan y agua y lo aprueba el testimonio del obispo o sacerdote con quien haya hecho su penitencia y a quien haya sido encomendado, en cuanto a que puede dar satisfacción a los padres de la persona a quien mató, ofreciéndose en lugar de su hijo y diciendo: 'Todo lo que queráis lo haré para vosotros'. Pero si no da satisfacción a los padres del hombre, nunca será admitido en su país, y será en cambio, como Caín, un vagabundo y un fugitivo en la Tierra").

16 Ibíd., p. 255: *"21. If one of the laymen sheds blood in a quarrel or wounds or incapacitates his neighbor, he shall be compelled to make restitution to the extent of the injury. But if he has not the wherewithal to make a settlement, he shall do his neighbor's work as long as the latter is sick, and he shall provide a physician, and after the injured man is well he shall do penance for forty days on bread and water"* ("21. Si uno de los laicos derrama sangre en una pelea o hiere o deja inválido a su vecino, estará obligado a dar un resarcimiento proporcional al agravio. Pero si carece

de los medios para llegar a un arreglo, hará el trabajo de su vecino mientras este esté enfermo y proporcionará un médico, y una vez que el hombre herido esté sano hará penitencia durante cuarenta días a pan y agua").

17 No hemos encontrado las referencias de esta cita. [Podría tratarse del Pontifical Romano-Germánico, editado por Reinhard Elze y Cyrille Vogel, *Le Pontifical Romano-Germanique du dixième siècle*, 3 vols., Ciudad del Vaticano, Biblioteca Apostolica Vaticana, 1963-1972; en Cyrille Vogel, *Le Pécheur et la pénitence dans l'Église ancienne*, París, Éditions du Cerf, 1966 <trad. cast. parcial: *La penitencia en la Edad Media*, Barcelona, Centre de Pastoral Litúrgica, 1999, p. 44>, se describe el ritual en términos casi idénticos a los utilizados por Foucault, que por otra parte menciona más adelante ese mismo pontifical. N. de T.]

18 El canon XXI dispone que todos los fieles de ambos sexos deben, una vez llegados a la edad de la razón, confesar sus pecados por lo menos una vez al año a su sacerdote propio, y cumplir lo mejor que puedan la penitencia que se les imponga; recibirán el sacramento de la eucaristía al menos en Pascuas, de no ser que, en opinión de su sacerdote, tengan una buena razón para abstenerse de recibirlo durante un tiempo, ello so pena de ser excluidos en vida de la Iglesia (excomulgados) y, al morir, privados de un entierro cristiano. Quien desee confesar sus pecados a otro sacerdote debe en primer lugar haber sido autorizado a hacerlo por el suyo propio; de faltar esa autorización, el otro sacerdote no puede darle la absolución. El mismo canon recomienda que el sacerdote actúe como un médico hábil e indague con cuidado en las circunstancias del pecado, a fin de comprender la naturaleza del consejo que deberá dar y el remedio que habrá que administrar para curar al enfermo. Insiste en el secreto de la confesión: el sacerdote debe evitar traicionar al pecador y revelar su identidad por palabra o gesto algunos, y ordena que el sacerdote que ose revelar un pecado confiado a él en el tribunal penitencial sea destituido y confinado en un monasterio hasta el fin de sus días. Véase Henry Joseph Schroeder (comp.), *Disciplinary Decrees of the General Councils*, trad. y comentario del reverendo H. J. Schroeder, San Luis (Missouri) y Londres, B. Herder Book Co., 1937, pp. 259-260.

19 Alejandro de Hales (también conocido como Halensis, Alensis, Halesius y Alesius), nacido en Hales, Gloucestershire hacia 1185 y muerto en París en 1245. Filósofo y teólogo, es en un principio uno de los maestros seculares de la Universidad de París. Roger Bacon señala que en 1210 era *Magister regens* en la Facultad de Artes, antes de incorporarse, en 1220, a la Facultad de Teología. En 1231 toma los hábitos franciscanos pero, en su carácter de monje, sigue ocupándose de su tarea docente en la universidad. Su obra más importante es la *Summa Universae Theologiae*, comenzada alrededor de 1231 e inconclusa. Se trata de la primera *Summa* en la cual se hace un uso sistemático de los tratados de física, metafísica, ética y lógica de Aristóteles y de algunos de sus comentaristas árabes, entre ellos Avicena. En ese sentido, Alejandro de Hales allana el camino a Tomás de Aquino; véase William Turner, "Alexander of Hales", en Charles G. Herbermann *y otros* (comps.), *The Catholic Encyclopedia: An International Work of Reference on the Constitution, Doctrine, Discipline, and History of the Catholic Church*, vol. I, Londres y Nueva York, Caxton Pub. Co - Appleton Co., 1907, disponible en <www.newadvent.org/cathen/o1298a.htm> (consultado el 21 de enero de 2010).

20 El Concilio de Trento, que se inicia en 1545 y se desarrolla en veinticinco sesiones a lo largo de dieciocho años, dispondrá en su decimocuarta sesión que los pecados veniales pueden omitirse sin cometer una falta durante la confesión, y expiarse por otros medios. Al respecto, véase H. J. Schroeder (comp.), *Disciplinary Decrees...*, ob. cit., p. 261, n. 23.

21 Sobre Lanfranco (Lanfranco de Bec, Lanfranco de Canterbury, Lanfranco de Pavía), véanse Antoine Charma, *Lanfranc: notice biographique, littéraire et philosophique*, París, Hachette, 1840; Margaret T. Gibson, *Lanfranc of Bec*, Óxford, Clarendon Press, 1978, y Herbert Edward John Cowdrey, *Lanfranc: Scholar, Monk, and Archbishop*, Óxford y Nueva York, Oxford University Press, 2003. Teólogo nacido hacia 1010 en la región de Pavía y muerto en 1089 en Canterbury, fue inicialmente monje y prior de la abadía de Bec, y luego de la abadía de Caen. A partir de 1066 Guillermo el Conquistador lo asocia a la reforma de la Iglesia de Inglaterra; en 1071 llega a arzobispo de Canterbury, después de que el Guillermo imponga la destitución de su predecesor so pretexto de simonía. En 1075, traicionando el secreto de confesión, Lanfranco advierte a Guillermo acerca del complot urdido por Raúl de Gael, conde de Norfolk, y Roger de Breteuil, conde de Hereford. Waltheof, conde de Huntingdon, Northampton y Northumbria, que se había confesado con él, es ejecutado.

22 Lanfranco de Bec, "De celanda confessione libellus", en *Œuvres*, textos editados por Dom L. d'Achéry, París, 1648, pp. 379-382, cit. en A. Charma, *Lanfranc*..., ob. cit., p. 62.

23 Sobre Pedro Lombardo (Petrus Lombardus, también conocido como *Magister Sententiarum*), nacido hacia 1100 y muerto en 1160, teólogo escolástico que conoció a Pedro Abelardo, estudió y enseñó en París y es autor del *Libri Quatuor Sententiarum*, véanse Marcia L. Colish, *Peter Lombard*, Nueva York, E. J. Brill, 1994, Phillip W. Rosemann, *Peter Lombard*, Nueva York, Oxford University Press, 2004, y *The Story of a Great Medieval Book: Peter Lombard's "Sentences"*, Peterborough (Ontario), Broadview Press, 2007.

24 Evangelio de San Mateo, 6, 14-15. ["Que si vosotros perdonáis a los hombres sus ofensas, os perdonará también a vosotros vuestro Padre celestial", *Biblia de Jerusalén*, nva. ed. revisada y aumentada, Bilbao, Desclée de Brouwer, 2008, p. 1427. *N. del T.*]

25 Según John Bossy, "The social history of confession in the age of the Reformation", *Transactions of the Royal Historical Society*, 5ª serie, 25, 1975, p. 26, Lutero distinguía entre los pecados encaminados a perturbar a la comunidad –"adulterio, asesinato, fornicación, robo, usura, calumnia, etc."– y los "pecados secretos del corazón", con lo cual parecía referirse principalmente a los "movimientos sexuales internos, sin consecuencia manifiesta". Contra los partidarios de la psicologización del pecado y del sacramento de penitencia, sostenía que estos sólo incumbían al individuo y a Dios y no eran materia de confesión. Esta doctrina, escribe J. Bossy, "dejaba intacta la tradicional confesión anual y privada al sacerdote, pero la limitaba a las ofensas que, engendradas por el odio, se encaminaban a perturbar a la comunidad" (íd.); la doctrina hace de Lutero una figura más tradicionalista que revolucionaria (ibíd., p. 27).

26 Sobre San Raimundo de Peñafort (o Raymond de Penyafort), que habría nacido en Cataluña alrededor de 1175 y muerto en 1275, véase Pierre Michaud-Quantin, *Sommes de casuistique et manuels de confession au Moyen-Âge (XII-XVI siècles)*, Lovaina, Lille y Montreal, Nauwelaerts - Giard - Librairie Dominicaine, col. "Analecta Mediœvalia Namurcensia", 1962, pp. 34-43. Doctor en derecho civil y derecho canónico de la Universidad de Bolonia, donde enseñó durante tres años, tomó los hábitos de los dominicos en 1222 y, mientras hacía su noviciado, tuvo a su cargo la redacción de una suma de los casos de penitencia, la *Summa de casibus poenitentiae* o *Summa de Poenitentia*, primera compilación de ese tipo. En 1230 Gregorio IX le encargó la codificación del derecho canónico y la compilación oficial de las decretales, tarea que lo ocupó hasta 1234. De regreso en España, asumió como general de la

orden de los dominicos en 1238, pero no tardó en renunciar al cargo para dedicarse a la tarea de convertir judíos y musulmanes por medio de la disputa y la discusión; recomendaba a los clérigos aprender hebreo y árabe y basar sobre fuentes talmúdicas y coránicas su argumentación, e invitó a Tomás de Aquino a escribir la *Suma contra los gentiles*.
Según P. Michaud-Quantin, la *Summa*, que abarcaba tres libros en la primera redacción y cuatro en la segunda, reúne "en una sola sección, por lo demás muy extensa, la última del libro III" –setenta párrafos y ciento treinta columnas, o sea "un poco más de la décima parte de las dimensiones totales de los tres primeros libros"–, la sustancia presentada en los primeros manuales de confesión. La doctrina y la práctica que se enseñan en esa sección son muy similares a las de Alano de Lille y los autores que lo siguieron: la *Summa* examina los tres elementos constitutivos de la forma sacramental (contrición, confesión y satisfacción); recomienda un examen de conciencia metódico "dentro del marco ofrecido por los siete pecados capitales", e invita a proporcionar la penitencia a la gravedad de cada falta. Trastoca, por añadidura, la perspectiva adoptada hasta entonces por los autores de manuales de confesión. Por un lado, "el ex profesor de Bolonia pretendió hacer una exposición de carácter esencialmente jurídico": así, de las veinticuatro secciones que integran los dos primeros libros, veintitrés llevan el mismo título que las secciones de las decretales; la *Summa* ignora el problema de faltas "internas" como la envidia, el orgullo y la acedía, pero se preocupa por los duelos judiciales, los torneos o el uso de armas arrojadizas (P. Michaud-Quantin, *Sommes de casuistique*..., ob. cit., pp. 36-37). Por otro lado, "sólo juzga el acto exterior en función de los móviles, la intención y las circunstancias que lo rodean, porque la sentencia pronunciada es en verdad un 'juicio de las almas' que se sitúa en el plano espiritual: hay o no hay pecado, y la fórmula generalmente empleada en la exposición, *imputatur ei*, muestra que en efecto es cuestión de responsabilidad íntima y personal" (ibíd., pp. 38-39). El método de los "casos" –o "casos de conciencia"– es adecuado para esta concepción del elemento moral de la falta.

27 Sobre Andrés Días de Escobar (también llamado Andrés de Lisboa, Hispano o Españón), nacido en Lisboa en 1348 y muerto en 1450, véase P. Michaud-Quantin, *Sommes de casuistique*..., ob. cit., pp. 71-72, y Thomas N. Tentler, *Sin and Confession in the Eve of Reformation*, Princeton, Princeton University Press, 1977, pp. 38-40, así como el cap. 3 de la tesis de Gustave A. Arroyo, *Les Manuels de confession en castillan dans l'Espagne médiévale*, Montreal, Université de Montréal, Faculté des Arts et des Sciences, Institut d'Études Médiévales, 1989 (disponible en <www.fordham.edu/halsall/projects/arroyo/man13.htm>, consultado el 21 de enero de 2010). Benedictino, nombrado obispo de Ciudad Rodrigo en 1408, y, más tarde, de Tabor, Ajaccio y Megara, Escobar participa en los concilios de Constanza (1414-1418), Basilea (1431-1437) y Ferrara-Florencia (1437-1439). Es autor de numerosas obras, entre ellas dos opúsculos complementarios uno de otro, *Lumen Confessorum*, destinado a los sacerdotes, y *Modus confitendi*, a veces llamado *Confessio generalis*, destinado a los fieles. El primero expone la jurisdicción penitencial, recuerda la doctrina sacramental, resume las consignas impartidas para el examen de conciencia en *Modus confitendi* e imparte directivas relacionadas con la satisfacción, el rechazo de la absolución o la abstención de la comunión. El segundo propone el bosquejo de un examen de conciencia detallado, dentro de un marco limitado por los mandamientos de Dios, los pecados capitales y las "faltas cometidas, por medio de los cinco sentidos, contra las obras de misericordia y concernientes a los doce artículos del *Credo*" (P. Michaud-Quantin, *Sommes de casuistique*..., ob. cit., p. 71).

28 Acerca de la "invención" del confesionario, que consagra la concepción psicologizante del pecado y la confesión, véase J. Bossy, "The social history of confession...", cit., pp. 28-31. Carlos Borromeo, arzobispo de Milán (1564-1584), estableció normas para la construcción de los confesionarios.

29 Sobre Alano de Lille, véase P. Michaud-Quantin, *Sommes de casuistique...*, ob. cit., pp. 14-19, así como Alano de Lille [Alain de Lille], *Liber Poenitentialis*, editado y anotado por J. Longère, vol. I, *Introduction doctrinale et littéraire*, Lovaina la Nueva y Lille, Nauwelaerts - Giard, col. "Analecta Mediœvalia Namurcensia", 1965. Según Longère, Alano de Lille nació entre 1117 y 1130 y murió en 1203; fue profesor en París y Montpellier, donde se habría mezclado en las luchas doctrinales contra el catarismo, antes de tomar los hábitos cistercienses. Diversos indicios sugieren que la redacción del *Liber Poenitentialis* es posterior a 1191. El análisis de J. Longère destaca el carácter mixto, a la vez jurídico y médico, de la relación establecida en la penitencia: "El sacerdote debe actuar como *fidelis medicus*, preocupado por hacer un buen diagnóstico, distinguiendo con precisión los diferentes pecados y 'sus circunstancias', al tiempo que se cuida de mostrarse carente de discernimiento (*indiscretus*). Es necesario que el sacerdote sepa optar entre las mejores soluciones entre las propuestas por las Penitenciales, y sepa también 'que no se puede pesar a todos en la misma balanza, aunque todos estén encadenados por el mismo vicio'. Que no olvide ser misericordioso como le aconseja la Escritura, pero que sea severo (*districtum judicium debet judicare*) con quienes perseveran en el mal". Y Longère prosigue: "En todos estos consejos no se encuentra, desde luego, cosa alguna muy original. Señalaremos, con todo, y en esto radica el interés de estas elaboraciones preliminares, que insisten en el papel del sacerdote y la importancia que él tiene, no tanto en cuanto ministro de un sacramento como en cuanto médico (*fidelis, sapiens medicus*) que, para curar a su paciente, debe conocerlo y conocer su enfermedad, y que está suficientemente familiarizado con el remedio que administrar. Esto ya es una manera de situar los préstamos que se tomarán de los Penitenciales y de 'relativizar' sus tarifas" (ibíd., p. 161).

P. Michaud-Quantin sitúa el *Liber Poenitentialis* en relación con los "penitenciales" del período anterior, y el resurgimiento del modelo médico junto al modelo de la penitencia tarifada: "Desde fines de la época patrística hasta el siglo XII, un penitencial es una tarifa, un baremo que presenta la lista de todos los pecados posibles [...] e indica enfrente la importancia, naturaleza y duración de la penitencia pública que debe imponerse al culpable. Esos penitenciales se caracterizan por un gran desorden y, en cuanto al fondo, por una severidad notable: todo pecado mortal exige en principio siete años de penitencia. Sorprenden sobre todo por su automatismo: el sacerdote que los utiliza no tiene papel personal alguno en la aplicación de lo prescrito, ni siquiera la misma libertad de evaluación que los códigos modernos dejan al juez en la fijación de las penas. Ya a comienzos del siglo XI, en su colección canónica, Burcardo de Worms [...] apelaba a la iniciativa y el juicio personal del sacerdote. En la primera mitad del siglo XII, el Decreto de Graciano hacía hincapié en el principio *poenitentiae sunt arbitrariae*: en cada caso las penitencias que imponer debe determinarlas *ad arbitrium*, según su apreciación, el confesor, a quien por tanto se exigía que se informara acerca de las circunstancias objetivas y subjetivas de la falta confesada [...]. La primera preocupación, a la cual no debe ser ajeno el conocimiento directo que tenía Alano de la polémica antisacramental y anticlerical del catarismo, se expresa mediante una larga oración-exhortación inicial y una conclusión que incluye preceptos y remedios bajo el título de 'Cuáles son los remedios que convienen al médico de las almas'. El autor, en efecto, considera en esencia al confesor el médico de la vida espiritual y este símil domina las directivas que gobernarán su actitud y su acción" (P. Michaud-Quantin, *Sommes casuistiques...*, ob. cit., pp. 15-17).

30 Véase Alano de Lille, *Liber Poenitentialis*, editado y anotado por J. Longère, vol. II, *La Tradition longue*, Lovaina la Nueva y Lille, Nauwelaerts - Giard, col. "Analecta Mediœvalia Namurcensia", 1965, p. 32: "*Considerandus est etiam corporis gestus, vel faciei habitus, ut per exteriora comprehendantur interiora, quia cum vultus sit quasi animi signaculum, et figura, per vultum potest perpendi quae sit voluntas interna; quia si vultus est in terra demissus, fletibus irriguus, internos significat cruciatus, si vero facies fuerit erecta, nulla tristitiae gerens vestigia, minor videtur esse poenitentia*".

Clase del 20 de mayo de 1981

Juridización en las instituciones eclesiásticas y políticas – Del Dios juez al Estado de justicia: soberanía y verdad – Confesión, tortura y prueba inquisitoria de la verdad – Confesión, tortura y pruebas legales – Confesión, ley soberana, conciencia soberana y compromiso punitivo – Autoveridicción, evidencia y dramaturgia penal – Heteroveridicción, examen y psiquiatría legal – Restituir el acto al autor: la cuestión de la subjetividad criminal en el siglo XIX – La monomanía y la constitución del crimen como objeto psiquiátrico – La degeneración y la constitución del criminal como objeto de la defensa social – De la responsabilidad a la peligrosidad, del sujeto de derecho al individuo criminal – La cuestión de la subjetividad criminal en el siglo XX – Hermenéutica del sujeto y significación del crimen para el criminal – Accidente, probabilidad e indicio de riesgo criminal – La veridicción del sujeto, brecha del sistema penal contemporáneo.

Lo que habría querido hacer, ya que traté de mostrarles cómo se constituyó la práctica de la confesión dentro de las instituciones cristianas, era mostrarles a continuación que, en la práctica judicial de la Edad Media, el recurso a la confesión tomó un lugar cada vez más importante. Ese lugar importante –cada vez más importante– tomado por la confesión en las instituciones judiciales de la Edad Media es el efecto, desde luego, de la contaminación por la práctica penitencial, de la que traté de mostrarles, por un lado, cuánta importancia había tenido y, por otro, cómo se había juridizado. Pero creo también que la importancia asumida por la confesión en la práctica judicial de la Edad Media es el efecto de modificaciones que eran propias de las instituciones de justicia. Y era esa integración, ese desarrollo, esa consolidación de la práctica de la confesión en las instituciones judiciales de la Edad Media, lo que hubiera querido exponerles. Y a continuación me habría gustado mostrarles qué efectos paradójicos habían producido, en la teoría y la práctica penales [...] modernas y contemporáneas, la introducción y el desarrollo de la práctica de la confesión y, por obra del desarrollo de esta práctica, lo que podríamos llamar "la introducción del sujeto confesante". Efectos tan paradójicos, creo, que en ellos la máquina penal que conocemos hoy se descompuso en parte y, en todo caso, se internó en una serie de callejones sin salida de los que me parece que está lejos de haber escapado.

Lo que me parece es que, efectivamente –y ese es el punto al que querría llegar–, al introducir al sujeto confesante, se creía sin duda poder inducir la feliz coincidencia entre el autor del crimen y el sujeto que debía responder por él. Y de hecho, creo que en verdad se introdujo un tercero, un tercer personaje; digamos, en todo caso, que se introdujo un orden de realidad que, en los hechos, se reveló poco menos que inasimilable a la práctica penal, e incluso a su teoría. Ese nuevo objeto, ese sujeto confesante, demostró ser en realidad un personaje muy gravoso, pues era indispensable para el funcionamiento de la maquinaria penal y, a la vez, estaba de más. Un tercer personaje siempre incitado a decir lo que se le pregunta, que siempre dice menos de lo que se espera y siempre, en parte, otra cosa, y no lo que permitiría poner en marcha la máquina. De modo que ese personaje del que dice la verdad, que dice la verdad de su crimen, lejos de ser –como sin duda se había esperado durante mucho tiempo– la clave de bóveda del sistema penal, creo que abrió en este una brecha irreparable.

Pero al decir esto no querría que creyesen que para mí la institución penal introdujo en su mecanismo, como por descuido, una piecita ajena que en definitiva provocó muchos fastidios. La confesión no es la oveja negra en el redil de la penalidad: fue una forma cultural, fue y sigue siendo una práctica social por fuera de la institución judicial. Esa forma cultural, esa práctica social, no permaneció estable con el paso de los siglos. Y sin duda la transformación, la evolución de la práctica misma de la confesión, de la práctica misma del sujeto confesante, pudo producir como contrapartida una serie de efectos en los cuales quedó atrapada y obstruida esa misma maquinaria. Si la confesión –o, mejor aún, lo que se dice en la confesión y por su intermedio– turba tanto a la justicia penal, no es porque sea en sí misma una ruin y perversa pequeña maquinaria: es porque el estatuto y las formas de la veridicción de sí mismo se modificaron profundamente en nuestras sociedades. Y si en nuestros días la confesión –digamos, la introducida en la Edad Media o, en todo caso, la institucionalizada durante la Edad Media en la práctica penal– ya no funciona, es porque consiste en una confesión muy distinta, dentro de una maquinaria penal muy distinta.

Esa es la curva de las exposiciones que quería hacer: primero, institucionalización de la confesión en la práctica judicial; en segundo lugar, desarreglo de la máquina penal por el efecto de la práctica de la confesión. Curva ascendente, digamos, y curva descendente. Pero la manera tan torpe en que he organizado mis exposiciones hasta aquí, el hecho de que me haya quedado atrás, de que les haya contado sobre los frailecillos del cristianismo temprano un montón de historias que me encantaban, tal vez los haya aburrido y, sea como fuere, nos atrasaba a unos y a otros, y todo eso hizo que ahora esté un poco obligado a elegir. Estoy obligado a elegir entre la exposición de la línea ascendente y la exposición de la línea descendente: o bien mostrar de qué manera la práctica de la confesión se inscribió, se consolidó en el derecho penal a partir de la Edad Media, o bien mostrar de qué manera la veridicción del sujeto introdujo desde el siglo XIX en el derecho penal una crisis de la cual todo indicaría que aún no salimos. Y como me ha invitado aquí el instituto de criminología (cuya amabilidad agradezco), me parece de un modo u otro que sería quizá más acorde a lo que se espera de mí insistir en ese segundo aspecto de las cosas, y estudiar con un poco más de detenimiento la aparición del criminal –del criminal confesante– como factor de perturbación en las instituciones punitivas: estudiar, si se quiere, la crisis del régimen común a la sanción del crimen y la manifestación del criminal. Esta noche querría, pues, insistir en eso.

Pero, en fin, antes de llegar allí me gustaría esbozar de manera muy esquemática lo que habría debido ser otra exposición sobre la institucionalización de la confesión en la justicia criminal de la Edad Media. Hubiera querido mostrarles, en efecto, que la instalación privilegiada de la confesión en las prácticas penales se inscribió, de manera general, en una suerte de gran juridización de la sociedad y la cultura occidentales en el Medioevo, una juridización que es visible –traté de mostrárselo la vez pasada– en las instituciones, las prácticas, las representaciones propias del cristianismo. Lo vimos precisamente en relación con la penitencia: cómo esta se convirtió a la vez en un sacramento, recibió el valor y el sentido de un sacramento al juridizarse en su forma. Lo mencioné también acerca de esas nuevas líneas divisorias –trazadas de manera tan cuidadosa pero además tan ardua– entre las jurisdicciones penitenciales y las jurisdicciones disciplinarias en la Iglesia. Y podríamos verlo, desde luego, en relación con los infinitos debates entre jurisdicciones eclesiásticas y jurisdicciones civiles. Podríamos verlo en lo referido a la Inquisición, que representa un considerable avance en la juridización de las prácticas eclesiásticas. Y también en lo referido al conjunto de representaciones mediante las cuales se procura definir y manifestar las relaciones entre Dios y los hombres: el Dios juez, el Dios entronizado en la cúspide de su tribunal, el Juicio Final (por supuesto, todos estos son temas muy añejos que el cristianismo no había traído consigo, sino heredado del judaísmo; pero recobran mucha de su intensidad a partir del siglo XII, y además van acompañados por la aparición de otros completamente nuevos; por ejemplo, el tema del Purgatorio o el sistema de indulgencias).

Todo esto juridiza, si se quiere, el conjunto de las relaciones entre el hombre y Dios. Esa juridización, tan notoria en las instituciones eclesiásticas y las representaciones religiosas, lo es igualmente durante la Edad Media, sobre todo a partir del siglo XII, en las instituciones políticas. Sin entrar en detalles, digamos brevemente que la afirmación y el crecimiento del poder monárquico dentro del contexto de las instituciones feudales se apoyaron en el ejercicio y el desarrollo del poder judicial. Cuando afianza su poder por encima del poder feudal o en los intersticios del poder feudal, el rey lo hace en cuanto juez, en cuanto árbitro, en cuanto se recurre a él para zanjar litigios o en cuanto él mismo inicia causas que quiere resolver. Y el rey toma sus decisiones y las hace en la forma jurisdiccional. En síntesis, según una conocida fórmula, la primera forma del Estado moderno fue un Estado de justicia.

Ahora bien, a medida que el poder político y el poder jurisdiccional se imbrican de ese modo, resulta evidente que las formas de los procedimientos jurídicos se modifican. En especial, el procedimiento acusatorio con que alguien –la víctima o bien aquel que la representaba– [...] acusaba a otro de haberle causado un daño, ese procedimiento, como ustedes saben, centraba toda la mecánica penal en torno al enfrentamiento entre dos adversarios o dos interlocutores. Y estos, el acusador y el acusado, conforme a reglas y eventualmente bajo cierto arbitraje, debían resolver su litigio o, llegado el caso, buscar su venganza en una guerra privada. Y, como bien entenderán, cuando interviene el soberano, a pedido de un litigante o bien por intermedio de uno de sus procuradores, el problema ya no puede plantearse en los mismos términos que en esa forma de zanjar un litigio. El problema ya no consiste simplemente en permitir a los dos adversarios que se enfrentan resolver, zanjar de conformidad con unas cuantas reglas su conflicto, garantizando que se las respete. El problema, cuando la resolución esté a cargo del soberano, consistirá en establecer la verdad y decidir una sanción en función de los hechos establecidos. La necesidad de una veridicción se inscribe en el desplazamiento que lleva a la justicia penal a remontarse, si se quiere, de la resolución del conflicto en la forma de un enfrentamiento entre dos individuos a la resolución de un conflicto en la forma de una decisión de una corte soberana o la decisión del soberano. Para el establecimiento de esa verdad, se recurre, por consiguiente, a instrumentos de investigación más o menos afines a los que en ese entonces (y desde mucho tiempo atrás, por otra parte) se utilizaban en las investigaciones administrativas y fiscales; y una vez que la corroboración de la verdad se vuelve un elemento esencial del procedimiento, la realizada por el propio inculpado será una pieza importante. La confesión se convierte –vuelve a convertirse, porque, en rigor, el derecho romano había reconocido y admitido sin excepción la prueba por confesión, pero ese tipo de procedimiento prácticamente desapareció o, en todo caso, pasó por una enorme regresión a partir del siglo VII u VIII–; la constatación de la verdad por obra de la confesión del culpable volverá a convertirse en una pieza importante del procedimiento.

Ahora bien, es interesante y, según creo, muy importante señalar en esta historia que en esa época la confesión no se requiere simplemente en el procedimiento de investigación como una suerte de testimonio privilegiado. La confesión no es una mera prueba cuya fuerza resulte mayor porque quien la proporciona, quien la aporta, es el mismo que ha cometido el crimen. La importancia de su papel reside en que se sitúa en la frontera entre el procedimiento acusatorio tradicional y el nuevo procedimiento inquisitorio. Como ustedes recordarán, uno de los medios del procedimiento acusatorio era precisamente la prueba, la prueba propuesta por el acusador a la persona a quien acusaba, o bien por el juez. Era la prueba del agua, del fuego, el duelo judicial, que permitía decidir no exactamente cuál era la verdad, sino a quién debía considerarse vencedor en el enfrentamiento, la lucha, la contienda entre los dos adversarios.

Ahora bien, en el procedimiento inquisitorio –y [...] en esa forma particular de procedimiento inquisitorio que encontramos justamente en la Inquisición– el arrancamiento de la confesión constituirá [...] una suerte de muy extraña mezcla entre la constatación de una prueba y la corroboración de una verdad mediante un sistema de demostración: en este caso, el testimonio del sujeto sobre sí mismo es a la vez el establecimiento de una verdad y una prueba. De ningún modo la tortura que permite arrancar la verdad debe considerarse como el medio más rápido de llegar a esa verdad; hay que considerar que es, en realidad, una prueba:

> Si te someto a la prueba de la tortura, si te inflijo tal o cual sufrimiento, ¿ganarás o perderás, cederás o, al contrario, podrás resistir y callarte, como aquel que no se quema en la prueba del hierro al rojo, como aquel que no se ahoga en la prueba del agua, como aquel que triunfa en un duelo judicial?

Se advierte con claridad por qué la confesión está así íntimamente vinculada con la tortura o con la amenaza de la tortura, y seguirá estándolo mucho tiempo en el procedimiento inquisitorio. En el fondo, es uno de los restos del procedimiento acusatorio transferido al interior del procedimiento de inquisición: alcanzar la verdad con una prueba de confesión que se obtiene mediante la tortura, una tortura frente a la cual se puede resistir o, al contrario, se puede ceder. La confesión obtenida bajo la tortura permite producir el elemento de verdad que se necesita en el nuevo procedimiento inquisitorio. Y permite producirlo como una especie o al término de una especie de prueba judicial, casi duelo; un duelo, como es obvio, desigual, entre el acusado y quien lo tortura, es decir, el representante del poder que lo persigue. La extracción de la confesión es, en el fondo, lo que podríamos llamar prueba inquisitoria de la verdad. Y creo que [si se comprende bien] el lugar particular que tuvo la confesión en ese momento, cuando volvió a introducírsela dentro del procedimiento criminal, se pueden comprender no pocos rasgos de esta práctica.

Por un lado, desde luego, la importancia que tuvo en la Inquisición. También el hecho de que no era en modo alguno –y esto es preciso recordarlo– una práctica salvaje, sino una práctica reglamentada. A diferencia de la tortura tal como pueden aplicarla nuestras policías contemporáneas, la tortura en la Inquisición, la tortura en ese tipo de procedimiento, no era la utilización de todos los medios posibles para arrancar finalmente al individuo la verdad que podía saber. En realidad era un ejercicio bien determinado, en el cual el juez tenía derecho a utilizar tal o cual tortura con tal o cual instrumento durante cierto tiempo; más allá se terminaba su poder y debía conformarse con sumo rigor al marco, mantenerse en el marco de las pruebas previstas. Así se explica el hecho de que el propio acusado pudiera en cierto modo ganar si resistía la prueba. Y si resistía la prueba… bueno, según los tipos de procedimiento la cosa podía cambiar. No entro en el detalle, pero a grandes rasgos, si resistía la prueba quedaba libre y el procurador debía desistir de la acción iniciada. Digo esto pero –lo reitero– había un cúmulo de modificaciones; en líneas generales, sin embargo, cuando uno resistía la tortura, quien perdía era el procurador. Lo cual muestra con claridad la estructura de prueba de esta confesión.

Y así se explica también, creo, la dificultad para situar con exactitud la prueba dentro del procedimiento inquisitorio. ¿Cuál era exactamente el estatuto de verdad de la confesión así obtenida? ¿Qué valor de prueba podía atribuirse a la declaración arrancada mediante confesión? Había en ese aspecto toda una serie de dificultades sobre las cuales los juristas discutieron a menudo y largo tiempo. Así, se consideraba que una confesión obtenida bajo tortura sólo tenía valor legal, sólo podía generar sus efectos si volvía a hacerse al margen de la tortura, como si fuera un testimonio aportado por el individuo acerca de sí mismo. Está claro que cuando el individuo se rectificaba de las confesiones obtenidas mediante la tortura y el testimonio que daba al margen de esta no coincidía con el que se le había arrancado por su intermedio, entonces, se lo torturaba de nuevo, de modo que la amenaza de la tortura... En fin, las cosas eran complicadas, pero creo que es interesante señalar [...] la significación de la tortura en este procedimiento de la confesión, qué lugar tenía en los confines, en la interfaz [...] de los procedimientos acusatorios (con la práctica de la prueba) y [del] procedimiento inquisitorio (con la investigación y la búsqueda del establecimiento de la verdad).

No diré nada, porque estoy obligado a tratar muy por encima todo esto, sobre la evolución, los desplazamientos, la regresión de esta práctica de extracción de la confesión en la justicia criminal hasta el siglo XVIII. Sólo mencionaré, en primer lugar, el hecho de que este procedimiento pasó por una fase de regresión y luego reapareció. En particular, la obtención de la confesión por medio de la tortura reapareció en los siglos XVI y XVII, con el desarrollo de las grandes estructuras estatales. De ese nuevo auge tomaré por testimonios la Constitutio Carolina, de Carlos V, a fines del primer tercio del siglo XVI, y, en Francia, diferentes ordenanzas criminales, la de Francisco I y, además, la de 1670.[1]

Diré también, por otra parte, que el sistema de la confesión estaba vinculado a una muy curiosa organización de lo que se llama pruebas legales: la confesión debe tener su lugar dentro del sistema de las pruebas legales. Este sistema definía con mucha precisión el valor de cada elemento de prueba en relación con una cierta cantidad de pruebas, considerada como capaz de conformar una certeza perfecta. Es lo que se llamaba "una plena prueba". Entonces, teníamos –y tuvimos hasta mediados e incluso hasta finales del siglo XVIII– todo un cuadro de la manera como podía establecerse la verdad de un delito, con unos cuantos principios, entre los cuales algunos son conocidos, pero cuyas consecuencias son bastante curiosas y con frecuencia paradójicas. El principio, por ejemplo, de que dos testigos presenciales de un hecho constituyen una plena prueba, pero que un testigo presencial, en contradicción con el principio del derecho romano, no es una ausencia de prueba sino una semiplena prueba, y a una semiplena prueba debe corresponder una semiculpabilidad, de modo que un hecho establecido por una mitad de prueba va a implicar una mitad de castigo. Por lo demás, ese sistema era muy complicado y en él había lo que se llamaba "plenas pruebas", lo que se llamaba "semiplena prueba", estaban los indicios, había toda una serie de elementos de prueba con gradaciones, indicios capaces de producir la prueba que eran diferentes y que debían sumarse unos a otros para llegar a una plena prueba. Y una vez más, si la suma no era completa, no quería decir que la prueba no se hubiera establecido y que, por lo tanto, no se pudiera condenar. El juez quedaba así autorizado a imponer una condena que era, en su gravedad, proporcional a la cantidad de prueba que había podido producir. Es evidente que en esta cuestión la confesión cumple un papel, tiene un lugar, un lugar privilegiado, en tanto que se trata, a no dudar, de una prueba de gran valor; pero es interesante señalar que esa confesión nunca debía ser suficiente por sí misma, tenía que haber al menos un indicio complementario que la confirmara. En síntesis, todo un cálculo que, en cierto modo, limitaba al juez y le permitía computar el valor judicial, la verdad judicial que necesitaba.

Si he destacado esos dos aspectos que caracterizan, creo, la práctica de la confesión en las instituciones judiciales desde la Edad Media hasta el siglo XVIII –dos aspectos, a saber, su vínculo con la tortura y su lugar de privilegio en el extraño sistema de las pruebas legales–, si los he destacado, es porque esos dos elementos desaparecerán del sistema jurídico, de los códigos, de la práctica penal, en la segunda mitad del siglo XVIII, en general, o a veces a comienzos del siglo XIX. Ahora bien, [a pesar de la desaparición de] esos dos elementos que de alguna manera acompañaron y sirvieron de contexto a la práctica de la confesión –la tortura y el sistema de pruebas legales–, pese a esa desaparición, la confesión, sin embargo, no sólo no va a ver menguada su importancia en el momento en que desaparece la tortura y desaparece el sistema de las pruebas legales, [sino que,] al contrario, en esos nuevos códigos que son los códigos modernos, y cuya estructura, cuya armazón, cuya arquitectura general siguen siendo actuales, va a adquirir una importancia, una importancia decisiva como jamás la tuvo. Y ello por varias razones.

La primera, que es la más implícita, también es sin duda la más importante. Atañe a lo que es la significación general del sistema penal;

tiene que ver con los fundamentos mismos del derecho de castigar que se ejerce a través de ese sistema penal. En efecto, como ustedes bien saben, en los códigos modernos y contemporáneos, lo que funda o debería fundar la ley es la voluntad de todos, que supuestamente se expresa en esa ley decidida y convalidada por un acto del cuerpo legislativo en su carácter de cuerpo soberano. Lo que funda la ley es por tanto la voluntad de todos. Y, por consiguiente, uno de los temas más frecuentes y más esenciales en la teoría penal del siglo XVIII, pero también en la teoría penal contemporánea, es el principio de que, cuando alguien ha cometido un crimen, es él mismo quien –a través de la ley a la que supuestamente ha dado su consentimiento o sostiene por su propia voluntad– se castiga, y se castiga por medio de la institución del tribunal que pronuncia la sentencia de conformidad con la ley presuntamente querida por él. En el sistema penal moderno, quien ha cometido el crimen también es en cierta forma el que se autocastiga. La ficción –que, además, es asimismo una exigencia– de que uno deba reconocerse en la ley que lo afecta explica el lugar a la vez simbólico y central de la confesión. En el fondo, ¿para qué está allí la confesión? No sólo para que el individuo diga: "y bien, es así, he cometido tal crimen", sino para que, al decirlo, manifieste de alguna manera el principio mismo de la ley penal y llegue de alguna manera, como culpable, a reconocer por su confesión la soberanía de la ley y del tribunal que va a castigarlo y en los cuales se reconoce. En este sistema moderno, la confesión no consiste simplemente en reconocer el propio crimen, [sino] al mismo tiempo en reconocer, a través del reconocimiento de ese crimen, la validez del castigo que uno va a sufrir. En ese sentido, la confesión es, por lo tanto, una especie de rito de soberanía mediante el cual el culpable da a sus jueces los fundamentos para condenarlo y reconoce en el fallo de estos su propia voluntad. La confesión es en ese aspecto el recordatorio del pacto social, su reinstauración. De manera que en la palabra de la confesión el culpable puede (y en términos de derecho estricto y no, en modo alguno, de psicología) rubricar el castigo que lo cercena del cuerpo social o lo despoja de sus derechos; al mismo tiempo, esta confesión va a marcar el primer jalón de su reintegración (porque por medio de ella el culpable reconoce que ha roto el pacto fundamental, pero al reconocerlo da el primer paso, hace el primer paso en pos de dicha reintegración). Desde ese punto de vista, la confesión es un acto que cobra sentido en la raíz misma del sistema punitivo. Es un acto teórico y funcional. Es un acto que debe manifestar como verdad lo que es el ejercicio del derecho de castigar. Primera razón por la cual la confesión es tan importante en los sistemas penales modernos y contemporáneos.

La otra razón de la importancia de la confesión es el régimen de verdad al cual deben estar sometidas la investigación y la sentencia. En términos generales, el sistema de las pruebas legales desapareció entonces en la segunda mitad del siglo XVIII: [...] esto quiere decir que ahora toca al juez decidir, en lo más profundo de sí mismo, lo que es convincente y lo que no es convincente en los elementos de demostración que se le presentan, ya se trate del fiscal, ya se trate del acusado o de quienes lo defienden. El valor probatorio no es definido por un código previo; es simplemente la conciencia del juez o el jurado la que –en sí misma, por su propia autoridad, en su propia soberanía, cartesiana o empírica, como ustedes prefieran– debe decidir que, en efecto, esto constituye una prueba, esto establece una verdad que es absolutamente irrecusable y evidente. Ya no se trata del cálculo que suma elementos de prueba previamente ponderados: se admite –y se admitió además por razones políticas, también por razones filosóficas y asimismo a causa de motivaciones institucionales– que la verdad no se pondera conforme a unidades de medida definidas de antemano; que, en la práctica penal, se está (se debe estar) frente a una suerte de verdad indivisible que no puede calcularse con criterios propios de la práctica jurídica, y que la verdad que debe actuar en la práctica penal es un asunto común a todos. Todo ciudadano, a condición de ser adulto, claro, de ser razonable –y en la definición de la época, en los códigos de la época, a condición, por supuesto, de ser un hombre–, debe poder reconocer lo que es verdadero o falso en su alma y su conciencia: soberanía, pues, de una conciencia cualquiera con respecto a la soberanía. De allí, como bien comprenderán, la importancia de la confesión en cuanto prueba irrefutable, que es como el equivalente de la evidencia en materia penal: una vez que la cuestión ya no pasa por sumar fragmentos computables de verdad, sino por producir una verdad que sea patente para todos –y en particular para los jueces y los jurados–, la confesión se convierte en la forma de prueba más buscada.

Tercera y última razón por la cual la confesión se vuelve tan importante: en esos nuevos códigos se ha asignado al castigo la doble función de castigar, desde luego, pero también de enmendar y corregir: es decir que, mediante el castigo, se intenta conseguir que el sujeto se transforme con respecto a la falta cometida y gracias al castigo sufrido; se transforme con respecto a la falta cometida, y se transforme también con respecto a las faltas que podría cometer. El castigo, en consecuencia, debe ser corrector, y la confesión, como manera de reconocerse culpable, constituye el primer elemento o, si se prefiere, digamos que la primera prenda de lo que podríamos llamar pacto punitivo: "al confesar, recibo el castigo como algo justo y acepto participar en los efectos correctivos que los jueces esperan de él".

En suma, y para resumir todo esto, verán que la confesión recuerda en principio y reinstaura el pacto implícito sobre el cual se funda la soberanía de la institución que juzga. Segundo, la confesión constituye una especie de contrato de verdad que permite a quien juzga saber con un saber indubitable. Tercero y último, la confesión constituye un compromiso punitivo que da sentido a la sanción impuesta.

A partir de ahí se puede adivinar con facilidad hasta qué punto los códigos modernos y las instituciones penales tuvieron y siguen teniendo, a lo largo de los siglos XIX y XX, necesidad de confesión. La confesión del culpable –al margen, desde luego, de todas las comodidades y facilidades que puede aportar a la investigación (aspecto que, claro, no es desdeñable), al margen de todo eso– se convirtió en una necesidad fundamental del sistema. Y cuando digo "fundamental" no es simplemente por un énfasis retórico, es porque son en efecto los fundamentos mismos del sistema los que se ponen en juego en la confesión y la requieren. Ustedes conocen la máxima "*habemus reum confitentem*",[2] que los romanos utilizaban para expresar su regocijo ante un caso tan simple como aquel en que el acusado confesaba. Necesitamos un acusado que confiese. Lo necesitamos para que el sistema funcione a pleno. La confesión viene a disipar las incertidumbres, a completar los conocimientos fragmentarios. Y es cierto: cumple, pues, un papel muy importante en el procedimiento investigativo. Pero también viene –y creo que viene sobre todo– a completar el sistema punitivo en general, el sistema penal en general. Tiene un papel importante para que la jurisdicción, para que el hecho de dictar la sentencia se lleve a cabo en su plenitud.

Conozco, desde luego, los prestigios de la palabra "simbólico". Y acaso sentiríamos la tentación de decir que, en relación con el sistema penal, la confesión tiene un papel simbólico. Pero me parece en sustancia que se trata un poco de otra cosa; puesto que la confesión remite tan sólo a lo que sucede efectivamente en el escenario judicial, surte su efecto sobre él, en él, a partir de él, y, en esa medida, no creo que sea un elemento simbólico. ¿Hay que decir entonces que es un elemento performativo, esto es, un acto verbal constitutivo de una modificación definida en lo real? No creo que sea tampoco exactamente eso. Sin duda hay un aspecto performativo en el procedimiento penal; pero se da por ejemplo cuando la corte, al declarar culpable al acusado, lo constituye desde el punto de vista de la ley y las instituciones como efectivamente culpable. Hay un aspecto performativo cuando la corte pronuncia la condena de alguien, porque, en efecto, a partir de entonces, ese alguien está condenado. Al contrario, cuando el acusado se declara culpable, la cosa es algo más que simbólica, si se quiere, y no es performativa: el acusado que se declara culpable no se transforma por eso en culpable. Y sin embargo, creo que la confesión es esencial en todo ese sistema. Ni performativa ni simbólica. Por mi parte, tergiversaría un poco el sentido habitual de la palabra y diría que en el fondo la confesión es del orden de la dramática o la dramaturgia. Si se puede llamar "dramático" no una adición ornamental cualquiera, sino todo elemento que, en un escenario, pone de manifiesto el fundamento de legitimidad y sentido de lo que se desenvuelve en él, yo diría entonces que la confesión forma parte de la dramática judicial y penal. Es un elemento esencial de su dramaturgia, en ese sentido pleno del término. Y si admitimos que –a diferencia de lo simbólico y lo performativo, que no conocen gradaciones– la dramaturgia –lo dramático– es capaz de diversas intensidades; podríamos decir que la confesión es uno de los elementos más intensos de la dramática judicial, y uno de los más necesarios. El apetito de confesión –el apetito de veridicción del crimen por su autor– es central en nuestra jurisdicción criminal. Y quizás ustedes recuerden la anécdota con la cual comencé o, en todo caso, que mencioné en la primera de las clases que les di, la historia del magistrado que, al interrogar a un culpable, le decía: "Pero, bueno, ¿quién es usted?". Y como el acusado no respondía, el tribunal, el presidente le decía: "¿Pero cómo quiere que lo juzguemos si no nos dice quién es?". Necesidad de confesión, creo, absolutamente fundamental en el sistema penal: no se puede juzgar –esto es, la dramaturgia judicial no puede efectuarse a pleno–, si el acusado, en cierto modo, no ha confesado.

De hecho, a partir del momento en que los sistemas modernos, los del siglo XVIII y comienzos del siglo XIX, reactivaron –crearon hasta cierto punto, pero en todo caso reactivaron– la necesidad de confesión [...], la reactivación y la permanencia de esta necesidad de confesión hicieron derivar todo el sistema penal hacia algo muy distinto de lo que este se proponía cuando se fundaba o intentaba encontrar sus fundamentos racionales y universales en el siglo XVIII y, para ello, apelaba además a la confesión. Dentro de este sistema moderno y contemporáneo hubo algo parecido a una trampa de la confesión.

Para mostrar algunos de los efectos de la necesidad de confesión en la jurisdicción criminal y moderna, querría tomar como hilo conductor (de manera un tanto paradójica) lo que pasa, o lo que vemos desarrollarse, o el conjunto de impedimentos y extravíos que vemos producirse cuando dicha necesidad no es satisfecha y algo escapa dentro mismo de este procedimiento; cuando, a la pregunta que se hace a quien ha cometido un crimen, este no puede responder o da una respuesta diferente de la que se espera.

De manera general, podemos decir que, en realidad, la necesidad de confesión se sintió y se reconoció muy pronto como tan imprescindible y fundamental que, en una serie de casos sobre los que voy a volver ahora, al no haber sido posible la confesión o no haber podido esta cumplir la función que se le pedía [...], se planteó la obligación de sustituir o duplicar esa confesión deficiente o insuficiente con alguna otra cosa. Y esa otra cosa que sustituyó a la autoveridicción del sujeto –esa suerte de heteroveridicción, si ustedes quieren– fue el examen; el examen psiquiátrico, el examen psicológico del criminal, que sustituiría a la confesión, colmaría las lagunas, llenaría los espacios en blanco o en negro dejados por ella y trataría de hacer surgir la verdad del criminal que este mismo no era capaz de formular. Y me parece que a través de la manera como el examen psiquiátrico y psicológico del criminal se desarrolla en el siglo XIX vemos como a través de una lente de aumento lo que estaba presente y oculto a medias en la necesidad de confesión inscrita en los códigos establecidos a finales del siglo XVIII y comienzos del siglo XIX. Me parece que vemos surgir entonces [...] el punto de difracción que va a provocar que todo el sistema se salga de los carriles. Sucede que, de hecho, en ese sujeto cuya confesión se demandaba, no se buscaba simplemente poner de relieve al sujeto de derecho al cual se piden cuentas de un delito cometido; se buscaba también hacer surgir una subjetividad que mantuviera con su crimen una relación significante. Ese es el punto de partida, creo, de la cuestión del conocimiento del sujeto como sujeto criminal, y es eso lo que provoca que la confesión descarrile y también es un impedimento para el sistema penal contemporáneo.

¿Cómo se planteó la cuestión de la subjetividad criminal? Se planteó a principios del siglo XIX con referencia a una serie de casos que tenían más o menos la misma forma y cuyo acaecer pudo observarse entre 1800 y 1835. Primer caso, que se produjo en Alemania, del que tengo además pocos detalles, y que constituye verdaderamente el caso *princeps*, comunicado de manera muy breve por Hoffbauer:[3] es la historia de una criada que sale de compras llevando a una niña pequeña en su carrito; en el trayecto, mata a esta última. Otro caso, esta vez referido por Metzger:[4] la historia de un ex oficial que vive retirado en una posada y se ha encariñado mucho con el hijo de la posadera; un día –cito a Metzger–, "sin motivo, sin que entrasen en juego pasiones como la ira, el orgullo o la venganza, se arroja sobre el niño y le asesta, sin matarlo, dos puñaladas".[5] Tercer caso, el de Sélestat, situado en la Alsacia de 1817: durante un invierno muy riguroso en que el hambre es una amenaza, una campesina aprovecha la ausencia de su marido, que se ha marchado a trabajar, y mata a la pequeña hija de ambos, le corta una pierna, la mete en una olla y la cocina con repollos.[6] París, 1827: una criada llamada Henriette Cornier va a ver a la vecina de sus patrones –con quienes vivía–, y le pide con insistencia que deje a su cargo durante un lapso de tiempo a su hijita, que ella la vigilará.[7] La vecina duda un poco pero luego acepta, ya que tiene su trabajo y eso será de alguna ayuda; horas después, cuando va a buscar a la niña, comprueba que Henriette Cornier acaba de matarla, cortarle la cabeza y tirarla por la ventana. En Viena, un poco más adelante, una mujer, Catherine Ziegler, mata a su hijo bastardo y explica que una fuerza irresistible la ha impulsado a hacerlo.[8] Declarada inimputable, se la exime de prisión, pero ella afirma que será mejor mantenerla encerrada porque volverá a hacerlo sin ninguna duda. Y en efecto, diez meses después da a luz a un niño al que mata de inmediato; durante el proceso declara que sólo ha quedado embarazada para matar a su hijo. Es condenada a muerte y ejecutada. En Escocia, un tal John [Howison] entra a una casa donde mata a una anciana a quien no conoce y se va sin robar nada ni siquiera ocultarse; cuando es detenido, niega los hechos contra toda evidencia y la defensa aduce que el suyo es el crimen de un demente, porque es un crimen sin interés.[9] [Howison] es ejecutado, y retrospectivamente se considerará como signo de locura que a un funcionario presente le dijera que tenía ganas de matarlo. En los Estados Unidos –e interrumpiré aquí esta enumeración de casos que tuvieron su importancia y su repercusión durante ese período de [treinta]* años que va de 1805 a 1835–, en Nueva Inglaterra, un tal Abraham Prescott mata en pleno campo a su madre adoptiva, con quien siempre ha tenido buenas relaciones.[10] Vuelve a su casa, rompe en llanto frente a su padre adoptivo, este lo interroga y Prescott confiesa sin dificultad su crimen. Explica luego que lo había asaltado en forma repentina un fortísimo dolor de muelas y que no se acuerda de nada. Es condenado a muerte, pero el jurado pide al mismo tiempo la conmutación de esa pena que, no obstante, se cumple.

* Foucault dice "veinte".

Estos casos y otros del mismo tipo, pero los primeros en su carácter de casos *princeps*, fueron los temas de referencia, los casos de referencia de los psiquiatras y penalistas de la época; entre los psiquiatras, Metzger, Hoffbauer, Esquirol, Georget, William Ellis, Andrew Combe.[11]

Problema, primera pregunta: ¿por qué, entre todos los crímenes cometidos, estos parecieron importantes? ¿Por qué fueron objeto de interminables discusiones entre médicos y juristas? ¿Por qué sirvieron de base para que el funcionamiento de la justicia penal comenzara a interrogarse y desplazarse con respecto a la estructura de racionalidad que le era propia cuando se constituyó, entre finales del siglo XVIII y principios del siglo XIX? Primero, creo que en relación con todos estos casos hay que señalar que presentan un cuadro muy diferente de lo que había constituido hasta entonces la jurisprudencia de la locura criminal. Digamos que hasta finales del siglo XVIII el problema de la locura se planteaba en el derecho penal, es cierto, pero esta cuestión de la locura se planteaba en los casos específicos –y prácticamente sólo en los casos– en que el derecho civil y el derecho canónico también [la] planteaban, esto es, cuando la locura se presentaba en forma de demencia e imbecilidad, o bien de furor; y en los dos casos, se tratara de un estado definitivo o de un acceso pasajero, la locura sólo era probada y admitida por el tribunal si se manifestaba por una serie de signos numerosos, de fácil reconocimiento y, de todos modos, exteriores al crimen mismo. Era menester probarla por fuera del acto criminal. Ahora bien, lo importante es que en todos esos casos el sujeto no exhibe prácticamente ningún signo de locura por fuera del crimen mismo. Por tanto, para resolver la cuestión no sirve decir: "¿El sujeto ha dado efectivamente y de antemano señales de locura que puedan hacer suponer [...] que no es responsable de su crimen?". Ahora estamos ante casos tales que se llega a sospechar la locura por el mero hecho, primero, de que el crimen carece de razón –no se encuentra ninguna motivación de interés, cálculo, pasión–, y segundo, de que el sujeto es incapaz de decir cosa alguna acerca de su crimen. En cierto modo, con referencia a él, el sujeto está mudo.

En primer lugar, son crímenes sin razón. Ese es, creo, su interés, su elemento común. Son crímenes sin pasión, sin motivo, sin interés; ni siquiera se fundan sobre una ilusión delirante. En todos los casos que he citado, los psiquiatras y los jueces tropiezan con el hecho de que entre los protagonistas del drama, quien mata y quien es matado, o quien mata y los padres del niño asesinado –porque es interesante advertir que casi siempre o, bueno, muy a menudo, son historias de infanticidios–, entre los protagonistas del drama no hay relación alguna que vuelva inteligible el crimen. En el caso de Henriette Cornier, por ejemplo, que había decapitado a la hijita de su vecina, se hizo una extensa investigación para saber si, por casualidad, ella no había sido amante del padre de la niña y no había actuado por venganza. Y se descubrió que no había ninguna relación. En la historia de la mujer de Sélestat –ya saben, la que había cocinado con repollos el muslo de su hija–, el elemento importante de la discusión había sido: "¿Había una hambruna en la época? ¿La acusada era pobre o no, sufría hambre o no?". Y el fiscal había dicho: si hubiera sido rica, no habría tenido un interés material en comerse a su hija (porque hubiera podido comprar carne en la carnicería) y así habríamos podido considerarla alienada. Pero estaba en la miseria, era completamente pobre y, por consiguiente, en esos tiempos de hambruna, tenía hambre; y dado que tenía hambre, cocinar con repollos la pierna de la hija era una conducta interesada; como era una conducta interesada, era una conducta razonable, y como era razonable, ella estaba loca.*[12]

Si jugamos con las palabras, yo diría que esos crímenes –y este es el otro aspecto–, esos crímenes sin razón, son crímenes sin confesión; son crímenes de los cuales no podía decirse cosa alguna, de los cuales no podía decirse cosa alguna en el siguiente sentido. Eran, claro está, crímenes absolutamente flagrantes: se reunían todas las pruebas posibles de culpabilidad; en la mayoría de los casos, lo reconocían (hay un solo caso en que se ve al culpable intentar negar su crimen; en los restantes, lo reconocen con mucha facilidad); por tanto, desde un punto de vista jurídico, si sólo se pedía a la confesión la confirmación material de una verdad establecida por otra parte, eso debía bastar y satisfacer a los jueces. Ahora bien, por mucho que esas confesiones se hagan, vemos con claridad que no es eso lo que los jueces piden: lo que piden es que el culpable diga algo sobre su crimen, que diga por qué lo ha cometido, qué sentido da a su gesto. Y si no se puede decir nada, si el acusado no puede decir nada de su crimen, comienzan las dificultades y la máquina penal empieza a tropezar y a descomponerse.

En este tipo de casos vemos a las claras que la confesión, en su materialidad, no es suficiente: se pide una confesión que desempeñe el papel dramatúrgico del que les hablaba. Y se ve bien que entonces el recono-

* El auditorio ríe. La lectura presentada aquí es fiel a la palabra pronunciada por Foucault. Difiere de la lectura, constante, propuesta en las otras versiones publicadas de esta escena, en las cuales se lee "ella no estaba loca". Se encontrará un análisis de este punto en pp. 248-249 del presente volumen, n. 12.

cimiento por parte del enfermo, por parte del criminal que dice: "Sí, yo cometí ese asesinato. Punto. Es todo lo que tengo que decir", no funciona; la confesión no funciona en la dramaturgia exigida.

No digo para nada que esta serie de casos que les menciono –una serie interesante, porque la vemos en Alemania, en Austria, en Inglaterra, en Francia, en los Estados Unidos, casos isomorfos que muestran que, de un modo u otro, en todas partes damos con el mismo tipo de problema–, no digo para nada que esos casos hayan creado la situación que voy a analizar ahora. Digamos simplemente que, en virtud de su singularidad, de sus paradojas, hicieron salir a la luz una serie de cuestiones que estaban implícitamente presentes en el funcionamiento de la justicia penal. Pusieron de relieve, detrás del autor del acto y los mecanismos jurídicamente legítimos de la imputación, la cuestión del sujeto criminal. Hicieron surgir, detrás o, mejor, entrelazadas entre sí, la discursividad de la investigación que procura establecer la verdad del hecho y la discursividad del examen que procura establecer la verdad del criminal. Digamos que el juez, en definitiva, dice al acusado: "No te limites a decirme lo que has hecho sin decirme al mismo tiempo y por su intermedio quién eres". Y para terminar, esta serie de casos hace surgir la exigencia de un tipo de saber distinto del que permite establecer los hechos. Así, no hago otra cosa que señalar esa suerte de punto de partida histórico anecdótico de toda una deriva cuyo desarrollo podemos ver hoy. Lo hago simplemente para marcar el anclaje general y la inserción histórica de esta problemática en la cual el derecho penal moderno se topó, creo, con su interminable laberinto. En él se inscriben, me parece, el desdoblamiento de la confesión y su apertura a otro tipo de cuestiones: las cuestiones de la subjetividad.

Para explicar lo que sucedió en el siglo XIX en lo referido al principio de ese decir veraz sobre la subjetividad, sería muy insuficiente, desde luego, quedarse ahí. Y para focalizarme en dos períodos, dos momentos importantes de esta historia, querría abordar, a mediados del siglo XIX –bueno, hacia el final de la primera mitad del siglo XIX–, la cuestión de la monomanía y la constitución del crimen como objeto psiquiátrico, y después situarme a finales del mismo siglo y hablar un poco de la noción de degeneración social y de la constitución del criminal como objeto de la defensa social.[13]

En primer lugar, la monomanía y la constitución del crimen como objeto psiquiátrico. A la cuestión planteada por los grandes crímenes de los que les hablaba hace un momento, esos grandes crímenes monstruosos y mudos, esos grandes crímenes sin razón ni confesión, a la cuestión que estos planteaban, los psiquiatras, como sabrán, respondieron mediante la noción de monomanía, monomanía homicida.[14] Noción extraña, porque para los psiquiatras se trata de una enfermedad cuya particularidad es no tener, en la práctica, más que un síntoma visible, y ese síntoma visible es, precisamente, el crimen. Y se trata al mismo tiempo de una noción muy curiosa desde el punto de vista de la penalidad, porque ese crimen no tendría por razón de ser ni interés ni pasión algunos; su única razón de ser es la enfermedad misma, la enfermedad que consiste en cometer el crimen. "Crimen-locura", esa es la noción paradójica que los médicos del ventenio 1830-1850 [propusieron]. En realidad, la noción comenzó a sufrir una regresión hacia la década de 1850, para reaparecer luego un poco antes de, digamos, la década de 1870. En fin, digamos que durante unos treinta, cuarenta años, la noción de monomanía homicida como "crimen-locura", crimen absolutamente adecuado a una locura y locura absolutamente adecuada a un crimen, fue central, según creo, en la cuestión del sujeto criminal o del crimen como objeto para una ciencia psiquiátrica del sujeto. Crimen que es en su totalidad locura, locura que no es otra cosa que un crimen.

Por supuesto, no es cuestión de describir el trasfondo teórico de la noción ni las razones por las cuales esta se constituyó. Querría simplemente preguntarme por qué la gran ficción de la monomanía homicida fue la noción clave de esta protohistoria de la subjetividad criminal. Creo que ante todo es necesario interrogarse sobre la razón por la cual los médicos, de algún modo, propusieron a la institución judicial esta noción de monomanía; por qué tendieron así la mano a la institución judicial. Creo que esa razón está vinculada con lo que eran, en el fondo, el papel y la definición de la psiquiatría en esa época. A comienzos del siglo XIX la tarea de la psiquiatría era definir en esencia su especificidad en el ámbito de la medicina y lograr que esa especificidad se reconociera entre las otras prácticas médicas. ¿Por qué, en el momento en que la medicina mental intentaba fundar así su propia cientificidad y definir su especificidad y su propio campo de acción en relación con las demás disciplinas médicas, por qué haber tratado de intervenir en el ámbito de la justicia, y de la justicia penal?

Esa tentativa, esa tentación, ese movimiento para ingresar en la práctica penal, me parece que no hay que intentar explicarlo mediante vaya uno a saber qué imperialismo de los psiquiatras en procura de anexarse un nuevo dominio; no hay que procurar explicarlo por un dinamismo interno y propio del saber médico, deseoso de racionalizar el tan confuso ámbito donde se mezclan locura y crimen. Creo que en esa época el crimen se convirtió para los psiquiatras en un desafío tan importante que buscaron efectivamente entrar, introducir una cuña en la institución judicial, y eso porque para ellos, para los psiquiatras, era menos un campo de conocimientos que conquistar que una modalidad de poder, la modalidad de su propio poder que hacía falta garantizar y justificar.

[En efecto,] si la psiquiatría llegó a ser tan importante en el siglo XIX, no fue meramente porque aplicaba una nueva racionalidad médica al desorden de la mente y la conducta. La importancia de la psiquiatría en esos comienzos del siglo XIX radica en que actuaba como una especie de higiene pública. El desarrollo en el siglo XVIII de la demografía, las estructuras urbanas, el problema de la mano de obra industrial, todo eso había puesto de relieve la cuestión biológica y médica de las poblaciones humanas con sus condiciones de existencia, sus condiciones de hábitat y alimentación; había puesto de relieve la cuestión de la natalidad y la mortalidad. Creo que en el siglo XIX el cuerpo social deja de ser una simple metáfora jurídico-política para aparecer como una realidad biológica y un ámbito de intervención médica. A partir de ese momento el médico debe ser el técnico del cuerpo social, y la medicina, una higiene pública. Y si la psiquiatría, en el paso del siglo XVIII al siglo XIX, conquistó su autonomía y al mismo tiempo se revistió de tanto prestigio, es porque pudo inscribirse dentro del marco de una medicina concebida como reacción a los peligros aparentes o virtuales inherentes al cuerpo social. Más allá de que los alienistas de la época discutieran hasta el infinito sobre el origen orgánico o psíquico de las enfermedades mentales y propusieran terapias físicas o psicológicas, a través de sus divergencias teóricas o prácticas tenían, todos, conciencia de tratar un peligro social, ya fuese que la locura les pareciera ligada a condiciones malsanas de existencia (en muchos psiquiatras encontramos la idea de que el origen de la enfermedad mental radicaba en la superpoblación, la promiscuidad, la vida urbana, el alcoholismo, el desenfreno sexual) o que se la percibiera de por sí como una fuente de riesgos para uno mismo, los otros, el entorno y la descendencia por intermedio de la herencia. De todas maneras, los psiquiatras tenían conciencia de que al manipular la locura manipulaban una enfermedad, claro está, pero sobre todo un peligro. Y desde luego los autorizaba a intervenir en ese peligro el hecho de que podían darle el estatuto de enfermedad.

En el siglo XIX o, en todo caso, en los comienzos del siglo XIX, la psiquiatría me parece menos una medicina del alma individual que una medicina del cuerpo colectivo. En ese momento se comprende por qué la psiquiatría tenía tanto interés en demostrar la existencia de algo tan fantástico como la monomanía homicida, esa asombrosa locura que sólo se manifestaría en el crimen. Creo que a partir de allí se comprende que durante treinta o cuarenta años no se dejase de poner en juego esta noción a pesar, como es obvio, de sus muy escasas justificaciones teóricas. En efecto, si la monomanía homicida existe, ¿qué muestra? Es algo por el estilo de la viva demostración (debería decir: la mortal demostración) de que, en algunas de sus formas, extremas e intensas, la locura puede llegar a ser toda ella crimen y nada más que crimen; y que así al menos en los límites últimos de la locura está el crimen; por lo cual hay una copertenencia esencial, o una consanguinidad, un parentesco esencial entre una y otro. La monomanía homicida muestra por otra parte que la locura es capaz de ocasionar no sólo trastornos de la conducta, sino el crimen absoluto, el que transgrede todas las leyes de la naturaleza y la sociedad: matar niños, matar al propio hijo, es verdaderamente el lugar [...]*

* * *

Le opusieron resistencia, sin duda: hubo una serie de discusiones que son muy interesantes. Pero pese a todo, a través de esas negativas, esas vacilaciones, no rechazaron del todo la noción y se dejaron convencer. No puede decirse que la medicina los haya violado: en definitiva, con mayor o menor buena voluntad, hicieron funcionar dentro de su práctica la noción de monomanía homicida. ¿Por qué terminaron por aceptar? Porque los nuevos códigos, y en especial las reformas a esos nuevos códigos, con las circunstancias atenuantes y toda la modulación de la pena que se les proponía aplicar y administrar por sí mismos dentro del código legal (como sabrán, todas las medidas concernientes a las circunstancias atenuantes, en fin, esas reformas, se remontan más o menos a los años entre 1830 y 1840); bueno, a partir del momento en que tenían que administrar la pena –si no la naturaleza, al menos la cantidad de la pena– en función de algo que no era simplemente el crimen sino el criminal, entonces, con esas nociones psiquiátricas, tuvieron en sus manos un instrumento. Ni los grandes teóricos como Beccaria y Bentham, ni quienes, de hecho, habían redactado las nuevas legislaciones penales,

* Introducimos aquí un corte que corresponde al cambio de cinta de grabación. Como la copia mecanografiada que se conserva en el IMEC no incluye la transcripción de esta clase, no es posible colmar la laguna debida a este cambio.

habían buscado elaborar nada que fuese del orden del conocimiento del sujeto. Pero, visto que la reforma del sistema penal había propuesto hacia la década de 1830 esas modulaciones de la aplicación de la pena, evidentemente había que proveerse de un nuevo instrumento. Por eso, si en el Código, en especial el Código napoleónico francés, sólo se incluía el famoso artículo 64 –esto es: la demencia o el furor–, a partir de la década de 1840, los años entre 1835 y 1840 (las circunstancias atenuantes datan de 1832), los magistrados [...] comenzaron a aceptar el uso de esta noción de locura, de monomanía homicida. Y por ende se vieron en efecto no sólo ante una nueva noción, sino ante un nuevo sujeto, el sujeto criminal. Ya no debían limitarse a castigar un crimen, debían tratar –o, bueno, manipular, ajustar su práctica judicial– no sólo al crimen, sino a la individualidad criminal.

Lo que comienza a instalarse hacia 1840 va a cobrar entre los últimos años del siglo XIX y los primeros del siglo XX, está claro, una importancia y una amplitud infinitamente más grandes. Entre esos dos períodos, digamos, los años entre 1840 y 1850 y entre 1880 y 1900 o 1910, ¿qué pasó? En el orden de la psiquiatría propiamente dicha, se abandonó la noción de monomanía. Se la abandonó por dos razones. Primero, porque la idea –al fin y al cabo, negativa– de una locura parcial que sólo afectaba un aspecto y sólo se desencadenaba en ciertos momentos, fue sustituida por la idea de que una enfermedad mental no es forzosamente una alteración del pensamiento y la conciencia, sino que puede atacar la afectividad, los instintos, los comportamientos, etc. Luego, la monomanía también se abandonó por otra razón, que es que la idea de las enfermedades mentales de evolución compleja ya se había abierto camino; la idea de enfermedades mentales que pueden presentar tal o cual síntoma específico en tal o cual estadío de su desarrollo, y eso no sólo en el plano individual sino en el de las generaciones: es la idea de la degeneración.

A partir del momento en que se puede definir esa gran arborescencia evolutiva, ya no hace falta oponer, desde luego, los grandes crímenes monstruosos y misteriosos que remitirían a una violencia incomprensible y esencial de la locura, a la pequeña criminalidad demasiado frecuente y familiar para que sea necesario recurrir a lo patológico. A partir de entonces, se trate de las incomprensibles masacres cuyo ejemplo habían representado Henriette Cornier y otros a comienzos de siglo, o bien de esas incomprensibles masacres o delitos de muy poca monta relacionados con la propiedad, la sexualidad, etc., se cuenta de todos modos con el instrumento que permite sospechar una perturbación más o menos grave de los instintos o las etapas de una marcha ininterrumpida hacia la enfermedad. Y de esa manera vemos aparecer en el campo de la psiquiatría legal nuevas categorías, como la de la necrofilia, que fue la primera en surgir, hacia 1840; la cleptomanía, hacia 1860, y el exhibicionismo, en 1876, e incluso la consideración por parte de la psiquiatría legal de comportamientos como la pederastia –lo que desde 1869 se dará en llamar homosexualidad–, el sadismo, etc. Tenemos pues, al menos en principio, una suerte de *continuum* psiquiátrico y criminológico que permite examinar en términos médicos cualquier nivel de la escala penal. En cierta forma, la cuestión psiquiátrica ya no se sitúa simplemente en la cumbre de la criminalidad; no está localizada, no se plantea simplemente con referencia a algunos grandes crímenes. Incluso si se le debe dar una respuesta negativa, conviene (o, en todo caso, se puede) plantearla legítimamente en todo el ámbito de las infracciones: en definitiva, entre una mujer que roba ropa interior en una tienda y una madre que cocina el muslo de su hija en una olla, de un modo u otro, tanto en un caso como en otro, se debe y se puede hacer esta pregunta: "¿no hay locura en esto?".

Ahora bien, es obvio que esto tiene consecuencias de extrema importancia para la teoría jurídica de la responsabilidad. En la concepción de la monomanía, la sospecha patológica se generaba precisamente cuando no había razones para cometer un acto. La locura, por lo tanto, aparecía como la causa, como lo que debía ser la causa de lo que no tenía sentido, y la irresponsabilidad se establecía en ese desfase. Pero con este nuevo análisis del instinto y la afectividad existirá la posibilidad de un análisis causal de todas las conductas, sean criminales o no criminales y cualquiera que sea su grado de criminalidad. Por eso el laberinto infinito en que se adentró el problema jurídico y psiquiátrico del crimen: si un acto es determinado por un nexo causal que el análisis del sujeto criminal puede revelar; si así un acto resulta determinado por ese tipo de nexo causal, ¿se lo puede considerar libre? Y en ese momento, ¿se puede señalar la responsabilidad del sujeto? ¿Y es necesario, para poder condenar a alguien, que sea imposible reconstruir la inteligibilidad causal del acto?

Verán entonces que, como trasfondo de esta nueva manera de plantear el problema, se reconoce el efecto de unas cuantas transformaciones que han sido sus condiciones de posibilidad. Para que el problema de la relación continua y multiforme entre psiquiatría y criminalidad pudiera establecerse, para que se pudiera sospechar la presencia de la locura aun a partir de los comportamientos más sencillos y menos intensamente criminales, fue preciso ante todo el desarrollo intensivo de las cuadrículas policiales en la mayor parte de los países de Europa; lo cual supuso en especial reacondicionar y poner bajo vigilancia el espacio urbano, así como perseguir de manera más sistemática y eficaz la delincuencia menor. A esto hay que agregar [...] los conflictos sociales, las luchas de clases, los enfrentamientos políticos, las revueltas armadas, tanto de los revolucionarios del 48 como de los comuneros del 70 o los anarquistas de los últimos años del siglo, pasando por todas las huelgas violentas. Todos esos conflictos sociales incitaron a los poderes a asimilar, para mejor desacreditarlos, los delitos políticos a los crímenes de derecho común; y de ese modo se construyó poco a poco la imagen de un enemigo de la sociedad que puede ser tanto el revolucionario como el asesino, porque el revolucionario puede llegar a matar. A esto respondió el extraordinario desarrollo, a lo largo de la segunda mitad del siglo, de una literatura de criminalidad (entiendo la palabra en sentido amplio, tanto los sueltos de los diarios como las novelas policiales y todo lo novelesco que se despliega en torno a los crímenes): heroización del criminal, desde luego, pero también afirmación de que la criminalidad está presente por doquier, que es por doquier una amenaza, y una amenaza cuyos signos inquietantes pueden constatarse en todo el cuerpo social.

El miedo general al crimen, la obsesión por ese peligro que parece confundirse con la sociedad misma, [se] inscribe así de manera permanente en la conciencia de cada cual. Y Garofalo, en el prefacio a la primera edición de ese tratado, ese texto suyo que se llama *La criminología*, de 1887, se refería a los nueve mil asesinatos que había anualmente en Europa, sin contar Rusia, y escribía: "¿Cuál es el enemigo que ha desolado de tal modo esta región?" –Europa– "¿Cuál es el enemigo que la ha desolado de ese modo? Es un enemigo misterioso y desconocido hasta hoy en la historia, y su nombre es el criminal".[15]

Y es evidente que hay que agregar a esto otro elemento, el fracaso renovado e incesantemente señalado del aparato penitenciario. Como sabrán, los sueños de los reformadores del siglo XVIII y de los filántropos de la época siguiente eran que el encarcelamiento, siempre que fuera racionalmente dirigido, tomara para sí el papel de una terapéutica penal. El resultado de ese castigo debía ser la enmienda de los condenados. Ahora bien, sabrán que muy pronto se advirtió que la prisión llevaba al resultado exactamente opuesto, que era más bien una escuela de delincuencia y que los métodos más refinados del aparato policial y judicial, lejos de asegurar una mejor protección contra el crimen, inducían al contrario, por intermedio de la cárcel, un fortalecimiento del medio criminal.

Como consecuencia de una serie de razones se estaba en una situación tal que había una muy fuerte demanda social y política de reacción contra el crimen y de represión; y esta demanda tenía que ver con una criminalidad que, en su totalidad, podía pensarse en términos jurídicos y médicos. Sin embargo, la pieza central de la institución penal desde la Edad Media –la responsabilidad y la práctica de la confesión en cuanto era una enunciación del individuo en el sentido de aceptar definitivamente esa responsabilidad– parecía, en sustancia, muy inadecuada para pensar el tan vasto y frondoso ámbito de la criminalidad médico-legal.

Esa inadecuación se manifestó a la vez en el nivel de las concepciones y el nivel de las instituciones, en los conflictos que durante las décadas de 1890 y 1900 opusieron la llamada escuela de antropología criminal y la asociación de derecho penal. Frente a los principios tradicionales de la legislación criminal, la escuela italiana o los antropólogos de la criminalidad pedían, en definitiva, nada menos que apartarse del derecho. Pedían una verdadera despenalización del crimen mediante el establecimiento de un aparato que fuera de un tipo muy distinto al previsto por los códigos. Esquematizando mucho, yo diría que para la antropología criminal la cosa pasaba por abandonar totalmente la noción jurídica de responsabilidad, y plantear como cuestión fundamental no cuál es el grado de libertad del individuo, sino cuál es el nivel de peligro que él representa en la sociedad. Para esa antropología criminal se trataba de señalar que los inculpados a quienes el derecho consideraba irresponsables (en su carácter de enfermos, locos, anormales, víctimas de impulsos irrefrenables) en realidad eran justamente los más peligrosos. Se trataba de destacar que lo que llamamos pena no tiene que ser un castigo sino un mecanismo de defensa de la sociedad, y hacer ver entonces que la diferencia no se da entre responsables que condenar e irresponsables que liberar, sino entre sujetos absoluta y definitivamente peligrosos y aquellos que, por medio de ciertos tratamientos, podían dejar de serlo. En suma, todo consistía en llegar a la conclusión de que debe haber tres grandes tipos de reacción social al crimen o, mejor, al peligro que constituye el criminal: la eliminación definitiva por la muerte o el encierro en una institución, la eliminación provisoria con tratamiento o la eliminación en cierto modo relativa y parcial, como la esterilización o la castración.

Puede verse con claridad la serie de desplazamientos exigidos por la escuela antropológica: del crimen al criminal, del acto efectivamente cometido al peligro que tiene una presencia virtual en el individuo y del castigo modulado del culpable a la protección absoluta de los otros.[16] Según creo, en ese momento se pasó a un régimen muy diferente, el de la seguridad. Todos esos desplazamientos implicaban, por supuesto, escapar a un universo del derecho penal que se centraba en el acto: su pieza esencial era la imputabilidad a un sujeto de derecho de actos cometidos en infracción de la ley. Ni la criminalidad de un individuo, ni el índice de peligrosidad del cual era portador, ni su conducta virtual y futura, ni la protección de la sociedad en general ante esos peligros posibles, todas las cosas que para ese entonces, en esa sociedad de seguridad, esa sociedad con seguridades, habían llegado a ser tan esenciales: nada de eso puede en realidad integrarse con exactitud al sistema de los principios y las nociones jurídicas en torno a los cuales se articulaban los Códigos establecidos entre finales del siglo XVIII y comienzos del siglo XIX. Y los jueces, magistrados o jurados, si tenían que utilizar esas nociones, no eran en ningún caso capaces de saber cómo podrían articularlas con el sistema institucional que les atribuía su derecho a castigar. Esas nociones de criminalidad de un individuo, de peligrosidad, de conducta criminal virtual, sólo se las podía hacer funcionar de manera racional dentro de algo muy diferente a un código jurídico: sólo se las podía hacer funcionar dentro de un saber técnico,[17] capaz de caracterizar en sí mismo, y en cierto modo por debajo de sus actos, qué era un individuo criminal. Se necesitaba un saber en condiciones de medir el índice de peligro presente en un individuo. Se necesitaba para todo eso un saber que pudiese establecer la protección necesaria y suficiente frente al peligro que representaba un individuo.

De allí la idea de que el crimen no debe quedar a cargo de los jueces o no puede quedar simplemente a cargo de ellos si la jurisdicción efectivamente ejercida por el juez no va acompañada por un tipo de veridicción muy distinto del que había podido obtenerse y definirse tanto para la investigación como para la confesión en el sentido que expuse ante ustedes, y que funcionaba con tanta fuerza en los Códigos de comienzos del siglo XIX. Es necesario un saber, es necesario que acerca del sujeto y su verdad haya un tipo de conocimiento, un tipo de saber, un tipo de experiencia, también un tipo de intercambio y de diálogo que sólo podía derivarse de la psiquiatría, la criminología, la psicología.

Y creo que, llegados al momento en que comienza a surgir la noción de defensa social[18] que tanta importancia tendrá durante todo el siglo XX, en ese momento, vemos aparecer una forma muy distinta de la verdad del sujeto o la veridicción del sujeto, una que está sumamente alejada de aquella que podía pedirse a la veridicción tradicional de la confesión. Y me parece que podemos identificar los efectos de esa nueva exigencia de un conocimiento del sujeto de un tipo muy distinto del que podía manifestarse en la confesión, identificar la manera como esa nueva exigencia se inscribió en el derecho penal y la manera como sigue actuando; si recordamos dos cosas que, justamente, no suponen tanto la historia interna del derecho penal como transformaciones producidas en otra parte.

En primer lugar, a finales del siglo XIX, cuando, precisamente dentro del derecho penal y por las razones que acabo de mencionarles, es decir, la necesidad de una defensa social, en la misma época, se constituía o quizá se reconstituía lo que la vez pasada llamé una hermenéutica del sujeto. Una hermenéutica del sujeto que sin lugar a dudas, en sus formas y sus objetivos, es extremadamente diferente de lo que se había podido ver en la práctica de la espiritualidad cristiana. En la práctica de la espiritualidad cristiana, lo recordarán, la hermenéutica del sujeto consistía en esencia en una exposición de los secretos de la conciencia –de los *arcana conscientiae*– mediante el procedimiento del examen permanente de uno mismo y la verbalización exhaustiva dirigida a otro. Por medio de una serie de trabajos en que, desde luego, Freud y el psicoanálisis ocupan un lugar central, la hermenéutica del sujeto se abrió a finales del siglo XIX a un método de desciframiento muy alejado de la práctica del examen permanente y la verbalización exhaustiva que acabo de mencionarles con referencia a la espiritualidad cristiana. Se abrió una hermenéutica del sujeto, lastrada o cargada, que tenía por instrumento y por método principios de desciframiento tanto más cercanos a los principios de análisis de un texto. Esa hermenéutica del sujeto en forma de desciframiento de un texto debe permitir arraigar los comportamientos de un sujeto en un conjunto significativo.

Y a partir de esta forma de hermenéutica del sujeto, podemos ver que el crimen se constituye como acto significativo. Como es evidente, esta nueva práctica del sujeto es muy diferente de la que podía esbozarse en la antropología criminal o la patología del degenerado, pero, desde el punto de vista de la penalidad misma, no suprimía y sigue sin suprimir la dificultad de esas nociones, aunque [estas] sean abandonadas. Más bien [la] redobla, porque con la hermenéutica del sujeto se lleva, se puede llevar al interior mismo de la práctica penal la cuestión de la relación problemática entre la responsabilidad de un acto y su inteligibilidad. La transporta al interior mismo de la práctica penal porque muestra que la relación de un acto con un sujeto no es simplemente asunto de imputabilidad, de causalidad más o menos libre, de responsabilidad, sino que al mismo tiempo es también una relación de significación. La relación de causalidad desposeía al juez. La de significación le devuelve su influencia, pero de manera igualmente ambigua: ¿qué hacer con la significación de un crimen? Esa es la primera línea de transformación que podemos ver, exterior a la práctica penal, pero que pesó y sigue pesando sobre la práctica penal actual.

La otra modificación puede indicarse, creo, dentro del sistema jurídico, pero con referencia a la noción de responsabilidad en el derecho civil. Me parece –y también aquí voy a ser muy esquemático– que en el derecho civil, entre finales del siglo XIX y comienzos del XX, podemos identificar una transformación muy importante. Esta transformación gira alrededor de la noción de accidente, riesgo, responsabilidad.[19] De manera muy general, yo diría que es necesario destacar la importancia que asumió, sobre todo en los últimos años del siglo XIX, y además no sólo para el derecho sino también para la economía, el problema del accidente: el accidente, su probabilidad, aquello que permite reducir su probabilidad, compensar sus efectos, etc. Con el desarrollo del salariado, de las técnicas industriales, del maquinismo, de los medios de transporte, de las estructuras urbanas, aparecieron dos cosas muy importantes. En primer término, los riesgos que uno hace correr a terceros: el empleador al exponer a sus asalariados a accidentes laborales, los transportistas al exponer a accidentes no sólo a los pasajeros sino a personas a quienes el azar ha puesto en el lugar. A continuación, el hecho de que con frecuencia esos accidentes podían asociarse a una especie de falta, pero una falta mínima –desatención, falta de precaución, negligencia– y cometida además por alguien que no podía hacerse cargo de su responsabilidad civil, ni garantizar el pago de los daños y perjuicios conexos (la situación típica de este caso es, si se quiere, la negligencia de un empleado que provoca una catástrofe minera o un accidente ferroviario).

Ahora bien, todo esto implicaba una reelaboración de la noción de responsabilidad civil. Era preciso que se borrara la herencia del derecho romano que todavía era visible en ella: la idea de que la responsabilidad era necesaria en un tipo de falta y que el pago de un daño debía constituir una suerte de pena civil. Había que despenalizar, desculpabilizar la responsabilidad civil, apartarla de toda referencia a una falta subjetiva, liberarla de la obligación de demostrar la existencia de una falta personal.[20] Concretamente, en el caso de un accidente laboral, era necesario que los obreros afectados por él pudiesen cobrar una indemnización sin tener que probar que el empleador había cometido una falta precisa en violación de una ley o un reglamento precisos. En resumidas cuentas, el problema era fundar en el derecho una responsabilidad sin falta. En ello se empeñaron los juristas occidentales, y sobre todo los alemanes, presionados por las exigencias de la sociedad bismarckiana, una sociedad no sólo de disciplina sino de seguridad. Y me parece que esa organización de una responsabilidad desculpabilizada fue, junto a la nueva hermenéutica del sujeto que se había abierto con el psicoanálisis –o digamos, en términos más generales, con la psiquiatría o la psicología–, la otra gran línea de fuerza que permitió que se planteara en nuevos términos la cuestión de la subjetividad criminal.

En efecto, de una manera bastante extraña, esa desculpabilización de la responsabilidad civil pudo constituir un modelo para el derecho penal, y ello sobre la base de las proposiciones mismas formuladas por la antropología criminal. En el fondo, ¿qué es un criminal nato, qué es un degenerado, qué es una personalidad criminal sino alguien que, según un encadenamiento causal difícil de reconstruir, presenta un índice particularmente elevado de probabilidad criminal? ¿Alguien que es, en última instancia, un riesgo de crimen? Así como se puede determinar una responsabilidad civil sin establecer una culpa, sino por la sola estimación del riesgo creado contra el cual hay que defenderse sin que sea posible anularlo, de la misma manera se puede hacer penalmente responsable a un individuo sin tener que determinar si era libre y, por tanto, si hay culpa; sólo hay que asociar el acto cometido al riesgo de criminalidad representado por su personalidad propia. El individuo es responsable porque, por su mera existencia, es creador de riesgo, aunque no sea culpable porque no ha optado con plena libertad por el mal en desmedro del bien, aunque no haya optado por ser neurótico o psicótico en vez de ser sano. El objetivo de la sanción no será por lo tanto castigar a un sujeto de derecho que haya infringido voluntariamente la ley. Su papel será disminuir, tanto como sea posible –mediante la eliminación o bien la exclusión; mediante diversas restricciones, o incluso medidas terapéuticas–, el riesgo de criminalidad representado por el individuo en cuestión.

Tenemos aquí un punto importante que hay que señalar en la historia del pensamiento penal: el momento en que la demanda de confesión –esa pieza dramatúrgica que era tan esencial y cuyo lugar estaba marcado de manera tan fundamental en los Códigos del siglo XVIII y comienzos del siglo XIX–, esa demanda de confesión, es reemplazada y duplicada por una demanda de otro tipo. Para el juez ya no se trata de decir lo que decía implícitamente en épocas pasadas: "Dime si, en efecto, has cometido el crimen del que se te acusa. Dime si, en efecto, reconoces en tu voluntad fundamental la razonabilidad y la legitimidad de la condena que voy a pronunciar contra ti". Ahora, el juez hace implícitamente esta pregunta a quien está acusado: "Dime quién eres, para que yo pueda tomar una decisión judicial que tendrá que estar a la vez a la altura del crimen que has cometido, claro está, pero también del individuo que eres".

Retomemos el diálogo que mencioné al comienzo de estas clases, el diálogo en que el juez pedía al acusado que tuviera a bien hablar de sí mismo: "Dime por qué has violado a esas muchachas. Dime por qué has querido matarlas. Dime quién eres para que pueda juzgarte". Creo que en esta exigencia de confesión, no en el nivel del acto, tampoco en el de la justificación y el fundamento de la jurisdicción, sino en el nivel de lo que es el ser mismo de la subjetividad criminal, tenemos algo completamente fundamental. Es algo que en el derecho penal plantea una cuestión que, en mi opinión, ha persistido íntegra. Y si actualmente se manifiestan y se sienten tantas dificultades, tantos obstáculos, tantas contradicciones no sólo en la teoría sino incluso en la práctica penal, es en gran parte porque –y en la medida en que– la cuestión de la subjetividad, del decir veraz de la subjetividad criminal, llegó a duplicar y tender su sombra, de algún modo, sobre la simple pregunta de la confesión, que era: "¿Es cierto que has cometido el crimen del que se te acusa? ¿Aceptas efectivamente ser castigado por ello?".

Esta otra cuestión de la veridicción del sujeto es a la vez la espina, la astilla, la herida, la línea de fuga, la brecha de todo el sistema penal. Y me bastará contarles una última anécdota.[21] Es un argumento que utilizó recientemente un abogado francés cuyo nombre no mencionaré, no por discreción sino porque su papel en la campaña contra la pena de muerte ha sido decisivo. Este abogado utilizó el argumento en un caso de secuestro y asesinato de un niño. El argumento... lo que voy a decir no tiene absolutamente ningún cariz ni intención polémica, querría simplemente poner de relieve como [una] de las paradojas de la razón lo que podría llamar paradoja o antinomia de la razón penal en nuestro sistema actual... El abogado, pues, hacía un alegato a favor de alguien que había secuestrado a un niño y lo había asesinado. Tal vez algunos de ustedes recuerden este caso: tuvo gran repercusión, no sólo por la gravedad de los hechos sino también porque en él se jugaba el uso o lo que se esperaba que fuera el abandono de la pena de muerte; al menos eso se consideraba que estaba en juego en el proceso. Este abogado –que, por lo demás, no alegaba tanto a favor del acusado como contra la pena de muerte– hacía valer en relación con el acusado unos cuantos argumentos. Entre ellos había uno que me llamó la atención. El abogado se dirigió a los jurados y les dijo:

> Pero, en fin, el acusado, claro está, ha reconocido su crimen, ha confesado. Sin embargo, acerca de ese crimen, ¿qué les ha dicho? ¿Qué les ha hecho saber sobre su crimen, las razones de

su crimen, sobre lo que él mismo es? De eso, ustedes no saben nada, él no pudo decirles nada. De todo eso no pudo traslucirse nada, ni en los interrogatorios que se le hicieron durante la instrucción, ni en los exámenes psiquiátricos, ni siquiera hoy en el tribunal penal ante el cual ha comparecido. No dijo nada, no quiso decir nada, no pudo decir nada. Sea como fuere, ustedes no saben nada sobre él.

Y concluyó con esta reflexión que también me parece sorprendente, pero sorprendente porque es significativa de la antinomia de nuestra razón penal; terminó entonces su argumentación acerca de ese punto con esta frase: "Bueno, ¿pueden condenar a muerte a alguien a quien no conocen?". Eso es todo, les agradezco.

NOTAS

1 Más adelante, Françoise Tulkens y Michel van de Kerchove dirigieron investigaciones sobre la genealogía de los códigos penales, en las cuales se analizó la *Constitutio Criminalis Carolina* del emperador Carlos V (1532): véase Yves Cartuyvels, *D'où vient le code pénal? Une approche généalogique des premiers codes pénaux absolutistes au XVIIIe siècle*, prefacio de F. Tulkens, Bruselas, Montreal y Ottawa, De Boeck Université - Presses de l'Université de Montréal - Presses de l'Université d'Ottawa, 2006, pp. 27-32. Sobre la *Constitutio Criminalis Carolina*, véanse también Friedrich-Christian Schroeder (comp.), *Die peinliche Gerichtsordnung Kaiser Karls V. und des Heiligen Römischen Reichs von 1532 (Carolina)*, Stuttgart, Reclam, 2000, y Clive Emsley, *Crime, Police, and Penal Policy: European Experiences 1750-1940*, Oxford y Nueva York, Oxford University Press, 2007, pp. 18-20; sobre la ordenanza criminal de 1670, véase Adhémar Esmein, *Histoire de la procédure criminelle et spécialement de la procédure inquisitoire depuis le XIIIe siècle jusqu'à nos jours*, Vaduz y París, Topos - Duchemin, 1969; reed.: París, Éditions Panthéon-Assas, 2010.

2 Máxima a veces atribuida a Cicerón, de la que existen diferentes versiones: "*habemus reum confitentem*", "*habemus confitentem reum*" ("tenemos un acusado que confiesa") e incluso "*habemus optimum testem, confitentem reum*" ("tenemos la mejor de las pruebas, un acusado que confiesa").

3 Johann Christoph Hoffbauer (1766-1827) era principalmente filósofo del derecho natural y la ética, pero también se interesó en la psicología. Es autor de *Untersuchungen über die Krankheiten der Seele und der verwandten Zustände*, 3 vols., Halle y Hannover, "bey den gebrüdern Hahn", 1802-1807, así como del tratado *Médecine légale relative aux aliénés et aux sourds-muets, ou Les lois appliquées aux désordres de l'intelligence*, trad. de A. M. Chambeyron, con notas de J. M. G. Itard y J.-É. Esquirol, París, J.-B. Baillière, 1827. Sobre Hoffbauer y otros psiquiatras mencionados en lo que sigue de la clase –Johann Daniel Metzger, Jean-Étienne Esquirol, Étienne-Jean Georget, William Charles Ellis y Andrew Combe–, véase también Michel Foucault, "Le pouvoir psychiatrique", *Annuaire du Collège de France, 74e année, Histoire des systèmes de pensée, année 1973-1974*,

1974, pp. 293-300, reprod. en *DE*, vol. II, nº 143, pp. 675-686 [trad. cast.: "Resumen del curso", en *El poder psiquiátrico*..., ob. cit., pp. 383-395], así como "L'évolution de la notion d''individu dangereux'...", cit. Acerca de la historia de la profesión psiquiátrica en el siglo XIX, véase Jan Goldstein, *Console and Classify: The French Psychiatric Profession in the Nineteenth Century*, Cambridge y Nueva York, Cambridge University Press, 1987.

4 Johann Daniel Metzger (1739-1805) era médico, psiquiatra y profesor en la Universidad de Königsberg. Es autor de *Gerichtlich medizinische Beobachtungen*, 2 vols., Königsberg, J. Kanter, 1778-1780.

5 Sobre este caso y el pasaje de Metzger, véase también M. Foucault, "L'évolution de la notion d''individu dangereux'...", cit., pp. 444-445.

6 El caso de Sélestat fue dado a conocer por primera vez en un artículo del doctor Reisseisen titulado "Examen médico-légal d'un cas extraordinaire d'infanticide", *Annales d'Hygiène Publique et de Médecine Légale*, serie 1, 8, 1832, pp. 397-411. Traducido por el psiquiatra Charles Chrétien Henri Marc (1771-1841), ya se había publicado en alemán con el título de "Ungewöhnlicher Fall eines Kindermordes nebst gerichtlich-medizinischer Untersuchung desselben", *Jahrbuch der Staatsartzneikunde*, 11, 1819, pp. 56-75, una publicación dirigida por Johann Heinrich Kopp. Marc reprodujo en su totalidad el texto de Reisseisen en su *De la folie considérée dans ses rapports avec les questions médico-judiciaires*, París, J.-B. Baillière, 1840, pp. 130-145, donde lo analiza en las páginas siguientes, al igual que los casos de Henriette Cornier y Pierre Rivière. M. Foucault menciona el caso de la mujer de Sélestat en *Les Anormaux*..., ob. cit., durante las clases del 22 de enero de 1975 (p. 58), 29 de enero (p. 94 y p. 100, n. 38), 5 de febrero (pp. 103-104) y 12 de febrero (pp. 127-128 y 132), así como en "L'évolution de la notion d''individu dangereux'...", cit., p. 445. En *Les Anormaux*, p. 94 y p. 100, n. 38, indica que el caso de Sélestat también fue analizado por Jean-Pierre Peter, "Ogres d'archives", *Nouvelle Revue de Psychanalyse*, 6, 1972, pp. 251-258.

7 El caso de Henriette Cornier tal vez sea, junto con el de Pierre Rivière, el más frecuente y profundamente tratado por Foucault . Lo presenta y lo comenta en *Les Anormaux*..., ob. cit., clases del 22 de enero de 1975 (p. 58), 5 de febrero (pp. 102-125), 12 de febrero (pp. 128-145), 12 de marzo (p. 267) y 19 de marzo (pp. 277-301), así como en "L'évolution de la notion d''individu dangereux'...", cit., p. 445. Una presentación anterior del caso es la de Marc, a quien el abogado de Henriette Cornier había pedido una consulta médico legal, reproducida en su totalidad en C. C. H. Marc, *De la folie considérée*..., ob. cit., pp. 71-116. Véase también Étienne-Jean Georget, *Discussion médico-légale sur la folie ou aliénation mentale, suivie de l'examen du procès criminel d'Henriette Cornier, et de plusieurs autres procès dans lesquels cette maladie a été alléguée comme moyen de défense*, París, Migneret, 1826, pp. 71-130, reed. en *De la folie*, al cuidado de J. Postel, París, L'Harmattan, 1999. V. Marchetti y A. Salomoni dan referencias complementarias en M. Foucault, *Les Anormaux*..., ob. cit., p. 125, n. 4.

8 Foucault ya había presentado y comentado el caso de Catherine Ziegler en "L'évolution de la notion d''individu dangereux'...", cit., p. 445.

9 Foucault ya había mencionado el caso de John Howison, ibíd.

10 Foucault había introducido el caso de Abraham Prescott, ibíd., pp. 445-446.

11 Jean-Étienne Dominique Esquirol (1772-1840) es un célebre psiquiatra del siglo XIX. Se lo considera el fundador del hospital psiquiátrico francés. Es autor de numerosas obras, entre ellas, *Des Maladies mentales considérées sous les rapports médical, hygiénique et médico-légal*, 2 vols., París, J.-B. Baillière, 1838 [trad. cast.: *Memorias sobre la locura y sus variedades*, Madrid, Dorsa, 1991]. El psiquiatra Étienne-Jean Georget (1795-1828), discípulo de J.-É. D.

Esquirol y P. Pinel, es autor de varios tratados de psicopatología, entre ellos, *De la folie: considérations sur cette maladie*, París, Crevot, 1820 (nva. ed.: París, L'Harmattan, 1999) y *Examen des procès criminels des nommés Léger, Feldtmann, Lecouffe, Jean-Pierre et Papavoine, suivi de quelques considérations médico-légales sur la liberté morale*, París, Migneret, 1825. Sir William Charles Ellis (1780-1839) también fue psiquiatra y director de un asilo inglés en el siglo XIX; es autor de *A Treatise on the Nature, Symptoms, Causes, and Treatment of Insanity, with Practical Observations on Lunatic Asylums*, Londres, Samuel Holdsworth, 1838; versión francesa: *Traité de l'aliénation mentale, ou De la nature, des causes, des symptômes et du traitement de la folie*, trad. de T. Archambault, con notas de J.-E. D. Esquirol, París, J. Rouvier, 1840. Andrew Combe (1797-1847) era un médico y frenólogo escocés que estudia en Francia bajo la dirección de J.-E. Esquirol. Es autor de varios tratados, entre ellos, *Observations on Mental Derangement: Being an Application of the Principles of Phrenology to the Elucidation of the Causes, Symptoms, Nature, and Treatment of Insanity*, Boston, Marsh, Capen & Lyon, 1834.

12 La lección presentada aquí es fiel a la palabra pronunciada por Foucault. Difiere de la lección, constante, propuesta en las otras versiones publicadas del texto. Véase Michel Foucault, "About the concept of the 'dangerous individual' in 19th-century legal psychiatry", *International Journal of Law and Psychiatry*, 1, 1978, p. 5: "*to cook the leg with the cabbage was interested behavior; she was therefore not insane*" ["cocinar la pierna con el repollo era una conducta interesada; en consecuencia, ella no estaba loca"], y "L'évolution de la notion d''individu dangereux'...", cit., p. 448: "cocinar con repollos la pierna era una conducta interesada; por lo tanto, ella no estaba loca". ¿Habría sido preciso, entonces, editar el texto de la siguiente manera: "y como era razonable, ella [no] estaba loca"? Tal vez. Pero si consultamos el texto del doctor Reisseisen de Estrasburgo, que Foucault utiliza como base, "Examen médico-légal d'un cas extraordinaire d'infanticide", cit., es posible otra interpretación. El jurado, en este caso, declaró a la acusada autora del infanticidio y agregó que el acto "se había cometido bajo el efecto de un delirio, de modo que ella fue absuelta y puesta en manos de la autoridad competente". Los médicos convocados para ilustrar a los jurados coincidieron en decir que la mujer había cometido el acto durante un acceso de manía; uno de ellos agregó que, en la ejecución del crimen, le costaba reconocer un acceso de furor o un estado de melancolía; pero, escribe Reisseisen, ese médico "se creyó obligado, *por el honor de la humanidad*, a considerar que la acusada había quedado privada de razón durante el espantoso suceso que la había llevado a comparecer ante el tribunal penal". En su comentario, Reisseisen analiza la posibilidad de que la situación de miseria y el hambre pudieran haber causado el acto, antes de examinar si la acusada había presentado signos de melancolía o de otros "tipos de locura". En ambos casos, la respuesta es negativa. De allí una primera conclusión: "cuando [...] se toman en cuenta las circunstancias que acompañaron el asesinato, y se considera que tanto antes como después de la acción ni los discursos ni los actos de la acusada revelaron la más mínima huella de trastorno mental, resulta difícil hacer cuadrar con un estado semejante la serie de hechos indignantes que tuvieron lugar". Esta primera conclusión es seguida de inmediato por una segunda: "Estamos obligados, por tanto", escribe, "a considerar el acto incriminado como el producto de un concurso de alienación mental, desesperación y una propensión instintiva. Ahora bien, como la ley sólo admite la alienación mental como excusa de un crimen, fue sin duda necesario que el médico legista, aunque privado en este caso de los caracteres científicos que podrían servir para determinar la forma de la afección intelectual, se pronunciara de manera tendiente a adoptar la conclusión

de que, en el momento de la acción, la acusada había sufrido un acceso de delirio, para poner así a los magistrados en condiciones de excluir, por el honor de la humanidad, la imputación de un crimen tan enorme. '*Indignum est crimina atrocitate defendi*'". Es posible que sea este razonamiento –para cometer un acto semejante sin estar loco, hay que estar loco; al menos, así se prefiere suponerlo, "*por el honor de la humanidad*"– el que Foucault resume cuando dice: "y como era razonable, ella estaba loca".

13 Foucault había desarrollado estos temas en "L'évolution de la notion d''individu dangereux'...", cit., pp. 455-464. En ese artículo analiza el período marcado a la vez por el primer congreso de antropología criminal celebrado en Roma en noviembre de 1885 (*Atti del Congresso...*, Turín, 1886) y por la publicación de *La defensa social* de A. Prins en 1910 (véase Adolphe Prins, *La Défense sociale et les transformations du droit pénal*, Bruselas, Misch et Thron, 1910; reed., con una introducción de F. Tulkens: Ginebra, Éditions Médecine et Hygiène, 1986 [trad. cast.: *La defensa social y las transformaciones del derecho penal*, Madrid, Reus, 1912; reed.: Buenos Aires, Ediar, 2010]).

14 Foucault introdujo y comenzó a estudiar la noción de monomanía en *Le Pouvoir psychiatrique...*, ob. cit., clase del 23 de enero de 1974, p. 249; la discute en *Les Anormaux...*, ob. cit., y en *Moi, Pierre Rivière, ayant égorgé ma mère, ma sœur et mon frère: un cas de parricide au XIXe siècle*, presentación de M. Foucault, París, Gallimard, col. "Archives", n° 49 [trad. cast.: *Yo, Pierre Rivière, habiendo degollado a mi madre, mi hermana y mi hermano: un caso de parricidio del siglo XIX*, Barcelona, Tusquets, 1983]. Sobre esta noción, véanse también J. Goldstein, "Monomania", cap. de *Console and Classify...*, ob. cit., pp. 152-196, así como las referencias propuestas por J. Lagrange en M. Foucault, *Le Pouvoir psychiatrique...*, ob. cit., pp. 264-265; Raphaël Fontanille, *Aliénation mentale et criminalité (historique, expertise médico-légale, internement)*, Grenoble, Allier frères, 1902; Paul Dubuisson y Auguste Vigoroux, *Responsabilité pénale et folie: étude médico-légale*, París, Alcan, 1911, y Alessandro Fontana, "Les intermittences de la raison", en M. Foucault (presentación), *Moi, Pierre Rivière...*, ob. cit., pp. 333-350.

15 "¿Cuál es el enemigo que ha desolado de tal modo esta región? Es un enemigo misterioso, desconocido en la historia; ¡su nombre es el CRIMINAL!". Véase Raffaele Garofalo, *La Criminologie: étude sur la nature du crime et la théorie de la pénalité*, París, Félix Alcan, 1905, p. ix [trad. cast.: *La criminología: estudio sobre el delito y sobre la teoría de la represión*, Madrid, La España Moderna, 1893; reed.: Buenos Aires, Valletta, 2007]. M. Foucault, "About the concept of the 'dangerous individual'...", ob. cit., p. 2, atribuye a Garofalo, que habría planteado su formulación más clara, lo que llama "ley del tercer elemento" o "principio de Garofalo": "*Criminal law knew only two terms, the offense and the penalty. The new criminology recognizes three, the crime, the criminal and the means of repression*" ["El derecho penal sólo conocía dos términos, el delito y la penalidad. La nueva criminología reconoce tres, el crimen, el criminal y los medios de represión"].

16 Un análisis de esos desplazamientos consta en Pascale Pasquino, "Naissance d'un savoir spécial: la criminologie", *Sociétés & Représentations*, 3 (monográfico: *Michel Foucault. Surveiller et punir: la prison vingt ans après*), noviembre de 1996, pp. 173-186.

17 A propósito de estas cuestiones, ya trabajadas en la Universidad Católica de Lovaina durante los años anteriores a 1981, véase Christian Debuyst (comp.), *Dangerosité et justice pénale: ambigüité d'une pratique*, Ginebra y París, Éditions Médecine et Hygiène - Masson, cols. "Déviance et société" y "Bibliothèque de l'Université Catholique de Louvain", 1981.

18 Acerca de esta noción, véanse A. Prins, *La Défense sociale...*, ob. cit., así como los textos elaborados dentro del marco del seminario de investigación dirigido por Foucault en la Universidad Católica de Lovaina y reunidos en Françoise Tulkens (comp.), *Généalogie de la défense sociale en Belgique (1880-1914): travaux du séminaire qui s'est tenu à l'Université Catholique de Louvain sous la direction de Michel Foucault*, Bruselas, Story-Scientia, 1988.

19 Foucault ya había estudiado los temas del riesgo y la responsabilidad en "L'évolution de la notion d''individu dangereux'...", cit., pp. 459-464, y los había desarrollado en *Sécurité, territoire, population...*, ob. cit. Otras elaboraciones concomitantes o algo posteriores fueron propuestas por François Ewald, *L'État providence*, París, Grasset, 1986; Robert Castel, *La Gestion des risques: de l'anti-psychiatrie à l'après-psychanalyse*, París, Minuit, 1981 [trad. cast.: *La gestión de los riesgos: de la anti-psiquiatría al post-análisis*, Barcelona, Anagrama, 1984], y Jacques Donzelot, *L'Invention du social: essai sur le déclin des passions politiques*, París, Fayard, 1983 [trad. cast.: *La invención de lo social: ensayo sobre la declinación de las pasiones políticas*, Buenos Aires, Nueva Visión, 2007].

20 Para un análisis de la manera en que este problema se plantea y se resuelve en el derecho, véase, en el conjunto de los trabajos realizados en la Universidad Católica de Lovaina, Geneviève Schamps, *La Mise en danger: un concept fondateur d'un principe général de responsabilité. Analyse de droit comparé*, prefacio de R. O. Dalcq, Bruselas, Bruylant, 1998.

21 Se trata del caso de Patrick Henry, defendido por Robert Badinter. Véase Robert Badinter, *L'Abolition*, París, Fayard, 2000, pp. 43-123 [trad. cast.: *La abolición*, Valencia, Tirant lo Blanch, 2012]. Badinter escribe: "He mencionado los límites del conocimiento psiquiátrico, la falta de certeza de los peritos. Nadie sabía realmente quién era este joven. Lo sabían tan poco ellos, sus jueces, como los peritos. Pero era a ellos a quienes se pedía que lo mataran. Eso era pues la pena de muerte: ese sacrificio judicial en las tinieblas de la ignorancia" (ibíd., pp. 116-117). Michel Foucault reproduce este argumento en "L'angoisse de juger" (entrevista con Robert Badinter y Jean Laplanche), *Le Nouvel Observateur*, 655, 30 de mayo-6 de junio de 1977, pp. 92-96, reed. en *DE*, vol. III, nº 205, pp. 282-297 [trad. cast.: "La angustia de juzgar", en *Saber y verdad*, Madrid, La Piqueta, 1991, pp. 107-126], y "L'évolution de la notion d''individu dangereux'...", cit. , p. 444.

Entrevista de Michel Foucault con André Berten
7 de mayo de 1981

—Michel Foucault fue invitado por la Universidad Católica de Lovaina, la Facultad de Derecho y la Escuela de Criminología a dar una serie de clases-conferencias que él tituló "Obrar mal, decir la verdad", sobre la función de la confesión en la justicia. Para presentarlo a nuestros oyentes, querría hacerle unas cuantas preguntas. Desde luego, usted es muy conocido, da clases en el Collège de France, ya publicó una serie de obras desde la Historia de la locura –El nacimiento de la clínica, Las palabras y las cosas, El orden del discurso, La arqueología del saber, Vigilar y castigar– *y está escribiendo una* Historia de la sexualidad. *En su mayor parte esas obras son conocidas, algunas más que otras; varias de ellas suscitaron debates a veces apasionados. Pero me parecería interesante que usted nos dijese cómo avanzó entre una serie de problemáticas, una serie de cuestiones: por qué se interesó en la historia de la psiquiatría, en la historia de la medicina, en la prisión y ahora en la historia de la sexualidad; por qué hoy parece interesarse en la historia del derecho. ¿Cuál fue, en definitiva, su itinerario? ¿Cuál fue el hilo conductor de su reflexión, si es posible responder una pregunta así?*

—Es una pregunta difícil, esta que usted me hace. Ante todo porque podemos encontrar el hilo conductor una vez que llegamos al punto final, es decir, en el momento en que dejamos, en que nos disponemos a dejar de escribir. Y además, a fin de cuentas, no me considero en modo alguno ni escritor, ni profeta. Trabajo, es cierto [...], a menudo al capricho de circunstancias, de incitaciones externas, de coyunturas diversas, y no tengo la mínima intención de establecer la ley. Y me parece que si en lo que hago hay cierta coherencia, está tal vez más ligada a una situación que nos toca a todos, a unos y a otros, en la cual todos estamos incluidos, más que a una [...] intuición fundamental o un pensamiento sistemático. Es cierto, si se quiere... Me parece que la filosofía moderna –quizá desde el día en que Kant preguntó "*Was ist Aufklärung?*": "¿Qué es nuestra actualidad?", "¿qué es lo que pasa a nuestro alrededor?", "¿qué es nuestro presente?"–, me parece que en ese momento la filosofía adquirió una dimensión o se le abrió cierta tarea que había ignorado o no existía para ella antes, que es decir quiénes somos, decir qué es nuestro presente, qué es eso, hoy. La pregunta, por supuesto, no habría tenido sentido para Descartes. Comienza a tenerlo para Kant cuando este se pregunta qué es la *Aufklärung*. En cierto sentido, es la pregunta de Hegel: "¿Qué es el ahora?". Y es, también, la pregunta de Nietzsche. Creo que la filosofía, entre diferentes funciones que puede y debe tener, también tiene esta, la de interrogarse sobre lo que somos en nuestro presente y nuestra actualidad. [Diría que] en cierto sentido planteo la cuestión a propósito de eso y en esa medida, por ese lado, soy nietzscheano o hegeliano o kantiano.

Bueno, ¿cómo llegué a plantear ese tipo de cuestiones? Para decir dos palabras de la historia de nuestra vida intelectual, la de unos y otros [...] en Europa occidental después de la guerra, podríamos decir esto. [Por un lado,] hacia la década de 1950 contábamos con una perspectiva, un modo de análisis muy profundamente inspirado en la fenomenología, que en ese entonces era en cierto sentido una filosofía, yo diría, dominante. Dominante, y no doy un tono peyorativo a la palabra: no se puede decir que hubiera [una] dictadura o [un] despotismo de ese modo de pensamiento, pero en Europa occidental, y sobre todo en Francia, la fenomenología era un estilo general de análisis. Era un estilo de análisis que reivindicaba como una de sus tareas fundamentales el análisis de lo concreto. Y no cabe duda de que, desde ese punto de vista, uno podía quedar algo insatisfecho, ya que lo concreto a lo cual se refería la fenomenología era –¿cómo decirlo?– un tanto académico y universitario. Había objetos privilegiados de la descripción fenomenológica que eran la experiencia vivida, o la percepción de un árbol a través de la ventana de la oficina... En fin, soy un poco severo, pero diría que el campo de objetos que la fenomenología abarcaba estaba algo predeterminado por una tradición filosófica y universitaria que quizá valía la pena abrir un poco. Segundo, otra forma de pensamiento dominante, importante, era por supuesto el marxismo, que se refería a un ámbito de análisis histórico que en cierto sentido pasaba por alto. Así como la lectura de los textos de Marx, el análisis de los conceptos de Marx, era una tarea importante, de la misma manera, los contenidos históricos, el saber histórico con el que esos conceptos debían relacionarse, para el cual debían ser operativos, esos ámbitos históricos, eran dejados un poco de lado; o en cualquiera de los casos, el marxismo, una historia marxista concreta, no estaba muy desarrollada, al menos en Francia. Había además una tercera corriente que estaba muy especialmente desarrollada en Francia, la historia de las ciencias, con gente como Bachelard, Canguilhem, etc.,

Cavaillès antes de la guerra. El problema era saber [si] hay una historicidad de la razón y [si] se puede hacer la historia de la verdad.

Yo diría que me situé un poco en el cruce de esas diferentes corrientes y esos diferentes problemas, al plantearme, con referencia a la fenomenología, si en vez de hacer la descripción un tanto interiorizada de la experiencia vivida no había que hacer, no se podía hacer el análisis de una serie de experiencias colectivas y sociales. Es importante describir la conciencia de quien está loco, como demostraron los trabajos de Binswanger y Kuhn. Después de todo, ¿no hay una estructuración cultural y social de la experiencia de la locura, y no es eso lo que debe analizarse? Eso me llevaba a coincidir con un problema histórico que era saber si se puede... Si se quiere describir la articulación social y colectiva de una experiencia como la de la locura, ¿cuál es el campo social, cuál es el conjunto de instituciones y prácticas que analizar históricamente y a cuyo respecto los análisis marxistas son una suerte de trajes a medida que no logran ceñirse a esos desarrollos? Y tercero, mediante el análisis de experiencias históricas, colectivas, sociales, ligadas a contextos históricos específicos–, ¿cómo se puede hacer la historia de un saber, la historia de la emergencia de un conocimiento, y cómo pueden llegar nuevos objetos al ámbito del conocimiento, cómo pueden presentarse en cuanto objetos por conocer?

En términos concretos, si se quiere, se llega a lo siguiente: ¿hay o no una experiencia de la locura característica de una sociedad o de un tipo de sociedad como las nuestras? ¿Cómo pudo constituirse esa experiencia de la locura, cómo pudo surgir? Y, a través de esta experiencia de la locura, ¿cómo pudo constituirse la locura en cuanto objeto de saber para una medicina que se presentaba como medicina mental? A grandes rasgos, eso deriva en: ¿por medio de qué transformaciones históricas, qué modificaciones institucionales, se constituyó una experiencia de la locura en la cual están a la vez el polo subjetivo de esa experiencia y el polo objetivo de la enfermedad mental?

Ese es en parte, si no el itinerario, al menos el punto de partida. Y para volver un poco a la pregunta que usted me hacía –"¿por qué tomar esos objetos?"–, diría que me parecía... Ahí estaba tal vez la cuarta corriente, el cuarto punto de referencia de mi progresión o mi estancamiento –y aquí se trata, si se quiere, de textos más literarios, menos integrados a la tradición filosófica (pienso en escritores como Blanchot, como Artaud, como Bataille, que para la gente de mi generación fueron, creo, muy importantes)–, que en definitiva era la cuestión de las experiencias límite. Esas formas de experiencia que en lugar de considerarse centrales y valorarse positivamente en una sociedad, se consideran experiencias límite, experiencias fronterizas a partir de las cuales se ponen en entredicho las cosas mismas que usualmente se juzgan aceptables. En cierto sentido, hacer de la historia de la locura una indagación acerca de nuestro sistema de razón…

—Como una experiencia… La locura como una experiencia límite…

—Eso es. Por ejemplo, ¿cuál es la relación entre el pensamiento médico –el saber de la enfermedad y la vida–, qué es en relación con la experiencia de la muerte? ¿Y cómo se integró el problema de la muerte a ese saber, o cómo se ajustó este saber al momento, al punto absoluto de la muerte? Otro tanto sucede con el crimen respecto de la ley: en vez de examinar la ley misma y ver qué puede fundarla, tomar el crimen como punto de ruptura con respecto al sistema y adoptar ese punto de vista para preguntar: "¿qué es entonces la ley?". Tomar la prisión como lo que debe enseñarnos qué es el sistema penal, en vez de tomar el sistema penal, examinarlo desde dentro, saber cómo se fundó, cómo se funda y se justifica, para, a continuación, deducir de ello qué ha sido la prisión. Así es.

—Usted ha presentado la filosofía en su actualidad –en el fondo, desde Kant– en cuanto plantea una cuestión que, creo, nos incumbe a todos y, en definitiva, permite al hombre interrogarse sobre su situación en la historia, en el mundo, en la sociedad. Me parece que en todo lo que usted escribió desde la Historia de la locura *hasta la* Historia de la sexualidad *hay una percepción de esa realidad o, al menos, la percepción de un elemento de esa realidad que parece interesarle en particular y que concierne a todo lo que podríamos llamar técnicas de encierro, de vigilancia, de control; en suma, la manera como el individuo ha sido progresivamente controlado en nuestra sociedad. ¿Cree que, en efecto, se trata de un elemento que desde hace ya algún tiempo, quizá desde la época clásica de nuestra historia, es muy determinante para comprender la modernidad?*

—Sí, es cierto. Si se quiere, no es un problema que me haya planteado al comienzo. Poco a poco, al estudiar una serie de cosas como, justamente, la psiquiatría, la medicina, el sistema penal, todos esos mecanismos –de encierro, de exclusión, de vigilancia, de control individual– me llegaron a parecer muy interesantes y muy importantes. En un momento dado, cuando me di cuenta de que eran importantes, tal vez planteé esas cuestiones de una manera un poco salvaje. Creo que hay que delimitar con claridad de qué se trata y cuál es la clase de problema que se puede plantear al respecto. Me parece que en la mayoría de los análisis, sean de tipo propiamente filosófico, sean más políticos, si no análisis marxistas, la cuestión del poder ha quedado relativamente marginada...

—*Simplificada...*

—O en todo caso simplificada. O bien se trataba de saber cuáles eran los fundamentos jurídicos que podían legitimar un poder político, o bien se trataba de definir el poder en una función de simple conservación o prolongación de las relaciones de producción. Se trataba de la cuestión filosófica del fundamento, o del análisis histórico de la superestructura. Esto me parecía insuficiente, me pareció insuficiente por unas cuantas razones. En principio porque, –según creo, y lo demuestra una serie de cosas en ámbitos un poco concretos que intenté analizar–, las relaciones de poder están implantadas tanto más profundamente que en el mero nivel de las superestructuras. Segundo, la cuestión del fundamento del poder es importante pero –perdón– el poder no funciona a partir de su fundamento. Hay poderes no fundados que funcionan muy bien y poderes que procuraron fundarse, que se fundaron efectivamente y que, en definitiva, no funcionaron. Mi problema, si se quiere, consistía en decirme: "¿Pero no se puede estudiar la manera como funciona efectivamente el poder?".

Cuando digo "el poder", de ningún modo me propongo identificar una instancia o una especie de fuerza que esté ahí, oculta o visible –no importa–, y que difunda su irradiación nociva al cuerpo social o extienda su red de una manera inexorable. Para el poder, o para lo que sea "el poder", no es cuestión de lanzar una gran red cada vez más apretada que estrangule la sociedad y a los individuos. De ningún modo. El poder son relaciones. El poder no es una cosa. Es una relación entre dos individuos, y una relación tal que uno puede dirigir o determinar la conducta del otro: determinarla voluntariamente en función de unos cuantos objetivos que le son propios. En otras palabras, cuando se observa lo que es el poder se ve que es el ejercicio de algo que, en sentido muy lato, podemos llamar "gobierno". Se puede gobernar una sociedad, un grupo, una comunidad, a una familia, a alguien. Y cuando digo "gobernar a alguien", lo digo simplemente en el sentido de que, con la utilización de una serie de tácticas, se puede determinar su conducta en función de estrategias. Por lo tanto, intenté estudiar la gubernamentalidad en sentido amplio, entendida como el conjunto de relaciones de poder y las técnicas que permiten el ejercicio de estas. Cómo se gobernó a los locos, cómo es el problema del gobierno de los enfermos; reitero: pongo entre comillas la palabra "gobierno", dándole un sentido a la vez amplio y rico... Cómo se gobernó a los enfermos, qué se hizo con ellos, qué estatus se les asignó, dónde se los puso, en qué sistema de tratamiento, y también de vigilancia, de benevolencia, de filantropía, en qué campo económico los cuidados que se les proporcionaban... Creo que será necesario procurar ver todo eso.

Es indudable que desde cierto punto de vista esa gubernamentalidad se volvió cada vez más estricta con el paso del tiempo. En un sistema político como los existentes en la Edad Media, el poder entendido en el sentido de gobierno de unos por otros, era en definitiva bastante laxo: el problema consistía en obtener los ingresos fiscales que eran necesarios, que eran útiles o que se ambicionaba reunir... Lo que la gente hacía en su comportamiento cotidiano no era muy importante para el ejercicio del poder político (era importante, a no dudarlo, en el pastorado eclesiástico). Para el poder político llegó un momento en que el asunto cobró mucha importancia, y en que –para tomar un ejemplo muy simple–, el tipo de consumo de la gente se convierte en algo importante desde el punto de vista económico, y también desde el punto de vista político. Y lo cierto es que la cantidad de objetos que se tornan objetos de una gubernamentalidad reflexiva incluso dentro de marcos políticos liberales aumentó en forma considerable. Pero tampoco creo que deba considerarse que esa gubernamentalidad adopta necesariamente la forma del encierro, la vigilancia y el control. Mediante toda una serie de intervenciones, a menudo sutiles, se llega en efecto a dirigir la conducta de la gente o a conducirse uno mismo de tal manera que la conducta de los otros no pueda tener los efectos nocivos que se temen. Lo que quise estudiar es todo ese campo de la gubernamentalidad.

—Para estudiar ese objeto o los diferentes objetos que usted estudió, su método fue histórico. Sin embargo, actualmente todos notan –y en gran medida constituye la novedad de sus análisis, no tanto desde el punto de vista del contenido como desde el punto de vista del método– [que] usted efectuó una suerte de desplazamiento en el método histórico: ya no es una historia de la ciencia, ya no es una epistemología, ya no es una historia de las ideologías, y ni siquiera es una historia de las instituciones. Uno tiene la impresión de que es todo eso al mismo tiempo, pero que para pensar el trabajo de la psiquiatría, por ejemplo, o lo que hacen hoy en día los criminólogos (puesto que son los criminólogos quienes lo han convocado aquí), o para pensar instituciones como la prisión o los asilos, usted tuvo que transformar

profundamente la manera como se concebía la historia. Por ejemplo, la oposición entre saber y ciencia que aparece en su obra, principalmente en unos cuantos escritos más metodológicos, ¿le parece muy importante desde el punto de vista de esa clase de historia que usted nos propone?

—Creo, en efecto, que el tipo de historia que hago exhibe cierta cantidad de marcas o desventajas, como usted prefiera. Ante todo, querría decir que, una vez más, la pregunta que tomo como punto de partida es "¿qué somos, y qué somos *hoy*? ¿Qué es este instante que es el nuestro?" Por consiguiente, es una historia que indudablemente tiene inicio en esta actualidad. Segundo, en mi intento de plantear problemas concretos forzosamente comienzo en los puntos que parecen particularmente frágiles o sensibles en la actualidad –es lo que me parece interesante tomar, elegir como ámbitos–. Así, distaría de concebir una historia estrictamente especulativa y cuyo campo no esté determinado por algo que sucede en nuestros días. Todo el interés radica, no, claro, en seguir lo que sucede y seguir, como suele decirse, la moda; por ejemplo, una vez que uno escribió diez libros –muy buenos, por otra parte– sobre la muerte, no va a escribir el undécimo con la excusa de que esa es *la* cuestión actual. Es cuestión de... El juego está en intentar detectar, entre las cosas de que todavía no se ha hablado, cuáles hoy en día presentan, muestran, dan algunos indicios más o menos difusos de fragilidad en nuestro sistema de pensamiento, nuestro modo de reflexión, nuestra práctica.

Mencionaré un ejemplo: alrededor del año [19]55, cuando yo trabajaba en hospitales psiquiátricos, había una suerte de crisis latente, algo que uno sentía que estaba agrietándose. Todavía no se hablaba mucho al respecto, pero se tenía una vivencia bastante intensa; la mejor prueba es que al lado, en Inglaterra, y sin relación alguna entre unos y otros, gente como Laing y Cooper se debatían con el mismo problema. Por ende, es una historia que se refiere siempre a un asunto de actualidad. Lo mismo para el problema de la medicina. Es cierto que la cuestión del poder médico –o, en cualquiera de los casos, del campo institucional en que actúa el saber médico– era una cuestión que comenzaba a plantearse, que incluso se planteaba con bastante amplitud hacia los años sesenta y que recién tomó estado público después de 1968. Es pues una historia de la actualidad que se está perfilando.

—Sí, pero con respecto a esa actualidad, en definitiva, la manera en que usted elabora la historia me parece original. Me parece... que a fin de cuentas está regida por el objeto mismo que usted analiza. Debido a los problemas que usted

percibe como frágiles o como problemas clave en nuestra sociedad, se ve en la necesidad de rehacer su historia para esclarecerlos, desde luego, pero de rehacer su historia de una manera específica…

—Veamos. En el plano de los objetivos que planteo al hacer esa historia, a menudo la gente leyó lo que hago como una suerte de análisis a la vez complicados, un poco obsesivos y que conducen al resultado de que, en definitiva, Dios mío, ya que somos prisioneros del sistema que nos es propio, ¡cuántos lazos nos estrechan y qué difícil es desatar los nudos que la historia ha anudado en torno a nosotros! ¡En realidad, yo hago todo lo contrario! De hecho, cuando intenté estudiar algo como la locura o la prisión… Tomemos, si le parece, el ejemplo de la prisión. Hace todavía algunos años –digamos, a comienzos de la década de 1970–, cuando discutíamos con la gente sobre la reforma del sistema penal, había algo que me parecía muy sorprendente. Sucedía que, por ejemplo, se planteaba la cuestión del derecho a castigar, claro. Por otro lado se planteaba, desde luego, el problema de saber cómo se puede arreglar el régimen penitenciario. Pero esa suerte de obviedad –que la privación de la libertad es en definitiva la forma más sencilla, más lógica, más razonable, más equitativa de castigar a alguien que ha cometido una infracción– no despertaba tantos interrogantes. Ahora bien, quise mostrar hasta qué punto, finalmente, la asimilación –para nosotros tan clara y simple– de la pena a la privación de la libertad era en realidad algo reciente: es una invención técnica, cuyos orígenes son por supuesto lejanos, pero que se ha integrado verdaderamente dentro del sistema penal y forma parte de la racionalidad penal desde finales del siglo XVIII. Y yo intenté analizar los motivos por los cuales la prisión llegó a convertirse en una suerte de obviedad en nuestro sistema penal.

Todo consiste en tornar más frágiles las cosas por medio de este análisis histórico o, mejor, mostrar a la vez por qué y cómo las cosas pudieron configurarse así, pero mostrar que se constituyeron a lo largo de una historia específica. Es necesario, por tanto, mostrar la lógica de las cosas –o, si usted prefiere, la lógica de las estrategias dentro de las cuales se produjeron las cosas– y sin embargo mostrar que no son más que estrategias; por tanto, si se cambian unas cuantas cosas, si se cambia de estrategia, si las cosas se toman de otra manera, lo que nos parece obvio no lo es. Nuestra relación con la locura es una relación históricamente constituida. Y como es históricamente constituida, se la puede destruir políticamente. Cuando digo "políticamente" doy un sentido muy amplio a la palabra "política": en todo caso, hay posibilidades de acción, ya que se optó por esas soluciones mediante unas cuantas acciones, reacciones, mediante una serie de luchas, de conflictos, para responder a una serie de problemas. Mi intención fue reintegrar muchas de las obviedades de nuestra práctica a la historicidad misma de esas prácticas. Y de ese modo, destituirlas de su estatus de obviedad para devolverles la movilidad que tuvieron y deben seguir teniendo en el campo de nuestras prácticas.

—En sus conferencias actuales usted utiliza el término "veridicción", que se refiere a un "decir la verdad" y aborda un problema de verdad. En el método y en lo que usted acaba de decir acerca de su interés por la actualidad tanto como de la manera en que considera la historia y la constitución misma de esa actualidad, en cierto modo pone en entredicho lo que podríamos pensar como los fundamentos de tal o cual práctica. En relación con el poder nos dijo que, en definitiva, no funciona a partir de su fundamento, sino que siempre hay efectivamente justificaciones o reflexiones filosóficas que apuntan a fundarlo. Su propio método histórico, que es un método que hace una especie de arqueología o de genealogía –tal vez según los objetos o según el desarrollo mismo de su pensamiento–, se propone demostrar que, finalmente, las prácticas de poder carecen de fundamento. ¿Coincidiría en decir, desde un punto de vista filosófico y en el conjunto de su desarrollo, que usted también apunta a deconstruir toda empresa que aspire a dar un fundamento al poder?

—Sin embargo, creo que la actividad de dar un fundamento al poder, la actividad consistente en interrogarse acerca de [...] lo que funda el poder que ejerzo o [...] lo que puede fundar el poder que se ejerce sobre mí, es una cuestión importante, esencial. Diría que es la cuestión fundamental. Sin embargo, el fundamento que se da como respuesta a esa cuestión forma parte de un campo histórico dentro del cual esta última tiene un lugar muy relativo. Eso significa que no encontramos el fundamento, pero en una cultura como la nuestra es muy importante... la cuestión es saber si se lo puede encontrar o no en otra parte, en otras culturas, y de eso no sé nada... Pero para nosotros es muy importante que, desde hace no sólo siglos sino milenios, cierta cantidad de cosas, como en especial el ejercicio del poder político, se interroguen a sí mismas o sean interrogadas por personas que pregunten: "Pero ¿quién lo funda? ¿Quién lo legitima?". Eso supone un trabajo crítico...

—Lo que usted juzga importante es precisamente el trabajo crítico de esa pregunta que reaparece sin cesar, y que interroga a la verdad...

—Es así, reaparece sin cesar. Hace dos milenios que nos interrogamos acerca del fundamento del poder político; y cuando digo dos milenios, son dos milenios y medio. Nos interrogamos sobre el poder político y lo fundamental es esa interrogación.

—En definitiva, el tipo de historia que usted ha hecho es en rigor un análisis, de las estrategias, ha dicho usted, pero también de la manera como una serie de prácticas han buscado su propio fundamento.

—Decididamente. Decididamente. Yo diría que es la historia de las... voy a usar otra palabra bárbara, pero las palabras sólo son bárbaras cuando no dicen con claridad lo que quieren decir, de manera que muchas palabras familiares son bárbaras porque dicen muchas cosas a la vez o no dicen nada y, en cambio, algunas palabras técnicas de curiosa construcción no son bárbaras si dicen más o menos claramente lo que quieren decir... Yo diría que hago la historia de las problematizaciones, la historia de la manera en que las cosas constituyen un problema. ¿Cómo y por qué y de qué modo específico la locura constituyó un problema en el mundo moderno? ¿Y por qué ese problema llegó a ser importante? Un problema tan importante que unas cuantas cosas, por ejemplo el psicoanálisis, que, bien sabe Dios, se difundió a toda nuestra cultura... Sin embargo, [el psicoanálisis] es parte de un problema que era absolutamente interior a la relación que se podía tener con la locura. Es la historia de esos problemas. De qué nuevo modo se problematizó la enfermedad, que, sin lugar a dudas, siempre constituyó un problema, pero, me parece, a partir de los siglos XVIII y XIX...

Entonces, lo que me interesa no es la historia de las teorías ni la historia de las ideologías, tampoco la historia de las mentalidades. Lo que me interesa es la historia de los problemas; es, si se quiere, la genealogía de los problemas: por qué un problema, y por qué tal tipo de problema, por qué tal modo de problematización, aparece en cierto momento con referencia a un ámbito. Por ejemplo, con referencia a la sexualidad [...], tardé mucho hasta notar cómo se podía responder esto: ¿cuál fue el nuevo problema? Vea, en lo referente a la sexualidad la cosa no pasa tanto por saber y repetir indefinidamente la pregunta: "¿La represión de la sexualidad fue obra del cristianismo, de la burguesía o de la industrialización?". La represión de la sexualidad sólo es interesante en la medida en que hace sufrir a unas cuantas personas, aún hoy; por otro lado, porque siempre adoptó formas diversas, pero siempre existió. Me parece importante poner de relieve cómo y por qué la relación con la sexualidad o la relación con nuestros comportamientos sexuales constituyeron un problema, y en qué formas lo constituyeron. Siempre fueron un problema, pero indudablemente no lo fueron de la misma manera entre los griegos del siglo IV a.C., entre los cristianos de los siglos III y IV, en los siglos XVI y XVII o ahora... Es esa historia de las problematizaciones: [...] cómo hay en las prácticas humanas un momento en que, de alguna manera, lo evidente se enturbia, las luces se apagan, cae la noche y la gente empieza a darse cuenta de que actúa a ciegas y, por consiguiente, hace falta una nueva luz. Hace falta una nueva iluminación y nuevas reglas de comportamiento. Y en ese momento aparece un nuevo objeto, un objeto que aparece como problema. Así es.

—*Querría hacerle una última pregunta. Usted ha sido invitado por la Facultad de Derecho y hoy parece interesarse particularmente en el derecho y el fenómeno jurídico. ¿Podría explicar brevemente de dónde proviene ese interés por el derecho, y qué espera derivar de él?*

—Vea, creo que siempre me interesé un poco en el derecho. Como un lego; no soy especialista en derecho, no soy jurista. Pero me topé con el problema del derecho, el problema de la ley, con referencia a la locura tanto como al crimen o la prisión. Y la cuestión que siempre planteé era saber de qué manera las tecnologías de gobierno, de qué manera las relaciones de poder entendidas en el sentido que mencionamos recién, podían cobrar forma dentro de una sociedad que pretende funcionar y que, al menos en parte, funciona a fuerza de derecho. Querría estudiar los vínculos, las relaciones de causa y consecuencia, así como los conflictos, las oposiciones, las irreductibilidades entre ese funcionamiento del derecho y la tecnología del poder. Y me parece que analizar las instituciones jurídicas, el discurso y la práctica del derecho a partir de esas tecnologías de poder, puede presentar cierto interés, y no en el sentido de que con eso se sacudiría por entero la historia y la teoría del derecho, pero me parece que así se puede echar alguna luz sobre ciertos aspectos bastante importantes de la práctica y la teoría judiciales. Así, me parece que indagar el sistema penal moderno a partir de la práctica punitiva, de la práctica correctiva, a partir de todas esas tecnologías con que se quiso modelar, modificar, etc., al individuo criminal, permite sin duda poner de manifiesto unas cuantas cosas. Por lo tanto, si se quiere, constantemente veo frente a mí el derecho, sin tomarlo como objeto particular. Y si Dios me da vida, después de la locura, la enfermedad, el crimen, la sexualidad, lo último que querría estudiar, pues bien, sería el problema de la guerra y de la institución de la guerra en lo que podríamos llamar la dimensión militar de la sociedad. También en ese caso tendría frente a mí el problema del derecho, en la forma del derecho de gentes, el derecho internacional, etc., así como el problema de la justicia militar; en fin, qué causa que una nación pueda pedir a alguien que muera por ella.

—Y bien, todos esperamos que Dios le dé vida…

—No lo deseo.

—…para poder seguir leyendo sus historias, esas historias múltiples que nos han enriquecido tanto. Le agradezco.

Entrevista de Michel Foucault con Jean François y John de Wit
22 de mayo de 1981

—Usted dicta actualmente en Bélgica, en la Universidad Católica de Lovaina, una serie de conferencias sobre la confesión. ¿Cuál es para usted el interés de esta problemática, y qué lugar tiene ella en el conjunto de su obra?

—El problema que siempre intenté encarar es, en términos generales, saber cómo llega la verdad a las cosas y cómo es posible que haya unos cuantos ámbitos que poco a poco se integran a la problemática y la investigación de la verdad.

Traté de plantear esta cuestión con referencia al individuo humano y la conducta humana en particular; por ejemplo, con referencia a la locura. Durante mucho tiempo la locura suscitó reacciones sociales o religiosas que estaban sujetas a reglas. Pero el hecho de que el comportamiento de alguien a quien se considera loco, lo que este piensa, sus deseos, la razón de ser de su comportamiento, se conviertan en objeto de una investigación de la verdad y que en torno a eso se constituya un ámbito del saber médico es algo que tiene una historia relativamente reciente y breve. Debemos saber de qué manera la cuestión de la locura se convirtió en una cuestión integrada a los problemas generales del saber. ¿Cómo entraron los locos al campo de la investigación de la verdad? Ese es un problema. También intenté plantear esta cuestión a propósito del lenguaje y el trabajo, así como de la historia natural. Es lo que hice en *Las palabras y las cosas*. Intenté igualmente plantearla a propósito del crimen. Tradicionalmente, siempre se opuso al crimen una serie de reacciones institucionales reguladas, pero a partir de determinado momento esta práctica estuvo acompañada por una interrogación que ya no se limitaba a ser una interrogación en materia de derecho respecto de aquello que puede legitimar el castigo, sino que era una pregunta acerca de la verdad: ¿qué es un criminal? Del mismo modo, a propósito de la sexualidad mi problema no consiste en saber cuáles fueron las formas sucesivas impuestas en calidad de reglamentación al comportamiento sexual, sino en saber cómo en un momento dado este comportamiento llegó a ser no sólo objeto de preocupaciones prácticas, sino objeto de preocupaciones teóricas. Esto remite a una cuestión más antigua que las de la prisión y la locura: la cuestión de la verdad de la locura comienza a plantearse entre los siglos XVII y XIX; en el caso de la sexualidad hay que remontarse al cristianismo de los primeros siglos. En esa época damos con una práctica muy importante en nuestra cultura y que –según creo– fue decisiva para la historia de la sexualidad: la confesión. La práctica institucional por cuyo intermedio vemos formarse la cuestión de la verdad acerca de la locura es el encierro o la hospitalización; la cuestión de la historia de la locura es la relación entre la exclusión y la verdad. En el caso de la criminalidad, el problema era la institución de la prisión en tanto no es simplemente exclusión sino procedimiento de corrección; ahora bien, la cuestión de la verdad se plantea por medio del proyecto de reforma, de enmienda del encarcelado. En el caso de la sexualidad esa cuestión de la verdad se plantea por medio de la confesión. Exclusión, locura, verdad. Corrección, prisión, verdad. Comportamiento sexual, confesión, verdad. Tenemos aquí tres series.

—*Tengo la impresión de que en* Vigilar y castigar *la pregunta acerca de qué es el criminal está poco presente, mientras que la cuestión de la verdad del loco está más tematizada en* Historia de la locura.

—Es cierto que, en lo referente a la prisión –o, mejor, con la constitución de la cuestión de la verdad en lo relacionado con la criminalidad–, habría debido poner más el acento sobre la segunda mitad del siglo XIX. Sin embargo, noté que históricamente la práctica del encarcelamiento se conocía bastante mal y muy a menudo se confundía la institución prisión con la práctica del encarcelamiento punitivo. La prisión existía en la Edad Media y en la Antigüedad, por supuesto. Mi problema era poner de relieve la verdad de la prisión, y ver dentro de qué sistema de racionalidad, de qué programa de gobierno de los individuos y los delincuentes en particular se pensó que la prisión era un instrumento esencial. Pero en realidad tengo en proyecto un estudio sobre la psiquiatría criminal que se situaría en el nexo entre la historia de la locura y la historia del encarcelamiento punitivo, y mostraría cómo se plantea la cuestión de la verdad del criminal. Mis trabajos sobre la confesión contribuyen asimismo al avance de esta cuestión.

—*¿El seminario que organizamos con usted en la Escuela de Criminología respecto de la defensa social presenta algún interés para ese intento de combinar el campo de la locura y el campo de la criminalidad?*

—Sí, sin duda. Me parece, en efecto, que con la doctrina de la defensa social se cree encontrar la manera, buscada durante decenas de años, de hacer funcionar simultáneamente un sistema de derecho y un sistema de verdad. Ese es uno de los problemas que están en el límite de todo lo que intenté hacer: cómo una sociedad como la nuestra se ve constantemente enfrentada a un desafío, que siempre acepta pero no logra superar, y que es el desafío de hacer funcionar juntos un sistema de derecho y un sistema de verdad. Esto es cierto a propósito de la locura, el crimen y la sexualidad; no salimos de ahí.

—¿Tiene la intención de publicar una obra sobre la confesión? ¿Qué lugar ocupa la confesión en relacion con el conjunto de estas cuestiones?

—Hoy en día dudo en publicar algo sobre esta cuestión porque, en cierto sentido, el estudio de la confesión es un mero instrumento para otra cosa. En un principio me topé con esta cuestión en la historia de la psiquiatría en un período posterior al estudiado en mi libro. La cuestión de la confesión aparece en la psiquiatría a partir de 1830; yo la había señalado con referencia a Leuret. De hecho, se empieza a oír el discurso del loco y se le pregunta: "¿Qué dices, qué quieres decir y quién eres tú, que quieres decir lo que dices?". La cuestión de la confesión fue asimismo muy importante para el funcionamiento del derecho penal contemporáneo. Esta cuestión aparece con mucha claridad entre las décadas de 1830 y 1850, en el momento en que se pasa de una confesión que era la de la falta a un requisito complementario: "Dime qué has hecho, pero dime sobre todo quién eres". En ese aspecto, la historia de Pierre Rivière fue muy significativa. Tenemos en ella un crimen que nadie comprende. Y en 1836 al juez de instrucción se le ocurre decir: "Bueno, es obvio que mataste a tu madre, tu hermana y tu hermano, pero no logro entender por qué lo hiciste. Escríbelo". Hay con ello una demanda de confesión que Pierre Rivière satisfizo, pero de una manera tan enigmática que el juez ya no sabía qué hacer con ella. Por otra parte, con referencia a la sexualidad, nos topamos aún más con la cuestión de la confesión. La confesión es un elemento instrumental que encuentro constantemente. Y dudo entre hacer una historia de la confesión en sí misma, como una suerte de técnica con sus diferentes aspectos, o tratarla únicamente dentro de estudios sobre diferentes ámbitos en los que se pone en juego, en el de la sexualidad y el de la psiquiatría criminal.

—¿La cuestión de la confesión no es, con todo, fundamental en lo referido a la cuestión de la verdad del sujeto?

—Decididamente. Es lo que me impulsa a preguntarme si no debía hacer una historia de la confesión en sí misma. Allí encontramos, en efecto, algo bastante fundamental en nuestra manera de vincularnos a lo que llamo obligaciones de verdad. Por obligación de verdad hay que entender dos cosas, a saber, por un lado, la obligación de creer, admitir, postular, sea en el orden de la fe religiosa o en el de la aceptación de un saber científico, y por otro, la obligación de conocer nuestra propia verdad, pero asimismo de decirla, ponerla de manifiesto y autenticarla. La cuestión sería saber si ese vínculo con la verdad de lo que somos tiene una forma particular propia del Occidente cristiano. Esta cuestión no atañe simplemente a la historia de la psiquiatría y la historia de la sexualidad: atañe a la historia de la verdad y la historia de la subjetividad en Occidente. Me pregunto si no debería hacer una historia de la subjetividad-verdad.

Creo de todos modos que para hacerla de manera eficaz es necesario mostrar la intervención de esas relaciones en cada ámbito. Me parece que el pensamiento no piensa simplemente donde se piensa a sí mismo, en la forma de la filosofía o la reflexión sobre sí. Hay un pensamiento denso, importante, que sirve de soporte y de condición de existencia y también de condición de funcionamiento para un cúmulo de prácticas. En una institución psiquiátrica hay un pensamiento que es necesario investigar. Por eso no me intereso mucho en esas denuncias fáciles del discurso médico, opresivo, ideológico... Lo que me parece interesante es dejar de manifiesto lo que puede haber de pensamiento profundo, serio y que compromete nuestro destino histórico, en esas instituciones que, no obstante, no parecen sino expresar la barbarie, el arcaísmo, la estupidez institucional. Hay pensamiento en una prisión, por tonta que sea la prisión.

—¿En qué situación está su proyecto sobre la historia de la sexualidad? Usted había anunciado que tendría seis volúmenes...

—Me di cuenta de que, como muchos otros, había adherido equivocadamente al postulado de que la historia del saber y de la represión moderna de la sexualidad había comenzado hacia los siglos XVII-XVIII, con la gran campaña sobre la sexualidad de los niños. Esos famosos textos de médicos de los siglos XVIII y XIX acerca de la masturbación de los niños, que en nuestros días se presentan como absolutamente típicos de la moral burguesa, son, al menos en algunos casos, traducción directa de textos de médicos griegos. En los textos de los primeros siglos encontramos, por ejemplo, una descripción de los efectos de agotamiento debidos al exceso de la sexualidad y una advertencia contra los peligros sociales de ese agotamiento para la totalidad del género humano. Cuando notamos que esos textos tuvieron una existencia más o menos intensa, más o menos discreta, entre los siglos I y XVIII y que fueron traducidos durante este último, ya no podemos permitirnos hacer un análisis en términos de represión moderna de la sexualidad, de mentalidad burguesa o de necesidad industrial. Esa represión apareció en un contexto muy diferente, ya es visible en los textos antiguos. Por ende, y al contrario de lo que yo pensaba, había que remontarse tanto más atrás en el tiempo. Y de hecho encontré una masa de textos cristianos o de textos más antiguos que se ocupan de la masturbación, la imaginación, las fantasías, etc.

—¿Esa comprobación modificó su análisis de la creación del dispositivo de la sexualidad?

—En parte sí y en parte no. Desde luego, uno nota cada vez más que no puede valerse de la idea de la mecánica represiva como clave para la inteligibilidad de la historia de las relaciones de la sexualidad con la verdad. Por mi parte, ya lo había dicho, pero sin duda no lo suficiente. Cuando digo que hay que quitarse de encima ese esquema de represión, no significa, como creyeron algunos, que afirme que la sexualidad no está reprimida. Me parece que la represión es el efecto global; en cada época hay un perfil de represión, un esquema represivo, una línea de represión. No es el principio mismo de la transformación. Es peligroso ver en ella el principio mismo de las cosas. Tenemos por ejemplo historiadores que, obsesionados por la idea del esquema represivo –del código, del interdicto–, siguen diciendo que en el siglo XVIII los homosexuales eran condenados a la hoguera. Eso está, sí, en los códigos, pero ¿cuántos hubo en el siglo XVIII en Europa entera? Creo que no llegaron a diez. En cambio, todos los años vemos que en París se arresta a decenas, centenares de homosexuales en los jardines de Luxemburgo o en Palais-Royal. ¿Represión? En cualquiera de los casos, la ley no es lo que permite comprender ese sistema de arrestos. Por lo general se los detiene durante veinticuatro horas. ¿Qué quiere decir eso? ¿Qué pasa en los hechos? Se instaura de hecho un nuevo tipo de relación entre la homosexualidad y el poder político, policial y administrativo.

—¿La articulación que ha presentado entre creación del sujeto y producción de un dispositivo de sexualidad se ve modificada por su redescubrimiento de los textos antiguos?

—Hay que sacarse de encima el esquema de la represión y reemplazarlo con otra cosa como principio de explicación. Cuando me remití a esos textos antiguos de los que le hablaré, me llamó cada vez más la atención lo que denominaré técnicas o tecnologías de sí. Me parece que en la sociedad, al margen de las técnicas de producción de objetos y al margen de los procedimientos de comunicación con los otros, también hay procedimientos de formación y transformación de uno mismo. La sexualidad, en un momento dado, se convirtió en un objetivo muy importante en la sociedad y las técnicas de sí se organizaron en torno a ella. Se convirtió en el objeto privilegiado del sí mismo.

El problema que obsede a los textos antiguos sobre moral es la ira, no el comportamiento sexual: se preguntan cómo evitar una reacción violenta contra otro; el problema es saber cómo mantener el dominio de sí mismo. En cuanto al comportamiento sexual, se dan unas cuantas reglas, por supuesto, pero no es algo que tenga mucha importancia real: se percibe a las claras que el problema ético general no gira alrededor de la sexualidad. El problema de la ira se desplaza, y hay en ello un aporte del cristianismo, y del monacato en particular. Vemos aparecer otros dos problemas conexos: el de la gula y el de la sexualidad. Cómo no comer demasiado y cómo controlar algo que para un monje no es siquiera la relación sexual con otro, sino el deseo sexual, la fantasmagoría sexual, la sexualidad como relación de uno consigo mismo, con manifestaciones como la imaginación, la ensoñación, la masturbación, etc. En torno a esas técnicas de sí notoriamente ligadas al monacato, vemos que el problema de la sexualidad prevalece sobre el de la ira, que era un problema social (típico de una sociedad en que la contienda con los otros, la competencia con los otros en el espacio social, eran muy importantes).

Cuando se rastrea la historia de las técnicas de sí se comprende mucho mejor la valoración de la sexualidad y la mezcla de interés, angustia y preocupación que suscita el comportamiento sexual. El problema será saber por qué, especialmente a partir de los siglos XVII y XVIII, esas técnicas de sí concernientes a la sexualidad actuarán al margen del monacato. Para comprender mejor el estado del dispositivo moderno de la sexualidad, es necesario vincularlo a la historia de las tecnologías de sí. El esquema de la represión es insuficiente: nos hace falta otra clave. Yo ya había esbozado todo esto en mi primer libro sobre la sexualidad, pero probablemente de manera demasiado negativa. La prohibición de la masturbación, por ejemplo, es sin lugar a dudas la clave más frecuente, la más insistente en la educación moderna de los niños. Ahora bien, el hecho de prohibirla no suprimió la masturbación; se puede suponer incluso que nunca fue un objetivo tan importante, algo tan deseable, como a partir del momento en que, culturalmente, los niños viven en esa especie de interdicto, de curiosidad, de incitación. En consecuencia, no se puede comprender esa relación tan profunda con la masturbación como cuestión principal de la sexualidad diciendo que está prohibida. Creo que está ligada a una tecnología de sí.

—Me parece que anteriormente usted asoció la creación del dispositivo de la sexualidad, las tecnologías disciplinarias y la creación de diferentes sustancias como el delincuente, el homosexual... Ahora parece asociar, antes bien, la creación del dispositivo de la sexualidad y la creación de esas sustancias (esos objetos, esas etiquetas) a las técnicas de sí. ¿Es así, en su opinión?

—Por mi parte, atribuí cierta importancia a la noción de disciplina porque al estudiar las prisiones me di cuenta de que teníamos en ellas lo que llamaría una técnica de gobierno de los individuos, una manera de influir sobre su conducta, y que ese modo de gobierno de los individuos constituía una técnica muy coherente cuya forma, sin perjuicio de algunas adaptaciones, volvemos a encontrar en la prisión, la escuela, el taller, etc. Es muy obvio que no es la única técnica de gobierno de los individuos y que, por ejemplo, la manera en que actualmente se constituye una especie de horizonte de la existencia en términos de seguros, un horizonte de seguridad, es algo en lo cual la [conducta]* de los individuos está asegurada, pero de un modo muy distinto que en las disciplinas. Las tecnologías de sí son igualmente –al menos en parte– diferentes de las disciplinas. El control que recae sobre el comportamiento sexual no tiene en absoluto la forma disciplinaria que podemos encontrar, por ejemplo, en las escuelas. Se trata de otra cosa.

—¿Se trata, no obstante, de cierta producción, según un modo disciplinario, de etiquetas sexuales?

* La transcripción original dice "conducción".

—Es una larga historia. Los griegos y los romanos no disponían de una noción como la de sexualidad. Los cristianos tampoco. Usted me dirá que el hecho de que no la tuvieran no quiere decir que la realidad no estuviera recortada de esa forma para ellos. Pero pienso con todo que el campo nocional es muy importante [...].* Entre los griegos y los latinos había una palabra que designaba los actos sexuales: los *aphrodisia.* Los *aphrodisia* son los actos sexuales, acerca de los cuales, por lo demás, es muy difícil saber si forzosamente implican la relación entre dos individuos, la penetración. Son en todo caso actividades sexuales, pero nada parecido a una sexualidad que tenga una presencia permanente en el individuo, con sus vínculos y sus exigencias. En el caso de los cristianos tenemos algo distinto: la carne y la concupiscencia, que indican con claridad la presencia de una fuerza permanente en el individuo. Pero la carne no es por completo la sexualidad.

En vez de estudiar lo que había programado con imprudencia en mi primer libro, querría definir bien esas experiencias diferentes que son los *aphrodisia* para los griegos, la carne para los cristianos y la sexualidad para el hombre moderno.

—*¿Se puede decir entonces que para usted la creación del sujeto, la personificación sexuada, nace con la aparición de la sexualidad y la creación del dispositivo de la sexualidad?*

—Sí, es exactamente eso. En la cultura griega, en la cual existían los *aphrodisia,* de ningún modo existía la idea de que hubiera alguien que fuera sustancial y exclusivamente homosexual. Había personas que hacían *aphrodisia* decentes, conforme a los usos, y otras que hacían *aphrodisia* impropios, pero a nadie se le ocurría la idea de identificar a alguien por una forma de sexualidad. Y desde el momento en que hubo efectivamente lo que llamo dispositivo de la sexualidad (un conjunto de tipos de prácticas, instituciones, saberes, que constituyeron la sexualidad como un ámbito coherente e hicieron de ella una suerte de dimensión absolutamente fundamental del individuo...), la pregunta "¿quién eres en lo sexual?" se torna indispensable.

* Se perdió una frase en el paso de una página a otra de la transcripción original. Sólo resultan legibles el comienzo y el final: "Nos damos cuenta igualmente de que, cuando se analiza la manera como las cosas [dos palabras ilegibles], no tenían una experiencia de la sexualidad".

Al respecto, no siempre me hice entender bien por algunos movimientos franceses de liberación sexual. A mi juicio, así como en un momento dado puede ser de importancia táctica poder decir "soy homosexual", a más largo plazo, en una estrategia más amplia, ya no debe plantearse la cuestión de qué es uno en lo sexual. Por tanto, no es cuestión de afirmar la propia identidad sexual, sino de negar a la sexualidad y sus diferentes formas el derecho de identificarnos. Es necesario rechazar la presunta obligación de identificarse por intermedio y a partir de un tipo de sexualidad.

—¿Cuál ha sido su participación en los movimientos por la emancipación de la homosexualidad en Francia?

—Jamás pertenecí a ningún movimiento de liberación sexual. Ante todo, porque no pertenezco a ninguna clase de movimiento. Además, porque rechazo que el individuo pueda identificarse con y por su sexualidad. Hice, en cambio, unas cuantas cosas, discontinuas y puntuales, acerca del aborto, por ejemplo, así como acerca de casos de homosexualidad o bien del problema general de la homosexualidad. Pero nunca dentro de una militancia continua. Damos aquí con un problema que quise tocar y toco, que para mí es muy importante y concierne al modo de vida. En la misma medida en que me resisto a la idea de que uno se identifique por su acción o su pertenencia a un grupo, se me plantea el problema de cómo definir, para uno mismo y con sus allegados inmediatos, un modo de vida concreto y real en que el comportamiento sexual y todos los placeres atinentes a él puedan integrarse de una manera que sea a la vez lo más transparente y lo más satisfactoria posible. Para mí, la sexualidad es un asunto de modo de vida, compete a una técnica de sí. Jamás ocultar la sexualidad de uno, jamás plantear la cuestión del secreto: me parece que esa debe ser una regla de vida, pero que no coincide con el principio de proclamación, que no me parece indispensable; diría incluso que a menudo la considero peligrosa y contradictoria. Quiero poder hacer lo que tengo ganas de hacer y lo hago. Pero no me pidan que lo proclame.

—¿Hay que ver en esa negativa a ser identificado con y a partir de su propia sexualidad el indicio, en usted, de un rechazo más general a cualquier obligación de identificarse con y a partir de los comportamientos y apariencias de uno?

—Para mí esa es una elección fundamental.

—*En Holanda se lo suele asociar a Hocquenghem, en relación con su obra* El deseo homosexual, *entre otras. Hocquenghem afirma que no puede haber solidaridad entre el proletariado y el subproletariado que tenga un deseo homosexual que implique cierto modo de vida. ¿Qué piensa de esta tesis? Dicha escisión, que era un gran problema en el siglo XIX, parece repetirse dentro de los movimientos de izquierda con relación a los movimientos en favor de la liberación sexual...*

—Hay muchas cosas interesantes en Hocquenghem y en ciertos puntos estamos, creo, bastante de acuerdo. Prefiero, sin embargo, no hablar de su libro; para hablar de él con conocimiento de causa tendría que releerlo.

Esa escisión es, en efecto, un gran problema histórico. La tensión entre un sedicente proletariado y un sedicente subproletariado marcó de manera muy clara los finales del siglo XIX. No estoy seguro de que existan el proletariado ni el subproletariado. Lo cierto es que en la sociedad, en la conciencia de la gente, hubo líneas divisorias. Y es verdad que en Francia y muchos países de Europa cierto pensamiento de izquierda se había puesto del lado del subproletariado, mientras que otro pensamiento de izquierda invocaba al proletariado. Es verdad que, en términos ideológicos, tuvimos dos grandes familias que nunca se llevaron bien: por un lado los anarquistas y por otro los marxistas. Tuvimos también una división bastante similar en los socialistas; aún hoy se percibe con mucha claridad que la actitud de los socialistas con respecto a la droga y la homosexualidad se diferencia de la de los comunistas. Pero creo que actualmente esa oposición se está desmoronando. Lo que separaba al proletariado del subproletariado era que unos trabajaban y otros no. Esta frontera amenaza disolverse con la ampliación del paro. Sin duda por eso temas un poco marginales, casi folclóricos, temas que eran los de la sexualidad, se convierten en problemas mucho más generales.

—*En Francia, dentro del marco de la reforma del Código Penal, creo que usted intervino respecto de la cuestión de la violación, y sostuvo que había que descriminalizarla. ¿Cuál es exactamente su posición?*

—Nunca formé parte de ninguna comisión de reforma del derecho penal, pero esa comisión sí existía, y algunos de sus miembros pidieron que se me escuchara como consultor en los problemas de derecho sexual. Me sorprendió comprobar lo interesantes que eran las discusiones. Durante su transcurso intenté plantear un problema. Por un lado, ¿puede realmente la sexualidad estar en la órbita de las leyes? En realidad, ¿no hay que deslegalizar todo lo que incumbe a la sexualidad? Pero en ese caso, si nada que sea del orden de la sexualidad debe aparecer en las leyes, ¿qué se hace con la violación? Esa es la cuestión que planteé. Simplemente dije, durante ese diálogo con Cooper,* que allí había un problema que era necesario discutir y que yo no era capaz de dar una respuesta. No sé qué vía seguir, eso es todo. Pero tal vez por culpa de la traducción, o por falta de una comprensión real, una revista inglesa puso el grito en el cielo y dijo que yo quería descriminalizar la violación, que era por tanto un horroroso falócrata... No, perdónenme, esas personas no entendieron nada, nada en absoluto. Simplemente señalé el dilema en que podíamos encontrarnos. En realidad, los problemas no se resolverán lanzando violentos anatemas contra quienes los plantean.

—En una entrevista de 1973, según creo, usted dijo que se oponía a los tribunales populares, y mencionó entonces el ejemplo de China. Se puede hablar hoy de Irán, donde el ayatolá Jomeini ni siquiera sabe a cuántas personas hay que ejecutar. ¿Qué piensa de esos tribunales?

—Tuve, sí, una conversación con un maoísta acerca los tribunales populares, y la entrevista se publicó en *Les Temps Modernes.*** Era una época en que mucha gente reclamaba en Francia, frente a la justicia institucional y burguesa, y contra ella, una justicia popular, tomando como ejemplo lo que había sucedido durante la Revolución Francesa. Consideraban que en el pueblo había una voluntad de justicia y que los tribunales populares eran aptos para expresar y manifestar esa necesidad.

* La entrevista a que se hace referencia es Michel Foucault, "Enfermement, psychiatrie, prison" (concedida a David Cooper, Jean-Pierre Faye, Marie-Odèle Faye y Marine Zecca), *Change*, 22-23 (monográfico: *La folie encerclé*), octubre de 1977, pp. 76-110, reed. en *Dits et écrits 1954-1988*, bajo la dirección de Daniel Defert y François Wahl, vol. 3, *1976-1979*, París, Gallimard, 1994, texto nº 209, pp. 332-360 [trad. cast.: "Encierro, psiquiatría, prisión", en *Un diálogo sobre el poder y otras conversaciones*, Madrid, Alianza, 2001, pp. 102-138].

** La entrevista a que se hace referencia es Michel Foucault, "Sur la justice populaire: débat avec les maos" (concedida el 5 de febrero de 1972 a Gilles [André Glucksmann] y Victor [Benny Lévy]), *Les Temps Modernes*, 310 bis, "Nouveau fascisme, nouvelle démocratie", junio de 1972, pp. 335-366, reed. en *DE*, vol. 2, *1970-1975*, texto nº 108, pp. 340-369 [trad. cast.: "Sobre la justicia popular: debate con los maos", en *Microfísica del poder*, Madrid, La Piqueta, 1979, pp. 45-75]. Al respecto, véase "Situación del curso", p. 285 y ss. del presente volumen.

Yo hice entonces una crítica de esa noción de tribunal popular. En esos movimientos emocionales intensos, que exigen una intervención fuerte por parte de la gente, no hay necesidad de justicia, hay necesidad de venganza: quieren pelear; aquellos a quienes se oponen son sus enemigos. Hay un trasfondo de guerra social que todavía está muy presente cuando, de manera completamente espontánea, la gente quiere linchar a alguien que, en muchos casos, no ha cometido más que un robo. Se lo percibe como el enemigo social y, como tal, se lo quiere liquidar.

Las personas que quieren fundar un tribunal popular sobre algo que en realidad es una guerra se equivocan doblemente. En efecto, o bien esos tribunales no hacen lo que quiere la gente y no hacen la guerra, o hacen lo que quiere la gente y no hacen justicia. Diré las cosas de manera aún más cruda. Ustedes saben muy bien que si se instauran jurados completamente populares, la pena de muerte se aplicará a todo el mundo, incluso a los ladrones de gallinas. Por tanto, está ese trasfondo de guerra social: quien roba hace la guerra; el robado se pelea con quien roba. No hay que olvidarlo. Así, hace falta el coraje de decir que la justicia está para impedir eso y no para reflejarlo. El tribunal popular lo refleja. Jomeini es exactamente eso. Esta discusión también fue mal comprendida. La gente vio en ella la apología de una justicia que no tendría siquiera la forma de un tribunal popular, y que sería el degüello. No, no...

—*En* Las palabras y las cosas *usted habló de la muerte del hombre. ¿Significa eso que el humanismo no sirve de referencia a su acción militante? ¿Rechaza usted en nombre de la muerte del hombre los compromisos en nombre de los derechos del hombre?*

—Hay que recordar el contexto en el cual escribí esa frase y al mismo tiempo lo que quise decir. No imaginan hasta qué punto nos habían sumergido en un baño de sermones y discursos moralizantes humanistas durante los años de la posguerra. Todo el mundo era humanista: Camus era humanista, Sartre y [...] lo eran, Stalin era humanista. Ningún discurso con pretensiones filosóficas, políticas o morales se sentía exento de situarse bajo el signo del humanismo. No tendré la crueldad de recordar que los hitlerianos también se calificaban de humanistas. Eso no compromete al humanismo, pero permite simplemente decir que en esa época ya no se podía pensar con esta categoría. Yo no podía plantear como objetivo de mi pensamiento ser humanista, porque había un completo confusionismo intelectual.

En términos más generales, el problema era no atribuirse, como fundamento inmediato y totalmente admisible, la concepción de sujeto que la tradición filosófica se había atribuido hasta entonces. Incluso para una filosofía tan radical como la fenomenología, el sujeto, al cual se consideraba sujeto fundador, era una suerte de dato previo. El cuestionamiento del sujeto fue en esa época un tema común a muchos, a quienes se agrupó bajo el término muy inadecuado de estructuralismo. Consideren por ejemplo el caso del psicoanálisis. Al menos en Francia, y en nombre del humanismo, del sujeto humano en su soberanía, muchos fenomenólogos, como Sartre o Merleau-Ponty, no podían admitir el inconsciente o sólo lo admitían como una suerte de sombra proyectada, de margen, de excedente, ya que la conciencia no podía quedar despojada de sus derechos soberanos.

La renovación del psicoanálisis fue indudablemente ese inconsciente, que no puede proyectarse como una sombra o un excedente de la conciencia. Sucede lo mismo con la lingüística. Si esta fue tan importante en esa época, se debió a que permitió señalar la excesiva simpleza e inadecuación de la pretensión de explicar lo que dice la gente con el solo recurso a la intención del sujeto. La idea de un inconsciente y la idea de una estructura de la lengua incitaban a plantear nuevamente, en cierta forma desde fuera, la cuestión del sujeto. Lo que unos hacían con la lingüística, yo intenté hacerlo un poco con la historia. ¿No hay una historicidad del sujeto? ¿Se puede admitir al sujeto a modo de invariante metahistórica o transhistórica?

—Me pregunto si se puede conciliar el movimiento en favor del respeto de los derechos del hombre y lo que usted dice contra el sujeto humanista. ¿Cuál es, en definitiva, la racionalidad de sus compromisos políticos, de su militancia, como usted la llama?

—Intento tomar los derechos del hombre en su realidad histórica sin por eso admitir que hay una naturaleza humana. Los derechos del hombre se conquistaron al cabo de una lucha, una lucha política que puso unos cuantos límites a los gobernantes y procuró definir principios generales que ningún gobierno debía pasar por alto. Ahora bien, contra los gobiernos, sin importar cuáles, es muy importante tener límites cuidadosamente definidos, fronteras bien demarcadas que, cuando se franqueen, susciten la indignación y la revuelta y permitan la lucha. Por tanto, como hecho histórico e instrumento político, los derechos del hombre me parecen algo importante. Pero no los asociaría ni a una naturaleza humana ni a una esencia del ser humano en general. Ni siquiera a una forma de gobierno, ya que, por definición, ninguna forma de gobierno tiene vocación de respetarlos; al contrario, todos los gobiernos tienen vocación de no respetarlos. Yo diría, en última instancia, que los derechos del hombre son los derechos de los gobernados.

—*¿Cuál es la coherencia de las modalidades militantes que hizo suyas?*

—A lo sumo, diría que ni siquiera busco afianzar la coherencia; diría que esa coherencia es la coherencia de mi vida. Di combate a propósito de ciertos temas, es cierto: esos son fragmentos de experiencia, fragmentos de autobiografía. Tuve cierta experiencia de los hospitales psiquiátricos. Tuve, por otras razones, experiencias con la policía. Y también tengo cierta experiencia en lo relacionado con la sexualidad. Es mi biografía.

Intento dar combate cuando advierto un vínculo lógico, una implicación, una coherencia entre un elemento y otro. Pero no me sitúo como el universal combatiente de una humanidad sufriente bajo todas las formas y en todos los aspectos, y preservo mi libertad con respecto a los combates en que me involucré.

Diría que la coherencia es estratégica. Si peleo por tal o tal otra cosa, es porque eso me importa en mi subjetividad. Me doy perfecta cuenta de que el punto de apoyo y la coherencia también pasan por ahí. Pero a partir de las elecciones que se esbozan sobre la base de una experiencia subjetiva, se puede pasar a otras cosas, de modo tal de tener una coherencia real, un plan o un cariz de racionalidad que no se apoye en una teoría general del hombre.

—*Recién afirmaba rechazar la idea de identificarse e identificar a alguien por intermedio y a través de un tipo de sexualidad. En ese rechazo a identificarse y, al mismo tiempo, en la negativa a ser circunscrito por el poder, ¿no puede verse una clave de sus compromisos? La muerte del hombre es ante todo el rechazo de una concepción sustancialista y ahistórica del hombre…*

—Sí, sí, sí…

—*¿No se puede decir en cierto sentido que Foucault es un libertario?*

—En cierto sentido, si usted quiere. Pero en cierta ideología libertaria hay con frecuencia una reivindicación, justamente deliberada, de las "necesidades fundamentales", de la "verdadera naturaleza" y todo eso. Yo no me situaría en esa perspectiva. Lo que busco es una apertura permanente de las posibilidades. Por ejemplo, lo que se denomina sociobiología consiste en bajar de la biología a las consecuencias extremas de las determinaciones biológicas para la estructuración de la conducta humana. En mis análisis históricos, que espero tengan un sentido político, procuro por mi parte *remontarme* lo más alto posible para recuperar todas las contingencias, acontecimientos, tácticas, estrategias, etc., que han inducido una situación determinada que no hay que considerar como definitivamente adquirida, aunque esté realmente dada. Fue constituida y puede, en consecuencia, ser "desconstituida" por la política. Sí, es el movimiento de ascenso histórico con proyección sobre un espacio de posibilidades políticas. Ese es el movimiento que hago.

—¿Qué piensa del cambio que se produce actualmente en Francia? Bueno, no sé si es un gran cambio...

—No, nadie lo sabe a ciencia cierta. Eso es lo interesante, no sólo que nadie lo sabe, sino que todavía no hay nada, vale decir que está todo por hacerse. Puede ser que no se haga nada, la situación está abierta. Está abierta porque el Partido Socialista ha sido sensible a unos cuantos problemas. De allí procede su fuerza, pero también del hecho de que mucha gente que hasta ahora nunca había hecho política y desconfiaba de la escena política se reconoció espontáneamente, ya sea en el candidato Mitterrand o, antes bien, en la victoria de Mitterrand. No hay que despreciar esa actitud. Esas personas combatían en distintos frentes, la ecología, el feminismo, contra la energía nuclear, por la vivienda, qué sé yo. Combatían y no tenían horizontes de victoria de conjunto. Se encontraron en esta victoria, que es una posibilidad más que una culminación. Es la victoria de una posibilidad. La victoria de Giscard d'Estaing habría sido la victoria de una imposibilidad, la derrota de una posibilidad.

—Sus actitudes con respecto al psicoanálisis han variado en diferentes ocasiones, me parece. En Enfermedad mental y personalidad *se oponía a él y parecía más bien conductista. El punto de vista desplegado en* Historia de la locura, El nacimiento de la clínica *e incluso en* Vigilar y castigar *es muy diferente. En* Las palabras y las cosas, *en cambio, habló del psicoanálisis como una contraciencia, sobre todo en su versión lacaniana. ¿Qué piensa hoy de él?*

—*Enfermedad mental y personalidad* es una obra que pongo completamente al margen de lo que hice a continuación, aunque haya sido una puerta de entrada. La escribí en una época en que los diferentes sentidos de la palabra "alienación", el sentido filosófico, el sentido histórico-sociológico y el sentido psiquiátrico, se confundían en una perspectiva fenomenológico-psiquiátrico-marxista. Ahora esas cosas son totalmente ajenas unas a otras, pero no sucedía así en esa época. Traté de forcejear en ese marco y, en esa medida, *Enfermedad mental y personalidad* es sin duda el señalamiento de un problema al cual no aporté ninguna solución en ese momento. Tampoco a continuación, pero conseguí apartarme. Retomé el problema de otra manera, al decir: "Retomemos la cosa tal como se presenta, veamos cómo se ha tratado efectivamente a las personas, en vez de hacer grandes pruebas de eslalon entre Hegel y la psiquiatría, pasando por el neomarxismo. Intentemos hacer la recapitulación histórica y estudiemos la manipulación concreta y real del loco". En consecuencia, si mi primer texto sobre la enfermedad mental es coherente, no lo es, sin duda, con los demás. Dejémoslo, pues, de lado.

—*Sí, pero ¿qué piensa ahora de la función del psicoanálisis?*

—En *Las palabras y las cosas* la cuestión era tomar los tipos de discursos científicos o presuntamente científicos y ver cuáles habían sido sus transformaciones y sus relaciones recíprocas. En ese libro traté de ver qué papel un tanto curioso podía tener el psicoanálisis con respecto a esos dominios de conocimiento.*

—*¿Cómo se puede explicar que los psicoanalistas hayan rechazado la idea de que el psicoanálisis puede contarse entre las técnicas de subjetivación? ¿No es sorprendente?*

—Que rechazan esa idea, es un hecho. ¿Por qué? Como usted sabe, es muy importante que en una disciplina, un saber o una práctica se acepte su historia, por humillante que sea. En todo caso, yo señalé que a los psiquiatras no les gusta nada que se intente repensar la historia de sus propios conocimientos a partir de una práctica asilar. Señalo, en cambio, que Einstein pudo decir que la causalidad física tenía sus raíces en la demonología, sin que eso ofendiera a los físicos. ¿Por qué los psiquiatras

* La transcripción original indica: "Interrupción, falta una parte de la entrevista que se refería al carácter no científico del psicoanálisis y a que este es ante todo una técnica de sí, cosa que los psicoanalistas se niegan a admitir. Debería completarse".

se ofenden y los físicos no, a menos que unos sean verdaderos científicos que no tienen nada que temer en cuanto a su ciencia, y otros sientan mucho miedo de que la historia ponga en riesgo el frágil estatus científico de su saber? Entonces, cuando los psicoanalistas se hayan calmado en lo tocante a las historias de su práctica, tendré mucha más confianza en la verdad de lo que dicen.

—*¿El lacanismo aporta un cambio profundo al psicoanálisis?*

—*No comment*, como dicen los funcionarios de un departamento de Estado cuando se les hace una pregunta que los incomoda. No estoy demasiado familiarizado con la literatura psicoanalítica moderna y me cuesta entender los textos de Lacan, demasiado para que pueda decir algo. De manera puramente impresionista, diré que tengo la impresión de que hay un cambio considerable. Pero no puedo decir nada más.

Situación del curso

Fabienne Brion
Bernard E. Harcourt

> La confesión se convirtió, en Occidente, en una de las técnicas más valoradas para producir la verdad. Desde entonces, hemos llegado a ser una sociedad singularmente confesante. La difusión de los efectos de la confesión llegó lejos: a la justicia, la medicina, la pedagogía, las relaciones familiares, las relaciones amorosas, el orden más cotidiano y los ritos más solemnes; confesamos nuestros crímenes, confesamos nuestros pecados, confesamos nuestros pensamientos y nuestros deseos, confesamos nuestro pasado y nuestros sueños [...], nos hacemos a nosotros mismos, en el placer o el dolor, confesiones imposibles de hacer a cualquier otro, y con ellas hacemos libros.
>
> MICHEL FOUCAULT, *Histoire de la sexualité*, vol. I, *La volonté de savoir*, París, Gallimard, 1976, p. 79 [trad. cast.: *Historia de la sexualidad*, vol. I, *La voluntad de saber*, Buenos Aires, Siglo XXI, 2008]

De sus luchas y sus libros, Foucault indica durante las dos entrevistas concedidas en Lovaina que son, "en algún aspecto [...], fragmentos de autobiografía":[1] son, llega a decir, sus "problemas personales con la locura, la prisión, la sexualidad".[2] Precisa que "siempre [se empeñó] en que hubiera en [él] y para [él] una especie de ida y vuelta, de interferencia, de interconexión entre las actividades prácticas y el trabajo teórico o el trabajo histórico que hacía".[3] Por un lado, en las cuestiones teóricas e históricas que plantea se siente "el peso de una relación inmediata y contemporánea con la práctica".[4] Por otro, "siempre procur[ó] que ese trabajo teórico no hiciese marcar el paso a una práctica actual".[5] Además, preserva su "libertad con respecto a las luchas en las que particip[ó]".[6]

Ni "universal combatiente de una humanidad sufriente bajo todas las formas y en todos los aspectos",[7] ni sujeto en general que estudia un objeto en general, manifiesta pelear "por tal o tal otra cosa [...] porque eso

[l]e importa en [su] subjetividad",[8] antes de agregar que es posible, a partir de una experiencia subjetiva, "pasar a otras cosas" sin buscar apoyo en "una teoría general del hombre".[9] A la indistinción de las causas, Foucault opone la implicación personal. Posición singular y singularmente exigente, que se niega a elidir al sujeto de deseo o confundirlo con el sujeto del conocimiento so pretexto de un método que lo absuelva y lo ausente, y que se niega, también, a eludir la cuestión del trabajo de sí sobre sí mismo del que ese sujeto procede, asimilándola a una cuestión de pertenencia.

De *Obrar mal, decir la verdad* hay mil y una lecturas posibles. La que ha sostenido la redacción de esta "Situación del curso" está orientada por una pregunta, declinada en varias formulaciones: ¿cuáles son las tareas que Foucault asignó a la crítica? ¿De qué manera, en su vida y su obra, vinculó política y ética? ¿Qué significaba para él ser filósofo en la ciudad? ¿Qué formas dio al coraje de la verdad? La postura adoptada para responder a ellas consiste en examinar el modo en que Foucault problematizó el poder de la verdad en los ciclos en que se inscribe *Obrar mal, decir la verdad*, e intentar advertir las consecuencias que derivó de ello. Lo haremos en tres exposiciones.

La primera sitúa el curso de Lovaina en la serie de textos sobre la justicia penal (al respecto, Foucault habla de "represión" en 1971 y de "técnicas de dominación" en 1981). Más en general, inscribe los análisis que el filósofo propone dentro del segundo de los "tres dominios de genealogías posibles",[10] una "ontología histórica de nosotros mismos en nuestras relaciones con un campo de poder".[11] La confesión se aprehende como un medio de producir la verdad en derecho; más allá de ella, se examina "toda una tecnología de verdad, que la práctica científica y el discurso filosófico, poco a poco, han descalificado, encubierto y excluido", para mostrar que "la verdad-prueba en el orden del acontecimiento" ha tomado la forma de "la verdad-comprobación en el orden del conocimiento".[12]

La segunda toma nota de lo que Foucault, en *La voluntad de saber*, llama "agotamiento de la hipótesis represiva". *Obrar mal, decir la verdad* se sitúa en el ciclo de las técnicas de sí y de la versión suave del gobierno, en la bisagra entre el segundo dominio de la genealogía y el tercero, definido como una "ontología histórica de nuestras relaciones con la moral".[13] El objetivo es estudiar cómo, más acá y más allá de la represión, la subjetivación misma produce sujeción. Como los *aphrodisia* en "Subjetividad y verdad", la confesión es una "superficie de refracción"[14] sobre cuya base se examinan las modalidades históricas de la relación consigo mismo en cuatro aspectos: "sustancia ética", "modo de sujeción", "práctica de sí" y "*telos*".[15]

La última exposición identifica en *Obrar mal, decir la verdad* la continuación del trabajo sobre el problema filosófico ya tratado en *Las palabras y las cosas*, y el comienzo de la solución que Foucault le dará en *El coraje de la verdad*. El curso inaugura el ciclo de la crítica aletúrgica, que completa las críticas arqueológica y genealógica. A través de la historia de las formas de producción de la confesión, Foucault estudia la de la "subjetividad-verdad". Retorno al debate con Kant, acerca del cual los editores de la *Introducción a la Antropología* indican que habría de "alimentar la obra entera". Entre líneas, no deja de insistir una pregunta: si la verdad "no se constata sino que se suscita",[16] si es "producción en vez de apofántica",[17] ¿qué puede o debe ser la filosofía crítica? Y una respuesta programática, mencionada con demasiada brevedad en Lovaina: "un *contrapositivismo*, que no es lo contrario del positivismo, sino más bien su contrapunto".[18]

1. LA REPRESIÓN Y SUS OBJETOS

¿Cómo se vinculan la política y la ética en los textos de Foucault sobre la justicia penal? ¿Cómo se plantea en ellos el problema del poder de la verdad? Para responder a estas preguntas es necesario recordar, sin duda, que el autor de *Vigilar y castigar* decía trabajar "a menudo [...] al capricho de las circunstancias",[19] y también, por tanto, a merced de las luchas con las cuales se vinculaba. Asimismo cabe recordar que según Deleuze la práctica era para él "un conjunto de relevos de un punto teórico a otro, y la teoría, el relevo de una práctica a otra".[20] Y volver brevemente a su lucha junto a los miembros de la Izquierda Proletaria (IP) y dentro del Grupo de Información sobre las Prisiones (GIP), no para explicar la obra por la vida sino para –sin ceder a la tentación de la totalización biográfica– descubrir lo que exige la ética de la filosofía crítica, tal como él la concibe.

CIRCUNSTANCIAS

Las circunstancias son en primer lugar las de la represión de los movimientos estudiantiles en 1968. En Túnez, donde Foucault es profesor, las manifestaciones son duramente reprimidas: decenas de militantes van a parar a la cárcel. Foucault esconde a estudiantes buscados por la policía y suministra información a los abogados de quienes están detenidos. Después del proceso de estos últimos, pide que el Ministerio de Relaciones Exteriores de Francia ponga fin a su comisión de servicio.[21] Vuelve al país, donde en junio de 1968 han sido prohibidas doce organizaciones de la izquierda extraparlamentaria. En 1970 el cerco se estrecha en torno a la IP, organización maoísta que agrupa bajo el liderazgo de Benny Lévy[22] a militantes procedentes sobre todo de la Unión de Juventudes Comunistas Marxistas-Leninistas o del Movimiento del 22 de Marzo. En febrero mueren dieciséis mineros en Fouquières-lès-Lens a raíz de una explosión de grisú; poco después se perpetra un atentado con bombas molotov contra las oficinas administrativas de esa cuenca minera. Nueve militantes de la IP son encarcelados, al igual que los directores de *La Cause du Peuple*.[23] El 27 de mayo se dicta la proscripción de la IP sobre la base de la ley sobre grupos de combate y milicias privadas.[24] El 9 de junio se sanciona una ley cuyo propósito es "reprimir nuevas formas de delincuencia";[25] en su redacción se establece una forma de responsabilidad colectiva y se castiga con dos años de cárcel la participación pacífica en una agrupación prohibida.[26] Cerca de doscientos militantes van a prisión, sea por la aplicación de la nueva ley, sea por haber reconstituido una liga disuelta, delito que la venta de *La Cause du Peuple* basta para comprobar.[27]

Entre esas circunstancias está también la reacción de la IP a la represión. Proscrita, la agrupación sigue la lucha de diversas maneras. En primer lugar, ampliación de la resistencia[28] y apertura de un Frente Democrático:[29] la organización moviliza a intelectuales que por su celebridad no corren el riesgo de ser arrestados y condenados. El 9 de junio Simone de Beauvoir y Michel Leiris presentan los estatutos de la Asociación de Amigos de *La Cause du Peuple*;[30] el 11 de junio Sartre, ahora director de la revista,[31] convoca junto a otras personalidades[32] a recrear el Socorro Rojo para la defensa de los revolucionarios encarcelados.[33] En segundo lugar, práctica jurisdiccional alternativa: los militantes acusados de haber lanzado las bombas molotov son juzgados –y absueltos– por el Tribunal de Seguridad del Estado en diciembre de 1970; en ese mismo momento la IP organiza en Lens el proceso de las cuencas mineras ante un tribunal popular. Sartre, que hace las veces de fiscal, señala la responsabilidad del Estado y de la dirección de las minas en la muerte de los mineros;[34] su acusación se basa en la contrainvestigación realizada por médicos y estudiantes de ingeniería. En tercer lugar, lucha por la obtención del estatus de presos políticos: intramuros, los militantes hacen una huelga de hambre para conseguir los derechos de reunión, acceso a la prensa y comunicación con su organización,[35] así como para denunciar la represión; extramuros, la Organización de Presos Políticos (OPP), célula de la IP coordinada por Serge July y Benny Lévy, se encarga de "hacer de su proceso una tribuna política, según la tradición leninista".[36]

La última circunstancia es un pedido efectuado a Foucault por sugerencia de Daniel Defert, que ha adherido a la OPP ante una invitación de Jacques Rancière:[37] como en Lens, organizar una comisión investigadora, pero sobre los establecimientos penitenciarios.[38] El compromiso de Foucault es total, aunque diferente del que espera la IP. Desde el inicio integra las dimensiones de la represión y la ceguera. Sucede que, en un primer momento, Mayo del 68 pasó al lado de las prisiones sin verlas,[39] y en un segundo momento, los militantes enfrentados a la represión optaron por formas de acción que dejaban en las sombras a los otros detenidos. ¿Falsa conciencia de intelectuales atrapados en la trampa del discurso criminológico, pese a su ardiente deseo de ser "conciencia y elocuencia",[40] su ardiente deseo de decir "la verdad a quienes todavía no la [ven] y en nombre de quienes no [pueden] decirla"?[41] ¿Efecto remoto de la desconfianza de Marx y la hostilidad de Lenin hacia los presos comunes, considerados un subproletariado no politizado y hasta reaccionario?[42] Cuando Foucault, durante el debate con los maoístas sobre la justicia popular, dice a Benny Lévy que en lo sucesivo el sistema penitenciario es el único en cumplir la función de retención de la población supernumeraria de la que el ejército y la colonización se encargaban con anterioridad,[43] el joven filósofo de la IP y la OPP se resiste. La misma reacción que cuando el de más edad agrega que, en cuanto aparato de Estado, la justicia penal "siempre ha tenido la función de introducir contradicciones"[44] en la población, o cuando menciona que la "barrera ideológica (en relación con el crimen, el criminal, el robo, el hampa, los degenerados, la subhumanidad)"[45] constituye una segunda muralla en torno a las prisiones. La principal ruptura, replica Lévy, "es entre una minoría obrera y [...] la plebe que se proletariza: esta plebe es el obrero que viene del campo, no es el granuja, el bandido, el matón".[46]

Foucault habría podido reprocharle su ceguera. No lo hace, ni entonces ni después. Como Deleuze señalará más adelante, para él no es cuestión de "la manera de ver de un sujeto: el sujeto mismo que ve es un lugar en la visibilidad, una función derivada de la visibilidad".[47] La ceguera se piensa como una dimensión del problema planteado en oportunidad de la represión que golpea a aquellas y aquellos con quienes se ha aliado; la ceguera o, de forma más en general, la invisibilidad de lo visible y, por una torsión adicional, la invisibilidad de esa invisibilidad, acerca de la cual ya en 1966 escribía que es para Blanchot lo que la ficción debe mostrar.[48] "[Lo] que los intelectuales han descubierto desde la ola reciente", le dice a Deleuze en 1972, durante una conversación publicada con el título "Los intelectuales y el poder", "es que las masas no los necesitan para saber; saben perfectamente, claramente, mucho mejor que ellos, y lo dicen muy bien. Pero hay un sistema de poder que intercepta, prohíbe, invalida ese discurso y ese saber".[49] Y agrega: "Ellos mismos, los intelectuales, forman parte de ese sistema de poder; la idea de que son los agentes de la 'conciencia' y el discurso forma parte de ese discurso".[50] De este análisis se deducen dos deberes, que parecen haber determinado las formas de su compromiso junto a los miembros de la IP y la OPP.

LOS DOS DEBERES DEL INTELECTUAL

Deber negativo y activo de reserva, por una parte. Negativo (que toma la forma de un mandato negativo): el papel del intelectual, dice Foucault, "ya no es ponerse 'un poco adelante o un poco al costado' para decir la verdad muda de todos".[51] Nada, por tanto, de tribunal popular ni de comisión investigadora. Activo: hay que luchar, en cambio, para que quienes han adquirido por experiencia la "conciencia como saber" puedan también "ocupar" la "conciencia como sujeto"[52] y ejercer su poder de información. El 8 de febrero de 1971, durante una conferencia de prensa sobre los militantes presos en huelga de hambre, Foucault lee y distribuye el manifiesto del Grupo de Información sobre las Prisiones, o GIP; la sigla, confía a Daniel Defert, recuerda la de la IP [Gauche Prolétarienne, GP], "con esa iota de diferencia que los intelectuales se creían en la obligación de introducir".[53] Los maoístas han concertado una alianza con intelectuales de renombre; el GIP convoca a "intelectuales específicos" dispuestos a "subvertir su posición en el poder y de poder en el saber"[54] para recoger y difundir los testimonios de las personas encarceladas. La primera "encuesta sobre intolerancia"[55] se lleva a cabo entre marzo y abril. Se reúnen en ella "centenares de personas"[56] –médicos, abogados, trabajadores sociales, allegados de los presos, presos– que, en una u otra calidad, tienen un conocimiento literal de la prisión. La información acumulada se difunde en folletos elaborados por el GIP. Los filósofos que los coordinan –Deleuze, Hélène Cixous, Jacques-Alain Miller, François Regnault– tienen en común el hecho de pensar tanto la letra viva como la letra muerta del lenguaje; sensibles a sus efectos, algunos lo abordan no sólo como universitarios, sino también como gente de teatro y como psicoanalistas.

Por otra parte, deber positivo y activo de transformación de la práctica teórica. El papel del intelectual también es (lo es incluso más, dice Foucault) "luchar contra las formas de poder allí donde es a la vez su objeto y su instrumento: en el orden del 'saber', de la 'verdad', de la 'conciencia', del 'discurso'".[57] Los militantes de la IP estaban "llenos de saber",[58] de un saber, es cierto, que no está "en la dimensión del ἀκούειν",[59] de la escucha (para retomar las palabras que Foucault utiliza en 1972 en "El saber de Edipo"). ¿Cuáles eran las evidencias que les vaciaban los ojos, y que nos los vacían aún hoy? También estaban llenos de voluntad. Cuando mujeres y hombres de deseo se engañan o se dejan engañar, ¿cuáles son los intereses y (para retomar ahora las palabras utilizadas por Deleuze en "Los intelectuales y el poder") las *investiduras*, tanto económicas como inconscientes",[60] que, muy a su pesar, comprometen su complicidad en su ceguera? Y habida cuenta de esas investiduras y esta ceguera, ¿cómo hablar, qué maneras de decir y escribir inventar, para transformar efectivamente la práctica teórica, toda vez que hacia allí apunta la crítica? El reto es la lucha que librar: aunque esa transformación exija una forma de desasimiento de sí, el desasimiento en sí no basta. Para Foucault no es cuestión de psicoanálisis, sino, en la lucha emprendida, de un anudamiento consecuente y exigente de la política y la ética.

Verdadera proeza, el primer curso dictado en el Collège de France del 9 de diciembre de 1970 al 17 de marzo de 1971 puede leerse como un diálogo cifrado con la IP. El problema planteado es el de la voluntad de saber; más exactamente, es el doble problema de la voluntad de verdad, "episodio central"[61] de la historia de la voluntad de saber en nuestra civilización, y de la elisión del sujeto de deseo, una elisión que en los discursos filosófico y científico parece ser una condición de la verdad. Foucault anuncia que explorará el discurso filosófico, las prácticas prejurídicas y jurídicas y el discurso poético. Con el pretexto de esa exploración, comienza por sostener que lo que define la filosofía, desde Aristóteles, es la represión [*refoulement*] de "la pregunta sofística o socrático-sofística '¿por qué se desea conocer?'",[62] represión actualizada en una apofántica "que pretende ajustarse al ser según el modo de la verdad".[63] Describe a continuación cómo estuvieron ligados en la antigua Grecia derecho y verdad, ante todo en la forma binaria de la prueba, por enunciados manifiestamente performativos en el marco de rituales agonísticos, y luego en la forma ternaria de la constatación, por enunciados aparentemente descriptivos en el marco de rituales que sustituyen (o parecen sustituir) el *agon* por la jurisdicción. Para finalmente mostrar, por medio de un comentario de *Edipo rey* de Sófocles –y aquí está la proeza–, que el gesto de exclusión del criminal, que termina de definir la ciudad con el pretexto de purificarla, repite el gesto de exclusión del sofista y la forclusión del sujeto del deseo, que definen lo que filosofía y ciencia dicen ser y deber ser en su interioridad.

Del *discrimen* (del discernimiento) al *crimen* y del *crimen* a la represión [*refoulement*] (en todos los sentidos del término): Foucault muestra que el sistema de lo falso y lo verdadero tiene, en las sociedades occidentales, una función de exclusión análoga a la del sistema de las prohibiciones y la oposición locura/razón,[64] y que se articula en ellas con los sistemas de dominación.[65] Hemos visto que más allá de los presos políticos, Foucault se moviliza por el conjunto de los detenidos; de la misma manera, más allá de la IP, apunta sin lugar a dudas a un conjunto más vasto. El curso se dirige a todos los que quieren saber sin querer saber nada de su voluntad de saber; todos los que se reconocen en el sujeto supuesto por el discurso que hace de la verdad su causa (material, formal, eficiente y final), y todos los que, so pretexto de esa verdad, pasan por alto la cuestión del deseo que los mantiene bajo su influjo. Y como en las *Lecciones sobre la voluntad de saber* el lenguaje es muy conciso, Foucault a partir de entonces se dedica a desplegarlo.

El primer deber del intelectual adopta la forma de una práctica de escucha y transmisión de la información: *zoom* hacia delante, opuesto al secreto. El segundo adopta la forma de una exploración político-epistémica de la historia que apunta no a reencontrar lo mismo en el pasado, sino a mostrar lo diferente, lo singular y lo contingente en el presente: *zoom* hacia atrás y plano de conjunto, opuestos a la ilusión de necesidad. Las "encuestas sobre intolerancia" en el registro de la actividad práctica son precedidas y seguidas por investigaciones arqueológicas y genealógicas en el de la actividad teórica. Vemos las prisiones sin verlas, toleramos lo intolerable, aceptamos lo inaceptable: de la "existencia de la aceptación", se trata de remontarse al "sistema de la aceptabilidad, analizado a partir del juego saber-poder"; ese es, "poco más o menos, el nivel de la *arqueología*".[66] También hay que hacer vacilar las evidencias sobre cuya base se tolera, recodificado, lo intolerable: mostrar, "sea cual fuere la fuerza de la ceguera de los mecanismos de poder [que un sistema pone] en juego, o sean cuales fueren las justificaciones elaboradas [por este]",[67] que "ningún derecho primigenio"[68] lo ha tornado aceptable, y ese es el nivel de la *genealogía*.

"La institución prisión", dice Foucault en 1971,

> es para muchos un iceberg. La parte visible es la justificación: "Hacen falta prisiones porque hay criminales". La parte oculta

> es lo más importante, lo más temible: la prisión es un instrumento de represión social. [...] He aquí dos cifras que llevan a reflexionar: el cuarenta por ciento de los presos son detenidos aún sin condena, y alrededor del dieciséis por ciento son inmigrantes.[69]

A Jalifa Hafsia, que en agosto de 1971 le pregunta sobre sus proyectos en el Collège de France, responde:

> Hay un problema que me interesa desde hace mucho, y es el del sistema penal [...]. Entonces, quizá dicte una serie de cursos durante los veintisiete años que aún me restan en el Collège de France. No digo que vaya a dedicar los veintisiete años a eso, pero es probable que algunos. Con amigos [...] hemos formado una especie de pequeño grupo. ¿Cómo decirle? Un grupo de intervención y acción en lo relacionado con la justicia, el sistema penal, las instituciones penitenciarias en Francia, y hemos lanzado una encuesta sobre las condiciones de los detenidos en Francia. [...] A eso estoy dedicando mis actividades, y tal vez dedique los meses y años venideros.[70]

Y cuando su interlocutora, con agudeza, señala que desde el comienzo ha "subordinado el discurso lógico a un discurso moral" y que esa actitud desembocará no en una metafísica sino en una ética, Foucault precisa: "Simplemente intento ver, poner de relieve y transformar en un discurso legible para todos lo que el sistema de la justicia actual puede tener de insoportable para las clases más desfavorecidas".[71]

JUSTICIA Y VERDAD

En una primera aproximación, la fórmula del problema que inquieta a Foucault puede escribirse así: la lucha contra el sistema penal es importante;[72] sin embargo, es difícil a causa de la verdad. Él lo examina contra el telón de fondo de otro problema que, según indicaba ya en 1968, "no carece de importancia para la práctica política":[73] el "del estatus, las condiciones de ejercicio, el funcionamiento, la institucionalización de los discursos científicos".[74] En abril de 1971 agrega a las *Lecciones sobre la voluntad de saber* una "Lección sobre Nietzsche". Del autor de *La genealogía de la moral* dice que concibe la verdad como un efecto: el que un conocimiento "vasallo, dependiente, interesado", produce "en virtud del juego de una falsificación primera y siempre prorrogada que plantea la distinción entre lo verdadero y lo falso".[75] ¿Pero la justicia no es uno de los modos de producción de la verdad, en el sentido nietzscheano de la palabra? Tal como Foucault lo hace notar en el debate con los "maos" sobre la justicia popular, las decisiones son tomadas por jueces a quienes se considera neutrales con respecto a las partes, "en función de cierta norma de verdad y una serie de ideas sobre lo justo y lo injusto",[76] luego de un ritual –investigación, examen– destinado a "establecer la 'verdad' u obtener la 'confesión'".[77] Las prácticas judiciales tienen el poder de transmutar la fuerza en derecho y el resentimiento frente a la violencia policial en asentimiento ante la evidencia penitenciaria; con frecuencia sustituyen la conciencia de lo arbitrario por la ilusión de lo necesario. Si es así, es porque en el transcurso del procedimiento actúa un efecto de verdad. Para luchar contra la pasividad y la ceguera es preciso poner al descubierto los mecanismos de producción de dicho efecto.

El segundo curso en el Collège de France, "Teorías e instituciones penales", estudia el desarrollo de la investigación y analiza las formas de control social que se desplegaron desde el siglo XVI y dieron origen al examen. El curso se inscribe dentro del proyecto esbozado en las *Lecciones sobre la voluntad de saber*, que consistiría en "rastrear la formación de ciertos tipos de saber a partir de las matrices jurídico-políticas que les dieron origen y les sirven de soporte".[78] El objetivo se retoma en 1973, en "La verdad y las formas jurídicas". Foucault indica que quiere hacer no una historia interna sino una historia externa de la verdad: estudiarla no donde ella se piensa en las formas de la historia de las ciencias, sino donde, impensada, informa acerca de prácticas y pensamientos. Las prácticas judiciales, dice Foucault, son prácticas sobre cuya base se forman ámbitos de saber que ponen de manifiesto "nuevos objetos, nuevos conceptos, nuevas técnicas" y "formas totalmente nuevas de sujetos y sujetos de conocimiento".[79] Las cinco conferencias de Río de Janeiro exponen la comparación entre procedimientos agonísticos, de estructura binaria, que son tanto conmutadores de la fuerza en derecho como procedimientos ordenados por el mito de la disyunción entre el saber y el poder, de estructura ternaria, que enmascaran la copertenencia de la fuerza y el derecho por medio de verdades a las cuales este último es adecuado. Verdad del acto, producida según la forma de la investigación; verdad del criminal, modelada según la del examen.

En 1975, *Vigilar y castigar* propone "una genealogía del actual complejo científico-judicial en el que el poder de castigar toma su apoyo, recibe sus justificaciones y sus reglas, extiende sus efectos y disimula su exorbitante singularidad".[80] Desde el siglo XIX, lo que se busca, más allá de la verdad del acto, es la verdad del infractor; para ser más exactos, la del criminal, sustituto del infractor por obra de la prisión, y que está ligado a su acto por toda una serie de determinaciones biológicas, psicológicas o sociales. "Un saber, unas técnicas, unos discursos 'científicos' se forman y se entrelazan con la práctica del poder de castigar":[81] en el teatro penal se representa una nueva pieza. Otra intriga: se juzga el acto, "pero se juzgan a la vez pasiones, instintos, anomalías, achaques, inadaptaciones, efectos de medio o de herencia".[82] Otros personajes: médicos, psiquiatras, criminólogos, delincuentes... Si la represión pasa inadvertida, es porque ahora la verdad del criminal es su velo, tejido con apariencias científicas; la delicadeza penal es el velo del velo, tejido con apariencias de derecho.[83] Los tribunales y las prisiones son las manufacturas del embuste donde, de manera continua, se transforman hechos en verdades y se fabrican delincuentes a partir de seres humanos detenidos. Esas instituciones ocupan a una multitud de profesionales y teóricos de un saber con reputación de verdadero y un poder con reputación de derecho, que no siempre se engañan con los embustes que producen, pero están obligados a olvidarlo si prefieren ignorar que de esos productos extraen un goce, aunque sea en forma de salario.

A este conjunto de trabajos, *Obrar mal, decir la verdad* suma en 1981 el elemento de la confesión, ya señalada en 1972.[84] Hace tiempo que la confesión intriga a Foucault: en 1975 se sorprende de que en la mayoría de los sistemas jurídicos, "lo que uno dice contra sí mismo constituye una prueba".[85] No es difícil imaginar, empero, "que alguien quiera declarar en contra de sí mismo, sea para eximir a otro, sea para eximirse de otra falta";[86] por otra parte, la tortura y otras técnicas permiten obtener confesiones no conformes a la realidad.[87] Algunas cuestiones examinadas en Lovaina hacen eco a las *Lecciones sobre la voluntad de saber*. Si en la confesión la conformidad a la realidad no es una condición de la verdad, ¿a qué se debe que se la tenga por verdadera, y para qué sirve suponerlo? Problematización conjunta del eje de la referencia en el lenguaje y de la función de la confesión en la justicia. Otras cuestiones prolongan *Vigilar y castigar*. Se castigan "las agresiones, pero a través de ellas las agresividades; las violaciones, pero a la vez, las perversiones; los asesinatos que son también pulsiones y deseos".[88] Si el criminal ha reemplazado al infractor y debe confesar no sólo lo que ha hecho sino lo que él mismo es (o lo que es preciso que sea para poder haberlo hecho), ¿puede la confesión ser otra cosa que "la espina, la astilla, la herida, la línea de fuga, la brecha de todo el sistema penal"?[89] Problematización del sujeto que, en la confesión, se constituye de manera correlativa a la verdad: problematización de la subjetividad-verdad.

Al término del curso se abren dos nuevas cuestiones. Ya no la de la función de la confesión en el proceso de jurisdicción. Tampoco la de su funcionamiento en "sociedades de destierro (sociedad griega), sociedades de rescate (sociedades germánicas), sociedades de marcación (sociedades occidentales hasta fines de la Edad Media) y sociedades que encierran, la nuestra", dado que *Obrar mal, decir la verdad* retoma estas distinciones de "La sociedad punitiva". Sí, en cambio, la de su función en ese singular proceso de veridicción que es la obra de Foucault. También la de la larga serie de sujetos que, de Pierre Rivière a Patrick Henry, confiesan haber matado sin poder explicar ni explicarse qué los ha empujado a hacerlo, en ocasiones a pesar de todos sus esfuerzos (puesto que, en un cara a cara desesperado consigo mismo, Pierre Rivière lo intentó, en el momento en que consideró que ya no le quedaba otra cosa que la muerte). Cuestiones extrañas, sin duda. Sin embargo, si se admite que Foucault es tan críptico como Lacan hermético, y por las mismas razones –porque quería que "el trabajo necesario para comprenderlo fuera un trabajo a realizar sobre uno mismo"–,[90] esas cuestiones pueden constituir claves para analizar cómo, más allá de su empeño contra el sistema penal, su filosofía crítica anuda política y ética.

2. EL CONOCIMIENTO Y SU SUJETO

Pues bien, la confesión. ¿Cuál es su función en la obra de Foucault? Respuesta sumaria: hacer de bisagra entre lo que en "El sujeto y el poder" él califica de segunda y tercera parte de su trabajo, el estudio de "la objetivación del sujeto en [...] las 'prácticas divisorias'",[91] proceso que "hace de él un objeto", y el de la subjetivación, "la manera en que un ser humano se transforma en sujeto".[92] Lo que se despliega: estudiar las relaciones entre dos series, la serie {objeto; divisiones "objetivas";[93] técnicas de dominación} y la serie {sujeto; división subjetiva; técnicas de sí}. En términos más radicales: estudiar la sujeción en cuanto procede, allá, de un forzamiento objetivo, y aquí, de una recuperación subjetiva; captarla en el punto preciso donde, debido a esa recuperación, la servidumbre se torna voluntaria. Para abrir así un pasaje que conduzca del embuste de la recuperación a la exigencia del desasimiento, de la docilidad a la indocilidad reflexiva y de la servidumbre a la inservidumbre voluntaria.

UNA TAREA EXIGENTE

Articular el objeto y el sujeto –o, más exactamente, problematizar su articulación en el conocimiento, interrogar lo que Foucault llama "forma del conocimiento"[94] y a la vez "norma 'sujeto-objeto'"–[95] no es sólo un proyecto que, desde la introducción a la *Antropología* de Kant, él prosigue con constancia. Habida cuenta de que más allá de la represión él critica la tradición filosófica y el discurso de la ciencia, es también una exigencia. Dificultad: si lo que el genealogista quiere poner en evidencia es no sólo la historicidad del "enfermo mental" o el "criminal", sino también la del sujeto de conocimiento, es necesario entonces que, en los campos filosófico y científico, tenga en cuenta la reticencia. Ciertamente, tal como dice en 1973 en "La verdad y las formas jurídicas", la práctica y la teoría psicoanalíticas "reevaluaron de la manera más fundamental la prioridad un poco sagrada conferida al sujeto, que se había establecido en el pensamiento occidental".[96] Lo cierto es que "en el ámbito de [...] la teoría del conocimiento, o en el de la historia de la epistemología, o en el de la historia de las ciencias, e incluso en el de la historia de las ideas",[97] el modo de concebir al sujeto es "aún muy filosófico, muy cartesiano y muy kantiano"[98] (porque, tiene la precaución de aclarar, "en el nivel de generalidad en que me sitúo, no hago diferencias entre las concepciones cartesiana y kantiana").[99] Lo cierto es también que "determinada tradición universitaria o académica del marxismo no ha terminado todavía con esta concepción filosófica tradicional".[100] Desde el inicio, por tanto, Foucault se aplica a reelaborar la teoría del sujeto, como recordará unos diez años después.

Tarea exigente. No basta con plantear que "la relación del sujeto con la verdad, o simplemente la relación de conocimiento, es perturbada, oscurecida, velada por las condiciones de existencia",[101] con lo cual traduce en los análisis marxistas tradicionales esa "suerte de elemento negativo que es la ideología".[102] No basta siquiera con plantear que la noción de un "sujeto dotado de una conciencia en la que forma o reconoce libremente las ideas en las cuales cree"[103] es un "dispositivo [...] absolutamente ideológico"[104] (tal como sostiene Althusser), y que esa modalidad de la relación imaginaria de los individuos con sus condiciones de existencia es el estigma de la ideología en un sujeto de conocimiento (cosa que se deduce de Althusser). Hablar de ideología es sugerir que con anterioridad al conocimiento hay un sujeto, un objeto y, entre ellos, un velo que puede quitarse; es plantear que junto a la falsa conciencia hay otras que un trabajo ha abierto a la verdad; un trabajo que autorizaría a quienes se han entregado a él a revelarla. Lo que Foucault quiere mostrar es que "las condiciones políticas y económicas de existencia no son un velo o un obstáculo para el sujeto de conocimiento, sino aquello a través de lo cual se forman los sujetos de conocimiento y por lo tanto las relaciones de verdad".[105] Retorno a Nietzsche: además de la verdad, es cuestión de hacer la historia del sujeto supuesto por el discurso de la ciencia, construir la genealogía de ese acontecimiento que es la conciencia. Poner de manifiesto, pues (contra Althusser, que plantea que la ideología en general es eterna, tal como lo es el inconsciente según Freud, y sostiene que entre estas proposiciones hay "un lazo orgánico que impone su cotejo teórico"),[106] la historicidad de lo que constituye y divide a un sujeto, de lo que este recuerda y de lo que olvida; en otras palabras, de aquello de lo cual tiene conciencia y de aquello de lo cual es inconsciente.

Foucault avanza con lentitud por este terreno resbaladizo. "En la raíz del conocimiento no hay conciencia",[107] dice en la "Lección sobre Nietzsche". Hay una voluntad de poder, que se relaciona con el objeto "bajo la forma de la sustancia, de la esencia inteligible, de la naturaleza o de la creación";[108] una voluntad cuyo punto de surgimiento es el sujeto, ese "sistema de deformaciones y perspectivas",[109] ese "principio de las dominaciones"[110] que recibe del objeto "la marca de identidad y de realidad".[111] Es cierto, para la tradición filosófica la relación de conocimiento supone que la voluntad borre de sí misma "todo lo que no [sea] lugar vacío para [la verdad]",[112] "todos sus rasgos individuales, todos sus deseos y todas sus violencias".[113] La lección de Nietzsche es que, en el conocimiento, la relación entre la voluntad y la verdad no tiene por condición la libertad (libertad de la verdad y libertad de la voluntad), sino la violencia. Y la lección de Foucault lector de Nietzsche: que no hay, "en la violencia del conocer, una relación constante, esencial y previa que la actividad del conocimiento deba a la vez desplegar y efectuar".[114] La relación "sujeto-objeto" que sirve para fundar esa actividad es en realidad "producida"[115] por el conocimiento y la "ilusión primera"[116] de este; sucede otro tanto con "todos sus derivados como a priori, objetividad, conocimiento puro, sujeto constituyente".[117]

Para quienes se identifican con el sujeto de la tradición filosófica y el discurso científico, es una "enorme herida narcisista"[118] (para trasponer lo que Foucault dice del golpe asestado por Pasteur a los médicos, que menciona en el resumen del curso *El poder psiquiátrico*). La manera como el sujeto es concebido es también la manera como se conciben aquellos: resulta difícil, para intelectuales que sueñan con ser los "agentes de la 'conciencia'",[119] aceptar que el sujeto de ese sueño quede degradado al rango de efecto ilusorio de la "forma [...] de poder-saber que es el conocimiento".[120] Nada sorprendente si, a semejanza de Descartes, ellos se aferran a la evidencia; nada sorprendente si no se rinden sin resistencia. Para ganar su convencimiento, la primera arma de Foucault es la precisión terminológica. Muy pronto, procura "fijar el vocabulario":[121] "conocimiento" alude al fabuloso "sistema que permite dar al deseo y el saber una unidad previa, una pertenencia recíproca y una connaturalidad",[122] y "saber", a lo que "debe arrancarse efectivamente a la interioridad del conocimiento para recuperar el objeto de un querer, el fin de un deseo, el instrumento de una dominación, el objetivo de una lucha".[123] Pero, aunque necesaria, con esta precisión no basta: no sólo hay que decir sino hacer, arrancar al conocimiento la huella del *agon* entre una voluntad de poderío y el objeto que esta se asigna. Para plantear la cuestión del sujeto, Foucault retoma uno de los temas de las *Lecciones sobre la voluntad de saber*, el de la "verdad-prueba", de estructura binaria, y la "verdad-comprobación", de estructura ternaria.

"Durante mucho tiempo, y en buena medida aún en nuestros días", escribe en 1974, "la medicina, la psiquiatría, la justicia penal y la criminología permanecieron en los confines de una manifestación de la verdad en las normas del conocimiento y de una producción de la verdad en la forma de la prueba: siempre tendiente esta a ocultarse bajo aquella y hacerse justificar por ella."[124] Sobre la base del ejemplo de la psiquiatría, muestra cómo la función de producción de la verdad, que no dejó de desdibujarse en el hospital pasteuriano, se hipertrofió, al contrario, en el hospital psiquiátrico del siglo XIX, "sede de una justa, campo institucional en el que se juegan la victoria y el sometimiento",[125] tanto como "lugar de diagnóstico y clasificación".[126] Después, en el escenario del teatro que ha montado, Foucault hace entrar a Charcot. El maestro de la Salpêtrière muestra que, "a solicitud del poder-saber médico",[127] se producen algunos fenómenos (letargo, catalepsia) que contribuyen a hacer de la histeria un objeto para la ciencia; también que, con ayuda de la nosografía, la relación de poder que es su condición de posibilidad desaparece en el rasgo sintomático particular que es la sugestibilidad ("virtud suprema de la histeria, docilidad sin igual, verdadera santidad epistemológica"),[128] y que, por último, el estatus de puro sujeto del conocimiento le es conferido por el objeto así constituido.

Nueva recuperación en *Vigilar y castigar* con referencia a la justicia penal y la criminología. Sin embargo, a pesar de la repetición, el objeto parece ser al conocimiento lo que el criminal es a la represión: punta asomada de un iceberg que, por lo demás, escapa a la visión. De los trabajos dedicados al análisis de las "prácticas divisorias", los oyentes y lectores de Foucault retendrán el concepto de poder-saber. Pero la mayoría de las veces olvidarán al sujeto al que la "forma singular de poder-saber que es el conocimiento"[129] ha dado origen. De los personajes estudiados por él, señalarán a aquellos que las "prácticas divisorias" separaron de los otros. Pero pasarán por alto, en el espejo que aparece en el fondo de *Las Meninas* descrito por el comentador,[130] la silueta que representa al sujeto de la representación y a la vez los representa, reflejo del sujeto soberano. ¿Falta de discernimiento? Todo sucede como si, en el orden del conocimiento, el *discrimen* y el *crimen* reprimieran [*refoulaient*] y expulsaran al margen a los sujetos objetivados por las "prácticas divisorias", para reprimir [*refouler*] también así la cuestión de la división subjetiva. Las genealogías del enfermo mental o del criminal suscitan la transferencia. Pero cuando Foucault apunta al sujeto de la tradición filosófica y del discurso de la ciencia (sea cual fuere su modalidad: *cogito*, sujeto de la representación, conciencia), la transferencia se transforma en resistencia.

RETICENCIA

Dificultad. Admitir que la crisis de la justicia penal o la crisis de la criminología y la psiquiatría –esas "disciplinas" que se volvieron una especialidad del *crimen* y el *discrimen*– "pone [...] en cuestión sus límites o sus incertidumbres en el campo del conocimiento"[131] es, después de todo, para un filósofo, algo bastante fácil. Aceptar además que esa crisis "pone en cuestión el conocimiento, la forma del conocimiento, la norma 'sujeto-objeto'",[132] es, sin lugar a dudas, más trabajoso. ¡Pero pasar de los objetos que esas "disciplinas" han separado al sujeto dividido! Del sujeto de la filosofía y la ciencia, poner en cuestión la unidad; en el sujeto del conocimiento, poner en evidencia un deseo que lo supera; mostrar –de nuevo, porque ese era el propósito de las *Lecciones sobre la voluntad de saber*– que si en la tradición filosófica y el discurso de la ciencia "el sujeto del deseo y el sujeto del conocimiento no son más que uno",[133] es porque "el deseo queda elidido, junto con su eficacia"...[134] Para el parresiasta –puesto que Foucault practica la *parresia* antes de utilizar la palabra–, el desafío es difícil: mostrar el sujeto y su esquizia, la invisibilidad de ambos y la invisibilidad de su invisibilidad. No menos difícil, sin embargo –es la regla del juego del coraje de la verdad–, es el desafío lanzado a quienes deciden escucharlo: aceptar preguntarse lo que protegen otras tantas defensas; condescender, más allá de la forma del conocimiento, a poner en cuestión su goce.

Ante semejante herida, ante desafíos difíciles, volver a poner una y mil veces manos a la obra. El primer volumen de *Historia de la sexualidad* aparece en 1976, un año después de *Vigilar y castigar*. ¿Porque se trata de relanzar la cuestión del sujeto? Después de contemplar la posibilidad de titularlo "Sexo y verdad",[135] Foucault opta por *La voluntad de saber*, título ya dado al curso de 1970-1971 en el Collège de France. Tal como escribirá ocho años después en la introducción a *El uso de los placeres*, "la noción de deseo o la de sujeto deseante constituía[n] pues, si no una teoría, por lo menos un tema teórico generalmente aceptado";[136] es ese punto débil de sus contemporáneos el que él inviste para "acontecimentalizar"[137] al sujeto soberano. El proyecto presentado consiste en "comprender cómo se constituyó en las sociedades occidentales modernas algo parecido a una 'experiencia' de la 'sexualidad', noción familiar y que, no obstante, aparece apenas un poco antes de comienzos del siglo XIX".[138] Ese proyecto supone hacer una genealogía del deseo y el sujeto deseante, lo cual no quiere decir, aclarará Foucault en 1984, "hacer una historia de los conceptos sucesivos del deseo, de la concupiscencia o de la libido", sino "analizar las prácticas por las que los individuos se vieron en la necesidad de prestarse atención a sí mismos, descifrarse, reconocerse y confesarse como sujetos de deseo, haciendo jugar entre sí una relación que les permitiera descubrir en el deseo la verdad de su ser, fuera natural o caído".[139]

El núcleo fundamental del libro es un capítulo titulado "*Scientia Sexualis*". En él, Foucault comienza por desvincular los motivos de la verdad-comprobación y la verdad-prueba. A lo largo del siglo XIX, escribe, el sexo parece haberse inscrito en registros de saber distintos, biología de la reproducción y medicina del sexo. De aquella a esta, sin embargo, no hubo "ningún intercambio real, ninguna estructuración recíproca; la primera, en relación con la otra, no desempeñó sino el papel de una garantía lejana, y muy ficticia".[140] Después, con referencia a la verdad-prueba, echa mano al tema de la negativa de ver y escuchar, una negativa que se refiere a "lo mismo que se hacía aparecer o cuya formulación se solicitaba imperiosamente".[141] Charcot, una vez más: al posar un bastón[142] sobre los ovarios de una paciente, provoca a porfía la aparición o la desaparición de una contractura histérica; pero se hace desaparecer a G., la enferma, cuando "reclama el bastón-sexo con palabras que no implican ninguna metáfora".[143] Resultado de la operación: dos nuevas series que combinan de manera insólita motivos antiguos. Serie de la verdad-comprobación, del sujeto del conocimiento y de la "inmensa voluntad de saber que en Occidente sostuvo la institución del discurso científico";[144] serie de la verdad-prueba, del sujeto de deseo y de la "obstinada voluntad de no saber" que dobla como un guante el discurso erudito, acumulando "credulidades sin tiempo" y "cegueras sistemáticas".[145] La primera serie es representada por los significantes "biología" y "reproducción", la segunda, por "medicina" y "sexo".

Pero Foucault no se limita a mostrar que Charcot no quiere saber nada del deseo. En la medicina que el maestro de la Salpêtrière ejerce con pasión, la cuestión –Freud lo verá con claridad– pasa por el sexo. Sin embargo, Charcot conoce desde luego la biología de la reproducción; a su manera, se refiere a ella en sus manipulaciones (donde se posa su bastón es sobre los ovarios de G.). ¿Metáfora que indica aquí que las series distinguidas a los fines del análisis deben superponerse, como lo están en su práctica? La relación entre Charcot y G. es de conocimiento; pero los dos términos que ese conocimiento pone en relación podrían escribirse d/S y d/O o, mejor, H_d/S_c y M_d/O_c. Charcot, individuo interpelado como sujeto del conocimiento (S) por el discurso de la ciencia, es también un hombre trabajado por el deseo (H_d); G., objeto de conocimiento (O_c), es asimismo –lo recuerda en los vapores de nitrito de amilo que aquel la fuerza a inhalar– una mujer deseante (M_d). ¿Y qué importa si el deseo de él no es el deseo de ella? ¿Qué importa si, por el lado de él, es un deseo de saber y poder lo que ocupa el lugar de aquello que, por el lado de ella, adopta manifiestamente, en el dispositivo de la sexualidad, la forma de un deseo sexual (orientado o no hacia la reproducción)? En la relación de conocimiento, lo eficaz es el encuentro de esos deseos desconocidos. Lo que Charcot y sus discípulos miran, fascinados, es el deseo que arquea el cuerpo; el deseo que engendra la ilusión que los reúne; el deseo que, para él, está en el principio de la acumulación del saber-poder, y para ella, en el de una complacencia delirante.

Primera lección. El sujeto y el objeto del conocimiento son, ambos, sujetos en el deseo. "En el" y no "del": en efecto, si la conducta de Charcot y G. está orientada por un querer, ese querer no toma la forma de una elección o de la decisión de un sujeto individual; es, como Foucault dice de las relaciones de poder, a la vez intencional y no subjetivo.[146] Segunda lección. Es el deseo lo que, en el conocimiento, es el relevo, si no la causa, de la ceguera; no obstante –cortocircuito, representado por la contractura histérica en el ejemplo dado–, también es el deseo el que la suple. Tercera lección. Esa suplencia vale como garantía. En el mundo de la representación, es Dios quien hace las veces de tal; fuera de ese mundo, la única garantía, para el sujeto del conocimiento perturbado por el deseo, es la que le da el individuo que él ha tomado por objeto de conocimiento, desquiciado, perturbado por un deseo distinto del suyo pero ajustado a él. Cuarta lección. Si el maestro de la Salpêtrière no tiene otra garantía que la encarnada por la histérica –"las relaciones de poder penetran en los cuerpos"–[147] y, por tanto, con respecto a esa garantía él depende de ella, G., entonces, al darle a ver y a conocer lo que de ella él quiere ver y conocer, se hace cómplice del poder que con motivo y por medio del saber se ejerce sobre ella. Verdadera y realmente.

¿Recuperación subjetiva? No, porque no se trata ni de una elección ni de la decisión de un sujeto individual. Sí, porque el resorte de esa recuperación que constituye la "santidad epistemológica"[148] de la histérica es el deseo al cual ella está sujeta, por muy objeto de conocimiento que sea. Es poco para hablar de servidumbre voluntaria; es suficiente para que Foucault utilice a su respecto la palabra "docilidad"[149] y mencione una "responsabilidad"[150] asumida y aceptada. Entre los protagonistas de la escena narrada, la relación de dominación pasa por la producción de la identidad que Charcot atribuye a G.; la condición de su actualización es que G. convalide la identidad que se le atribuye.[151] Hace falta señalar además (quinta lección) que Charcot recibe el cuerpo histérico "en plena cara",[152] esto es, "en pleno saber y plena ignorancia",[153] y que ni él ni G. saben cómo ocurre eso: el poder afecta el cuerpo sin haber sido antes interiorizado en la conciencia; no es necesario que las relaciones de fuerza sean relevadas por la representación para que sean eficaces.[154] Incluso hace falta señalar (sexta lección) que los "estallidos de histeria"[155] se manifestaron en los hospitales de la segunda mitad del siglo XIX, y que eran una "repercusión del ejercicio mismo del poder psiquiátrico":[156] historicidad del deseo al que Charcot y G. están sujetos y que, aun al margen de la conciencia, actúa como relevo del poder ejercido.

Donde se dan a ver el sujeto y su esquizia: S_c y O_c simbolizan su parte consciente, de la que la tradición filosófica y el discurso científico se acuerdan; H_d y M_d, su parte inconsciente, reprimida y olvidada. En la relación de H_d/S_c y M_d/O_c, la que lleva las riendas es la $_d$ que afecta a H y M (sexuados, como corresponde en el dispositivo de la sexualidad). Esa $_d$ no es tanto un secreto por descifrar como el efecto sobre un individuo del discurso que lo causa como sujeto, e incluso, a título de hipótesis, el efecto de las prácticas que apuntan a descifrarlo y que, al hacerlo, no sólo lo cifran sino que lo vinculan a aquello que, en esta operación de descifrado/cifrado (prueba), se constituye como su verdad, una verdad dada en forma de una identidad adecuada a lo que él sería en realidad (comprobación). El objetivo del trabajo emprendido es hacer la historia de la represión [*refoulement*]: historia del proceso, de su resultado (H_d/S_c,

M_d/O_c) y de cada uno de los términos de la ecuación del sujeto, incluido el deseo, que según Foucault la *doxa* pone fuera del "campo histórico".[157] ¿*Historia de la sexualidad*, como se anuncia en 1976? Si se quiere; la idea es "buscar cómo los individuos han sido llevados a ejercer sobre sí mismos, y sobre los demás, una hermenéutica del deseo en que el comportamiento sexual ha sido [...] la circunstancia",[158] aun cuando "ciertamente no el ámbito exclusivo".[159] Pero Foucault no tarda en concluir en la necesidad de entregarse –luego del estudio de los juegos de verdad entre sí y de los juegos de verdad con respecto a las relaciones de poder– al estudio de "los juegos de verdad en la relación de sí consigo y la constitución de sí mismo como sujeto".[160] *Historia de la sexualidad* es, también, una historia del sujeto.

POLÍTICA Y ÉTICA

¿Relación con la política? En torno de "*Scientia Sexualis*", que da su centro de gravedad al análisis, *La voluntad de saber* propone un nuevo enfoque del poder. La represión tiene la muy heurística virtud de "poner de manifiesto los contornos sociales que determinan la represión [*refoulement*]";[161] en lo esencial, empero, la mecánica del poder puesta en juego en Occidente no es de ese orden. En la unión de una anatomopolítica de los cuerpos y una biopolítica de la población, la sexualidad se presta para mostrarlo: el poder pasa por la prohibición de hacer, pero igualmente por la obligación de decir. Más precisamente, por la obligación de decirnos y decir a otro nuestra "verdad", o la verdad de nuestro deseo, o lo que en el ritual de una prueba se ha constituido como tal; y de decirnos para producir sobre los sujetos que somos una retroacción, que puede consistir en encerrarnos en la prisión de la identidad que se nos asigna. En lo que se refiere a saber qué goce dirige nuestra conducta cuando, como G., encarnamos para algún maestro el objeto que él quiere conocer y damos una segunda vuelta de llave a la puerta cerrada sobre nosotros... Comoquiera que sea, decimos con pasión que nos reprimen; pero, así como somos gobernados a fuerza de represión, también lo somos a fuerza de verdad. Necesidad, por consiguiente, de avanzar hacia una analítica del poder que permita aprehender su efectividad más allá del "sistema Soberano-Ley";[162] necesidad de sustituir el modelo jurídico por un modelo estratégico. No es que la represión no exista, o que no haya que oponerse a ella. Pero, por un lado, los mecanismos del poder se han transformado: la retención –esa operación sobre la cual Foucault alertaba a Benny Lévy durante el debate con los "maos"– "ya no [es] la forma mayor, sino sólo una pieza entre otras".[163] Y por otro, es nuestra "docilidad" –nuestra complacencia y nuestra cobardía, nuestra falta de determinación– la que hace del mal una banalidad.

En cuanto a la ética, planteemos estas hipótesis. En su mesa de trabajo, Foucault prosigue una conversación en la que no sólo se trata del poder sino también del sujeto. *La voluntad de saber* elabora el tema de la ceguera, presente desde la "Lección sobre Nietzsche" (basta con pensar en esta cita: "¿Por qué el hombre no ve las cosas? Él mismo se interpone y oculta las cosas").[164] Esta elaboración pasa por una discusión de la dialéctica del amo y el esclavo tal como Hegel la piensa en la *Fenomenología del espíritu* (el *agon*, cuyos efectos son el sujeto y la verdad, pone frente a frente no sólo conciencias, sino inconscientes). Esto puede leerse en su totalidad como una refutación de las tesis de Althusser sobre la sujeción (preguntas: ¿qué deja impensado, en "Ideología y aparatos ideológicos de Estado", la distinción entre "malos sujetos que llegado el caso provocan la intervención de tal o cual unidad del aparato [represivo] de Estado", y "[buenos] sujetos" que "andan bien 'solos', es decir, al paso de la ideología [cuyas formas concretas se realizan en los aparatos ideológicos del Estado]"?[165] Como Dios ha muerto, ¿basta con plantear que los segundos están atrapados en un "cuádruple sistema de interpelación como sujetos, de sujeción al Sujeto, de reconocimiento universal y de garantía absoluta"?[166] ¿Cómo avanzar sobre estas cuestiones sin apelar a la noción de ideología?).

Sotto voce, puede ser que Foucault dialogue igualmente con Lacan. Se sabe que, en una conferencia dictada en 1969, analiza un problema cuya formulación, dice, ha tomado de Beckett ("Qué importa quién habla, alguien ha dicho qué importa quién habla"):[167] el de la "función-autor".[168] El desarrollo de un análisis como ese, indica, permitiría tal vez dar acceso a una "tipología de los discursos"[169] y "reexaminar los privilegios del sujeto".[170] Para "quitar al sujeto (o a su sustituto) su papel de fundamento primigenio, y analizarlo como una función variable y compleja del discurso",[171] Foucault sugiere hacer estas preguntas: "¿cómo, según qué condiciones y bajo qué formas puede algo semejante a un sujeto aparecer en el orden de los discursos? ¿Qué lugar puede ocupar en cada tipo de discurso, qué funciones ejercer, y en observancia de qué reglas?".[172] También se sabe que, en su seminario de 1969-1970, Lacan, que lo ha escuchado,[173] relaciona, no el sujeto de deseo y el sujeto de conocimiento, no el sujeto y el objeto del conocimiento –no H_d/S_c y M_d/O_c–, sino el agente/la verdad y el Otro/la producción, cuatro lugares ocupados por cuatro términos (S_1, el significante amo; S_2, el saber; $\$$, el sujeto, y *a*, el plus-de-gozar). La permutación circular de los términos define la estructura de cuatro discursos –los discursos del amo, de la histérica, de la universidad y del psicoanalista–, que explican los modos de sujeción, esto es, las modalidades de la relación de un sujeto con su deseo.

En otro lugar será necesario comparar estos cuatro discursos con las cuatro veridicciones definidas en *El coraje de la verdad*; en particular, será necesario ver qué nos enseña, sobre la ética del psicoanálisis según Lacan y la ética de la filosofía según Foucault, la comparación del discurso psicoanalítico con el decir veraz parresiástico. Pero, dialogue o no con Lacan, Foucault, como él, sabe esto: "Que se diga queda olvidado detrás de lo que se dice en lo que se escucha".[174] Y en 1977 se pone a la escucha de lo que se dice en lo que se escucha para señalar aquello que, bajo el efecto de la represión [*refoulement*], debe quedar inconsciente, y discernir los contornos de la mancha ciega que constituye la ceguera. *La voluntad de saber*, dice en una entrevista, "carece de función demostrativa";[175] el libro está allí "como preludio, para [...] ver cómo reaccionará la gente, dónde estarán las críticas, dónde estarán las incomprensiones, dónde estarán los enojos", a fin de "hacer que los otros volúmenes sean, en cierto modo, permeables a todas esas reacciones".[176] Exploración de lo decible y más aún de lo audible: "No quise decir: 'Esto es lo que pienso', porque todavía no estoy muy seguro de lo que propongo. Pero quise ver si eso podía decirse y hasta dónde podía decirse [...]. Por eso desearía escuchar el efecto producido por ese discurso hipotético, un poco a modo de sobrevuelo",[177] explica en julio de 1977, en oportunidad de una conversación con psicoanalistas lacanianos, ex militantes de la IP y del GIP en algunos casos.

¿Reticencia, de nuevo? Cuando, desconcertado, Alain Grosrichard le pregunta si "ha cambiado la idea [que él tiene] del uso que puede darse a sus libros", a fin de que las preguntas "no queden a un lado de lo que él ha querido hacer",[178] Foucault responde: "Advierte que tal vez sea bueno, también, que queden a un lado: eso probaría que mis palabras están a un lado".[179] El malentendido entre sus interlocutores y él es total. Acerca del poder: "¿Piensas que esta representación del poder como algo que se ejerce de arriba abajo, y de manera represiva o negativa, es una ilusión? [...] En todo caso, es una ilusión muy tenaz y, de un modo u otro, la gente peleó contra ese tipo de poder y creyó poder cambiar las cosas",[180] se contraría Grosrichard. Acerca de las clases sociales: "Pero entonces, ¿qué papel cumple la clase social?",[181] se asombra Catherine Millot ("Ah, ahí estamos en el centro del problema, y sin duda de las oscuridades de mi discurso. Una clase dominante no es una abstracción, pero no es un dato previo",[182] responde Foucault). Acerca del sujeto: "Pero quizás haya una dificultad cuando se trata, ya no del campo teórico, sino del campo práctico. En él hay relaciones de fuerzas y luchas. La pregunta: '¿Quién lucha? ¿Y contra quién?', se plantea necesariamente. No puedes escapar aquí a la cuestión del sujeto o, mejor, de los sujetos",[183] se arrebata Jacques-Alain Miller ("Sin lugar a dudas, y eso es lo que me preocupa. No sé muy bien cómo salir de ahí").[184] Etcétera.

Obrar mal, decir la verdad viene como anillo al dedo para esto. El curso retoma una vez más el tema de la manifestación y la producción de la verdad: en el orden del conocimiento, la confesión da pruebas [*preuve*]; en el orden del acontecimiento, es una prueba [*épreuve*]. Sin embargo, mostrar que la jurisdicción es la continuación del *agon* por otros medios no es el único objetivo de las clases de Lovaina. El curso permite descubrir, bajo la máscara de neutralidad que suelen usar las personas que hacen profesión de verdad, "las formas y las transformaciones de la voluntad de saber que es instinto, pasión, encarnizamiento inquisidor, refinamiento cruel, maldad".[185] De manera accesoria, desplaza la cuestión de la sujeción hacia el campo de la penalidad, donde no sufre de inaudibilidad: la tarea de mostrar cómo un individuo se constituye como sujeto se confía a las personas a quienes las disciplinas que estudian el *discrimen* y el *crimen* toman por objeto; la cuestión del "gobierno por la verdad",[186] que es a la vez una cuestión política –"cómo el individuo está vinculado y cómo acepta vincularse al poder que se ejerce sobre él"–[187] y una cuestión epistemológica: "cómo los sujetos están efectivamente ligados en y por las formas de veridicción en las que se involucran",[188] se plantea con referencia a ellas.

3. DEL GOBIERNO POR LA VERDAD AL CORAJE DE LA VERDAD

¿Cuál es el desafío de las clases dictadas en 1980-1981? Según el propio Foucault, es cuestión de producir un análisis teórico que también tenga una "dimensión política",[189] en el sentido de relacionarse con "lo que queremos aceptar en nuestro mundo: aceptar, o rechazar, o cambiar, ya se trate de nosotros mismos o de las condiciones en que vivimos".[190] Se fijan tres objetivos. Para escribir "una historia de lo que hemos hecho" y formular "un diagnóstico de lo que somos",[191] proceder a un análisis de las formas de veridicción, esto es, las formas bajo las cuales un individuo se constituye y es constituido por los otros como sujeto que dice la verdad. Construir, sobre esa base, "una genealogía del sujeto".[192] Elaborar así una filosofía crítica que se ocupe de determinar, no las condiciones en las cuales "un sujeto en general [puede] conocer un objeto en general",[193] sino "las condiciones y posibilidades [...] de transformación del sujeto, de transformación de nosotros mismos".[194]

DE LA CRÍTICA A LA *AUFKLÄRUNG*

Entre las entrevistas de 1977 sobre *La voluntad de saber* y *Obrar mal, decir la verdad*, hay dos textos que son hitos. En el pliegue del gobierno por la verdad y el coraje de la verdad (en el pliegue del estudio de la ética como modo de sujeción y la búsqueda de una ética de la filosofía crítica), el curso sigue elaborando la cuestión que da su título –"¿Qué es la crítica? (Crítica y *Aufklärung*)"– a la conferencia pronunciada el 27 de mayo de 1978, exactamente ocho años después de la disolución de la IP. El punto de anclaje del trabajo de los años venideros es una definición: la crítica sería, frente a la gubernamentalización de la sociedad y los individuos, ese "arte de no ser tan gobernado"[195] que se desarrolló "como contrapartida o, mejor, como *partenaire* y a la vez como adversario de las artes de gobernar".[196] Más precisamente, dado que la gubernamentalización remite a la sujeción de los individuos "mediante mecanismos de poder que invocan una verdad",[197] sería un "arte de la inservidumbre voluntaria"[198] o de "la indocilidad reflexiva",[199] cuya función consistiría en "la desujeción en el juego de lo que podríamos llamar [...] política de la verdad".[200] Ahora bien, no hay inservidumbre voluntaria sin desasimiento de sí, y no hay desasimiento de sí sin estudio de esas interfaces entre el gobierno y los individuos[201] que son, en una sociedad, el sujeto y los *ethoi*.

Tres precisiones sobre las coordenadas del problema planteado. Tal como señala Foucault, la definición que él mismo da de la crítica está muy cerca de la que Kant daba de la *Aufklärung* en 1784, en un artículo –"Was ist Aufklärung?"– donde vemos "el esbozo de lo que podríamos llamar actitud de la modernidad".[202] Mientras que la crítica es para el filósofo de Königsberg una pregunta hecha al saber ("¿sabes hasta dónde puedes saber?"),[203] la *Aufklärung* es un llamamiento al coraje: el coraje de salir del estado de minoría de edad voluntaria en que se mantiene la humanidad, un estado caracterizado por la incapacidad de valerse de la propia razón sin remitirse a otro[204] cuando un exceso de autoridad[205] se encuentra con una falta de determinación. Como la inservidumbre voluntaria y la indocilidad reflexiva, la *Aufklärung* pasa por una transformación de sí: es preciso –tal es su divisa– "atreverse a saber". ¿Pero atreverse a saber qué? Para Kant, dice Foucault, sería "fácil" mostrar que "el verdadero coraje de saber [...] mencionado por la *Aufklärung* [...] consiste en reconocer los límites del conocimiento".[206] Más adelante volverá a ello: "La Crítica es en cierto modo el cuaderno de bitácora de la razón que ha alcanzado la mayoría de edad en la *Aufklärung*; y a la inversa, la *Aufklärung* es la edad de la Crítica".[207] Para él, en cambio, el desafío es saber "lo que somos en nuestro presente y nuestra actualidad".[208] Primera precisión.

La cuestión de saber qué somos tiene una vertiente política y una vertiente epistemológica. Los siglos XIX y XX dieron a la crítica el asidero para la racionalización de los poderes estatales y del positivismo científico. En Alemania, de Hegel a la Escuela de Frankfurt, "atreverse a saber" significó atreverse a preguntarse si hay "algo en la racionalización y acaso en la razón misma que sea responsable del exceso de poder".[209] En Francia fueron necesarios la fenomenología y los trabajos de Bachelard, Cavaillès y Canguilhem sobre la historia de las ciencias para que, más allá del culto rendido a las Luces, la cuestión de la *Aufklärung* reapareciera bajo dos formas simétricas: "cómo es posible que la racionalización lleve al furor del poder"[210] y "cómo se forma esta racionalidad a partir de algo que es completamente distinto".[211] A la fenomenología y la filosofía de las ciencias se suma "nuestra historia desde hace un siglo".[212] Puesto que, dice Foucault, "a fuerza de contarnos que nuestra organización social o económica carecía de racionalidad, nos encontramos frente a [...] una razón excesiva o no suficiente; en todo caso, sin duda, frente a demasiado poder".[213] Y "a fuerza de oírnos elogiar a la oposición entre las ideologías de la violencia y la verdadera teoría científica de la sociedad, el proletariado y la historia, nos encontramos con dos formas de poder que se parecían como dos hermanos: fascismo y estalinismo".[214] Segunda reacción.

La mayor parte de las veces, la cuestión de la *Aufklärung* se planteó en términos de saber, sobre la base de lo que llegó a ser el conocimiento a partir de la constitución de la ciencia moderna. Si se adopta esa perspectiva, "desde Kant, a causa de Kant",[215] ser crítico es preguntarse "qué falsa idea [se] hizo de sí mismo el conocimiento y a qué uso excesivo [se] vio expuesto, y por consiguiente, a qué dominación [se] encontró ligado":[216] por eso "las investigaciones sobre la legitimidad de los modos históricos del conocer".[217] Foucault, por su parte, quiere entrar en la cuestión de la *Aufklärung* por el problema del poder (busca, dirá en 1980, "otra clase de filosofía crítica. No una filosofía crítica que intente determinar las condiciones y los límites del conocimiento que podemos tener del objeto").[218]

Y sustituye las investigaciones sobre la legitimidad por las "pruebas de acontecimentalización".[219] Estas se refieren a conjuntos de elementos en los que es posible señalar conexiones entre saber (los procedimientos y los efectos de conocimiento aceptables en tal o cual dominio y tal o cual momento) y poder (los "mecanismos capaces de inducir comportamientos o discursos").[220] El análisis debe ser simultáneamente genealógico, arqueológico y estratégico:[221] estas tres dimensiones son necesarias para recuperar las condiciones de aceptabilidad de singularidades cuya "inteligibilidad se establece mediante el señalamiento de las interacciones y las estrategias a las cuales ella[s] se integra[n]".[222] Tercera precisión.

Segundo hito: *Del gobierno de los vivos*, curso dictado en el Collège de France de enero a marzo de 1980. Ya en la primera clase, Foucault propone dos hipótesis. Por un lado, "es verosímil que no haya ninguna hegemonía que pueda ejercerse sin algo así como una aleturgia".[223] Por otro, "lo que llamamos conocimiento, es decir, la producción de la verdad en la conciencia de los individuos por procederes lógico-experimentales", no es más "que una de las formas posibles de la aleturgia".[224] Por "hegemonía", Foucault entiende "el hecho de encontrarse a la cabeza de los otros, conducirlos y conducir [...] su conducta";[225] por "aleturgia" –neologismo acuñado sobre la base de *alethourges* (ἀληθουργής), verídico–, "el conjunto de los procederes posibles, verbales o no, por los cuales se saca a plena luz lo que se postula como verdadero en oposición a lo falso, lo oculto, lo indecible, lo imprevisible, el olvido, etc.".[226] El propósito del curso es elaborar la noción de "gobierno por la verdad".[227] Se trata, dice Foucault, de "desplazar un poco las cosas con respecto al tema ahora gastado y trillado del saber-poder", un tema que no era en sí mismo más que "una manera de desplazar las cosas con respecto a un tipo de análisis, en el dominio de la historia del pensamiento, que [...] giraba en torno a la noción de ideología dominante".[228]

Cosa que, con él, es necesario desplegar rápidamente. Desde "La verdad y las formas jurídicas" Foucault se negó a analizar "el pensamiento, el comportamiento y el saber de los hombres"[229] en términos de ideología, y por varios motivos. Por un lado, la noción "se ajusta, al menos implícitamente [...], a una oposición entre lo verdadero y lo falso, la realidad y la ilusión, lo científico y lo no científico, lo racional y lo irracional":[230] el hecho de hablar de saber apunta a poner fuera del campo esas distinciones, al desplazar la atención hacia las prácticas que las constituyen o que constituyen los ámbitos donde ellas son efectivas.[231] Por otro lado, el análisis ideológico pasa por alto los mecanismos de sujeción: el hecho de hablar de poder permite sustituir el análisis del sistema de las representaciones dominantes por el de las técnicas y los procedimientos mediante los cuales un poder se ejerce efectivamente.[232] Saber, poder, sujeto: *Del gobierno de los vivos* realiza un tercer desplazamiento. Foucault invierte la "cuestión filosófico-política":[233] analiza no lo que el sujeto "que se somete voluntariamente a la verdad, en una relación de conocimiento [...], puede decir sobre, a favor o en contra del poder que lo somete sin que él lo quiera",[234] sino lo que "el cuestionamiento sistemático, voluntario, teórico y práctico del poder tiene que decir sobre el sujeto de conocimiento y sobre el vínculo con la verdad que, involuntariamente, lo sostiene".[235]

Eso equivale a adentrarse en la pregunta de la *Aufklärung* por el poder, como se la propone en "¿Qué es la crítica?". El proceder se basa menos en una tesis que en una actitud: no exactamente la *epoché* de los escépticos,[236] sino –aspecto irónico– una especie de equivalente político de la duda metódica a partir de la cual Descartes deduce la existencia de un sujeto pensante y consciente de que piensa; una duda cuya fórmula sería que ningún poder "ha de darse por sentado"[237] ni "merece ser aceptado desde el inicio".[238] No es, dice Foucault, "la crítica de las representaciones en términos de verdad o de error [...], de verdad o de falsedad [...], de ideología o de ciencia, de racionalidad o de irracionalidad, la que debe servir de indicador para definir la legitimidad del poder o denunciar su ilegitimidad"[239] (sostener lo contrario es no romper con lo que, veinticinco años después, Jean-Claude Milner llamará "política de las cosas").[240] A la inversa, es "el movimiento para deshacerse del poder el que debe servir de revelador a las transformaciones del sujeto y la relación que este mantiene con la verdad".[241] A la serie "categoría universal - posición humanista - análisis ideológico",[242] Foucault contrapone la serie "rechazo de los universales [...] - posición antihumanista - análisis tecnológico de los mecanismos de poder".[243] Sin que del rechazo de los universales quede exceptuado el sujeto supuesto por la primera serie.

Para analizar "lo que se deshace [...] en el sujeto y las relaciones de conocimiento desde el momento en que ningún poder se funda ni en el derecho ni en la necesidad",[244] Foucault introduce, además de la noción de aleturgia, las de régimen de verdad y régimen de saber. En el lenguaje corriente, dice, la palabra "régimen" designa el conjunto de procederes e instituciones que constriñen o, al menos, comprometen de manera relativamente apremiante a los individuos: estos están obligados a obedecer las decisiones de una autoridad colectiva en el marco de una unidad territorial donde esa autoridad ejerce un derecho de soberanía, en el caso de un régimen político, y están obligados a someterse a leyes de alcance general, en el caso de un régimen penal.[245] Al hablar de régimen de verdad, Foucault entiende, por analogía, "el conjunto de los procederes y las instituciones que comprometen y constriñen a los individuos a realizar, en ciertas condiciones y con ciertos efectos, actos bien definidos de verdad".[246] Actos que son otras tantas obligaciones de verdad y que constituyen "la parte que corresponde a un sujeto"[247] en una aleturgia. La noción de régimen de saber se define por la articulación de un régimen de verdad con un régimen político-jurídico. Establece, entre lo epistemológico y lo político, una relación en la cual el sujeto es nodal: sujeto en el "doble sentido de la palabra [...], sujeto en una relación de poder, sujeto en una manifestación de verdad".[248]

¿Progresos, a partir de allí? Por una parte, explicitar lo que significa hacer "la (an-)arqueología del saber": no "estudiar de manera global las relaciones del poder político y el saber o los conocimientos científicos",[249] sino analizar cómo diversos regímenes de verdad fuerzan a los individuos a realizar actos determinados de verdad y vinculan entre sí "las manifestaciones de verdad con sus procedimientos y los sujetos que son sus operadores, testigos o eventualmente objetos".[250] Por otra parte, excluir "decididamente la división entre lo científico y lo ideológico":[251] no es que uno sea de la competencia de otro, sino que "todo régimen de verdad, sea científico o no, comporta maneras específicas de vincular, de un modo más o menos apremiante, la manifestación de lo verdadero con el sujeto que la efectúa".[252] Así como el conocimiento sólo es "una de las formas posibles de la aleturgia",[253] la ciencia –los diversos juegos de verdad que la palabra designa– sólo es "uno de los regímenes posibles de verdad".[254] Especificidad: "el poder de la verdad se organiza de manera tal que en él la coacción esté asegurada por lo verdadero mismo".[255] El sujeto del discurso de la ciencia es "un sujeto que *hace* lógica":[256] un sujeto que, al subordinar lo justo a lo verdadero y lo verdadero a la conformidad con lo real, a la manera de lo que se practica en la apofántica, atribuye "a la verdad el derecho de decir: estás forzado a aceptarme porque yo soy la verdad".[257]

En ese régimen –es la magia de la lógica– "el hecho de que sea un régimen desaparece o, en todo caso, no aparece".[258] De allí la invisibilidad política de las técnicas de poder articuladas con enunciados cuya forma es científica, y de allí, también, su aparente necesidad. Si en las sociedades occidentales la hegemonía se ejerce y el poder se funda por el conocimiento, lo que contribuye a que en ellas se acepte lo inaceptable no es sólo lo que se dice de los sujetos acerca de los cuales se manifiesta la verdad; es también la manera como se constituyen los sujetos que son los operadores o testigos de la aleturgia. Dos caminos se abren entonces a la crítica: policía de la verdad de los enunciados; genealogía del sujeto del discurso de la ciencia y del acoplamiento de lo jurídico-político a lo científico. Por lo demás, no basta con preguntarse a qué se debe que, desde el siglo XVII, la relación del gobierno con la verdad se defina en función "de cierto real que es el Estado o la sociedad"[259] y de un "conocimiento más o menos objetivo de los fenómenos",[260] sea cual fuere el principio al que la ajustan quienes la piensan: racionalidad (Botero), evidencia (Quesnay), competencia (Saint-Simon), conciencia general (Rosa Luxemburgo) o terror (Solzhenitsyn).[261] La cuestión de la sujeción y del gobierno por la verdad no se reduce a los usos políticos y sociales de los conocimientos. En nuestro régimen de saber, como en otros, el ejercicio del poder pasa por autoaleturgias. La verdad que se manifiesta allí es constitutiva de los sujetos que se vinculan a ellas en la confesión; se actualiza en identidades que, potencialmente, son otros tantos asideros dados a su gobierno.

DE LAS TÉCNICAS DE DOMINACIÓN A LAS TÉCNICAS DE SÍ

¿Apuesta, entonces, de las clases dictadas durante 1980-1981? En una primera aproximación, "About the beginning of the hermeneutics of the self" y *Obrar mal, decir la verdad* parecen abrir un pasaje que conduce de las técnicas de dominación a las técnicas de sí. Tras los pasos de Habermas, Foucault distingue allí tres tipos de técnicas: de producción, de significación y de dominación.[262] En los Estados Unidos dice que en su estudio del asilo y la prisión "insistió demasiado en las técnicas de dominación"[263], y precisa: "El poder consiste en relaciones complejas: esas relaciones involucran un conjunto de técnicas racionales que deben su eficacia a una integración sutil de tecnologías de coerción y tecnologías de sí".[264] En Lovaina explica que su intención era analizar "la gubernamentalidad [...], entendida como el conjunto de relaciones de poder y las técnicas que permiten el ejercicio de esas relaciones de poder", y agrega que no cree que "esa gubernamentalidad adopt[e] necesariamente la forma del encierro, la vigilancia y el control".[265] En cuanto a la disciplina, es sin duda una "técnica muy coherente cuya forma, sin perjuicio de algunas adaptaciones, volvemos a encontrar en la prisión, la escuela, el taller, etc.". Sin embargo, resulta evidente que "no es la única técnica de gobierno de los individuos".[266] Así, las técnicas de sí son, "al menos en parte[,] diferentes de las disciplinas".[267]

El resumen de "Subjetividad y verdad" publicado en el *Annuaire du Collège de France* precisa la apuesta del trabajo en curso. Paralelamente a

Obrar mal, decir la verdad, Foucault analiza las técnicas de sí, que define como "los procedimientos [...] propuestos o prescritos a los individuos para fijar su identidad, mantenerla o transformarla en función de unos cuantos fines, y ello gracias a relaciones de dominio de sí sobre sí mismo o de conocimiento de sí por sí mismo".[268] El proyecto, escribe, se sitúa en el cruce entre la historia de la subjetividad y el análisis de las formas de gubernamentalidad.[269] Con anterioridad ha indagado los "modos de objetivación del sujeto en saberes como los concernientes al lenguaje, el trabajo y la vida"[270] y las "divisiones efectuadas en la sociedad en nombre de la locura, la enfermedad, la delincuencia, y sus efectos sobre la constitución de un sujeto razonable y normal".[271] En lo sucesivo, quiere analizar "la instalación y la transformación en nuestra cultura de las 'relaciones consigo mismo', con su armazón técnica y sus efectos de saber",[272] así como el "gobierno de sí por sí mismo en su articulación con las relaciones con otro (como lo encontramos en la pedagogía, los consejos de conducta, la dirección espiritual, la prescripción de modelos de vida, etc.)".[273]

En una segunda aproximación, no sólo es cuestión de pasar de las técnicas de dominación a las técnicas de sí, sino igualmente de comparar su articulación en diversas autoaleturgias y sus efectos sobre la constitución del sujeto. La escena que abre las conferencias estadounidenses opone, ya no a Charcot y G., sino a Leuret y un tal A., intimado a reconocer su locura a fuerza de gran cantidad de duchas. Foucault ve allí "un ejemplo de las relaciones extrañas y complejas desarrolladas en nuestras sociedades entre individualidad, discurso, verdad y coacción".[274] Le interesan los "puntos en que las tecnologías de dominación de unos individuos por otros recurren a los procesos mediante los cuales el individuo actúa sobre sí mismo" o, a la inversa, "los puntos en que las técnicas de sí se integran a las estructuras de coerción y dominación".[275] La apuesta es tan filosófica como política: para salir de la filosofía del sujeto, Foucault quiere estudiar la historia de las prácticas que dieron origen al concepto moderno de sí mismo (*self*).[276] "Creo", dice, "que quien quiera analizar la genealogía del sujeto en la civilización occidental deberá tomar en cuenta no sólo las técnicas de dominación, sino las técnicas de sí. Digamos que deberá tomar en cuenta las interacciones entre esos dos tipos de técnicas."[277]

Apertura y preocupación análogas en Lovaina: Foucault examina la articulación de las técnicas de dominación y las técnicas de sí, así como la integración de las tecnologías del sujeto y los regímenes de veridicción.[278] La práctica penal se aclara, dice, cuando se la vuelve a situar en las tecnologías de gobierno:[279] *Vigilar y castigar* relacionaba el conjunto constituido por el sistema penitenciario y la práctica penal con las técnicas y los procedimientos disciplinarios;[280] *Obrar mal, decir la verdad* compara la confesión con otros procederes "que tienden a ligar al individuo a la enunciación de su verdad", sobre todo "en las prácticas religiosas",[281] y sitúa su desarrollo "en la historia más general de [...] las técnicas mediante las cuales el individuo se ve inducido, sea de por sí, sea con la ayuda o bajo la dirección de otro, a transformarse y modificar su relación consigo mismo".[282] Interrogado sobre la importancia de esta cuestión en comparación con la de la verdad del sujeto, Foucault responde que "no atañe simplemente a la historia de la psiquiatría y la historia de la sexualidad", sino igualmente "a la historia de la verdad y la historia de la subjetividad en Occidente".[283] Para agregar a continuación: "debería hacer una historia de la subjetividad-verdad",[284] y a eso se dedica en las clases dictadas.

"Para Heidegger", explica en "About the beginning of the hermeneutics of the self", "Occidente perdió contacto con el Ser a partir de su obsesión con la *techne* como única vía de acceso al conocimiento de los objetos".[285] Foucault invierte la cuestión y se pregunta "qué técnicas y prácticas constituyen el concepto occidental de sujeto, confiriéndole su característica escisión entre verdad y error, libertad y coacción".[286] En los Estados Unidos estudia las prácticas de examen y dirección de conciencia y los rituales de penitencia. En Lovaina prosigue la apuesta[287] e inventa una nueva serie, que une los procedimientos analizados en las *Lecciones sobre la voluntad de saber*, ciertas formas de producción de la verdad judicial estudiadas en el Collège de France, las prácticas y rituales descritos en "About the beginning of the hermeneutics of the self" y una recuperación de "About the concept of the 'dangerous individual' in 19th-century legal psychiatry".[288] Serie heteróclita,[289] que sacude todas las "familiaridades del pensamiento",[290] como la taxonomía de Borges que abre *Las palabras y las cosas*: es que él hace de la historia el uso "paródico y bufón"[291] que conviene al genealogista. Como Nietzsche, organiza un "gran carnaval del tiempo, donde las máscaras no deja[n] de volver para irrealizarnos en tantas identidades reaparecidas".[292] Ruptura con los historiadores, que estudian procesos sociales y atribuyen a la sociedad el papel de sujeto.[293] Ruptura con los filósofos, que prefieren "un sujeto sin historia".[294]

DE LA CONFESIÓN A LA *PARRESIA*

¿Función de ese "carnaval concertado"?[295] Como cualquier carnaval, la inversión del sujeto soberano. ¿Pero cómo? En varios aspectos, *Obrar mal, decir la verdad* prepara *El coraje de la verdad*. Foucault analiza diversas aleturgias, "procedimiento[s] ritual[es] para manifestar [...] lo que es verdadero".[296] Al estudiar la confesión identifica ciertos rasgos estructurales sobre cuya base definirá la *parresia* (lo que la confesión y esta forma de decir veraz tienen en común, mediante el análisis de la relación entre el locutor y el receptor;[297] lo que las distingue, mediante el análisis de la relación entre el locutor y el enunciado). Explora las veridicciones del profeta, el sabio y el hombre de la *techne*, formas de decir veraz que opondrá a la veridicción parresiástica. Varía las versiones del "personaje presentado de manera constante como el *partenaire* indispensable o, en todo caso, el coadyuvante casi necesario de la obligación de decir la verdad sobre uno mismo",[298] a quien comparará con el parresiasta. Pone en evidencia los efectos de la estructura de las relaciones entabladas entre el *partenaire* del decir veraz, el sujeto confesante y la verdad enunciada –los efectos de las formas aletúrgicas–[299] sobre la manera en que los individuos se constituyen como sujetos morales de su conducta. Y analiza diversas técnicas de examen y dirección de conciencia que más adelante describirá como formas prácticas de la *epimeleia heautou*, el cuidado de sí.

Punto en común entre la confesión y la *parresia*: "cierto costo de enunciación",[300] dos de cuyas modalidades destaca Foucault ya en 1981, antes de asociarle dos formas de coraje –mínima y máxima–[301] en 1984. Primera modalidad: la puesta en peligro de la relación que une al locutor y el receptor. "Para que la declaración 'te amo' sea una confesión, será preciso que el otro pueda aceptar, rechazar, reírse a carcajadas, asestar una bofetada o decir: 'voy a contárselo a mi marido'",[302] se divierte en 1981. Y en 1984 dice:

> Para que haya *parresia* [...], es necesario que el sujeto [...] corra cierto riesgo, un riesgo que concierne a la relación misma que él mantiene con el destinatario de sus palabras. [...] Lo veremos con mucha claridad [...] en la *parresia* como guía de conciencia, en la que esta última sólo puede existir si hay amistad, y donde el uso de la verdad amenaza precisamente con poner en tela de juicio y romper la relación amistosa que, sin embargo, hizo posible el discurso de verdad.[303]

Segunda modalidad: el riesgo de perder la vida.[304] En *Obrar mal, decir la verdad* es el ejemplo del mártir, con el que se cruza durante el estudio de la *exomologesis*, o el ejemplo inverso de los *lapsi*, esos cristianos que temen expresar su convicción a raíz del peligro de las persecuciones. En *El coraje de la verdad* es el de Platón, quien, pese al peligro, va a ver a Dionisio de Siracusa para darle su opinión.[305]

Diferencias. De la confesión, Foucault dice en 1981 que "no es simplemente una comprobación acerca de uno mismo. Es una especie de compromiso, pero un compromiso muy particular: no obliga a hacer tal o cual cosa; implica que quien habla se compromete a ser lo que afirma ser, y precisamente porque lo es".[306] Cercana al *speech act*,[307] da origen al sujeto confesante, que asume como suya la verdad enunciada y se vincula a ella, haya sido libre de confesar o no y sea su confesión conforme o no a la realidad. ¿Y la *parresia*? Es asimismo un compromiso. Pero implica –para parafrasear a Foucault– que quien habla se compromete a creer y pensar lo que dice creer y pensar, precisamente porque lo cree y lo piensa. Como el sujeto confesante, el parresiasta mismo "signa, en cierto modo, la verdad que enuncia, se vincula a esa verdad y [...] se obliga".[308] Pero si se vincula a ella no es por haberla enunciado, llegado el caso a la fuerza y por obligación. Es porque se trata de "su opinión, su pensamiento, su creencia",[309] y porque decide atestiguarlos aun cuando ese hablar franco ponga en peligro su relación con el oyente o su vida. En suma, la confesión es un ritual de discurso en que el sujeto que habla coincide con el sujeto del enunciado; en la *parresia*, el locutor intenta coincidir con el sujeto de la enunciación.

Exploración de las veridicciones del profeta, el sabio y el hombre de la *techne*. Del profeta, Foucault dirá en *El coraje de la verdad* que no habla en su nombre, sino que "articula y profiere un discurso que no es el suyo".[310] Está entre el presente y el futuro; revela, pero su hablar es oscuro. En *Obrar mal, decir la verdad*, la figura de Tiresias, antes de que, bajo el peso de la ira, mezcle profecía y *parresia*. El sabio habla en su propio nombre, pero a condición de ser "interpelado por las preguntas de alguien o por una situación de urgencia para la ciudad".[311] A diferencia del profeta, que dice lo que será, el sabio dice lo que es, bajo la forma de un principio general. En *Obrar mal, decir la verdad*, la figura de Séneca interpelado por Sereno. El hombre de la *techne* tiene el deber de beneficiar a los otros con su saber y sus conocimientos. Su veridicción anuda un lazo que puede ser "el del saber común, la herencia, la tradición" o "el del reconocimiento personal o la amistad".[312] En *Obrar mal, decir la verdad*, la figura de Edipo antes de que la peste se abata sobre Tebas. La *parresia* se opondrá término a término a esas tres veridicciones. El parresiasta habla, en su propio nombre, del presente, y lo hace con la mayor claridad posible. Hace suyo un deber de intervención, de iniciativa, "en la singularidad de los individuos, las situaciones y las coyunturas".[313] Antes de la posibilidad de reconciliación, su hablar franco abre la posibilidad, "estructuralmente necesari[a]",[314] "del odio y el desgarramiento".[315]

Diversificación de las versiones del personaje del interlocutor de la confesión. En el escenario teatral que es el curso, Foucault ya no convoca a Charcot sino a Leuret, Menelao, Tiresias, Yocasta, el pastor del Citerón, Séneca y, detrás de ellos, a un extenso cortejo de especialistas del *discrimen* y el *crimen*, confesores, directores de conciencia, inquisidores, jueces y psiquiatras. Todos toman parte en alguna aleturgia; todos toman parte en algún ritual por cuyo intermedio un individuo se autoconstituye y es constituido por los otros como sujeto que emite un discurso de verdad acerca de sí mismo. Pero, como señalará Foucault en *El coraje de la verdad*, por un lado su estatus está más o menos institucionalizado,[316] y por otro todos practican diferentes modos de decir veraz. De allí el siguiente efecto: la variedad de los sujetos constituidos en el juego de verdad. Atrapado en el juego que Tiresias le propone, Edipo no es más que un juguete del destino, y se resiste a esa condición. Atrapado en el juego que él mismo impone al pastor, puede reconocer que ha sido –él, el hombre de la *techne* y el *tekmerion*, capaz de ir "de lo que no se sabe a lo que se sabe"[317] por medio de "signos [...], huellas [...], marcas"–[318] el sujeto decidido, no de una ignorancia sino de una ceguera: el sujeto de un "creer demasiado en el saber" y de un "no querer saber nada de él" que, juntos, han realizado la profecía, muy a su pesar.

Al igual que el profeta, el sabio o el hombre de la *techne*, tampoco el parresiasta confiesa. Como ellos, dice la verdad. Pero su manera de decir veraz hace de él el interlocutor de una confesión muy particular y –más allá de la confesión– el interlocutor del cuidado de sí. En *El coraje de la verdad* Foucault dirá que es "ese otro, indispensable para el decir veraz de uno mismo",[319] que ayuda a los hombres "en su ceguera [...] acerca de lo que son [...], y como consecuencia no de una estructura ontológica sino de alguna falta, distracción o disipación moral, consecuencia de una desatención, una complacencia o una cobardía".[320] Si es así, es porque su ayuda adopta la forma de un diálogo que se opone –término a término, una vez más– al arte de la retórica. El parresiasta trama la relación de convicción que vincula al locutor al enunciado (el rétor la destrama). Expone al riesgo la relación entre el locutor y el receptor (el rétor se cerciora de ella). Propone el vínculo entre el receptor y el enunciado (el rétor lo impone). Corolario de la forma: el parresiasta ofrece a su interlocutor la posibilidad de constituirse libremente como sujeto del coraje de la verdad. Le deja –y este es el signo de que reconoce su nobleza– "la dura tarea de tener el coraje de aceptar esa verdad, de reconocerla y hacer de ella un principio de conducta".[321] Es, en *Obrar mal, decir la verdad*, la grandeza de Antíloco desafiada por Menelao; es también la de Edipo, como lo muestra en *Edipo en Colono* la muerte heroica del tirano ciego, al término del camino por donde su hija lo ha guiado.[322]

Es cierto, *Obrar mal, decir la verdad* examina también las técnicas de examen y dirección de conciencia. Al ofrecer a la comparación las versiones que de ellas proponen la Antigüedad y la cristiandad, el curso deja ver cómo –a través de qué trabajo, sostenido por qué discurso, realizado en qué sustancia ética, efectuado dentro del marco de qué relación, mediante qué procedimiento de autoaleturgia– se forjan, en forma de identificaciones acompañadas de dominio de sí, no H_d y M_d, tampoco el *ethos* de los dominantes y el *ethos* de los dominados, sino (para decirlo con rapidez) los sujetos deseosos de no dar tanto lugar a aquello que, en los otros o en sí mismos, los domina o los gobierna; o sujetos deseosos de someterse sin resistencia al deseo de otro, y que doblegan lo que en ellos se resiste a sacrificar la autonomía en favor de la obediencia. *El coraje de la verdad*, en cambio, está centrado en las versiones antiguas del cuidado de sí, correlatos de la *parresia*. En suma, todo sucede como si en 1981 Foucault estudiara las formas del gobierno por la verdad para poner de relieve, en 1984, las condiciones formales de lo que llama coraje de la verdad. Si es así, se entiende por qué, en ese *Theatrum philosophicum*[323] que son sus cursos, el personaje principal es el sujeto confesante en *Obrar mal, decir la verdad* y el interlocutor de la confesión –e incluso, en términos más específicos, el parresiasta (¿el filósofo crítico?)– en *El coraje de la verdad*.

CÓMO DESHACER COSAS CON PALABRAS: HACIA UNA CLÍNICA FILOSÓFICA DEL SUJETO

Al término de este recorrido, sería necesario urdir en una trenza los diferentes hilos que hemos expuesto. Mostrar que el análisis de las autoaleturgias que Foucault procede a hacer en *Obrar mal, decir la verdad* y los cursos que lo rodean ayuda a construir una genealogía del sujeto supuesto por el discurso de la ciencia, cosa que él explica en la primera clase de *La hermenéutica del sujeto*.[324] Destacar en qué radica la fuerza de lo verdadero en el régimen científico de la verdad, donde el sujeto desaparece, mientras que el hiato [*béance*] entre las palabras y las cosas parece suturado. Indicar, en el cruce entre la "política de las cosas"[325] y la política de las identidades, las coordenadas indisociablemente políticas y éticas del problema planteado, recordando las preguntas que Foucault formula durante una conversación en Lovaina: ¿cómo pudo "cuajar" el fascismo, cuando los "padres de familia alemanes no eran fascistas en 1930"?[326] ¿Y qué pasa, en los regímenes democráticos, con las relaciones entre la sujeción y el gobierno?[327] Oponer, por un lado, la identidad como *ethos* resultante del proceso de sujeción –en el sentido casi común de la palabra *ethos*: "conjunto de caracteres comunes a un grupo de individuos pertenecientes a una misma sociedad", en cuanto esos caracteres son, sin embargo, *primo*, (auto)atribuidos o endosados; *secundo*, constitutivos de una relación de dominación, y *tertio*, constituidos como asideros para el gobierno–, y por otro, el *ethos* como proceso de desasimiento de las identidades por las cuales dominantes y dominados son gobernados.

Sin embargo, a modo de conclusión, nos limitaremos a explorar el aporte de *Obrar mal, decir la verdad* "a la investigación de las condiciones y posibilidades ilimitadas de transformación del sujeto, de transformación de nosotros mismos".[328] Foucault dijo en varias oportunidades que "nunca [había] escrito más que ficciones",[329] lo cual suscitó el comentario de Deleuze: "Pero nunca ficción alguna produjo tanta verdad y realidad".[330] En una lectura paralela de *Obrar mal, decir la verdad* y *El coraje de la verdad*, es posible advertir lo que distingue las dos filosofías críticas que Foucault menciona en 1981; el análisis de las "estructuras epistemológicas" y las "formas aletúrgicas"[331], dirá en 1984. El problema, en la segunda, no es saber "en qué condiciones será verdadero un enunciado",[332] sino qué hace un enunciado y si eso que hace se puede deshacer. Si, para inscribir allí sus análisis, Foucault menciona en Lovaina "un *contrapositivismo* que no es lo contrario del positivismo, sino más bien su contrapunto",[333] es porque más allá de la "crítica kantiana"[334] busca las condiciones del "coraje de la *Aufklärung*".[335] ¿Cómo hablar para incitarnos al desafío de atrevernos a saber (verdad-prueba) lo que somos (verdad-comprobación) y abrirnos así la posibilidad de transformarnos (verdad-prueba)? ¿Para incitarnos –como Menelao frente a Antíloco– al desafío de constituirnos como sujetos del coraje de la verdad?

En la obra de Foucault no es nueva la cuestión de saber cómo hablar, no sólo para informar sino también para transformar. En 1978, poco después de dictar la conferencia "¿Qué es la crítica?", indica durante una entrevista que para él y para quienes la han leído y utilizado, la *Historia de la locura* ha transformado "la relación (histórica, y […] la relación teórica, y también […] la relación moral, ética) que tenemos con la locura, los locos, la institución psiquiátrica y la verdad misma del discurso psiquiátrico".[336] El libro, dice, "funciona como una experiencia mucho más que como la comprobación de una verdad histórica".[337] Para eso, agrega, "es preciso sin duda que lo que [el libro] dice sea verdadero en términos de verdad académica, que sea históricamente verificable".[338] Sin embargo,

> lo esencial no está en la serie de comprobaciones verdaderas o históricamente verificables sino más bien en la experiencia que el libro permite hacer. Ahora bien, esa experiencia no es ni verdadera ni falsa. Una experiencia es siempre una ficción; es algo que uno se fabrica para sí mismo, que no existe antes y que encontrará su existencia después.[339]

Un comentario similar con referencia a *Vigilar y castigar*: "En cierto sentido es un libro de pura historia. Pero las personas a quienes les gustó, o que lo aborrecieron, lo hicieron porque tenían la impresión de que la cuestión las tocaba o tocaba el mismísimo mundo contemporáneo, o sus relaciones con el mundo contemporáneo, en las formas en que este es aceptado por todos".[340]

De la misma manera, *Obrar mal, decir la verdad* y los cursos que lo rodean apuntan a transformar nuestra relación (histórica, teórica, ética) con el sujeto: puesto que, como Edipo, ignoramos que hablamos de nosotros mismos cuando, al maldecir a un tercero, lo expulsamos al otro lado de las fronteras del *discrimen*, a las tierras bárbaras del *crimen*. Dificultad adicional, exigente ambición: ¿cómo hablar para hacer vacilar las evidencias y derrumbar las identificaciones? ¿Cómo proceder, qué sucesión pautada de actos de habla plantear? ¿En qué "conjunto de operaciones"[341] dar cuerpo al decir veraz para permitir "a la veridicción inducir en el alma efectos de transformación",[342] esto es, tener efectos etopoyéticos? ¿Cómo decir, cómo escribir para que el sujeto "se modifique, se transforme, se desplace, se convierta, en cierta medida y hasta cierto punto, en distinto de sí mismo",[343] como lo hace bajo el efecto de las prácticas del cuidado de sí?[344] Ya se ha dicho: si en 1981 Foucault analiza cómo, al decir(se) y escribir(se), los sujetos se forman, se transforman y fijan su identidad, ello se debe sin duda a estudia el gobierno por la verdad para poner de relieve las condiciones del coraje de la verdad. Es preciso, sin embargo, completar la hipótesis. Todo sucede como si buscara una práctica autoaletúrgica cuyo efecto de retroacción sobre el sujeto sea un desasimiento de sí, efecto ético y político a la vez; una suerte de clínica filosófica, que él forjaría al practicarla y volver sin cesar a los textos filosóficos para alimentar y confrontar en ellos su práctica crítica.

"¿Cómo hacer cosas con palabras?", se preguntaba Austin. "¿Cómo deshacer las cosas hechas con palabras?", se pregunta Foucault. Al igual que Austin, en *Obrar mal, decir la verdad* se interesa por las dimensiones ilocutoria y perlocutoria del lenguaje; al igual que él, acomete contra el privilegio conferido, en la tradición filosófica y el discurso de la ciencia, a las proposiciones categóricas y el juego de verdad que es la apofántica. Dos diferencias, empero, amén del acento puesto sobre el deshacer. El curso de Lovaina no sólo examina actuaciones verbales –diversas aleturgias– sino que, además, considerado "desde el punto de vista de su 'pragmática'",[345] se lo concibe, a semejanza de las tragedias,[346] como una actuación y una aleturgia: plegado de la palabra, que no deja de recordar la "cuarta forma de lenguaje excluido" que Foucault describía en 1964 en "La locura, la ausencia de obra".[347] Por otra parte, las cosas hechas y por deshacer son en este caso las identidades que nos gobiernan; más precisamente, es –toma de distancia con respecto a Kant– nuestra identificación con el sujeto tal como "se representa a sí mismo y es reconocido por los otros como alguien que dice la verdad"[348] en la aleturgia que es el conocimiento. ¿Cómo hablar para deshacer el lazo de necesidad anudado entre el sujeto y las identidades que hace suyas, a las cuales está atado objetivamente en la forma del predicado lógico, subjetivamente por sus investiduras tanto "económicas como inconscientes"[349] y potencialmente por mil y una formas de participación en los beneficios?

Sabemos que, según Althusser, lo que constituye como sujetos a individuos concretos (y en esa constitución él ve la función de la ideología y aquello que la define) es una interpelación en la cual ellos se reconocen. Toma de distancia con respecto al filósofo marxista: al dejar atrás el concepto de ideología, Foucault, con Kant, reformula la cuestión de la siguiente manera. Si suponemos que la sujeción es un efecto de discurso y que el sujeto constituido varía en función de las prácticas discursivas, ¿cómo hablar para que la palabra ayude a su destinatario a salir del estado de minoría de edad que Kant lamentaba? ¿Cómo interpelar a un individuo para que esa interpelación no tenga el efecto de encerrarlo –por obra del deseo, la docilidad o la cobardía– en una identidad que funcione como un relevo de su sojuzgamiento? ¿Cómo tramar las relaciones entre locutor, receptor y enunciados para constituir a los receptores en sujetos de la *Aufklärung*, esto es, para ponerlos en condiciones, no de remitirse a otro, sino de valerse de su propio entendimiento? Si el estado de minoría de edad es el resultado de la correlación entre un exceso de autoridad y una falta de determinación, ¿cómo hablar para que, por el lado de Charcot, la palabra actualice y levante acta de esa abdicación –el abandono de toda veleidad de influjo– cuya condición, paradójicamente, es el imperio del sujeto sobre sus pasiones? ¿Y para que, por el lado de G., funcione como un estímulo y una ayuda en el camino que va de la minoría a la mayoría de edad, de la heteronomía a la autonomía?

En este punto, cabría creer que, para ayudar a sus interlocutores en la ceguera que los afecta con respecto a sí mismos (una ceguera que Foucault indica que está arraigada "en una desatención, una complacencia, una cobardía o una distracción moral",[350] como lo está para Kant el estado de minoría de edad), un filósofo debe "mantener la reserva",[351] como Sócrates. Esto permitiría evitar que, al hablar, se convierta en un "lugarteniente" del maestro a quien alaba o denuncia: literalmente, en alguien que hace las veces de él y ocupa, lisa y llanamente, su lugar (es posible que esa sea la forma propia de su ceguera). Sin embargo, si leemos *El coraje de la verdad*, parece que también debe no "conformar[se] con interrogar":[352] toma de distancia, sobre este punto, con respecto a aquel cuya apología hizo Platón. ¿Es porque Foucault quiere "poner a disposición del trabajo que podemos hacer sobre nosotros mismos la parte más grande posible de lo que se nos presenta como inaccesible"?[353] El parresiasta, dice, no deja a aquellas y aquellos a quienes se dirige "el arduo deber de interpretar".[354] Queda por saber entonces cómo navegar entre reserva e interpretación: ¿cómo "remitirse a la escuela del maestro que falta"[355] y, al mismo tiempo, "al remitirse a la escuela del maestro que falta (el *logos*)", ser "quien guía a los otros por el camino del *logos*"?[356]

Formalmente, la respuesta se da ya en 1971: es –retorno a Nietzsche– el "carnaval concertado"[357] del genealogista, serie metódicamente diversificada de historias que son verdaderas "en términos de verdad académica", y narradas en la modalidad de la ficción. Serie: conjunto de elementos cuya significación, como lo sabe cualquier jugador de naipes, está en función no de la adecuación entre el representante y el representado, el signo y su referente objetivo, la palabra y la cosa,[358] sino de los otros elementos con los cuales se asocia un elemento, y del sistema de diferencias establecido por el juego.[359] Si el filósofo mantiene la reserva es porque no dice a las personas a quienes se dirige lo que conviene pensar. Si se hace cargo de la interpretación, es porque al constituir a esas personas como espectadoras del carnaval que ha organizado, les da que pensar. Lo que fue el sistema de actualidad de los otros: cada historia da informaciones y atrae la atención sobre puntos o relaciones que, en la serie, se convertirán en materia de comparación. Lo que es su propia actualidad: bajo el efecto de la serialización, los contenidos proposicionales se desmoronan y los referentes objetivos de las historias contadas se desvanecen, al tiempo que se establecen juegos de preguntas y transformaciones –desplazamientos, similitudes, inversiones–, y se forma un instrumento óptico que parece, en un principio, un calidoscopio, antes de revelarse, en las manos de los espectadores, como un telescopio que les permite percibir lo que no habían visto de su propia actualidad.[360]

En lo sustancial, las historias contadas en 1981 en Lovaina ponen en escena a personajes que se sujetan, en el doble sentido de la palabra: que se prestan al poder ejercido, por ellos o sobre ellos, diciendo lo que son. Esas historias dan a quienes las escuchan informaciones sobre formas prejurídicas y jurídicas de resolución de conflictos, sobre prácticas antiguas y cristianas de examen y dirección de conciencia, sobre la *exomologesis*, la *exagoreusis*, el examen y la pericia... Sobre todo, los ejercitan en el descubrimiento inductivo de las categorías y de un juego de preguntas que los ayudarán a ver y leer su presente. Las categorías: sustancia ética (causa material), modo de sujeción (causa formal), técnicas de transformación de sí (causa eficiente), *telos* (causa final). Las preguntas: ¿quién habla, el director o el dirigido, el dominante o el dominado? Entre ellos, y para citar a Freud, ¿la relación es "terminable o interminable"? Etcétera. *Obrar mal, decir la verdad* es una heterotopía en la que se yuxtaponen "en un solo lugar real varios espacios, varios emplazamientos que son incompatibles en sí mismos".[361] En ese curso se suceden, como otras tantas carrozas en un desfile carnavalesco, escenas que –la muerte del hombre obliga– ofrecen a cada cual su "cajita para su pequeña descomposición personal".[362] Escenas que, como un espejo, están destinadas a producir dos efectos sobre quienes las miran: verse donde no están (los personajes son otras tantas sombras que les dan a verse, esto es, que les dan su propia visibilidad), y descubrirse ausentes en el lugar donde están, porque se ven ahí.[363]

Se comprende mejor, entonces, por qué Foucault dice en 1978, en "¿Qué es la crítica?", que hacer de la *Aufklärung* –hacer del coraje de saber– "la cuestión central"[364] quiere decir "fabricar como una ficción la historia que esté atravesada por la cuestión de las relaciones entre las estructuras de racionalidad que articulan el discurso veraz y los mecanismos de sujeción que están ligados a él".[365] De igual manera, se comprende mejor por qué define la arqueología, la genealogía y la estrategia no como "niveles sucesivos [...], desarrollados unos a partir de otros", sino como las "dimensiones necesariamente simultáneas del mismo análisis".[366] A su juicio, atreverse a saber quiere decir comprometerse en una práctica histórico-filosófica acerca de la cual se preocupa por aclarar que no tiene nada que ver con la historia de la filosofía ni con la filosofía de la historia.[367] Nos identificamos con el sujeto supuesto por el discurso que hace de la verdad su causa, material, formal, eficiente y final.[368] Para dejar de lado esa identificación es preciso "hacer [nuestra] propia historia":[369] montar en el *Theatrum philosophicum*[370] una serie de piezas –una serie de series–[371] que muestre cómo la verdad se transformó en *ethos*, y el *ethos* en verdad. *Obrar mal, decir la verdad* es una de ellas.

Desafío. Si Foucault se erige en interlocutor de una confesión, se trata de una confesión que el sujeto confesante se hace (o no) a sí mismo, de modo que no brinda la oportunidad de ningún asidero. A quienes lo escuchan, Foucault confía la "tarea moral"[372] de tener el coraje de aceptar una verdad que él sólo "mediodice"[373] (para usar el concepto propuesto por Lacan en 1970, en *El reverso del psicoanálisis*). Tal vez sea esa la razón por la cual, de las *Lecciones sobre la voluntad de saber* a *El gobierno de sí y de los otros*, pasando por *Obrar mal, decir la verdad*, vuelva con tanta frecuencia a *Edipo rey*, para insistir sobre dos aspectos de la pieza de Sófocles. Por un lado, la "reconstitución de la historia por la mitad faltante",[374] (es, dice, "el 'doble juego' del mecanismo simbólico",[375] donde Edipo es "el símbolo").[376] Por otro lado, la necesidad de la repetición para que Edipo "pueda reconocerse como aquel que ha hecho lo que ha hecho"[377] y, a ese respecto, decir "yo" (son las tres aleturgias en que se presentan parejas de personajes que poseen y dicen medias verdades).[378]

Tenemos la libertad de oír el llamado a dejarnos impulsar por la "única curiosidad que merece la pena practicarse con un poco de obstinación: no la que procura asemejarse a lo que conviene conocer, sino la que permite desasirse de uno mismo".[379] En otras palabras, la que nos permite desasirnos de las identidades a través de las cuales somos gobernados, de las investiduras y los intereses que nos atan a ellas y del miedo a tener que correr desnudos si las abandonamos sin atrevernos, como Diógenes, a asumirla.[380] En efecto, ¿por qué tener miedo? Hay, dice Foucault –último signo, última ironía, última amistad, último envite–, militancia en la vida cínica, "que invierte la soberanía benéfica del *bios philosophikos* en resistencia combativa".[381] Si estudiar el gobierno por la verdad significa examinar los actos de habla mediante los cuales un individuo se constituye como sujeto y se vincula a una identidad dada como su verdad, oponer el coraje de la verdad al poder de la verdad quiere decir inventar una clínica filosófica del sujeto, una clínica filosófica que le permita desasirse de las identidades que lo gobiernan.[382]

NOTAS

1 M. Foucault, "L'intellectuel et les pouvoirs" (entrevista con Christian Panier y Pierre Watté, 14 de mayo de 1981), *La Revue Nouvelle*, año 40, 80 (10), "Juger... de quel droit?", octubre de 1984, pp. 338-343, reed. en *Dits et écrits 1954-1988* [en lo sucesivo *DE*], ed. bajo la dirección de Daniel Defert y François Wahl, vol. IV, *1980-1988*, París, Gallimard, 1994, texto nº 359, pp. 747-748 [trad. cast.: "El intelectual y los poderes", en *El poder, una bestia magnífica: sobre el poder, la prisión y la vida*, Buenos Aires, Siglo XXI, 2012, p. 160]; véase también "Entrevista de Michel Foucault con Jean François y John de Wit", p. 276 del presente volumen.

2 M. Foucault, "L'intellectuel et les pouvoirs", cit., p. 748 ["El intelectual y los poderes", cit., p. 160]; véase también "Entrevista de Michel Foucault con Jean François...", p. 276 del presente volumen.

3 M. Foucault, "L'intellectuel et les pouvoirs", cit., p. 748 ["El intelectual y los poderes", cit., p. 160].

4 Íd. [íd.].

5 Íd. [íd.].

6 M. Foucault, "Entrevista de Michel Foucault con Jean François...", p. 259 del presente volumen.

7 Íd.

8 Íd.

9 Íd.

10 M. Foucault, "À propos de la généalogie de l'éthique: un aperçu du travail en cours" ("On the genealogy of ethics: an overview of work in progress"), entrevista con Hubert L. Dreyfus y Paul Rabinow, trad. de G. Barbedette, en H. L. Dreyfus y P. Rabinow, *Michel Foucault: un parcours philosophique*, París, Gallimard, 1984, pp. 322-346; reed. en *DE*, vol. IV, texto nº 344, p. 618 [trad. cast.: "Acerca de la genealogía de la ética: un panorama del trabajo en curso" (segunda versión), en *La inquietud por la verdad: escritos sobre la sexualidad y el sujeto*, Buenos Aires, Siglo XXI, 2013, p. 206].

11 Íd.

12 M. Foucault, "La casa della follia", en Franco Basaglia y Franca Basaglia-Ongaro (comps.), *Crimini di pace: ricerche sugli intellettuali e sui tecnici come addetti all'oppressione*, Turín, Einaudi, 1975, pp. 151-169; en francés: "La maison des fous", en *DE*, vol. II, *1970-1975*, texto nº 146, p. 694 [trad. cast.: "La casa de la locura", en *Los crímenes de la paz: investigación sobre los intelectuales y los técnicos como servidores de la opresión*, México, Siglo XXI, 1977, pp. 135-150].

13 M. Foucault, "À propos de la généalogie de l'éthique...", cit., p. 618 ["Acerca de la genealogía de la ética..." (segunda versión), cit., p. 206].

14 M. Foucault, *L'Herméneutique du sujet. Cours au Collège de France, 1981-1982*, ed. de F. Gros bajo la dirección de F. Ewald y A. Fontana, París, Gallimard - Seuil, 2001, pp. 3-4 [trad. cast.: *La hermenéutica del sujeto. Curso en el Collège de France (1981-1982)*, Buenos Aires, FCE, 2002, p. 16].

15 Acerca de estos cuatro aspectos de la relación consigo mismo, que *Obrar mal, decir la verdad* contribuye a poner de relieve sin nombrarlos todavía, véase M. Foucault, "On the genealogy of ethics: an overview of work in progress", entrevista con Hubert L. Dreyfus y Paul Rabinow, en H. L. Dreyfus y P. Rabinow, *Michel Foucault: Beyond Structuralism and Hermeneutics*, 2ª ed., Chicago, University of Chicago Press, 1983, pp. 229-252; en francés: "À propos de la généalogie de l'éthique: un aperçu du travail en cours", trad. de G. Barbedette y F. Durand-Bogaert, *DE*, vol. IV, texto nº 326, pp. 394-397 [trad. cast.: "Acerca de una genealogía de la ética: un panorama del trabajo en curso" (primera versión), en *La inquietud por la verdad...*, ob. cit.,

pp. 136-139], y, con el mismo título, texto nº 344, cit. ["Acerca de una genealogía de la ética..." (segunda versión), cit.]. Véase también Michel Foucault "Usage des plaisirs et techniques de soi", *Le Débat*, 27, noviembre de 1983, pp. 46-72, reed. en *DE*, vol. IV, texto nº 338, pp. 556-557 [trad. cast.: "Uso de los placeres y técnicas de sí", en *La inquietud por la verdad...*, ob. cit., pp. 180-182].

16 M. Foucault, "La maison des fous", cit., p. 694.

17 Íd.

18 M. Foucault, "Conferencia inaugural", p. 30 del presente volumen.

19 M. Foucault, "Entrevista de Michel Foucault con André Berten", p. 251 del presente volumen.

20 M. Foucault, "Les intellectuels et le pouvoir" (conversación con Gilles Deleuze, 4 de marzo de 1972), *L'Arc*, 49, "Gilles Deleuze", segundo trimestre de 1972, pp. 3-10, reed. en *DE*, vol. II, texto nº 106, p. 307 [trad. cast.: "Los intelectuales y el poder", en *Estrategias de poder: obras esenciales, II*, Barcelona, Paidós, 1999].

21 D. Defert, "Chronologie", en M. Foucault, *DE*, vol. I, *1954-1969*, p. 33.

22 Benny Lévy, alias Pierre Victor, es uno de los dos "maos" con quienes Michel Foucault debate en 1972 sobre la justicia popular; el otro, Gilles, es André Glucksmann; véase M. Foucault, "Sur la justice populaire: débat avec les maos", *Les Temps Modernes*, 310 bis, "Nouveau fascisme, nouvelle démocratie", junio de 1972, pp. 335-366, reed. en *DE*, vol. II, *1970-1975*, texto nº 108, pp. 340-369 [trad. cast.: "Sobre la justicia popular: debate con los maos", en *Microfísica del poder*, Madrid, La Piqueta, 1979, pp. 45-75]. Filósofo, egresado de la École Normale Supérieure, Benny Lévy es, como Alain Geismar, uno de los líderes de la Izquierda Proletaria. Apátrida, está bajo la protección de Jean-Paul Sartre, que lo erige en su "secretario particular" de 1974 a 1980 y obtiene para él la nacionalidad francesa.

23 Bernard Brillant, "Intellectuels et extrême-gauche: le cas du Secours Rouge", CNRS-IHTP, *Lettre d'Information*, 32, julio de 1998, pp. 6-8.

24 Al respecto, véase el "Rapport nº 1622 sur les agissements, l'organisation, le fonctionnement, les objectifs du groupement de fait dit 'Département, protection, sécurité'", elaborado por B. Grasset, miembro informante de la comisión de investigación presidida por G. Hermier, y registrado en la presidencia de la Asamblea Nacional francesa el 26 de mayo de 1999 (disponible en <www.assemblee-nationale.fr/dossiers/dps/r1622p03.asp>, consultado el 10 de julio de 2010).

25 "Loi 70-480 du 8 juin 1970 tendant à reprimer certaines formes nouvelles de délinquance", *Journal Officiel de la République Française*, 9 de junio de 1970, p. 5324.

26 La Ley 70-480 del 8 de junio de 1970 "castigaba con dos años de cárcel a toda persona que hubiera seguido participando voluntariamente en una agrupación ilícita o proscrita, cuando se hubiesen cometido hechos violentos [...] por obra de esa agrupación". Permitía "condenar a una persona que por sí misma no hubiera incurrido en ninguna violencia, en razón de maniobras realizadas por terceros, incluidos provocadores, y la pena dictada podía ser en algunos casos tan elevada e incluso más que la aplicada a los autores de los hechos violentos". El espíritu de las incriminaciones que la ley introducía en el Código Penal estaba "en total contradicción con el principio afirmado en el artículo 121-1 del nuevo Código Penal, que dispone que 'nadie es penalmente responsable de nada que no sea producto de su propia acción'" (respuesta del Ministerio de Justicia francés, *Journal Officiel du Sénat*, 20 de agosto de 1998, p. 2727, a la pregunta escrita nº 06 958 del señor Emmanuel Hamel [departamento del Ródano, UMP], *Journal Officiel du Sénat*, 19 de

marzo de 1998, p. 881; disponible en <www.senat.fr/questions/base/1998/qSEQ980 306 958.html>, consultado el 1° de julio de 2010).

27 Según Laurent Quéro, la proscripción de la Izquierda Proletaria el 27 de mayo de 1970 y la ley del 8 de junio del mismo año, que pretendía reprimir algunas nuevas formas de delincuencia, "llevaron a la cárcel durante el verano de 1970 a centenares de militantes dotados de un vigoroso capital cultural y social"; véase Laurent Quéro, "Les prisonniers enfin: de l'indifférence à l''effet de souffle'", en Philippe Artières y Michelle Zancarini-Fournel (comps.), *68: une histoire collective, 1962-1981, avec 92 photographies inédites*, París, La Découverte, 2008, p. 569. Daniel Defert indica que los afectados eran entonces cerca de doscientos militantes repartidos en una decena de prisiones francesas; véase D. Defert, "L'émergence d'un nouveau front: les prisons", en P. Artières, L. Quéro y M. Zancarini-Fournel (comps. y presentadores), *Le Groupe d'Information sur les Prisons: archives d'une lutte, 1970-1972*, París, Éditions de l'IMEC, 2003, p. 316.

28 D. Defert, "L'émergence d'un nouveau front...", cit., p. 315.

29 A propósito de esto, véase Jacques Rancière, "La légende des philosophes: les intellectuels et la traversée du gauchisme", en *Les Scènes du peuple: les révoltes logiques, 1975-1985*, Lyon, Horlieu, 2003, pp. 295-298, y D. Defert, "L'émergence d'un nouveau front...", cit., p. 315, así como L. Quéro, "Les prisonniers enfin...", cit., p. 570.

30 La asociación, considerada como una "organización izquierdista que se propone reconstituir una asociación disuelta", no obtiene la personería jurídica. Al respecto, véase François Luchaire, "La décision du 16 juillet 1971: allocution devant le Conseil Constitutionnel", *Dossier thématique: anniversaire de la loi de 1901 relative au contrat d'association*, 2001, disponible en <www.conseil-constitutionnel.fr/conseil-constitutionnel/francais/documentation-publications/dossiers-thematiques/2001-anniv.-loi-de-1901-relative-au-contrat-d-association/allocution-de-monsieur-francois-luchaire.16461.html>, consultado el 10 de julio de 2010, así como el "Rapport n° 1622 sur les agissements...", cit.

31 Pierre Le Dantec, detenido el 22 de marzo de 1970, y Michel Le Bris, detenido el 20 de abril del mismo año, fueron condenados a un año y a ocho meses de cárcel, respectivamente; véase B. Brillant, "Intellectuels et extrême-gauche...", cit., pp. 6-8.

32 Jean-Paul Sartre, "Appel pour le Secours Rouge" (18 de junio de 1970), Bibliothèque Nationale de France, Département des Manuscrits, Fonds Sartre (NAF 28 405), caja "Articles et conférences, 1944-73" (*Catalogue génétique général des manuscrits de Jean-Paul Sartre*, ITEM, ENS-CNRS, París, p. 2).

33 Como señala B. Brillant, en 1970 la referencia al Socorro Rojo Internacional, asociación creada en 1922 por la Tercera Internacional para defender a los militantes comunistas encarcelados, está cargada de sentido: "actúa en dos registros, el de lo político y el de lo mitológico, al inscribir la refundación del SR en la reapropiación de una historia (la de la fundación en Francia de una organización comunista heredera de la Revolución de Octubre) que se percibía 'vaciada' por un Partido Comunista Francés 'revisionista' o 'traidor', según lo califican las organizaciones de extrema izquierda"; véase B. Brillant, "Intellectuels et extrême-gauche...", cit., p. 2.

34 Sartre establece la responsabilidad del "Estado patronal" y de sus "ejecutores", que "prefieren intencionalmente [...] el rendimiento a la seguridad" y "ponen la producción de las cosas por delante de las vidas humanas"; véase J.-P. Sartre, "Sur les mineurs", diciembre de 1970, Bibliothèque Nationale de France, Département des Manuscrits, Fonds Sartre (NAF 28 405). Su análisis

es el siguiente: "Se trata [...] no de pérdidas y accidentes inevitables sino de accidentes y pérdidas exigidos por la carrera en busca de la ganancia. El grisú y la silicosis llamémoslos fatalidades, si se quiere, pero digamos que son fatalidades producidas en algunos hombres por otros hombres que los explotan y sacrifican la salud o la vida de los trabajadores por la productividad" (*Catalogue génétique général des manuscrits de Jean-Paul Sartre*, ob. cit., p. 2). Véanse P. Artières, L. Quéro y M. Zancarini-Fournel, "Contexte", en P. Artières, L. Quéro y M. Zancarini-Fournel (comps. y presentadores), *Le Groupe d'Information sur les Prisons...*, ob. cit., p. 15, así como Michael C. Behrent, "Accidents happen: François Ewald, the 'antirevolutionary' Foucault, and the intellectual politics of the French welfare state", *Journal of Modern History*, 82(3), septiembre de 2010, pp. 585-624.

35 "Déclaration des emprisonnés politiques en grève de la faim" (1° de septiembre de 1970), reprod. en P. Artières, L. Quéro y M. Zancarini-Fournel (comps. y presentadores), *Le Groupe d'Information sur les Prisons...*, ob. cit., p. 31.

36 Id.

37 Al respecto, véase D. Defert, "L'émergence d'un nouveau front...", cit., p. 316.

38 Ibíd., p. 315. Véase también L. Quéro, "Les prisonniers enfin...", cit., pp. 570-571.

39 D. Defert, "L'émergence d'un nouveau front...", cit., p. 320, y Michelle Perrot, "La leçon des ténèbres: Michel Foucault et la prison", *Actes. Cahiers d'Action Juridique*, 54, 1986, p. 75.

40 M. Foucault, "Les intellectuels et le pouvoir", cit., p. 308.

41 Íd.

42 Grégory Salle, "Mettre la prison à l'épreuve: le GIP en guerre contre l''intolérable'", *Cultures & Conflits*, 55, "Prison et résistance politique: le grondement de la bataille", otoño de 2004, p. 82.

43 M. Foucault, "Sur la justice populaire...", cit., pp. 352-353.

44 Ibíd., p. 356.

45 Ibíd., p. 353.

46 Ibíd., p. 356.

47 G. Deleuze, *Foucault*, París, Minuit, 1986, p. 64 [trad. cast.: *Foucault*, Barcelona, Paidós, 1987].

48 "La ficción", escribe Foucault, "consiste no en hacer ver lo invisible, sino en hacer ver hasta qué punto es invisible la invisibilidad misma de lo visible"; véase M. Foucault, "La pensée du dehors", *Critique*, 229, junio de 1966, pp. 523-546, reed. en *DE*, vol. I, texto n° 38, p. 524 [trad. cast.: *El pensamiento del afuera*, Valencia, Pre-Textos, 2000].

49 M. Foucault, "Les intellectuels et le pouvoir", cit., p. 308.

50 Íd.

51 Íd.

52 Ibíd., pp. 308-309. Las palabras citadas se extraen de las siguientes frases, dichas por Foucault a Deleuze: "En ese aspecto, la teoría no expresará, no traducirá, no aplicará una práctica, es una práctica. [...] Lucha no por una 'toma de conciencia' (hace tiempo que las masas han adquirido la conciencia como saber y que la burguesía ha tomado, ocupado la conciencia como sujeto), sino por la zapa y la toma del poder, al lado, con todos los que luchan por ella, y no apartados para esclarecerlos. Una 'teoría' es el sistema regional de esa lucha". Esta posición es distinta de la de Sartre, que decía querer tomar "con y para el oprimido conciencia de la opresión", testimoniar "por el oprimido contra el opresor" y contribuir de tal modo "a formar una ideología constructiva y revolucionaria"; véase J.-P. Sartre, "Situation de

l'écrivain en 1947", en *Qu'est-ce que la littérature?* (1947), París, Gallimard, col. "Folio Essais", 1985, p. 239 [trad. cast.: "Situación del escritor en 1947", en *¿Qué es la literatura?*, Buenos Aires, Losada, 2003].

53 D. Defert, "L'émergence d'un nouveau front...", cit., p. 320.

54 Ibíd., p. 318.

55 D. Defert, "Chronologie", ob. cit., p. 33.

56 M. Foucault, "Enquête sur les prisons: brisons les barreaux du silence" (entrevista de C. Angeli con Michel Foucault y Pierre Vidal-Naquet), *Politique-Hebdo*, 24, 18 de marzo de 1971, pp. 4-6, reed. en *DE*, vol. II, texto nº 88, p. 176.

57 M. Foucault, "Les intellectuels et le pouvoir", cit., p. 308.

58 Véase p. 84 del presente volumen.

59 Michel Foucault, "Le savoir d'Œdipe" (conferencia dictada en la State University of New York, Búfalo, en marzo de 1972, y en la Cornell University, en octubre del mismo año), en *Leçons sur la volonté de savoir. Cours au Collège de France, 1970-1971, suivi de Le Savoir d'Œdipe*, ed. de D. Defert bajo la dirección de F. Ewald y A. Fontana, París, Gallimard - Seuil, 2011, p. 240 [trad. cast.: "El saber de Edipo", en *Lecciones sobre la voluntad de saber. Curso en el Collège de France (1970-1971), seguido de "El saber de Edipo"*, Buenos Aires, FCE, 2012, p. 271].

60 G. Deleuze, en M. Foucault, "Les intellectuels et le pouvoir", ob. cit., p. 314.

61 M. Foucault, *Leçons sur la volonté de savoir...*, ob. cit., p. 6 [*Lecciones sobre la voluntad de saber...*, ob. cit., p. 20].

62 Ibíd., p. 16 [ibíd., p. 30].

63 Ibíd., p. 67 [ibíd., p. 85].

64 Ibíd., p. 4 [ibíd., p. 18].

65 Ibíd., p. 6 [ibíd., p. 20].

66 M. Foucault, "Qu'est-ce que la critique? (Critique et *Aufklärung*)" (conferencia dictada en la Société Française de Philosophie el 27 de mayo de 1978), *Bulletin de la Société Française de Philosophie*, 84(2), 1990, p. 49 [trad. cast.: "¿Qué es la crítica? (Crítica y *Aufklärung*)", *Daimon, Revista de Filosofía*, 11, 1995, pp. 5-26].

67 Íd.

68 Íd.

69 M. Foucault, "Enquête sur les prisons...", cit., p. 179.

70 M. Foucault, "Un problème m'interesse depuis longtemps, c'est celui du système pénal" (entrevista con Jalila Hafsia), *La Presse de Tunisie*, 12 de agosto de 1971, reed. en *DE*, vol. II, texto nº 95, p. 206.

71 Ibíd., p. 208.

72 M. Foucault, "Sur la justice populaire...", cit., p. 358.

73 M. Foucault, "Réponse à une question", *Esprit*, 371(5), mayo de 1968, reed. en *DE*, vol. I, texto nº 58, p. 688 [trad. cast.: "Para una política progresista no humanista: respuesta a una pregunta", en *¿Qué es usted, profesor Foucault? Sobre la arqueología y su método*, Buenos Aires, Siglo XXI, 2013, p. 212].

74 Íd. [íd.].

75 M. Foucault, "La volonté de savoir", *Annuaire du Collège de France, 71e année, Histoire des systèmes de pensée, année 1970-1971*, 1971, pp. 245-249, reed. en *DE*, vol. II, texto nº 101, p. 243 [trad. cast.: "Resumen del curso", en *Lecciones sobre la voluntad de saber...*, ob. cit., p. 250].

76 M. Foucault, "Sur la justice populaire...", cit., p. 346.

77 Ibíd., p. 341.

78 M. Foucault, "Théories et institutions pénales", *Annuaire du Collège de France, 72e année, Histoire des systèmes de pensée, année 1971-1972*, 1972, pp. 283-286, reed. en *DE*, vol. II, texto nº 115, p. 389.

79 M. Foucault, "A verdade e as formas jurídicas", conferencias dictadas en la Pontificia Universidad Católica de Río de Janeiro entre el 21 y el 25 de mayo de

1973, trad. de J. W. Prado Jr., *Cadernos da P. U. C.*, 16, junio de 1974, pp. 5-133; en francés: "La vérité et les formes juridiques", en *DE*, vol. II, texto nº 139, p. 539 [trad. cast.: *La verdad y las formas jurídicas*, Barcelona, Gedisa, 1978].

80 M. Foucault, *Surveiller et punir: naissance de la prison*, París, Gallimard, 1975, p. 27 [trad. cast.: *Vigilar y castigar: nacimiento de la prisión*, 2ª ed. revisada y corregida, Buenos Aires, Siglo XXI, 2008, p. 32].

81 Íd. [íd.].

82 Ibíd., p. 23 [ibíd., p. 27].

83 Ibíd., pp. 28-29 [ibíd., p. 33]. Según Foucault, se podría, "por el análisis de la benignidad penal como técnica de poder [...], comprender [...] a la vez cómo el hombre, el alma, el individuo normal o anormal han venido a duplicar el crimen como objeto de la intervención penal, y cómo un modo específico de sujeción ha podido dar nacimiento al hombre como objeto de saber para un discurso con estatus 'científico'".

84 M. Foucault, "Sur la justice populaire...", cit., p. 341.

85 M. Foucault, "Michel Foucault: O Filósofo responde", entrevista con C. Bojunga y R. Lobo, trad. de P. W. Prado Jr., *Jornal da Tarde*, 1º de noviembre de 1975, pp. 12-13; en francés: "Michel Foucault: les réponses du philosophe", en *DE*, vol. II, texto nº 163, p. 810.

86 Íd.

87 Íd.

88 M. Foucault, *Surveiller et punir...*, ob. cit., p. 23 [*Vigilar y castigar...*, ob. cit., p. 27].

89 Véase clase del 20 de mayo de 1981, p. 241 del presente volumen.

90 M. Foucault, "Lacan, il 'liberatore' della psicanalisi", entrevista con Jean Nobécourt, trad. de A. Ghizzardi, *Corriere della Sera*, 106(212), 11 de septiembre de 1981; en francés: "Lacan, le 'libérateur' de la psychanalyse", en *DE*, vol. IV, texto nº 163, p. 205. En cuanto lector, Foucault está atento a la "trama demostrativa", pero también a la "trama ascética" de los textos filosóficos y su entrecruzamiento; así, en las *Meditaciones* de Descartes ve "un conjunto de proposiciones que forman un *sistema*, que cada lector debe recorrer si quiere experimentar su verdad", y "un conjunto de modificaciones que forman un *ejercicio*, que cada lector debe efectuar y por las cuales cada lector debe ser afectado, si quiere ser a su vez el sujeto enunciador, por su propia cuenta, de esa verdad"; véase M. Foucault, "Mon corps, ce papier, ce feu", en *Histoire de la folie à l'âge classique*, 2ª ed., apéndice II, París, Gallimard, 1972, p. 594 [trad. cast.: "Mi cuerpo, ese papel, ese fuego", en *Historia de la locura en la época clásica*, Buenos Aires, FCE, 1992]. En cuanto escritor, nos parece que está igualmente atento a la segunda trama, la del ejercicio; al respecto, véanse pp. 315-321 del presente volumen.

91 M. Foucault, "The subject and the power", en H. L. Dreyfus y P. Rabinow, *Michel Foucault: Beyond Structuralism and Hermeneutics*, Chicago, University of Chicago Press, 1982, pp. 208-226; en francés: "Le sujet et le pouvoir", trad. de F. Durand-Bogaert, en *DE*, vol. IV, texto nº 306, p. 223 [trad. cast.: "El sujeto y el poder", en *Michel Foucault: más allá del estructuralismo y la hermenéutica*, México, UNAM, 1988].

92 Íd.

93 Íd. Foucault menciona diversas particiones realizadas por las "prácticas divisorias": loco / en su sano juicio, enfermo / sano de cuerpo, criminal / "buen tipo".

94 M. Foucault, "Le pouvoir psychiatrique", *Annuaire du Collège de France, 74e année, Histoire des systèmes de pensée, année 1973-1974*, 1974, pp. 293-300, reed. en *DE*, vol. II, texto nº 143, p. 675 [trad. cast.: "Resumen del curso", en *El poder psiquiátrico. Curso en el Collège de France (1973-1974)*, Buenos Aires, FCE, 2005, p. 383].

95 Íd. [íd.].
96 M. Foucault, "La vérité et les formes juridiques", cit., p. 540.
97 Íd.
98 Íd.
99 Íd.
100 Íd.
101 Ibíd., p. 552.
102 Íd.
103 Louis Althusser, "Idéologie et appareils idéologiques d'État (notes pour une recherche)", *La Pensée*, 151, 1970, p. 43, actualmente disponible en <clas-siques.uqac.ca/contemporains/althusser_louis/ideologie_et_AIE/ideolo-gie_et_AIE.pdf>, consultado el 30 de octubre de 2011 [trad. cast.: *Ideología y aparatos ideológicos de Estado*, Buenos Aires, Nueva Visión, 1974].
104 Íd.
105 M. Foucault, "La vérité et les formes juridiques", cit., pp. 552-553.
106 L. Althusser, "Idéologie et appareils idéologiques...", cit., p. 37.
107 M. Foucault, "Leçon sur Nietzsche. Comment penser l'histoire de la vérité avec Nietzsche sans s'appuyer sur la vérité" (conferencia pronunciada en la Universidad McGill de Montreal en abril de 1971), en *Leçons sur la volonté de savoir...*, ob. cit., p. 203 [trad. cast.: "Lección sobre Nietzsche. Cómo pensar la historia de la verdad con Nietzsche sin apoyarse en la verdad", en *Lecciones sobre la voluntad de saber...*, ob. cit., p. 233].
108 M. Foucault, "Leçon sur Nietzsche...", cit. [trad. cit., p. 234].
109 Íd. [íd.].
110 Íd. [íd.].
111 Íd. [íd.].
112 Ibíd., p. 206 [ibíd., p. 236].
113 Íd. [íd.].
114 Ibíd., p. 202 [ibíd., p. 232].
115 Íd. [íd.].
116 Ibíd., p. 204 [ibíd., p. 234].
117 Ibíd., p. 202 [ibíd., p. 232].
118 M. Foucault, "Le pouvoir psychiatrique", cit., p. 677 ["Resumen del curso", en *El poder psiquiátrico...*, ob. cit., p. 385].
119 M. Foucault, "Les intellectuels et le pouvoir", cit., p. 307.
120 M. Foucault, "Le pouvoir psychiatrique", cit., p. 686 ["Resumen del curso", en *El poder psiquiátrico...*, ob. cit., p. 395].
121 M. Foucault, *Leçons sur la volonté de savoir...*, ob. cit., p. 18 [*Lecciones sobre la voluntad de saber...*, ob. cit., p. 33].
122 Íd. [íd.].
123 Íd. [íd.].
124 M. Foucault, "Le pouvoir psychiatrique", cit., p. 675 ["Resumen del curso", en *El poder psiquiátrico...*, ob. cit., p. 383].
125 Ibíd., p. 679 [ibíd., p. 388].
126 Íd. [íd.].
127 Ibíd., p. 680 [ibíd., p. 389].
128 Ibíd., pp. 680-681 [íd.].
129 Ibíd., p. 686 [ibíd., p. 395].
130 Michel Foucault, *Les Mots et les choses: une archéologie des sciences humaines*, París, Gallimard, 1966 [trad. cast.: *Las palabras y las cosas: una arqueología de las ciencias humanas*, Buenos Aires, Siglo XXI, 2008].
131 M. Foucault, "Le pouvoir psychiatrique", cit., p. 675 ["Resumen del curso", en *El poder psiquiátrico...*, ob. cit., p. 383].
132 Íd. [íd.].

133 M. Foucault, *Leçons sur la volonté de savoir...*, ob. cit., p. 19 [*Lecciones sobre la voluntad de saber...*, ob. cit., p. 34].
134 Íd. [íd.].
135 M. Foucault, "Le jeu de Michel Foucault" (entrevista con Dominique Colas, Alain Grosrichard, Guy Le Gaufey, Jocelyne Livi, Gérard Miller, Judith Miller, Jacques-Alain Miller, Catherine Millot y Gérard Wajcman), *Ornicar? Bulletin Périodique du Champ Freudien*, 10, julio de 1977, pp. 62-93, reed. en *DE*, vol. III, *1976-1979*, texto nº 206, p. 312 [trad. cast.: "El juego de Michel Foucault", en *Saber y verdad*, Madrid, La Piqueta, 1991, pp. 127-162].
136 M. Foucault, *Histoire de la sexualité*, vol. II, *L'Usage des plaisirs*, París, Gallimard, 1984, p. 11 [trad. cast.: *Historia de la sexualidad*, vol. II, *El uso de los placeres*, Buenos Aires, Siglo XXI, 2008, p. 8].
137 Sobre el concepto de acontecimentalización, véase M. Foucault, "Qu'est-ce que la critique?...", cit., pp. 47-48.
138 M. Foucault, "Histoire de la sexualité", folleto adjunto a la edición original de *L'Usage des plaisirs*, ob. cit.
139 M. Foucault, *L'Usage des plaisirs*, ob. cit., p. 11 [*El uso de los placeres*, ob. cit., p. 9 (trad. modificada)].
140 M. Foucault, *Histoire de la sexualité*, vol. I, *La Volonté de savoir*, París, Gallimard, 1976, p. 73 [trad. cast.: *Historia de la sexualidad*, vol. I, *La voluntad de saber*, Buenos Aires, Siglo XXI, 2008, p. 69].
141 Ibíd., p. 74 [ibíd., p. 70].
142 Armónico: más allá de Charcot, la descripción hace recordar ciertas formas de mántica analizadas por Marcel Detienne, *Les Maîtres de vérité dans la Grèce antique* (1967), París, François Maspero, 1971, pp. 42-43 [hay trad. cast.: *Los maestros de verdad en la Grecia arcaica*, Madrid, Taurus, 1974]: "En la mano el rey sostiene el cetro, testimonio e instrumento de la autoridad; por la potestad de ese bastón emite *themistes*, decretos, juicios que son una suerte de oráculos".
143 M. Foucault, *La Volonté de savoir*, ob. cit., p. 75, n. 1 [*La voluntad de saber*, ob. cit., p. 71, n. 1].
144 Ibíd., p. 74 [ibíd., pp. 69-70].
145 Íd. [íd.].
146 Ibíd., p. 124 [ibíd., p. 115].
147 M. Foucault, "Les rapports de pouvoir passent à l'intérieur des corps" (entrevista con Lucette Finas), *La Quinzaine Littéraire*, 247, 1º a 15 de enero de 1977, pp. 4-6, reed. en *DE*, vol. III, texto nº 197, p. 228 [trad. cast.: "Las relaciones de poder penetran en los cuerpos", en *Microfísica del poder*, Madrid, La Piqueta, 1979, pp. 153-162].
148 M. Foucault, "Le pouvoir psychiatrique", cit., p. 681 ["Resumen del curso", en *El poder psiquiátrico...*, ob. cit., p. 389].
149 Íd. [íd.].
150 Íd. [íd.].
151 Se encontrará una reformulación ulterior de este aspecto, en respuesta a una pregunta que opone sujeto activo y sujeto pasivo, en M. Foucault, "L'éthique du souci de soi comme pratique de la liberté" (entrevista con Helmut Becker, Paul Fornet-Betancourt y Alfredo Gómez-Müller, 20 de enero de 1984), *Concordia: Revista Internacional de Filosofía*, 6, julio-diciembre de 1984, pp. 99-116, reed. en *DE*, vol. IV, texto nº 356, p. 719 [trad. cast.: "La ética del cuidado de sí como práctica de la libertad", en *Estética, ética y hermenéutica: obras esenciales, III*, Barcelona, Paidós, 1999, pp. 393-415]: "Si es cierto [...] que la constitución del sujeto loco puede considerarse en efecto como la consecuencia de un sistema de coerción [...], sabrán muy bien que el sujeto loco no es un sujeto no libre y que el enfermo mental se constituye preci-

samente como sujeto loco en relación y frente a quien lo declara loco. La histeria, que fue tan importante en la historia de la psiquiatría y en el mundo asilar del siglo XIX, me parece la ilustración misma de la manera como el sujeto se constituye en cuanto sujeto loco. Y no es del todo casualidad que los grandes fenómenos de histeria se hayan observado justamente donde existía una coerción máxima para forzar a los individuos a constituirse como locos". Por lo demás, es importante, con referencia a lo que nos ocupa, destacar lo que Foucault dice a continuación: "Por otro lado, y a la inversa, yo diría que si ahora me intereso en efecto en el modo como el sujeto se constituye de manera activa, a través de las prácticas de sí, estas prácticas no son, empero, algo que el propio sujeto invente. Son esquemas que encuentra en su cultura y que le proponen, le sugieren, le imponen su cultura, su sociedad y su grupo social". ¿Reflexión sobre lo que los sociólogos llaman "socialización"? Sólo a primera vista: Foucault apunta que no se trata de examinar únicamente de qué manera –en la histeria, por ejemplo– "el sujeto se constituye como sujeto loco", sino también, y simétricamente, de qué manera se constituye como sujeto no loco. Retorno a las *Meditaciones* de Descartes y recuperación del tema ya expuesto en el prefacio y el prólogo del capítulo 2 de *Folie et déraison: Histoire de la folie à l'âge classique*, París, Plon, 1961, pp. i-xi y 54-57. En 1981, Foucault decía a André Berten: "Es importante describir la conciencia de quien está loco, como lo demostraron los trabajos de Binswanger y Kuhn. Después de todo, ¿no hay una estructuración cultural y social de la experiencia de la locura, y no es eso lo que debe analizarse?". De un extremo a otro de la obra, esta pregunta se acompaña de otra: ¿no hay una estructuración cultural y social de la experiencia de la razón, y no es eso lo que debe analizarse?

152 M. Foucault, "Les rapports de pouvoir passent...", cit., p. 228.

153 Íd.

154 Íd.

155 Íd.

156 Íd.

157 M. Foucault, *L'Usage des plaisirs*, ob. cit., p. 10 [*El uso de los placeres*, ob. cit., p. 8].

158 Ibíd., p. 11 [ibíd., p. 9].

159 Íd. [íd.].

160 Ibíd., p. 12 [ibíd., 10].

161 M. Foucault, "As malhas do poder" (conferencia pronunciada en la Facultad de Filosofía de la Universidad de Bahía, 1976), trad. de P. W. Prado Jr., *Barbarie*, 4, verano de 1981, pp. 23-27; en francés: "Les mailles du pouvoir", en *DE*, vol. IV, texto nº 297, p. 198 [trad. cast.: "Las mallas del poder", en *Estética, ética y hermenéutica...*, ob. cit., pp. 235-254].

162 M. Foucault, *La volonté de savoir*, ob. cit., p. 128 [*La voluntad de saber*, ob. cit., p. 118].

163 Ibíd., p. 179 [ibíd., pp. 164-165].

164 M. Foucault, "Leçon sur Nietzsche...", ob. cit., p. 199 ["Lección sobre Nietzsche...", cit., p. 229. Cita de *Aurora*, de Friedrich Nietzsche].

165 L. Althusser, "Idéologie et appareils idéologiques...", cit., p. 56.

166 Íd. Más allá de Althusser y su *Ideología y aparatos ideológicos de Estado*, la cuestión de la garantía evoca las *Meditaciones* de Descartes, así como la discusión que opone a Foucault y Jacques Derrida con referencia al sujeto cartesiano (al respecto, véanse pp. 176-177 del presente volumen, n. 59).

167 M. Foucault, "Qu'est-ce qu'un auteur?", *Bulletin de la Société Française de Philosophie*, 63(3), julio-septiembre de 1969, pp. 73-104, reed. en *DE*, vol. I, texto nº 69, p. 792 [trad. cast.: *¿Qué es un autor?*, México, Universidad Autónoma de Tlaxcala, 1985].

168 Ibíd., p. 803.
169 Ibíd., p. 810.
170 Íd.
171 Ibíd., p. 811.
172 Ibíd., pp. 810-811.
173 La intervención de Lacan se reproduce ibíd., p. 820.
174 Jacques Lacan, "L'étourdit", *Scilicet*, 4, 1973, pp. 5-25, reed. en *Autres écrits*, París, Seuil, 2001, p. 449 [trad. cast.: "El atolondradicho", *Escansión* (Buenos Aires), 1, 1984, pp. 15-69].
175 M. Foucault, "Les rapports de pouvoir passent...", cit., p. 236.
176 Íd.
177 M. Foucault, "Le jeu de Michel Foucault", cit., p. 298.
178 Ibíd., p. 300.
179 Íd.
180 Ibíd., p. 304.
181 Ibíd., p. 306.
182 Íd.
183 Ibíd., p. 310.
184 Íd.
185 Michel Foucault, "Nietzsche, la généalogie, l'histoire", en Suzanne Bachelard, Georges Canguilhem y otros, *Hommage à Jean Hyppolite*, París, Presses Universitaires de France, col. "Épiméthée", 1971, pp. 145-172, reed. en *DE*, vol. II, texto nº 84, p. 155 [trad. cast.: "Nietzsche, la genealogía, la historia", en *Microfísica del poder*, ob. cit., pp. 7-30].
186 M. Foucault, "Conferencia inaugural", p. 33 del presente volumen.
187 Ibíd., p. 28 del presente volumen.
188 Ibíd., p. 29 del presente volumen.
189 M. Foucault, "Subjectivity and truth", en *The Politics of Truth*, ed. de S. Lotringer y L. Hochroth, Nueva York, Semiotext(e), 2007, p. 152.
190 Íd.
191 Íd.
192 Íd.
193 M. Foucault, "Conferencia inaugural", p. 29 del presente volumen.
194 M. Foucault, "Subjectivity and truth", ob. cit., p. 153.
195 M. Foucault, "Qu'est-ce que la critique?...", ob. cit., p. 38.
196 Íd.
197 Ibíd., p. 39.
198 Íd.
199 Íd.
200 Íd.
201 M. Foucault, *Naissance de la biopolitique. Cours au Collège de France, 1978-1979*, ed. de M. Senellart bajo la dirección de F. Ewald y A. Fontana, París, Gallimard - Seuil, 2004, p. 258 [trad. cast.: *Nacimiento de la biopolítica. Curso en el Collège de France (1978-1979)*, Buenos Aires, FCE, 2007, p. 292].
202 M. Foucault, "What is Enlightenment?", en Paul Rabinow (comp.), *The Foucault Reader*, Nueva York, Pantheon Books, 1984, pp. 32-50; en francés: "Qu'est-ce que les Lumières?", en *DE*, vol. IV, texto nº 339, p. 568 [trad. cast.: "¿Qué es la Ilustración?", en *Estética, ética y hermenéutica...*, ob. cit., pp. 335-352].
203 M. Foucault, "Qu'est-ce que la critique?...", cit., p. 41.
204 Ibíd., p. 40.
205 Immanuel Kant, "Beantwortung der Frage: Was ist Aufklärung?", *Berlinische Monatsschrift*, 4, diciembre de 1784, pp. 188-191; versión francesa: I. Kant y Moses Mendelssohn, *Qu'est-ce que les Lumières?*, trad. de D. Bourel y S. Piobetta revisada por C. Morana, ed., notas y epílogo de C. Morana, París, col. "Mille

et une nuits", Fayard, 2006; versión inglesa en M. Foucault, *The Politics of Truth*, ob. cit., p. 29 [trad. cast.: "Contestación a la pregunta: ¿Qué es la Ilustración?", en *Filosofía de la historia*, México, FCE, 2002].

206 M. Foucault, "Qu'est-ce que la critique?...", cit., p. 41.

207 M. Foucault, "Qu'est-ce que les Lumières?", cit., p. 567.

208 M. Foucault, "Entrevista de Michel Foucault con André Berten", p. 252 del presente volumen.

209 M. Foucault, "Qu'est-ce que la critique?...", cit., p. 42.

210 Ibíd., p. 44.

211 Íd.

212 Íd.

213 Íd.

214 Ibíd., pp. 44-45.

215 Ibíd., p. 47.

216 Íd.

217 Íd.

218 M. Foucault, "Subjectivity and truth", cit., p. 152.

219 M. Foucault, "Qu'est-ce que la critique?...", cit., pp. 47-48.

220 Ibíd., p. 48.

221 Ibíd., p. 52.

222 Íd.

223 Michel Foucault, "Du gouvernement des vivants", ed. de M. Senellart, clase del 9 de enero de 1980, p. 10 del manuscrito mecanografiado (agradecemos al señor Senellart por haber puesto ese documento a nuestra disposición). [El curso ya se ha publicado: *Du Gouvernement des vivants. Cours au Collège de France, 1979-1980*, ed. de M. Senellart bajo la dirección de F. Ewald y A. Fontana, París, Gallimard - Seuil, 2012, p. 8; trad. cast.: *Del gobierno de los vivos. Curso en el Collège de France (1979-1980)*, Buenos Aires, FCE, 2014. N. de T.]

224 Íd. [pp. 8-9 de la ed. publicada].

225 Íd. [p. 8].

226 Íd. [íd.].

227 Íd. [ibíd., p. 12].

228 Íd. [íd.].

229 Ibíd., clase del 30 de enero de 1980, p. 52 [p. 74].

230 Ibíd., clase del 9 de enero de 1980, p. 14 [p. 13].

231 Íd. [íd.].

232 Íd. [íd.].

233 Ibíd., clase del 30 de enero de 1980, p. 53 [p. 75].

234 Íd. [íd.].

235 Íd. [íd.].

236 Íd. [p. 76].

237 Íd. [íd.].

238 Íd. [íd.].

239 Íd. [íd.]. En esta perspectiva, la pregunta planteada por el abogado Badinter a los jurados durante el proceso de Patrick Henry: "¿Se puede condenar a muerte a alguien a quien no se conoce? [...] ¿Pueden condenar a muerte a alguien a quien no conocen?" –pregunta con la cual Foucault pone punto final a *Obrar mal, decir la verdad*, y que ya citaba en "L'évolution de la notion d''individu dangereux' dans la psychiatrie légale du XIXe siècle", en *DE*, vol. III, texto nº 220, p. 444 [trad. cast.: "La noción de 'individuo peligroso' en la psiquiatría legal del siglo XIX", en *Estética, ética y hermenéutica...*, ob. cit., pp. 37-58]– es efectivamente, como él dice, "sorprendente", y sorprendente "porque es significativa de la antinomia de nuestra razón penal" (véase p. 246 del presente volumen).

240 Acerca de este concepto, véase Jean-Claude Milner, *La politique des choses*, París, Navarin, 2005 [trad. cast.: *La política de las cosas*, Málaga, Miguel Gómez, 2007], y *La politique des choses: court traité politique*, París, Verdier, 2011.
241 M. Foucault, "Du gouvernement des vivants", cit., clase del 30 de enero de 1980, p. 53 [p. 76].
242 Ibíd., p. 55 [ibíd., p. 78]. La serie incluye un cuarto término: "programación de reforma".
243 Íd. [íd.]. El cuarto término de la segunda serie es "traslado más allá de los puntos de no aceptación", lo cual, como es evidente, debe ponerse en relación con el tema crítico de la aceptación de lo inaceptable y del sistema de aceptabilidad del que depende la aceptación.
244 Ibíd., p. 53 [p. 76].
245 Ibíd., p. 62 [p. 92].
246 Íd. [íd.].
247 Ibíd., p. 56 [p. 79].
248 Íd. [íd.].
249 Ibíd., p. 67 [pp. 97-98].
250 Ibíd. [p. 98].
251 Íd. [íd.].
252 Íd. [íd.].
253 Ibíd., clase del 9 de enero de 1980, p. 10 [p. 9].
254 Ibíd., clase del 30 de enero de 1980, p. 66 [p. 97].
255 Íd. [íd.].
256 Ibíd., p. 65 [p. 95].
257 Íd. [íd.]. Esta discusión retoma de otra manera las tesis planteadas en M. Foucault, *Leçons sur la volonté de savoir...*, ob. cit.; en especial, pp. 64-67 [*Lecciones sobre la voluntad de saber...*, ob. cit., pp. 82-85].
258 M. Foucault, "Du gouvernement des vivants", cit., p. 65 [p. 96 de la ed. publicada].
259 Ibíd., clase del 9 de enero de 1980, p. 18 [p. 18].
260 Íd. [íd.].
261 Ibíd., pp. 15-17 [pp. 15-17].
262 M. Foucault, "Subjectivity and truth", cit., p. 153, y "Conferencia inaugural", p. 33 del presente volumen.
263 M. Foucault, "Subjectivity and truth", ob. cit., p. 154.
264 Ibíd., p. 155.
265 M. Foucault, "Entrevista de Michel Foucault con André Berten", pp. 255-256 del presente volumen.
266 M. Foucault, "Entrevista de Michel Foucault con Jean François y John de Wit", p. 269 del presente volumen.
267 Id.
268 M. Foucault, "Subjectivité et vérité", *Annuaire du Collège de France, 81e année, Histoire des systèmes de pensée, année 1980-1981*, 1981, pp. 383-389, reed. en *DE*, vol. IV, texto nº 304, p. 213 [trad. cast.: "Subjetividad y verdad", en *Estética, ética y hermenéutica...*, ob. cit., pp. 255-260].
269 Ibíd., p. 214.
270 Íd.
271 Íd.
272 Íd.
273 Íd.
274 M. Foucault, "Subjectivity and truth", cit., p. 148.
275 Ibíd., p. 154.
276 Ibíd., p. 150.
277 Ibíd., p. 154.

278 M. Foucault, "Conferencia inaugural", pp. 32-33 del presente volumen.
279 Ibíd., p. 33 del presente volumen.
280 Íd.
281 Íd.
282 Ibíd., p. 33 del presente volumen.
283 M. Foucault, "Entrevista de Michel Foucault con Jean François y John de Wit", p. 266 del presente volumen.
284 Íd. La cuestión de las "relaciones entre la subjetividad y la verdad" ya se plantea en M. Foucault, *Folie et déraison...*, ob. cit., p. 57, en las páginas que analizan la primera de las *Meditaciones* de Descartes y forman el prólogo del capítulo 2 sobre "El gran encierro".
285 M. Foucault, "Subjectivity and truth", cit., p. 152. El texto inglés reza así: "For Heidegger, it was through an increasing obsession with *techne* as the only way to arrive at an understanding of objects, that the West lost touch with Being. Let's turn the question around and ask which techniques and practices constitute the Western concept of the subject, giving it its characteristic split of truth and error, freedom and constraint".
286 Íd.
287 G. Deleuze, *Foucault*, ob. cit., p. 125.
288 M. Foucault, "About the concept of the 'dangerous individual' in 19th-century legal psychiatry", *Journal of Law and Psychiatry*, 1(1), 1978, pp. 1-18; en francés: "L'évolution de la notion d''individu dangereux'...", cit.
289 Por heteróclita que pueda parecer una serie a primera vista, su elaboración no es por ello menos "metodológicamente concertada" (M. Foucault, *L'archéologie du savoir*, París, Gallimard, 1969, p. 16 [trad. cast.: *La arqueología del saber*, Buenos Aires, Siglo XXI, 2008]). Esa elaboración responde a exigencias tales como el "señalamiento de un nuevo tipo de racionalidad y de sus efectos múltiples" (legado de Bachelard) o el análisis de los "desplazamientos y las transformaciones de los conceptos" (legado de Canguilhem); según Foucault, aquella explica la aparición de los períodos largos en "la historia de nuestros días" (íd.). En *Obrar mal, decir la verdad*, lo que parece gobernar la serialización es, en el punto de cruce entre las preocupaciones de Foucault y las de sus anfitriones, el problema del poder de la verdad. De la *Ilíada* a las formas antiguas de examen y dirección de conciencia (y de las formas antiguas a las formas cristianas), es posible que el filósofo, para establecerla, se apoye, con fines teóricos que le son propios, sobre las hipótesis de Gernet acerca de las transformaciones de la noción de verdad en los juegos binarios o ternarios del prederecho y el derecho griegos (véase, en el presente volumen, pp. 95-96, n. 3) o las de Marcel Detienne acerca de las transformaciones de la noción de verdad que acompañan el proceso de laicización de la palabra (*Les maîtres de vérité dans la Grèce archaïque*, ob. cit.): hipótesis relativa a las relaciones entre *Aletheia* (verdad) y *Peitho* (fuerza eficaz de la palabra), en un pensamiento que, sin ser ya mítico, todavía no es racional; a las direcciones en las cuales se encauza la reflexión sobre el lenguaje cuando la "palabra-diálogo" se impone a la "palabra eficaz" (la filosofía explora los problemas de la verdad y de las relaciones de los enunciados con la realidad, cuando la retórica y la sofística piensan las condiciones de su eficacia); a las soluciones antitéticas y complementarias propuestas, en un sistema de pensamiento que ya no obedece a una lógica de la ambigüedad sino a una lógica de la contradicción, al problema de la desvinculación de la verdad y la eficacia en la palabra "laicizada", por 1) las sectas filosófico-religiosas, en las que la *Aletheia* aparece como "un primer esbozo del Ser-Uno" (ibíd., p. 139), y 2) la retórica y la sofística, que se inclinan por *Apate*, el engaño, para

servir a *Peitho*, la persuasión (donde el sofista aparece "como el teórico que logifica lo ambiguo y hace de la lógica un instrumento apto para fascinar al adversario") (ibíd., p. 212; véase también M. Foucault, *Leçons sur la volonté de savoir...*, ob. cit.).

290 M. Foucault, *Les Mots et les choses...*, ob. cit., p. 19.

291 M. Foucault, "Nietzsche, la généalogie, l'histoire", cit., p. 153.

292 Íd.

293 M. Foucault, "Subjectivity and truth", cit., p. 150.

294 Íd.

295 M. Foucault, "Leçon sur Nietzsche...", cit., p. 204 ["Nietzsche, la genealogía, la historia", en *Microfísica del poder*, Madrid, La Piqueta, 1978].

296 M. Foucault, clase del 22 abril de 1981, p. 49 del presente volumen.

297 Al respecto, véase M. Foucault, "Conferencia inaugural", p. 29 del presente volumen: "La confesión mantiene una extraña relación con el problema de la verdad. [...] Y las consecuencias que tiene son del todo diferentes –para el locutor y para el receptor– de lo que puede ser una aserción como esta: el cielo es azul".

298 M. Foucault, *Le courage de la vérité: Le Gouvernement de soi et des autres II. Cours au Collège de France, 1984*, París, Gallimard - Seuil, 2009, p. 6 [trad. cast.: *El coraje de la verdad: El Gobierno de sí y de los otros, II. Curso en el Collège de France (1983-1984)*, Buenos Aires, FCE, 2010, p. 22].

299 Ibíd., p. 5 [ibíd., p. 19].

300 M. Foucault, "Conferencia inaugural", p. 25 del presente volumen.

301 M. Foucault, *Le Courage de la vérité...*, ob. cit., p. 13 [*El coraje de la verdad...*, ob. cit., pp. 30-31].

302 M. Foucault, "Conferencia inaugural", p. 26 del presente volumen.

303 Al respecto, véase M. Foucault, *Le Courage de la vérité...*, ob. cit., pp. 12-13 [*El coraje de la verdad*, ob. cit., pp. 30-31].

304 Ibíd., p. 13 [ibíd., p. 31].

305 Íd.; véase también pp. 57-59 [íd.; y pp. 78-79].

306 M. Foucault, "Conferencia inaugural", p. 26 del presente volumen.

307 Ibíd., p. 24 del presente volumen.

308 M. Foucault, *Le Courage de la vérité...*, ob. cit., p. 12 [*El coraje de la verdad...*, ob. cit., p. 30].

309 Íd. [íd.].

310 Ibíd., p. 16 [ibíd., p. 34].

311 Ibíd., p. 18 [ibíd., p. 36].

312 Ibíd., p. 24 [ibíd., p. 40].

313 Ibíd., p. 19 [ibíd., p. 38].

314 Ibíd., p. 25 [ibíd., p. 41].

315 Íd. [íd.].

316 Ibíd., p. 7 [ibíd., p. 23].

317 M. Foucault, clase del 28 de abril de 1981, p. 87 del presente volumen.

318 Íd.

319 M. Foucault, *Le Courage de la vérité...*, ob. cit., p. 8 [*El coraje de la verdad...*, ob. cit., p. 24].

320 Ibíd., p. 17 [ibíd., p. 35].

321 Íd. [íd.].

322 Agradecemos a Daniel Wyche por habernos llamado la atención al respecto.

323 M. Foucault, "Theatrum philosophicum", *Critique*, 282, noviembre de 1970, pp. 885-908, reed. en *DE*, vol. II, texto nº 80, pp. 75-99 [trad. cast.: *Theatrum philosophicum*, Barcelona, Tusquets, 1972].

324 Al respecto, véase M. Foucault, *L'Herméneutique du sujet...*, ob. cit., pp. 16-31.

325 J.-C. Milner, *La Politique des choses*, ob. cit.

326 M. Foucault, "L'intellectuel et les pouvoirs", cit., p. 751 ["El intelectual y los poderes", cit., p. 164]. Un indicio, entre otros, de la importancia de ese telón de fondo de la obra: Georges Canguilhem lo menciona en "Sur l'*Histoire de la folie* en tant qu'événement", texto publicado después de la muerte de Foucault (*Le Débat*, 4[41], 1986, pp. 37-40). En él recuerda que Foucault reconocía a Freud, "inventor y modelo de la antinormalización", el haber otorgado al psicoanálisis "el honor político [...] de haber estado en oposición teórica y práctica al fascismo [*La Volonté de savoir*, 1976, pp. 197-198]".

327 M. Foucault, "L'intellectuel et les pouvoirs", cit.

328 M. Foucault, "Subjectivity and truth", cit., p. 153.

329 Al respecto, véase M. Foucault, "Les rapports de pouvoir passent...", cit., p. 236: "En cuanto al problema de la ficción", dice Foucault, "me doy clara cuenta de que nunca he escrito más que ficciones. No quiero decir, sin embargo, que eso esté al margen de la verdad. Me parece que hay una posibilidad de hacer trabajar la ficción en la verdad, inducir efectos de verdad con un discurso de ficción y procurar que el discurso de verdad suscite, fabrique algo que todavía no existe, y por lo tanto 'ficcione'. Se 'ficciona' la historia a partir de una realidad política que la hace verdadera, se 'ficciona' una política que aún no existe a partir de una realidad histórica". En este mismo sentido, véase M. Foucault, "Le jeu de Michel Foucault", cit., p. 314: "*J.-A. Miller*: – [...] acentúas sin motivo el carácter artificioso de tu procedimiento. Tus resultados dependen de la elección de las referencias, y la elección de las referencias depende de la coyuntura. ¿No es más que apariencia, todo lo que nos dices? *M. Foucault*: –No es una apariencia engañosa, es algo fabricado. *J.-A. Miller*: –Sí, y en consecuencia está motivado por lo que tú quieres, tu esperanza, tu... *M. Foucault*: –Así es, y es allí donde aparece el objetivo polémico o político". Véase también M. Foucault, "Conversazione con Michel Foucault" (entrevista con Duccio Trombadori, París, fines de 1978), *Il Contributo*, 4(1), enero-marzo de 1980, pp. 23-84; en francés: "Entretien avec Michel Foucault", en *DE*, vol. IV, texto nº 281, p. 44 [trad. cast.: "El libro como experiencia: conversación con Michel Foucault", en *La inquietud por la verdad...*, ob. cit., p. 36]: "'En el fondo, sabes bien que lo que dices no es más que ficción'. Y siempre contesto: 'Desde luego, no es cuestión de que sea otra cosa que ficciones'".

330 G. Deleuze, *Foucault*, ob. cit., p. 128.

331 M. Foucault, *Le Courage de la vérité...*, ob. cit., p. 5 [*El coraje de la verdad...*, ob. cit., p. 19].

332 M. Foucault, "Conferencia inaugural", p. 29 del presente volumen.

333 Ibíd., p. 30 del presente volumen.

334 Sobre esta oposición, véase M. Foucault, "Qu'est-ce que la critique?...", cit., p. 42.

335 Íd.

336 M. Foucault, "Entretien avec Michel Foucault" (Trombadori), cit., p. 45 ["El libro como experiencia...", cit., p. 37].

337 Íd. [ibíd., pp. 37-38].

338 Íd. [ibíd., p. 38].

339 Íd. [íd.].

340 Ibíd., p. 47 [ibíd., p. 40].

341 M. Foucault, *Le Courage de la vérité...*, ob. cit., p. 61 [*El coraje de la verdad...*, ob. cit., p. 82].

342 Íd. [íd.].

343 M. Foucault, *L'Herméneutique du sujet...*, ob. cit., p. 17 [*La hermenéutica del sujeto...*, ob. cit., p. 33].

344 Íd. [íd.].

345 Trasladamos aquí el punto de vista adoptado por M. Foucault, *L'Usage des plaisirs*, ob. cit., p. 15 [*El uso de los placeres*, ob. cit., p. 12].

346 M. Foucault, "Du gouvernement des vivants", cit., clase del 16 de enero de 1980. Véase también lo que escribe Vernant en un estudio citado por Foucault en esa misma clase, y dedicado, por un lado, al mensaje trágico y el diálogo entablado entre autor y espectadores en la tragedia, y por otro, al juego de repetición o redoblamiento entre lenguaje y estructura en *Edipo rey*: "Si ese es en efecto [...] el sentido de la tragedia, se reconocerá que *Edipo rey* no sólo se centra en el tema del enigma, sino que en su presentación, su desarrollo, su desenlace, la pieza misma está construida como un enigma. La ambigüedad, el reconocimiento, la peripecia, homólogos unos a otros, se integran igualmente en la estructura enigmática de la obra". Véase J.-P. Vernant, "Ambigüité et renversement: sur la structure énigmatique d'*Œdipe roi*", en Jean Pouillon y Pierre Maranda (comps.), *Échanges et communications: mélanges offerts à Claude Lévi-Strauss, à l'occasion de son 60e anniversaire*, La Haya y París, Mouton, 1970, vol. II, pp. 1253-1273, reed. en J.-P. Vernant y P. Vidal-Naquet, *Œdipe et ses mythes*, Bruselas, Complexe, 2006, pp. 31-32 y 24-25 [trad. esp.: "Ambigüedad e inversión: sobre la estructura enigmática del *Edipo rey*", en J. P. Vernant y P. Vidal-Naquet, *Mito y tragedia en la Grecia antigua*, vol. I, Barcelona, Paidós, 2002, pp. 103-135]; a propósito de la primera cuestión, véase también J.-P. Vernant, *Mythe et société en Grèce ancienne* (1974), París, François Maspero, 1982, p. 206 [trad. cast.: *Mito y sociedad en la Grecia antigua*, Madrid, Siglo XXI, 1987].

347 M. Foucault, "La folie, l'absence d'œuvre", *La Table Ronde*, 196, "Situation de la psychiatrie", mayo de 1964, pp. 11-21, reed. en *Histoire de la folie à l'âge classique*, ob. cit. (2ª ed.), apéndice I, pp. 575-582 [trad. cast.: "La locura, la ausencia de obra", en *Historia de la locura en la época clásica*, ob. cit.]. Conocemos, desde su *Raymond Roussel*, París, Gallimard, 1963 [trad. cast.: *Raymond Roussel*, México, Siglo XXI, 1973], la atención prestada por Foucault a esa "cuarta forma de lenguaje excluido", que "consiste en someter una palabra, en apariencia conforme al código reconocido, a otro código cuya clave se da en la palabra misma; de modo que esta se desdobla dentro de sí misma: dice lo que dice, pero agrega un excedente mudo que enuncia silenciosamente lo que ella dice y el código según el cual lo dice". Se trata con ello, dice Foucault, de un lenguaje que no está "cifrado", sino que es "estructuralmente esotérico": "no comunica, ocultándola, una significación prohibida; se instala desde el inicio en un repliegue esencial de la palabra. Repliegue que la mina desde dentro y acaso hasta el infinito" ("La folie, l'absence d'œuvre", cit., p. 578). Véase, en ese mismo texto, lo que Foucault dice de la literatura, que desde Mallarmé se convierte poco a poco, "a su vez, en un lenguaje cuya palabra enuncia, al mismo tiempo que lo que dice y en el mismo movimiento, la lengua que la hace descifrable como palabra" (ibíd., p. 580). Esta descripción nos parece también válida para sus cursos.

348 M. Foucault, *Le Courage de la vérité...*, ob. cit., p. 4 [*El coraje de la verdad...*, ob. cit., p. 19].

349 M. Foucault, "Les intellectuels et le pouvoir", cit., p. 314.

350 M. Foucault, *Le Courage de la vérité...*, ob. cit., p. 17 [*El coraje de la verdad...*, ob. cit., p. 35].

351 Ibíd., p. 27 [ibíd., p. 43].

352 Íd. [íd.].

353 M. Foucault, "Est-il donc important de penser?" (entrevista con Didier Eribon), *Libération*, 15, 30-31 de mayo de 1981, p. 21, reed. en *DE*, vol. IV, texto nº 296, p. 182.

354 M. Foucault, *Le Courage de la vérité...*, ob. cit., p. 17 [*El coraje de la verdad...*, ob. cit., p. 35].

355 Ibíd., p. 142 [ibíd., p. 167].
356 Íd. [íd.].
357 M. Foucault, "Nietzsche, la généalogie, l'histoire", cit., p. 153.
358 Corazones, diamantes, tréboles y picas, los referentes objetivos de las cartas por jugar no importan, salvo en la cartomancia; y una carta de "picas" funciona como una carta negra, aunque esté pintada de azul.
359 Así, en el póquer un rey no tendrá la misma significación según forme parte de una escalera real, un póquer, un *full* o un trío.
360 Se recordará: en la respuesta a la objeción que hace Derrida a sus proposiciones sobre el estatus y el papel diferentes de la locura y el sueño en el desarrollo de la duda cartesiana, Foucault aísla un punto de resistencia a esta, resistencia "*de hecho* a la efectuación de la duda por el sujeto que medita *actualmente*". Para vencer esa resistencia, Descartes invoca en la primera meditación la locura y el sueño: ambos, en efecto, "obligan [...] a poner en duda el sistema de actualidad del sujeto". La locura, en primer lugar: "Los locos [...] se hacen una completa ilusión acerca de lo que constituye su actualidad: se creen vestidos cuando están desnudos, reyes cuando son pobres". Pero el ejemplo es demasiado fuerte: calificar al sujeto de loco es descalificarlo, suponerlo incapaz de "llevar razonablemente su meditación a través de la duda hasta una eventual verdad". El sueño, entonces: constituye "al sujeto en cuanto *duda efectivamente* de su propia actualidad, y en cuanto *prosigue valederamente una meditación* que descarta todo lo que no es verdad manifiesta"; véase M. Foucault, "Mon corps, ce papier...", cit., pp. 595-597. Con respecto a ese texto de Descartes, *Obrar mal, decir la verdad* se encuentra en una doble relación. Por un lado, Foucault hace la genealogía del sujeto cartesiano y del gesto de exclusión de la locura que lo constituye como sujeto pensante. Por otro, todo sucede como si sus "series de series" –sus "carnavales concertados"– se concibieran como un tipo de ejercicio o de prueba destinada, como la locura y el sueño en la primera meditación, a poner en duda el sistema de actualidad del sujeto; ejercicio o prueba cuyo papel sería en este caso inducir a quienes lo escuchan a *dudar efectivamente* de aquello que, desde Descartes, hace su actualidad de sujetos, esto es, a *dudar efectivamente* del *cogito* cartesiano. Para que, a partir de allí, puedan proseguir su meditación sobre la manera como están ligados a la verdad, sin "apoyarse [ya] en la verdad" ni darse la garantía que, al meditar, se dio Descartes. Véanse también pp. 176-177 del presente volumen.
361 M. Foucault, "Des espaces autres" (conferencia dictada en el Cercle d'Études Architecturales, 14 de mayo de 1967), *Architecture, Mouvement, Continuité*, 5, octubre de 1984, pp. 46-49, reed. en *DE*, vol. II, texto nº 360, p. 758 [trad. cast.: "Espacios diferentes", en *Estética, ética y hermenéutica...*, ob. cit., pp. 431-441].
362 Ibíd., p. 756. El texto original reza: "a partir del espejo me descubro en el lugar donde estoy porque me veo ahí". Según Foucault, el espejo es a la vez una utopía y una heterotopía; el primer efecto citado remite a su dimensión utópica, y el segundo, a su dimensión heterotópica.
363 Ibíd., p. 758.
364 M. Foucault, "Qu'est-ce que la critique?...", cit., p. 45.
365 Íd.
366 Ibíd., p. 52.
367 Íd.
368 M. Foucault, *Leçons sur la volonté de savoir...*, ob. cit., pp. 32-33 [*Lecciones sobre la voluntad de saber...*, ob. cit., pp. 49-50].
369 M. Foucault, "Qu'est-ce que la critique?...", cit., p. 45.
370 M. Foucault, "Theatrum philosophicum", cit. Acerca de la "filosofía-teatro"

("no reflexión sobre el teatro; no teatro cargado de significaciones. Sino filosofía convertida en escena, personajes, signos, repetición de un acontecimiento único y que jamás se reproduce"), véase también M. Foucault, "Ariane s'est pendue", *Le Nouvel Observateur*, 229, 31 de marzo a 6 de abril de 1969, pp. 36-37, reed. en *DE*, vol. I, texto nº 64, pp. 767-771 [trad. cast.: "Ariadna se ha colgado", *Archipiélago*, 17, Pamplona, 1994, pp. 83-87]. D. Defert, "Situation du cours", en M. Foucault, *Leçons sur la volonté de savoir*..., ob. cit., p. 266 ["Situación del curso", en *Lecciones sobre la voluntad de saber*..., ob. cit., p. 299], ha alertado acerca de la importancia que para Foucault tenía el libro de Deleuze (G. Deleuze, *Différence et répétition*, París, Presses Universitaires de France, 1968 [trad. cast.: *Diferencia y repetición*, Buenos Aires, Amorrortu, 2002]) con el cual esos dos textos se relacionan. Véanse también pp. 75-76 del presente volumen, n. 4.

371 Al respecto, véase M. Foucault, *L'Archéologie du savoir*, ob. cit., pp. 15 y 19, así como D. Defert, "Situation du cours", cit., p. 269 ["Situación del curso", cit., pp. 302-303].

372 M. Foucault, *Le Courage de la vérité*..., ob. cit., p. 17 [*El coraje de la verdad*..., ob. cit., p. 35].

373 J. Lacan, *Le Séminaire, Livre XVII, L'Envers de la psychanalyse (1969-1970)*, París, Seuil, 1991, clase del 11 de marzo de 1970, p. 118 [trad. cast.: *El Seminario de Jacques Lacan. Libro 17. El reverso del psicoanálisis. 1969-1970*, Buenos Aires, Paidós, 1992]. En lo concerniente al estudio de las relaciones entre Foucault y Lacan, es importante indicar que este último formaliza en el marco de ese seminario los discursos del amo, la histérica, la universidad y el psicoanalista. Plantea en él que la política como discurso tiene en nuestra actualidad la estructura del discurso del amo (discurso que, dice, tiene la particularidad de que "la filosofía no habla más que de eso", lo cual es "al menos saliente en Hegel", que llama al amo por su nombre), antes de preguntarse de qué manera el sujeto del deseo que lo causa se anuda al saber, que es la cuestión examinada por Foucault en las *Lecciones sobre la voluntad de saber*. En líneas más generales, Lacan examina las relaciones entre psicoanálisis, política y ética en la estela de mayo de 1968 (señalemos, además, que la portada de la edición al cuidado de Jacques-Alain Miller muestra una foto de Daniel Cohn-Bendit). El "reverso" del psicoanálisis es la política como discurso.

374 M. Foucault, "Le savoir d'Œdipe", cit., p. 230 ["El saber de Edipo", cit., p. 261].

375 Íd. [íd.].

376 En este punto nos apartamos de Philippe Chevallier, *Foucault et le christianisme*, Lyon, ENS Éditions, 2011, p. 161, para quien no hay "identificación posible de Edipo con el lector" en las clases de Foucault sobre la tragedia de Sófocles. Es cierto, no hay identificación posible en el sentido supuesto por Freud (véanse pp. 94-95 del presente volumen, n. 2), un sentido que Foucault, *Leçons sur la volonté de savoir*..., ob. cit., p. 185 [*Lecciones sobre la voluntad de saber*..., ob. cit., p. 214], rechazaba en 1971. Pero Foucault sostiene –y, según nos parece, eso supone algo más que una provocación– "que hay realmente un complejo de Edipo en nuestra civilización"; véase M. Foucault, "La vérité et les formes juridiques", cit., pp. 554-555. Ese "complejo" –que "no se juega en el nivel individual sino en el nivel colectivo; no con referencia al deseo y el inconsciente, sino con referencia al poder y el saber" (íd.)– es el soporte de identificaciones que él quiere hacer vacilar, si no derribar.

377 Íd., así como M. Foucault, *Leçons sur la volonté de savoir*..., ob. cit., clase del 17 de marzo de 1971, p. 191 [*Lecciones sobre la voluntad de saber*..., ob. cit., p. 220].

378 M. Foucault, clase del 28 de abril de 1981, pp. 75-76 del presente volumen.

379 M. Foucault, *L'Usage des plaisirs*, ob. cit., p. 14.

380 M. Foucault, *Le Courage de la vérité*..., ob. cit., p. 261 [*El coraje de la verdad*..., ob. cit., p. 297].

381 Íd. [ibíd., p. 298].

382 Versiones anteriores de la primera y la tercera partes de esta "Situación del curso" se presentaron dentro del marco del curso sobre Foucault y la criminología dictado por Fabienne Brion y Véronique Voruz en la Universidad Católica de Lovaina en los ciclos lectivos de 2008-2009, 2009-2010 y 2010-2011, y del seminario "Foucault on ethics and politics" coordinado por Bernard Harcourt y Fabienne Brion en la Universidad de Chicago en 2010-2011; véase también F. Brion y B. Harcourt, "Le pouvoir de la vérité: trois lectures de *Mal faire, dire vrai*, de Michel Foucault", conferencias en el Collège Belgique, Académie Royale des Sciences, des Lettres et des Beaux-Arts de Belgique, 27 y 28 de octubre de 2010, disponibles en <www.academieroyale.be/cgi?pag=1026&tab=146&rec=10279>. Fabienne Brion presentó una versión anterior de la segunda parte y de la conclusión dentro del marco del curso sobre Foucault y la criminología dictado en la Universidad Católica de Lovaina en 2011-2012.

Agradecimientos

Además de Daniel Defert, François Ewald, Françoise Tulkens y Jean-Michel Chaumont, muchas personas tuvieron la gentileza de releernos, comunicarnos correcciones y comentarios e incluso ayudarnos a identificar algunas citas.

Expresamos nuestro vivo agradecimiento:

En la Universidad Católica de Lovaina, a Bernard Coulie, profesor de la Facultad de Filosofía y Letras, por entonces rector; a Henry Bosly y Damien Vandermeersch, profesores de la Facultad de Derecho; a Vincent Francis y Martin Moucheron, profesores adjuntos; a Jean-Philippe de Limbourg, colaborador académico, y a varios estudiantes de segundo y tercer ciclo, entre ellos Laure Kervyn de Meerendre y Emmanuel Picardi.

En la Universidad de Chicago, a Arnold Davidson, profesor de la Facultad de Filosofía; a varios estudiantes de tercer ciclo, entre ellos Daniel Nichanian, Tuomo Tiisala, Lyubomir Uzunov y Daniel Wyche, así como a Margaret Schilt y Greg Nimmo, encargados de los estudios documentales en la D'Angelo Law Library.

A Emmanuel Francis, investigador del Centre for the Study of Manuscript Cultures de la Universidad de Hamburgo; a Elisabeth Geoffroy, de la Universidad de París II; a Claire Lechevallier, profesora adjunta de la Universidad de Caen; a Stephen Sawyer, profesor de la American University of Paris, y Claude Terreaux, profesor en París.

Gracias a Philippe Artières, director de investigaciones del CNRS, que nos facilitó los textos que le pedimos, y a Michel Senellart, profesor en la École Normale Supérieure de Lyon, que tuvo a bien poner a nuestra disposición el texto del curso dictado por Michel Foucault en el Collège de France en 1979-1980, "Du gouvernement des vivants", cuya edición prepara.

Gracias además a Colin Gordon; a Eric Heilmann, profesor de la Universidad de Borgoña, y a Véronique Voruz, profesora de la Universidad de Leicester, por la generosa relectura que hicieron de la totalidad o parte de la "Situación del curso".

Índice de nombres

Índice de términos

EL PODER, UNA BESTIA MAGNÍFICA

Sobre el poder, la prisión y la vida

Índice

LA INQUIETUD POR LA VERDAD

Escritos sobre la sexualidad y el sujeto

Índice

II. El sujeto

La inquietud por la verdad
Verdad, poder y sí mismo
La tecnología política de los individuos